COLLECTION
FOLIO/ACTUEL

Qui est ce roi? Comment l'est-il devenu? Pourquoi fascine-t-il? Comment règne-t-il? Pourquoi la France ferme-t-elle les yeux? Après *L'Orchestre rouge, Le dossier 51, Le pull-over rouge* et *Un homme à part,* cette nouvelle grande enquête de Gilles Perrault nous conduit dans les dédales de ce royaume, décrit les fastes du palais et les intrigues de cour, recueille secrets et confidences, dévoilant ainsi la face cachée d'un règne ensanglanté, entre modernité et barbarie. Fable du pouvoir et de ses vanités, portrait d'un homme qui ne changera plus, *Notre ami le roi* est aussi un fantastique et terrible récit d'aventures, mise en scène d'un « drame shakespearien », selon les mots d'Hassan II lui-même, où la perdition des hommes rejoint les souffrances d'un peuple.

Le plus âpre et difficile métier du monde, à mon gré, c'est de faire dignement le roi.

Montaigne

C'est une expérience éternelle que tout homme qui a du pouvoir est porté à en abuser.

Montesquieu

I

Le miraculé

Il revient de loin. Son fils Hassan répétera complaisamment : « Moi qui suis né sur les marches d'un trône... » Lui a grandi dans les cuisines du palais, méprisé par son père et par ses deux frères aînés, persécuté par le tout-puissant chambellan, tenu pour rien par les courtisans. Un enfant maladif, renfermé, ombrageux. La gloire ni le pouvoir n'essuieront sur son visage adulte la buée de tristesse des premières années. Lorsque son père meurt, en 1927, il a dix-sept ans et passe pour aimer les femmes et l'argent. Une nullité. C'est pourquoi les Français le choisissent de préférence à ses aînés. Il sera un sultan à leur main, un roitelet obéissant dont on ne dérangera pas les plaisirs, pourvu qu'il reste à l'écart des affaires. Ils se trompent, bien sûr. Ils sacrent le plus dangereux. Ce sont les enfances heureuses qui font les hommes dociles. Le 18 novembre 1927, le garçon farouche qui fait son entrée solennelle à Rabat, par un temps sinistre, a des revanches à prendre. Il est juché sur un cheval blanc ; l'eau ruisselle sur le parasol qu'un soldat de la garde noire tient au-dessus de sa tête. Triste intronisation pour le pâle souverain d'un royaume captif. Mais à quoi servirait-il d'être vif, impétueux ? L'heure n'est plus à des rébellions qui seraient vite brisées, mais aux dissimulations et à la longue patience. Parfaite adéquation entre l'homme et son pays : le Maroc vit dans l'humiliation depuis quinze ans ; son jeune sultan depuis dix-sept.

Après l'invasion arabe de 681, le Maroc n'est plus conquis pendant treize siècles. L'Empire ottoman finit à sa frontière avec l'Algérie. Et pourtant, au fil du temps, la guerre toujours recommencée. Les historiens scrutent avec perplexité cette histoire tumultueuse et simple dont les ressorts inusables resservent de siècle en siècle. Le sultanat n'est pas héréditaire. Ce sont les oulémas, sages religieux, qui désignent le successeur. La plupart des sultans prennent cependant la précaution de confier à leur fils préféré le commandement de troupes solides et fidèles, de manière à incliner, le moment venu, le choix des oulémas dans le bon sens. Même quand la succession se règle harmonieusement, rien n'est fait. Des assemblées de notables discutent dans chaque région les termes de la *beia*, c'est-à-dire du contrat d'allégeance au nouveau sultan. Disputes acharnées sur le montant des impôts exigés et consentis. Là où l'accord ne se fait pas, surtout dans la montagne, les tribus entrent en dissidence. Nul sentiment chez elles d'une quelconque trahison. Respect est gardé au pouvoir spirituel du sultan, commandeur des croyants, mais sus à ses percepteurs, représentants d'un pouvoir qui s'appelle significativement le makhzen, « le magasin », où s'accumulent impôts en espèces et tributs en nature. Ainsi arrive-t-il que les troupes du sultan soient défaites, ses fidèles massacrés et mutilés, et que les vainqueurs s'inclinent respectueusement devant le commandeur des croyants et récitent la prière avec lui.

Le royaume du sultan est donc à géométrie variable. Le rapport de forces, toujours remis en cause, trace les limites du bled makhzen, sur lequel le trône exerce sa souveraineté, et du bled siba – la dissidence. Les alliances changent sans cesse, des tribus fidèles passant à la dissidence si le makhzen leur semble en passe d'acquérir une puissance périlleuse pour l'avenir, d'autres ralliant au contraire le sultan quand une faction dissidente voisine paraît prendre une stature inquiétante. Face à des sujets acharnés à empêcher la constitution d'un pouvoir hégémonique, le makhzen s'efforce d'élargir son pré carré par la guerre ou la diplomatie. Un dicton populaire affirme qu'un bon sultan doit avoir une selle pour trône et le ciel pour baldaquin. La plupart menèrent cette vie nomade avec des fortunes diverses, négociant inlassablement avec les tribus et les très influentes confréries religieuses, faisant parler la poudre quand le rapport de forces leur était favorable, se repliant dans le triangle Rabat-Fès-Marrakech aux heures triomphantes de la siba.

Sous le mouvement brownien entretenu par les affrontements makhzen-siba, le pays profond ne change guère. La campagne est peuplée d'agriculteurs, parcourue par des pasteurs nomades. Les villes, commerçantes et artisanales, craignent par-dessus tout les razzias de la siba. Dépendantes du makhzen pour leur sécurité, leur développement entravé par les conflits incessants qui gênent le commerce, elles ne peuvent, au contraire des villes européennes, jouer un rôle économique et politique émancipateur des antiques structures. Le choc viendra de l'extérieur.

*

Les premières atteintes étaient anciennes. Espagnols et Portugais débarquent au XVᵉ siècle, s'emparent d'une dizaine de ports – Ceuta, Tanger, Larache, etc. – qu'ils fortifient, canons tournés vers l'intérieur des terres. Même Marrakech est attaquée. Ces enclaves sont autant de têtes de pont pour le commerce européen, qui entasse dans ses navires les marchandises livrées par les caravanes : gommes, laines et cuirs locaux, or du Soudan, esclaves noirs capturés sur les rives du fleuve Sénégal, plumes d'autruche, ivoire. Ainsi le fait colonial est-il, comme toujours, blessure intime pour la communauté violée (la religion jouant ici son rôle plus qu'ailleurs), et source de profit pour la caste autochtone qui compose avec lui. Les sultans ne sont pas les derniers à prendre leur part de bénéfice. Le négoce étant peu compatible avec leur dignité, ils traitent par l'intermédiaire d'hommes de paille, souvent des Juifs.

La révolution industrielle du XIXᵉ siècle change toutes les données. L'Europe explose. Il lui faut des matières premières et des marchés. La France débarque en Algérie. Le sultan régnant, Moulay Abderrahman, appartient à la dynas tie alaouite, au pouvoir depuis deux siècles. Son attitude illustre l'ambivalence du makhzen. Il envoie l'armée marocaine au secours d'Abd el-Kader, mais elle se fait écraser par Bugeaud à la bataille de l'Isly. Moulay Abderrahman tire la leçon de sa défaite et met en place le « système impérial », qui, par le jeu de monopoles et d'un système douanier adéquat, fait tomber dans ses caisses d'énormes profits.

La pression européenne augmente. Son but est précisément de briser le barrage douanier. La France, la Grande-Bretagne, l'Espagne, imposent tour à tour des traités, pour elles avantageux.

Comme au Proche-Orient, où l'Empire ottoman, décrépit, ne peut faire barrage aux envahissements de l'Europe, le système de la protection est appliqué au Maroc. Les étrangers (neuf mille dès 1894) sont exemptés d'impôts et de taxes. Ils échappent à la justice marocaine et ne rendent compte de leurs méfaits qu'à leur consul. Ces consuls eux-mêmes peuvent choisir parmi les Marocains des « protégés » échappant aux lois de leur pays. En 1890, l'ambassadeur de Grande-Bretagne possède ainsi plusieurs villages de « protégés »... Parallèlement, les firmes européennes s'installent dans le pays et les colons commencent à acheter les meilleures terres. L'argent, avant les armes, conquiert le Maroc.

Comme en Égypte, comme en Tunisie, c'est lui qui permettra son asservissement, par un processus ingénieux respectant les apparences de ce que le capitalisme appelle sa morale. Le sultan Abdelaziz, monté sur le trône en 1900, lui donne la main. Frivole, il ruine le makhzen par des dépenses extravagantes. Les caisses sont vides. Des banques françaises, anglaises, espagnoles, se proposent aimablement pour les remplir, à des taux usuraires. Le makhzen doit de nouveau emprunter pour le service des seuls intérêts. Son endettement est bientôt tel que les créanciers exigent des assurances. La France obtient le contrôle des douanes, dont une partie du produit servira aux remboursements. Ce produit étant fonction du trafic, il faut améliorer les installations portuaires de Casablanca. Le sultan accorde l'autorisation. Les ingénieurs font passer une voie ferrée au milieu d'un cimetière. L'émeute fait neuf morts européens. La flotte française bombarde Casablanca et débarque un corps expéditionnaire « pour rétablir l'ordre ». Le pays se soulève. Abdelaziz, qui condamne la sédition, passe à la trappe, déposé par les oulémas. Son frère et successeur louvoie, puis se soumet. Il accepte de signer un appel à l'aide militaire française pour en finir avec la « rébellion ». Au nord, une armée espagnole de quarante mille hommes défait, non sans mal, l'insurrection rifaine.

Lyautey entre à Fès, à Meknès, à Rabat. Il tient les plaines, mais il lui reste à conquérir la montagne, fief traditionnel de la siba.

La guerre commence.

*

On vit alors ce qu'est le courage marocain.

Ce fut une vraie guerre, une guerre de vingt-cinq ans, non une classique expédition coloniale, même si la France l'a occultée par orgueil (comment accepter que la nation victorieuse de la Grande Guerre fût tenue en échec par des « indigènes » mal armés ?) et pour limiter les réactions de l'opinion publique internationale – si bien occultée qu'elle n'a aucune existence dans la mémoire collective française. Mais Hô Chi Minh et Mao Zedong y voyaient la matrice des guerres révolutionnaires modernes et un exemple pour tous les peuples colonisés. Le général Guillaume écrira : « Aucune tribu n'est venue à nous dans un mouvement spontané. Aucune ne s'est soumise sans combattre et certaines sans avoir épuisé jusqu'au dernier de leurs moyens de résistance. » Aviation, artillerie, tanks et automitrailleuses : tous les moyens furent utilisés pour réduire l'une après l'autre les poches de résistance. Appliquant à merveille les tactiques de la guérilla, les bandes rebelles étaient insaisissables. Lorsqu'on parvenait enfin à les cerner, les hommes, souvent, se faisaient tuer jusqu'au dernier dans leur trou individuel. Souvent, les femmes ramassaient les fusils tombés des mains des combattants et ouvraient le feu à leur tour. Un médecin-capitaine français écrira de la résistance

dans le Moyen-Atlas qu' « elle atteint les limites de l'invrai-
semblance ». Bien sûr, la terreur : représailles massives,
femmes et enfants pris en otages, villages rasés, et des ruses
de guerre abominables, tels ces pains de sucre bourrés
d'explosif distribués dans les zones rebelles. Le général
Mangin, célèbre boucher de 14-18, se distingua par sa
cruauté. Il avait pour spécialité de contraindre les populations raflées à des marches d'extermination dont nul ne
revenait vivant. La belle figure de Lyautey, officier de tradition tombé amoureux du Maroc, faisait écran à ces horreurs.

L'épopée – le mot n'est pas trop fort – eut le Rif pour
théâtre.

Un petit homme rondouillard au regard doux mais bigle,
fonctionnaire puis rédacteur en chef de la section en arabe
d'un journal espagnol – le contraire en somme d'un guer-
rier rifain d'image d'Épinal –, soulève la montagne en 1921,
écrase à Anoual une armée espagnole de vingt mille
hommes, ramasse un butin de guerre considérable, bat
derechef les troupes d'élite espagnoles envoyées en renfort,
Franco à leur tête, et, dans la zone ainsi libérée – pratiquement le nord du Maroc –, fonde en 1923 la République du
Rif. Il s'appelle Abd el-Krim.

Lyautey écrit l'année suivante : « Rien ne pourrait être
pire pour notre régime que l'établissement si près de Fès
d'un État musulman indépendant et modernisé. »

Tandis que les Espagnols s'efforcent de sauver Tetouan et
Melilla, l'armée française attaque par le sud. Elle plie sous
la contre-offensive rifaine. Lyautey, débordé, passe la main.
La France appelle à la rescousse son plus prestigieux soldat,
le maréchal Pétain, tout auréolé de sa victoire à Verdun, et
le met à la tête d'une armée de sept cent vingt-cinq mille
hommes, appuyée par quarante-quatre escadrilles. Soixante
généraux français sont sous ses ordres. Les Espagnols, de
leur côté, débarquent cent mille hommes. En face, une
armée rifaine forte d'un noyau permanent de trente mille
combattants renforcés par des irréguliers. Ils tiennent plus
d'un an sous les tirs d'artillerie lourde et les assauts des blindés, contre lesquels leurs fusils ne peuvent rien.

Pétain, qualifiant ses adversaires de « hordes barbares », avait interdit l'acheminement jusqu'au Rif d'une aide internationale humanitaire et médicale.

Le 27 mai 1926, Abd el-Krim fait sa reddition. Ses soldats ne s'éprouvent pas vaincus, et les volontaires continuent d'affluer, mais leurs villages croulent l'un après l'autre sous les bombardements massifs de l'aviation française. Un Guernica par semaine, que nul Picasso n'immortalisera. Il faut arrêter le massacre.

Abd el-Krim, précurseur et modèle des leaders qui, un demi-siècle plus tard, conduiront leur peuple à l'indépendance par des méthodes apprises de lui, est déporté à la Réunion. Il s'en évadera après vingt ans de détention et finira ses jours en Égypte.

Pendant cinq ans, avec lui et grâce à la valeur de son peuple, le Rif a vécu indépendant. Il s'est constitué en république, effaçant des siècles de sultanat et de makhzen. Un État a réellement fonctionné, avec ses finances, sa justice, son système d'éducation – cet État modernisé dont Lyautey redoutait tant l'exemple pour le reste du Maroc. Rien de chauvin ni d'étriqué dans cette tentative anéantie par le fer et le feu. Abd el-Krim, habité par une vision mondialiste, profondément solidaire de toutes les luttes de libération nationale, souhaitait que le Rif montrât la voie à l'ensemble du peuple marocain.

La conquête du Maroc s'acheva en 1934 par la soumission des tribus du Sud, leurs palmeraies écrasées sous les bombes. La France avait eu trente-sept mille morts. Vingt ans plus tard, la guerre d'Algérie (1954-1962) lui en coûtera trente-trois mille.

Les sultans successifs s'étaient l'un après l'autre soumis.

Abdelaziz avait vidé les caisses du makhzen – passant autour du cou du Maroc le lacet financier qui allait l'étrangler – et condamné la sédition de son peuple.

Son frère, Moulay Hafid, pourtant d'une autre trempe, s'était lui aussi résigné à signer un texte demandant l'aide des troupes françaises pour rétablir l'ordre. Le 30 mars 1912, il accepte le traité de protectorat. Le Maroc est litté-

ralement dépecé. A l'Espagne, le Nord et le Sud ; le reste à la
France. Un pays qui n'avait point connu la soumission à
l'étranger depuis treize siècles entre dans la nuit coloniale.
*Si l'on oublie un seul instant l'humiliation profonde ressentie
par le peuple, toutes tribus réunies, toutes classes confondues, si l'on minimise si peu que ce soit sa blessure jamais
cicatrisée, impossible de rien comprendre à l'histoire du
Maroc de 1912 à nos jours.*

Moulay Hafid ne se révélant pas aussi docile qu'on l'espé-
rait, la France le licencia avec un chèque d'un million et
une rente annuelle. Son frère Moulay Youssef, père du futur
Mohammed V, monta sur le trône. Il accueillit Pétain, venu
pour combattre Abd el-Krim, par ces mots restés célèbres :
« Débarrassez-nous de ce rebelle. » Pendant quinze ans, il
allait donner toute satisfaction. On l'appelait « le sultan des
Français ».

                              *

Le jeune sultan Sidi Mohammed s'ennuie dans son palais.
Il a promu chambellan le seul être qui lui ait jamais témoigné de l'affection, Si Mammeri, son vieux précepteur algérien. Les femmes sont sa distraction. Conformément à la tradition alaouite, il fait aux tribus l'honneur d'accueillir leurs
plus belles filles dans son lit. Il est aussi très pieux, soumis à
la volonté de Dieu. Il se tait et observe.

Le pouvoir – tout le pouvoir – est à la résidence. Le
résident général donne les lois (dahirs), nomme les
ministres et règne sur un Maroc quadrillé par l'armée,
administré par des fonctionnaires français. Au vrai, nul
résident ne ferait long feu s'il ne travaillait main dans la
main avec les trois puissances réelles du Maroc : le président de la fédération des chambres d'agriculture (les
colons), le président de la chambre du commerce et de
l'industrie de Casablanca (les affaires), le banquier Yves
Mas, propriétaire de la quasi-totalité de la presse marocaine.
Et, derrière ces belles figures coloniales, la puissance
occulte qui possède réellement le Maroc : la Banque de
Paris et des Pays-Bas. Par sa filiale, l'Omnium nord-africain
(ONA), elle contrôle l'activité économique. A ses côtés,

deux seigneurs de moindre importance, mais tout de même colossaux pour le pays, le groupe Hersant et le groupe Mas.

Le Maroc est une excellente affaire. Les colons prospèrent. A la veille de la Deuxième Guerre mondiale, ils possèdent six cent mille hectares des meilleures terres, souvent acquises par simple décision administrative. Des dizaines de milliers de petits paysans marocains se retrouvent ouvriers agricoles sur la terre qui leur appartenait. Souvent, point de salaire : la subsistance contre la force de travail. Beaucoup doivent quitter la campagne et s'entasser dans les banlieues urbaines, en quête d'un improbable travail. C'est à Casablanca qu'est inventé un mot appelé à faire triste fortune : bidonville. La grande industrie démarre grâce aux considérables ressources minières. Le port de Casablanca explose. Le pays se couvre de voies ferrées et de routes. Elles sont nécessaires au maintien de l'ordre comme au développement économique.

Le Maroc décolle.

Mais pour le compte de qui? A la veille de l'indépendance, sur quatre-vingt-onze mille voitures, treize mille appartiennent à des Marocains. Là où les salaires sont le moins injustes, un ouvrier européen est payé six fois plus que son « camarade » marocain. En 1944, les écoles primaires scolarisent un enfant sur soixante. De 1912 à 1954, la France fera en tout et pour tout cinq cent quatre-vingts bacheliers...

Sidi Mohammed commence mal. Le 16 mai 1930, il signe le « dahir berbère » préparé par la résidence. C'est sans aucun doute le plus mauvais coup porté au Maroc depuis l'instauration du protectorat. Le pays a été dépecé entre France et Espagne, soumis à une administration directe étrangère, vendu au capitalisme européen, mais au moins son peuple n'était-il point nié dans sa spécificité nationale. Voici qu'on veut le démembrer. D'un côté, les Arabes des plaines et des villes (fourbes, fainéants, indociles); de l'autre, les Berbères de la montagne (loyaux, fiers combattants, durs à la peine). Comme d'ordinaire, cette ségrégation raciale ne repose sur aucune donnée scientifique sérieuse, et même s'il est vrai que les Berbères possèdent leur langue et leur culture, même si l'histoire atteste que la plaine était plutôt makhzen et la montagne plutôt siba, le fait est que Berbères et Arabes s'éprouvent également marocains.

Le dahir berbère réalise un vieux fantasme de fonctionnaires coloniaux, promis à une longue vie. De nos jours encore, à chaque convulsion du royaume chérifien, des « spécialistes » de rencontre s'obstinent à plaquer sur les faits, la grille d'interprétation raciale, sourds aux protestations véhémentes des intéressés, tant Berbères qu'Arabes. Dès les années vingt, le vrai et grand spécialiste Jacques Berque avait tout dit de l'absurdité typiquement coloniale du mythe du « bon Berbère », proche du « bon sauvage » rousseauiste, à qui les maîtres transitoires du Maroc font l'honneur de le déclarer « assimilable ».

Le dahir donne aux Berbères un statut juridique à part. Les conflits civils demeurent de la compétence des assemblées coutumières, mais crimes et délits pourront être désormais jugés par les tribunaux français. Autant dire que les Berbères sont soustraits à la souveraineté du sultan. L'enseignement de l'arabe est supprimé dans l'unique collège, celui d'Azrou. La religion se pratiquant dans cette langue, la voilà donc menacée.

Provocation inouïe, à la mesure de l'imbécillité coloniale : un solennel Te Deum est chanté à la cathédrale de Rabat pour célébrer la promulgation du dahir, en présence de délégations de la jeunesse marocaine conviées pour l'occasion...

Dans les mosquées fut récité le latif, la prière de détresse dite dans les occasions rares où l'islam est perçu en danger.

Sidi Mohammed voyait le Maroc changer sous ses yeux sans bien comprendre le jeu complexe des parties engagées dans le processus. Sa jeunesse cloîtrée au fond d'un vieux palais ne l'y avait guère préparé. L'éminent Charles-André Julien, qui le connut intimement, écrira : « Banques, trusts, consortiums, toutes ces forces dont il devinait qu'elles exerçaient souverainement leur maîtrise, il les considérait comme un monde magique où il ne pouvait pénétrer. » Il avait vingt et un ans.

L'affaire du dahir berbère, l'émotion qu'elle souleva dans tout le pays, les manifestations qu'elle déclencha, lui ouvrirent les yeux. A Allal el-Fassi, jeune diplômé de l'université religieuse Karaouyine, futur chef charismatique de la lutte pour l'indépendance, il déclare : « Je ne céderai plus aucun des droits de notre patrie. » Il tint parole, ne s'inclinant que devant la force, tels ses malheureux prédécesseurs dont la collaboration avec l'occupant ne résultait évidemment pas d'une félonie invétérée, ou d'une singulière préférence pour la subordination, mais d'un rapport de force trop inégal pour leur laisser la moindre marge de manœuvre. Il fallait se soumettre ou se démettre. Le sultan se soumit, peut-être parce qu'il n'était point permis au commandeur des croyants de se démettre.

Alors commence l'imprévisible et long compagnonnage entre un sultan qui, au mieux, restait méconnu de son peuple, et un mouvement indépendantiste infiniment fragile dans ses débuts, l'un s'appuyant sur l'autre et se renforçant de son apport, le premier retrouvant une popularité que sa dynastie dilapidait depuis deux décennies par sa compromission ostensible avec l'occupant, le second recevant de son partenaire l'appoint d'une antique tradition et d'un immense pouvoir spirituel.

Comme souvent chez les nations humiliées, le réveil fut d'abord religieux. Dans les années vingt se développe le mouvement salafiste, venu d'Orient. Il explique la décadence arabe et la domination coloniale par un dépérissement de l'islam. Une religion régénérée, purifiée, restituera aux peuples musulmans leur indépendance et leur intégrité.

Les politiques prennent le relais. Ils n'appartiennent ni au peuple ni à la grande bourgeoisie d'affaires qui a partie liée avec le capitalisme étranger. La plupart sortent de la petite bourgeoisie urbaine, commerçante et artisanale, frappée de plein fouet par l'invasion des produits manufacturés européens.

En 1933, des groupes de jeunes nationalistes, jusqu'alors séparés, fondent le Comité d'action marocaine et s'attachent à la rédaction d'un plan de réformes. Le 18 mai 1933, le Comité organise à Fès la première fête du Trône, qui consacre l'alliance du sultan et du mouvement naissant. L'année suivante, toujours à Fès, la deuxième fête rencontre un succès populaire éclatant. Pour la première fois retentit aux oreilles étonnées du sultan le cri de « Vive le roi ! ».

En décembre 1934, le Comité d'action soumet son plan de réformes aux autorités. Il est des plus mesurés. Les signataires, assurant qu'ils ne sont « ni des dénigreurs systématiques, ni des agitateurs professionnels », se bornent à réclamer une application stricte des clauses du protectorat. C'est encore trop. On les éconduit.

Est-il besoin de retracer dans le détail le sempiternel engrenage qui, là comme ailleurs, conduira dans les larmes et le sang à l'inéluctable indépendance ? Entêtement obtus du pouvoir colonial à ne rien changer, radicalisation des nationalistes (le Comité d'action devient Parti national), manifestations, répression, création de journaux bientôt interdits, siècles de prison assenés aux militants jugés par fournées. L'armée tire sans timidité et met à sac les villes turbulentes.

L'arrivée au pouvoir du Front populaire souleva de grands espoirs. Ils furent déçus. Les dirigeants nationalistes, raflés, furent envoyés en exil. Allal el-Fassi allait ainsi végéter neuf ans au Gabon.

La guerre changea tout. L'inoubliable raclée reçue par l'armée française en 1940 dépouillait le colonisateur de l'aura d'invincibilité qui accompagnait ses armes depuis un demi-siècle. Les gesticulations militaires du résident général Noguès, lors du débarquement américain de 1942, pouvaient difficilement renforcer son prestige, non plus que les subséquentes chikayas de Gaulle-Giraud. Enfin Roosevelt vint. Il eut deux entretiens confidentiels avec le sultan. Selon son fils Eliott, il lui promit d'aider à l'émancipation du Maroc.

Le 11 janvier 1944 est créé le parti au nom magique : l'Istiqlal – l'Indépendance –, rassemblant les jeunes vétérans du Parti national et des personnalités extérieures. Pour la première fois, il réclame ouvertement « l'indépendance du Maroc dans son intégrité territoriale sous l'égide de Sa Majesté Sidi Mohammed ben Youssef ». La réponse française est sans équivoque. Vertement tancé par René Massigli, commissaire aux Affaires étrangères de la France libre, qui lui assène que le protectorat règle à jamais le sort du Maroc, Sidi Mohammed convoque ses vizirs et leur déclare que « le mot d'indépendance doit disparaître et des cœurs et des bouches ». Les dirigeants nationalistes, arrêtés, sont inculpés d' « intelligences avec l'ennemi ». L'ennemi est en l'occurrence le Reich, qui a évacué l'Afrique du Nord huit mois plus tôt... Les manifestations qui éclatent dans le pays sont sauvagement réprimées : soixante morts, des centaines de blessés, des milliers d'arrestations. A Rabat, c'est la 2ᵉ DB de Leclerc, hélas, qui éclabousse son drapeau en tirant dans la foule. La police française torture et fusille sans jugement.

Un accord secret entre les nationalistes et le sultan prévoyait que ce dernier observerait une relative réserve pour ne pas donner à la France prétexte à sa déposition. Le 10 avril 1947, à Tanger, dans un discours de portée historique, Sidi Mohammed évoque cependant l'avenir du Maroc et s'abstient de lire la phrase rituelle ajoutée par la résidence, rendant hommage « aux Français, épris de cette liberté qui conduit le pays vers la prospérité et le progrès ».

Le général Juin est un mois plus tard nommé résident général en remplacement d'Erik Labonne, intelligent et libéral. Juin débarque avec des idées simples qu'un journal français résume par la formule : « La France reprend le bâton. » Il a sur place un outil efficace pour sa politique : le célèbre Boniface, chef de la région de Casablanca et homme fort du Maroc.

En 1951, l'Istiqlal a cent mille militants. Cette même année, le sultan est sommé par Juin de désavouer publiquement le parti indépendantiste et de renvoyer ceux de ses membres qu'il avait accueillis dans son conseil : « En cas de refus, je vous déposerai moi-même. » Pour appuyer sa menace, Juin fait intervenir le Glaoui, pacha de Marrakech,

créature des Français, surnommé « le bordelier » à cause de
la taxe qu'il perçoit sur chaque putain de Marrakech.

Le Glaoui mobilise ses tribus et les fait monter sur Rabat.
Le sultan s'incline. Juin part sur ce succès, remplacé par le
général Guillaume, à qui il a confié le soin de poursuivre sa
politique de force.

En 1952, Mohammed ben Youssef entame la grève de la
signature des dahirs (l'un d'eux octroyait aux Français, infiniment minoritaires, le droit d'élire dans les conseils muni-
cipaux de dix-sept grandes villes autant de représentants
que les Marocains.) L'épreuve de force s'engage. La résidence la souhaite, forte de l'appui des grands féodaux, le
Glaoui à leur tête, qu'elle gave de prébendes, convaincue
que le nationalisme reste le fait d'une poignée d' « intellectuels dévoyés » tandis que la masse du peuple n'aspire qu'à
la paix française. L'année finira dans un voile de sang. Le
7 décembre, l'armée ouvre le feu à Casablanca sur des grévistes manifestant contre l'assassinat à Tunis, par des extré-
mistes français, du dirigeant syndical Fehrat Hached. Le
lendemain, Boniface lance sa police sur deux mille syndicalistes rassemblés pacifiquement à la Maison des syndicats.
Beaucoup sont livrés à une foule de Français surexcités par
de folles rumeurs de massacres perpétrés sur leur communauté. Violences policières et lynchages font entre
trois cents et quatre cents morts.

La répression est sans merci. Tortures, peines de prison,
déportations massives dans le Sud. Une centaine de dirigeants sont incarcérés ou exilés. Le 12 décembre, la résidence interdit l'Istiqlal et le Parti communiste marocain.

Pour parachever une mise au pas que Boniface et
consorts, ancrés dans leurs certitudes, croient définitive, il
ne reste plus qu'à se débarrasser du sultan.

Le résident général Guillaume lui présente un texte en
neuf articles le dépouillant de ses derniers pouvoirs. Sidi
Mohammed refuse de le signer. La police cerne son palais et
le Glaoui menace d'envoyer ses cavaliers sur Rabat. Le
15 août 1953, Mohammed ben Youssef s'incline.

La résidence n'avait que mépris pour son caractère. Elle
le jugeait lâche. Il est vrai que sa fragilité physique et ner-

veuse représentait un lourd handicap face à des adversaires prêts au pire. Charles-André Julien écrira avec élégance qu' « il n'était pas fait pour les luttes qui impliquaient des affrontements physiques. Sa soumission à la volonté de Dieu lui tenait lieu de courage ».

Après avoir plié sous la menace, il se redresse pourtant et recommence la grève des signatures. Le Glaoui, appuyé par le chef des confréries religieuses, Kettani, lance une pétition exigeant la déposition du sultan. Le bordelier de Marrakech justifie l'initiative par son souci de préserver l'islam, mis en péril par l'impiété moderniste de Mohammed ben Youssef. Une fois de plus, il mobilise ses cavaliers. Le 20 août 1953, la résidence, qui tire les ficelles de ce pantin, fait investir le palais par des blindés dont les équipages désarment la garde noire. Des gendarmes armés de mitraillettes surgissent dans les appartements du sultan. Sans ménagements, on le fourre avec ses deux fils dans un DC3 de l'armée qui décolle vers l'est. Le préfet de Corse dira sa stupeur de voir atterrir en pleine nuit sur l'aérodrome d'Ajaccio l'avion dans lequel sont assis, grelottants de froid, le sultan déchu et ses deux fils, assis sur les banquettes métalliques latérales réservées d'ordinaire aux parachutistes.

Après la Corse, Madagascar et l'hôtel thermal d'Antsirabé. Il y restera deux ans.

Un vieil homme pieux et effacé, Moulay Arafa, a été posé par les Français sur le trône.

Son alliance avec le mouvement nationaliste avait nimbé Mohammed ben Youssef d'une popularité sans doute jamais atteinte par un sultan alaouite. La résidence, en l'appelant « le sultan des Carrières centrales », bidonville de Casablanca d'où partaient les plus violentes manifestations, croyait le déconsidérer. Elle l'honorait par cette reconnaissance implicite de la rencontre tardive mais passionnée entre un peuple et son souverain. La déposition marqua l'assomption du sultan déchu au ciel marocain. Par un extraordinaire phénomène d'hallucination collective, des millions de Marocains crurent reconnaître son profil inscrit sur la lune. Son portrait était épinglé partout, dans les appartements bourgeois comme sur le contre-plaqué des bidonvilles. Les mosquées où les prières étaient dites au nom de Moulay Arafa, sultan fantoche, restaient désertées.

Son sultan déporté, ses chefs politiques emprisonnés ou en exil, le peuple marocain reprit le flambeau de leurs mains ligotées. Toutes issues raisonnables bloquées, il n'avait d'autres choix que de passer à l'action violente et au terrorisme.

Pendant deux ans, les attentats organisés par les cellules clandestines urbaines se multiplient (six mille selon le décompte officiel), suscitant un contre-terrorisme français meurtrier. L'insécurité devient générale. Puis des maquis se mettent en place. Ils passent à l'action dans la nuit du 1er au 2 octobre 1955, attaquant trois postes français à la frontière algéro-marocaine. C'en est trop pour Paris. Le gouvernement français a déjà sur les bras l'insurrection algérienne, vieille d'un an et qui ne cesse de se renforcer. L'embrasement du Maroc ouvrirait un nouveau front dont les souvenirs de la guerre du Rif disent assez qu'il serait d'un coût militaire exorbitant. Il faut faire un choix. Comment hésiter entre un Maroc qui n'a jamais accepté son asservissement et les trois départements algériens peuplés d'un million de Français ? Le gouvernement Edgar Faure, avec l'accord des grands groupes capitalistes assez intelligents pour prévoir que l'indépendance ne signifierait pas forcément leur éviction, choisit de céder sur le Maroc pour mieux tenir l'Algérie.

Le préalable était le retour du sultan exilé.

Le 16 novembre 1955, Sidi Mohammed atterrit à l'aéroport de Rabat-Salé. Il monte dans la Delahaye noire qui va le ramener à son palais. Un peuple innombrable, exultant de bonheur, s'est massé des deux côtés de la route, hérissée d'arcs de triomphe, et attend sous le soleil d'automne celui dont il cherchait depuis si longtemps l'effigie sur la lune.

*

Un miraculé.

Il doit à la France ce qu'aucun de ses prédécesseurs,

depuis la nuit des temps, n'avait pu obtenir : un Maroc soumis à une autorité unique. C'en est fini de la pluriséculaire siba. Les colonnes infernales de Lyautey, Pétain, Mangin, lui ont brisé les reins. Le réseau routier qui sillonne désormais la montagne interdira sa renaissance.

Le mot est sans doute terrible de Moulay Hafid à Pétain venu combattre Abd el-Krim : « Débarrassez-nous de ce rebelle », mais c'est un mot de sultan. Le Rif, qui depuis toujours donne de la tablature au trône, va rentrer dans le giron du makhzen. De même, lorsque le général Guillaume, en 1934, va informer Mohammed ben Youssef que la soumission du Sud achève la conquête du Maroc, le jeune sultan, rapporte-t-il, lui exprime sa reconnaissance « pour son excellente action de pacification ». Les troupes coloniales ont accompli ce que les cavaliers du makhzen n'ont jamais pu réussir. L'armée française est de passage ; le makhzen restera.

Surtout, la France a régénéré la dynastie alaouite. Le coup de force de la déposition a fait de Mohammed ben Youssef un héros populaire. De sa retraite de Colombey-les-Deux-Églises, Charles de Gaulle, expert en la matière, avait fait tenir au souverain déchu en route pour l'exil ce bref message : « Il faut souffrir pour être grand. » Sous les palmiers d'Antsirabé, Mohammed ben Youssef a beaucoup souffert et beaucoup grandi. Dans l'imaginaire collectif de son peuple, il est devenu gigantesque. Cette chance manque au bey de Tunis. La France n'a pas posé sur son front l'onction sacrée du martyre. Il sera vite croqué par un Bourguiba qui a grandi à la mesure des années de prison et d'exil infligées par le colonisateur.

L'homme que la foule marocaine acclame en pleurant de joie sur la voie triomphale Salé-Rabat entre dans l'histoire de son pays avec le plus beau titre dont un homme d'État puisse rêver : le Libérateur.

Mais rien n'est joué.

Les officiels redoutent un attentat. Le chauffeur de la Delahaye du sultan a reçu consigne de ne pas lambiner. La lourde voiture fonce pourtant entre deux marées humaines

bien endiguées. L'armée reste discrète mais les services
d'ordre des partis nationalistes contrôlent la foule. Les militants de l'Istiqlal sont en blouson bleu marine, pantalon
noir, foulard aux couleurs chérifiennes, calot vert. Ceux du
Parti démocrate de l'indépendance, organisation minoritaire, arborent un uniforme blanc ou kaki, barré d'une
écharpe, et portent un calot rouge.

Ils sont des milliers, parfaitement organisés et disciplinés.
Éclatante démonstration de force. A Rabat, dans la foule
survoltée, les cris de « Vive l'Istiqlal! » sont aussi nombreux
que les « Vive le roi! ».

Puis la Résistance, cellules urbaines et maquis montagnards. Les directions politiques des partis étant exilées
ou emprisonnées, elle s'est développée en dehors de leur
contrôle. Ses combattants se sont trempés au feu de l'action
clandestine. Ils ont risqué la torture, la mort. Leur solidarité
avec les frères algériens est totale. Pour beaucoup d'entre
eux, la restauration du sultan risque de ne pas marquer le
terme de leur engagement. Le retour dans le giron des partis peut ne pas les tenter. Ils portent les armes et savent s'en
servir. Le peuple s'est passionné pour eux. L'envoyé spécial
du *Monde*, Pierre-Albin Martel, assistera, le soir venu, à
d'étranges scènes sur le méchouar, l'esplanade immense
qui, devant le palais du sultan, est le lieu traditionnel des
célébrations populaires : « Les cris lancés par des cohortes
de femmes pouvaient surprendre et susciter l'inquiétude :
" Par les bombes et les revolvers! " criaient certaines, à qui
d'autres répondaient sur le ton de la psalmodie : " Par les
bombes et par les revolvers, nous avons retrouvé notre roi. "
Le journaliste notera encore que les innombrables cortèges
qui sillonnent la ville toute la nuit hurlent des slogans « qui
sont loin d'avoir perdu leur contenu politique ».

L'unanimité a la vie courte.

Une fois dissipées les fumées de l'illusion lyrique –
demain –, la lutte pour le pouvoir s'engagera entre les trois
forces capables d'y prétendre : le trône, l'Istiqlal, la Résistance.

II

L'homme de sang

Il est assis à l'avant de la Delahaye, à côté du chauffeur. Ce n'était certes pas prévu par le protocole. Les officiels étonnés l'ont vu arriver à l'aéroport de Rabat-Salé dans l'uniforme rouge (tunique, séroual, chéchia) de la garde noire, à laquelle il n'a jamais appartenu. Le besoin de faire couleur locale, probablement, après avoir porté pendant quinze ans l'uniforme de l'armée française. Il a servi comme aide de camp quatre résidents généraux, et fait toujours partie du cabinet de Louis-André Dubois, dernier en date – et dernier de la liste –, nommé depuis quelques jours. Auparavant il avait été l'aide de camp très apprécié du général Duval, commandant en chef, qui disait des Marocains : « Je préfère en tuer mille tout de suite que d'être obligé d'en tuer trois cent mille plus tard en leur faisant la guerre. » Après les meurtrières émeutes d'Oued-Zem, le 20 août 1955, Duval avait fait massacrer un bon millier de Marocains par la Légion. Un homme qui ne parlait pas pour ne rien dire. Puis il mourut d'un accident d'avion auquel la Résistance n'était peut-être pas étrangère.

Voici donc Oufkir assis à quelques centimètres du sultan vers lequel monte l'adoration de tout un peuple. Il ne s'est pas imposé; simplement, il a su être l'homme de la situation. Les officiels étaient hantés par la peur d'un attentat ou d'une provocation. Le sultan, à peine descendu d'avion, perçut leur nervosité. Il n'était pas homme à y rester insensible. Un policier apporta dans un couffin deux pistolets pour le

chauffeur de la Delahaye. Oufkir s'en empara d'autorité, les
glissa à sa ceinture, et s'assit dans la voiture en assurant Sidi
Mohammed que, lui présent, il ne serait pas en danger.

Au terme du voyage, Oufkir sera – bel exercice de voltige
– aide de camp du sultan.

*

Il est né vers 1920 dans le Tafilalet, aux confins sahariens,
deuxième rejeton d'un petit notable qui règne sur la misérable bourgade d'Aïn-Cheikh. Son père a combattu Lyautey,
puis s'est rallié à lui. Il vieillit auprès de ses deux femmes
dans la nostalgie des temps anciens où, à la tête de son rez-
zou, il interceptait les caravanes montées du Sud. Selon
l'hagiographe d'Oufkir, Claude Clément, ancien officier
français au Maroc, c'est son père qui lui enseigna la torture
infaillible pour faire avouer aux caravaniers où ils cachaient
leur or : piquer vivement le torse du supplicié de la pointe
d'un poignard, sans trop enfoncer la lame, l'efficacité du
procédé tenant tout entière à la rapidité et à la multiplicité
des coups. Il paraît que l'impression d'asphyxie est insupportable.

A quinze ans, il est expédié au collège d'Azrou par l'officier des affaires indigènes local. Le collège était l'un des
sous-produits du mythe berbère. Il s'agissait pour la France
de former des cadres loyaux mais moyens. Les études
duraient trois ans. On en sortait avec un diplôme équivalant
au brevet élémentaire pour devenir instituteur ou secrétaire
d'un poste des affaires indigènes. La rusticité des Berbères,
peu propice aux études, faisait partie du mythe.

Oufkir fut brillant, spécialement dans les épreuves physiques. Ils se lia avec un condisciple venu du Rif, Kyari Bougrine. Ils allaient faire ensemble un long chemin, jusqu'au
poteau auquel Bougrine sera adossé et fusillé sous les yeux
de son vieux camarade.

Ses bons résultats valurent à Oufkir d'entrer à l'école militaire de Dar Beida, pourtant destinée aux rejetons de grande
tente. Il y arrive le 1er décembre 1939. La Deuxième Guerre
mondiale a trois mois. L'école s'est installée dans la forte-

resse édifiée près de Meknès par Moulay Ismaïl, l'un des très
grands sultans alaouites, celui-là même qui demanda à
Louis XIV la main de l'une des filles qu'il avait eues avec La
Vallière; il essuya un refus. Sous-lieutenant en juillet 1941,
Oufkir est affecté au 4ᵉ régiment de tirailleurs marocains, en
garnison à Taza. Il y devient l'ami du lieutenant Hammou,
qui, comme Bougrine, sera un jour passé par les armes sous
ses yeux.

Il avait suivi de Dar Beida la déroute de l'armée française
écrasée par la Wehrmacht. Après le débarquement américain en Afrique du Nord, il assista de Taza aux déconcer-
tantes empoignades entre pétainistes, giraudistes et gaul-
listes. S'il y trouva matière à réflexion, nul ne le sut.

Débarqué en Italie avec le corps expéditionnaire de Juin,
il participe à la bataille du Belvédère, dans les Abbruzzes.
Au printemps, il est sur le Garigliano. Juin veut réussir avec
ses coloniaux ce à quoi les divisions anglo-américaines
échouent depuis des mois : enfoncer la puissante ligne de
défense Gustav, faire sauter le verrou de Monte Cassino et
s'ouvrir ainsi la route de Rome.

L'objectif du régiment d'Oufkir est le mont Cerasola. Sa
section doit attaquer sur une pente raide, parsemée
d'énormes roches, jusqu'aux blockhaus tenus par les Allemands.

L'assaut démarre vers minuit, sans préparation d'artillerie. Il s'englue vite dans le semis de mines plantées entre les
roches, sur tous les axes d'accès. Oufkir et les survivants
parviennent cependant aux blockhaus. Les lance-flammes
allemands entrent en action. Un homme tombe carbonisé à
côté d'Oufkir. Lui-même est brûlé aux mains et au visage;
ses yeux sont touchés. L'assaut a échoué. Le 4ᵉ tirailleur
reflue. Le surlendemain, Juin relance ses troupes. Oufkir,
qui a refusé de se laisser évacuer, attaque avec les rescapés
de son régiment, l'œil gauche masqué par un pansement,
les mains gantées. Cette fois, ça passe.

Il reçoit la croix de guerre. Lors de l'entrée dans Rome, il
est désigné pour porter le drapeau français en tête du défilé.

Un mois plus tard, sous les murs de Sienne, le régiment

subit une violente contre-attaque allemande. Un obus explose près d'Oufkir, le blessant grièvement au bras droit. Il quitte l'Italie avec la Légion d'honneur, la Silver Star américaine, une palme de plus sur sa croix de guerre et une promotion au grade de lieutenant.

Après deux années à Taza, il part pour l'Indochine avec le bataillon de marche du 4ᵉ tirailleur. C'est là qu'il donnera sa vraie mesure. Son courage est sans faille; sa cruauté, sans limites. Ses supérieurs disent : « Auprès d'Oufkir, les paras sont des enfants de chœur. »

Sa réputation se nourrit de ces exploits édifiants qui sont la légende dorée du militaire. Un soir, au retour d'opération, un officier manque à l'appel. Oufkir part dans la nuit avec deux tirailleurs et ramène le blessé sur son dos. Un matin rentrant d'un dégagement à Saigon, vêtu de sa tenue blanche de sortie, il saute de justesse dans l'un des camions qui emmènent son bataillon au secours de Sénégalais encerclés; pendant un jour et une nuit, il mènera ses hommes en grande tenue, tel un Bournazel.

Mais aussi la liquidation d'un chef caodaïste qui refusait de se soumettre. Retranché dans une forêt, entouré d'une garde solide, il défiait le commandement français. Oufkir choisit quelques caodaïstes ralliés et cinq tirailleurs. Il s'enfonce dans la forêt avec sa petite troupe. Les caodaïstes seront censés ramener des déserteurs marocains. La ruse réussit. Mis en présence du chef, les faux déserteurs dégoupillent les grenades accrochées entre leurs cuisses et le liquident avec son état-major.

Cet épisode encore. Il est encerclé avec sa section. Les munitions vont manquer. Les Marocains se lèvent, agitent des drapeaux blancs. Les Viets se démasquent et leur font signe d'avancer. Oufkir en tête, les vaincus se présentent. A quelques pas de l'adversaire, ils sortent les armes qu'ils avaient dissimulées, se ruent en tirant, et brisent l'encerclement. Le lieutenant Oufkir savait que la guerre ne ressemble pas à une image d'Épinal.

Ses supérieurs, croyant que le Tafilalet, sa région d'origine, était un fleuve, l'affectèrent aux Dinassauts, barges de débarquement sillonnant canaux et arroyos. Il se battit de longs mois à la tête d'une unité vite légendaire, le commando O (O pour Oufkir), puis commando Zéro. Guerre d'embuscades, de coups de main, sur les mille canaux sillonnant le delta du Mékong, dans l'épaisse végétation recouvrant leurs rives boueuses. Oufkir aima cette guerre qui était comme une chasse et où les engagements finissaient presque toujours par un combat d'homme à homme. Puis il assuma le commandement d'un secteur de la région de Bien-Hoa.

Lorsqu'il quitte l'Indochine, il est capitaine, officier de la Légion d'honneur, et sa croix de guerre s'orne de onze palmes.

*

L'homme qui rentre au Maroc est un pur produit du colonialisme. Officier d'élite, il s'éprouve parfaitement intégré à l'armée française et ne reniera jamais les années passées dans ses rangs. La pensée ne l'effleure pas qu'il n'a été qu'un mercenaire utilisé pour combattre la volonté d'indépendance d'un peuple aussi opprimé que le sien. Dans la boue des arroyos, les bandes viets attaquaient au cri de *Doc-Lap!* –indépendance–, qui, hurlé par des dizaines de milliers d'hommes, finira par submerger Diên Biên Phu. Il ne voit pas le rapport avec l'Istiqlal, créé chez lui cinq ans plus tôt.

Il est grand, maigre, souple. Un baroudeur? Rien de commun avec un Bigeard, son frère en courage. Bigeard, au repos, fait Français moyen. Oufkir inquiète. Le feu du lance-flammes allemand a grêlé sa joue gauche. Il dissimule sous des lunettes noires ses yeux blessés. On pressent en lui une dure ambition dont les objectifs restent flous. Une force qui va on ne sait où. Un homme dangereux. Une génération de journalistes évoquera sans se lasser « sa démarche de fauve, son profil d'oiseau de proie ». Jean Lacouture, bien sûr, échappera au cliché et dira « le visage de Sioux au regard de bitume ».

Mais il reste un colonisé. Son grade de capitaine ni sa batterie de médailles ne lui permettront de commander une compagnie au Maroc. C'est le règlement. Un capitaine indigène ne peut exercer ce commandement, réservé aux Français, quels que soient leurs états de service. Oufkir et Hammou, son condisciple de Dar Beida, font un scandale à l'état-major de Meknès. Le général commandant à Meknès est cet ancien officier des affaires indigènes qui, naguère, envoya l'adolescent Oufkir au collège d'Azrou. Il peut estimer avoir eu la main heureuse. Le général Duval, commandant en chef des troupes du Maroc, réclame un aide de camp. Ce sera Oufkir.

Il va passer ainsi trois ans auprès de Duval, dont le dernier fait d'armes était l'écrasement dans le sang, en mai 1945, des manifestations en faveur de l'indépendance dans le Constantinois algérien. On évalue le nombres des victimes de la répression à quarante mille. L'homme est intrépide et sommaire. Il apprécie Oufkir; Oufkir l'aime. Leur amitié ne connaîtra pas d'accroc.

Une autre vie commence. Après les frugalités de l'enfance, l'adolescence au sévère collège d'Azrou et la jeunesse spartiate à Dar Beida, après les duretés de la campagne d'Italie et la guerre sans quartier dans les arroyos cochinchinois, voici le luxe et la volupté. Dîners de gala à la résidence, réceptions, découverte des hauts fonctionnaires, hommes politiques, ambassadeurs. Et de leurs femmes. Elles ne lui laissèrent pas ignorer qu'il plaisait. Son côté exotique et dangereux, bien sûr, mais il avait aussi du charme. Le sourire mettait du soleil sur ce visage glaçant. Le regard de bitume, qui a frappé tous ses interlocuteurs, pouvait s'éclairer. Au reste, l'homme n'est pas sinistre. A sa manière carnassière, il aime la vie, les parties de poker jusqu'à l'aube, les virées dans les boîtes de nuit, les petites provinciales françaises qui se constituent un stock de souvenirs et les grandes bourgeoises compassées qui s'offrent une aventure.

Sa spécialité est le renseignement. Il est en contact avec tous les services de sécurité français. Le SDECE, composé d'officiers, a sa préférence. Il est plus qu'un honorable correspondant : un agent actif du maintien de l'ordre français au Maroc. Quand Juin débarque à la résidence, le bâton à la main, il ne bronche pas. Juin fut son chef en Italie : cela seul compte. Guillaume, qui lui succède, commandait les tirailleurs au Belvédère et sur le Garigliano. Il appelle Oufkir à son cabinet. Oufkir regretta de devoir quitter Duval mais s'inclina.

Le voici au centre du pouvoir : la résidence. Un aide de camp peut servir à ouvrir les portes et à veiller sur la serviette de son patron. Oufkir vient pour renseigner. Il dispose d'un réseau d'informateurs le mettant au fait de tout ce qui se trame dans les milieux nationalistes. Les uns lui ont été fournis par le SDECE et la DST, les autres sont ses créatures.

C'est sans doute pourquoi cinq résidents successifs le garderont à leur service, aussi bien les libéraux que les répressifs. Après sa mort, plusieurs d'entre eux lui rendront dans la presse française des hommages émus mais ambigus si on les lit d'un œil marocain. Il était loyal et fidèle, écrivent-ils. Mais à qui ?

Il suivit de près les émeutes sanglantes de décembre 1952 à Casablanca et ne cela point à ses proches qu'il jugeait la répression un peu molle. Pour lui, la politique est un art simple et tout d'exécution. Identifier l'adversaire, puis l'exterminer. Les mess d'officiers d'Indochine lui avaient inoculé la détestation du personnel politique français ; son mépris n'épargnait pas ses compatriotes. Tous des bavards. Sa ruralité originelle répugnait aux villes populacières. Ainsi, rien de ce qui se dit à la résidence ne peut-il le choquer. Le bled reste acquis à la paix française ; les nationalistes sont une poignée d'intellectuels aigris ; quelques mitrailleuses tiendront en respect les hordes dévoyées des bidonvilles.

Il est tout Glaoui. Par solidarité tribale au sens large : il vient du Sud. Et puis, tout bordelier qu'il fût, le vieux seigneur avait un autre panache que ce sultan dont la résidence raillait la lâcheté physique. Oufkir, fort de son réseau, impulse la campagne pour la déposition, faisant le compte des pachas et caïds sur lesquels on pouvait compter, dosant la pression sur les récalcitrants. Mais tout cela dans le secret de son bureau de la résidence, par les voies discrètes des services, de sorte que son nom n'apparaissait jamais. Il avait acquis du savoir-faire : sur vingt-trois pachas, quatre restent fidèles à Mohammed ben Youssef, et sur trois cent vingt-trois caïds, seulement six.

La France changeant, Oufkir changea aussi. Il fallait obtenir le retrait du sultan fantoche pour faire place nette à Sidi Mohammed. Le malheureux vieillard ne s'accrochait guère au trône et ne demandait qu'à retourner à ses chères études théologiques, mais son chambellan, créature du Glaoui, très lié au clan extrémiste français, montait une garde hermétique autour de lui. Selon une version répandue partout, c'est Oufkir qui obtint l'abdication du vieil homme, s'introduisant au palais caché dans le coffre d'une voiture, puis écartant les hommes de la garde noire par la menace d'une arme selon les uns, en les soudoyant selon les autres. Le général Boyer de la Tour, résident, ancien chef d'Oufkir en Cochinchine, dira plus tard l'anecdote controuvée. Mais il était à l'époque démissionnaire et ne contrôlait plus guère une situation mouvante.

Aide de camp encore et toujours, mais cette fois du sultan triomphant. L'avenir est bleu.

*

Maquis montagnards et cellules urbaines n'avaient point désarmé après le retour du sultan. Des négociations avec la France devaient élucider le contenu de l'ésotérique formule tirée de son chapeau par l'illusionniste Edgar Faure, président du Conseil : « L'indépendance dans l'interdépendance. » Les résistants, méfiants, continuèrent la lutte pour peser sur les pourparlers. L'indépendance acquise, le 2 mars 1956, ils voient leurs rangs se grossir de milliers de goumiers, leurs adversaires d'hier, qui, privés de leurs chefs français, passent au maquis avec armes et bagages. En ville, quelques groupes terroristes virent au banditisme pur et simple. Pas plus qu'ailleurs la Résistance marocaine ne sera donc au sortir du combat un groupe homogène propice aux simplifications.

Que veulent les authentiques résistants? Ils sont fidèles au trône mais souhaitent de profondes réformes. Pour certains, solidaires de la révolution algérienne, la lutte ne peut se terminer que par l'émancipation du Maghreb tout entier; ils entendent combattre aux côtés des frères algériens. Pour tous, la lutte pour l'indépendance ne se terminera que lorsque la dernière parcelle du sol marocain sera débarrassée du joug étranger. Or, comme le dira fort justement Hassan II, « le malheur du Maroc est d'avoir eu deux colonisateurs ». La France s'est retirée, mais l'Espagne conserve des enclaves – les présides de Ceuta et de Melilla au nord, Ifni et Tarfaya au sud – et surtout le Sahara occidental, qu'elle appelle Rio de Oro.

L'Istiqlal, absent en tant que tel de la lutte armée pour cause d'emprisonnement ou d'exil de ses dirigeants, ne contrôle nullement la Résistance, même si nombre de ses militants s'y sont illustrés individuellement. Au Conseil national de la Résistance, fort d'une cinquantaine de membres, son comité exécutif a un seul représentant, Allal el-Fassi, chef charismatique, au demeurant en exil. Il revendique hautement la résistance, s'identifie à elle, mais les petits et moyens bourgeois qui forment le gros de ses troupes considèrent avec inquiétude les bandes hétéroclites qui courent le bled.

Quant au sultan, absolument désarmé, il ne peut guère les tolérer sans y risquer sa souveraineté.

Farisation, fonctionnarisation et assassinat liquideront en quelques années la Résistance.

Le 14 mai 1956 sont créées les Forces armées royales (FAR, d'où farisation). Chaque chef faisant son allégeance avec cent partisans au moins est nommé officier, tandis que sa troupe intègre les FAR. Dix mille hommes se rallient d'un seul coup, beaucoup d'autres acceptent de déposer les armes au fil des mois. Dans les villes, les résistants se voient offrir des emplois dans la police et les services de sécurité. Des avantages économiques sont d'autre part consentis à ceux des résistants qui acceptent de rentrer dans le rang. Enfin, les partis, l'Istiqlal en tête, submergent le noyau qui a réellement combattu en faisant commerce de cartes de résistant. Au terme de cette spirale inflationniste, les « résistants » finiront par atteindre le chiffre démesuré de soixante mille – mais cela est de tous les temps et de tous les pays.

Les irréductibles sont froidement assassinés.

Tandis que se déroule cette guerre d'usure où le trône et l'Istiqlal sont partenaires officieux, une bataille à front renversé les oppose pour le contrôle du pouvoir.

Les dirigeants de l'Istiqlal envisageaient pour le sultan un rôle de monarque constitutionnel aux prérogatives réduites. Mais à force de jouer Mohammed ben Youssef contre la France, ils l'ont identifié au nationalisme; puis, pendant deux ans, en concentrant tous leurs efforts sur l'exigence de son retour d'exil, ils en ont fait le symbole vivant de l'indépendance. S'étant eux-mêmes piégés, il leur faut à présent compter avec lui.

Le sultan, s'il veut régner, doit rogner un Istiqlal politiquement hégémonique.

Mohammed ben Youssef n'hésita pas pour ce faire à renouer alliance avec les grands féodaux – ceux-là mêmes qui l'avaient déposé. Chaque partie y trouvait son compte : pachas et caïds obtenaient leur pardon; le sultan récupérait des appuis. Quant au premier gouvernement, présidé par Si Bekkaï (ancien officier de l'armée française, mutilé de guerre, l'un des rares pachas à avoir protesté contre la déposition), l'Istiqlal s'y retrouve largement minoritaire face aux personnalités sans affiliation et aux six représentants du Parti démocrate de l'indépendance (PDI). Même si le PDI pèse infiniment moins lourd que son partenaire, même s'il présente l'inconvénient de compter dans sa direction quelques républicains avérés, tout vaut mieux pour le sultan que de rester en tête à tête avec le seul Istiqlal.

Plus tard, en 1958, viendra un gouvernement istiqlalien, mais après que le sultan, conforté, aura fait admettre sa prérogative de nommer les titulaires des essentiels ministères de la Défense et de l'Intérieur.

Ainsi un gouvernement formé par la gauche de l'Istiqlal eut-il à assumer la répression au Rif d'un mouvement qui, à l'origine, avait été fomenté par le palais contre lui...

La grande idée du trône était de susciter un parti rural qui ferait pièce à l'Istiqlal. Le terrain était favorable. Le bled considérait avec défiance un parti né et grandi dans la bourgeoisie urbaine, son adversaire traditionnel. C'était le parti des Fassis, les habitants de Fès, enviés pour leur fortune, détestés pour leur morgue, identifiés depuis toujours au makhzen. L'Istiqlal exaspérait par sa superbe, sa prétention à monopoliser le patriotisme, le sempiternel rappel de ses éclatants mérites. Sa volonté hégémonique était manifeste. Il ouvrait partout des bureaux , déployait une propagande intense, et, pour éliminer des concurrents, ses agents n'hésitaient guère sur le choix des moyens. Face à lui, l'ancien bled siba réagissait comme naguère face au makhzen.

Le Mouvement populaire fut donc créé par Mahjoubi Aherdane et le docteur Khatib, chef historique de la Résistance, avec le slogan : « Nous n'avons pas combattu pour l'indépendance pour perdre notre liberté ». A l'instigation du palais, quelques bureaux de l'Istiqlal furent fermés tandis qu'on molestait plusieurs de ses représentants.

Un incident imprévisible allait enflammer le bled, à la consternation des apprentis sorciers. Un authentique résistant, Abbès Messadi, assassiné par l'Istiqlal, était enterré à Fès. Ses amis voulaient transférer sa dépouille chez lui, à Adjir, fief montagneux de la Résistance. Les fonctionnaires de l'Istiqlal refusèrent l'autorisation. Le 2 octobre 1958, pour le troisième anniversaire du déclenchement de l'insurrection, le docteur Khatib et Aherdane procédèrent cependant à la translation et firent à Messadi, martyr tombé sous les coups de l'Istiqlal, des funérailles suivies par plusieurs milliers de personnes. La cérémonie tourna à la manifestation et la police tira.

Le Rif, une fois de plus, entra en rébellion.

Le 9 janvier 1958, le prince Moulay Hassan, futur Hassan II, arrivait à Tetouan en compagnie du commandant Oufkir.

*

Hassan aurait pu alors appliquer à Oufkir le qualificatif dont il gratifia par la suite Valéry Giscard d'Estaing, pré-

sident de la République française : « Mon copain. » Beaucoup plus tard, lors d' une interview restée fameuse, il dira
de lui, qu'il venait de faire abattre : « J'ai connu trois Oufkir;
le premier, alors que j'étais prince héritier et qu'il était, lui,
jeune aide de camp de mon père, le roi Mohammed V.
C'était un officier doublement heureux : heureux de s'être
tiré de toutes les campagnes qu'il avait faites sans y laisser
sa peau, heureux de se trouver choisi, parmi tant d'officiers
marocains, comme aide de camp de mon père. Depuis quelques jours, je me pose la question : on aurait dit que la résidence nous avait servi Oufkir comme sur un plateau. Le 16
novembre 1955, jour du retour de mon père à Rabat, il se
trouvait déjà à ses côtés dans la Delahaye noire. Ce n'est que
depuis trois jours que je me demande pourquoi il nous fut
ainsi " servi " dès le début. Nous passâmes ensuite, lui jeune
officier, moi célibataire, des années très agréables. »

Ce qui les attend dans le Rif peut difficilement être qualifié d'agréable, mais il est vrai que les deux hommes par-
tagent des heures plaisantes, surtout nocturnes. Moulay
Hassan a vingt-neuf ans; Oufkir approche de la quarantaine.
Ils ont en commun le courage, encore que le cadet n'ait pas
encore eu l'occasion d'en donner des preuves. Mais à la
résidence, même ceux qui raillaient la timidité physique du
sultan admettaient que son fils aîné était d'une autre
trempe. Tous deux posent sur la vie le regard froid du vrai
cynique. Ils aiment l'alcool et les filles, dont ils font grande
consommation. Leur amitié a des odeurs lourdes de fonds
de verre et de lits trop fréquentés, mais c'est une amitié.
Une complicité? Elle viendra plus tard. Le sultan est jeune –
quarante-sept ans en 1956 – et Hassan n'est pas assuré de
régner, ou si tard que l'événement s'inscrit dans un avenir
indécis. Mais il peut gouverner sous son père. C'est le but
vers lequel il tend. Il a été formé pour cela. Dès 1944 – il a
quatorze ans – il assiste aux deux entrevues avec Roosevelt.
Mohammed ben Youssef, conscient de ses limites, a voulu
pour son aîné une éducation lui ouvrant les portes de ce
monde moderne auquel lui même entendait peu de chose.
Moulay Hassan a obtenu une licence de droit et le diplôme
des hautes études de droit civil de la faculté de Bordeaux. Il

a suivi son père en exil. Tandis que le sultan déchu s'abîmait dans le pessimisme, Hassan soutenait que la partie n'était pas finie. Il a été de tous les pourparlers avec la France et l'Espagne, soumis à son père, qui a pour lui beaucoup d'affection, mais piaffant de l'impatience d'exister et d'agir.

Il ignore la prédiction d'un haut fonctionnaire français qui, voyant Oufkir se frayer un chemin si imprévisible dans l'intimité de la famille régnante, laissa tomber : « En voilà un qui défera un sultan... »

Conformément à la tradition alaouite, le prince Moulay Hassan a été placé à la tête des FAR. Sous le magistère averti d'Oufkir, il va faire ses classes de chef d'état-major sur les pitons du Rif.

La répression est brutale, impitoyable – oufkirienne. Vingt mille hommes débarquent sur la côte méditerranéenne (même le yacht royal a été réquisitionné) et s'enfoncent dans la montagne en trois colonnes. L'aviation, avec des équipages français aux commandes mais les couleurs chérifiennes fraîchement peintes sur les carlingues, écrase les villages sous les bombes. Oufkir est à la tête de la principale colonne. Hassan suit les opérations en hélicoptère et se fait déposer pour recevoir les soumissions. La noire légende d'Oufkir s'enrichit de quelques anecdotes. Un jour, un groupe de prisonniers présentés à Hassan s'agenouillent devant lui. Quand les malheureux se relèvent avec leur pardon et s'éloignent, une explosion les déchiquette : Oufkir, facétieux, a glissé une grenade dégoupillée dans le capuchon d'une djellaba. Une autre fois, un Rifain tire un coup de fusil sur Hassan et le manque. Il est maîtrisé. Oufkir s'approche, l'égorge et lance à Hassan : « Je te l'offre, mon prince ! » Histoires non vérifiées ? Assurément. Mais on ne prête qu'aux riches, et il est avéré qu'Oufkir, du temps qu'il opérait pour le compte de la France – et encore à Oued-Zem, en août 1955 –, aimait à procéder à ces spectaculaires exécutions publiques pour lesquelles le poignard gardait sa préférence.

Le bilan de la répression reste inconnu. On évalue les victimes, pour la plupart des civils tués par les bombes de l'aviation, à plusieurs milliers de morts et de blessés.

Au terme d'une campagne rondement menée contre ses compatriotes, Oufkir accéda au grade de colonel.

Le 15 août 1957, Mohammed ben Youssef se fait couronner roi sous le nom de Mohammed V.

*

Le dernier acte de la liquidation de la Résistance se joua dans le Sud. L'Armée de libération du Sud, renforcée par des irréductibles venus de tout le Maroc, guerroyait de concert avec les tribus sahraouies contre les troupes de Franco. Leurs opérations les conduisaient à l'occasion en Mauritanie, toujours sous souveraineté française, mais à la veille de l'indépendance.

La situation était délicate pour le roi. Il pouvait difficilement désavouer les combattants : le Maroc tout entier – partis, y compris le Parti communiste, syndicats, associations – revendiquait comme siens et le Sahara occidental et la Mauritanie. Allal el-Fassi, chef de l'Istiqlal, répétait dans des discours enflammés que le pays ne devait être borné au sud que par le fleuve Sénégal... Mais comment tolérer l'existence de cette force armée autonome que la farisation n'avait pas tentée et dont les motivations territoriales s'accompagnaient d'un évident prurit politique ?

La France convainquit le roi de sauter le pas. La Mauritanie, pas plus que le Sahara occidental, n'est ce tas de sable sur lequel l'Angleterre avait, jadis, laissé le coq gaulois jouer de l'ergot. Son sous-sol regorge de phosphates et de minerai de fer. Un groupe international, dans lequel figure naturellement la Banque de Paris et des Pays-Bas, prévoit la mise en exploitation du bassin minier de Zouerate, avec, pour l'évacuation du minerai, la construction d'une voie de chemin de fer jusqu'à la côte atlantique et la modernisation des installations de Port-Étienne (Nouadhibou après l'indépendance). La BIRD, sollicitée pour un prêt, s'effraie des conditions d'insécurité. Les capitaux ne seront dégagés que si l'ordre règne en Mauritanie, ce qui implique la mise au pas de l'Armée de libération.

Pour la France, enfoncée dans la guerre d'Algérie, l'opération présentait le mérite supplémentaire de débarrasser ses confins sahariens de quelques milliers d'hommes tout acquis à la cause algérienne.

En janvier 1958, Français et Espagnols, en accord complet avec les autorités marocaines, mettent au point l'opération Ouragan, dont la partie française s'appellera Écouvillon. Le mois suivant, quinze mille hommes, appuyés par une centaine d'avions, ratissent le désert. Les tribus sahraouies, leurs troupeaux abattus, sont contraintes à l'exode. Les combattants, écrasés, se rendent et, pour la plupart, rejoignent les FAR ou rentrent chez eux.

Les dirigeants marocains, sultan en tête, continueront de proclamer hautement que « les territoires sahariens sont le prolongement du Maroc ». Ils se refuseront même longtemps à reconnaître l'existence de la Mauritanie indépendante. Il n'empêche que l'ordre économique colonial est rétabli, que la Mauritanie vivra son destin à l'écart du Maroc et que l'Espagne est pour longtemps au Rio de Oro.

On en reparlera dans seize ans.

Parmi les rares combattants rescapés de l'opération Écouvillon et décidés à poursuivre la lutte, Ahmed Agouliz, un ancien cuisinier de cantine scolaire. L'un des premiers, il avait créé à Casablanca une cellule clandestine. La police française avait fini par l'arrêter, puis il s'était évadé. Son nom de guerre est devenu légendaire dans les bidonvilles du Maroc : Cheikh el-Arab.

III

Le politique

Le 16 novembre 1955, jour de bonheur pour le Maroc, est pour lui lourd d'angoisse. Le général Méric, de la direction des affaires politiques du protectorat, lui a demandé d'assurer la sécurité personnelle du sultan. Ben Barka, secrétaire exécutif de l'Istiqlal, s'efforce de veiller à tout. Son frère Abdelkader le décrira jaillissant sans cesse de sa voiture, scrutant les toits, lançant ses mises en garde au service d'ordre. Il ne quitte pas de l'œil la Delahaye noire qui fend la foule d'où peut jaillir à chaque instant une grenade homicide. Le pays ne manque pas de desperados trop compromis avec la répression française pour espérer survivre au retour de Sidi Mohammed.

A côté du père, le fils aîné, Moulay Hassan, qui fut dans les années quarante l'élève du professeur Ben Barka au collège impérial du palais.

Remarque-t-il Oufkir qui fait l'important à côté du chauffeur et agite les bras pour demander au service d'ordre de repousser la foule empiétant sur la chaussée? Pas sûr : sous son déguisement improvisé, l'aide de camp des résidents français n'est plus qu'un anonyme officier de la garde noire.

Dès 1951, Juin disait de Ben Barka : « C'est l'ennemi numéro un. » Pourtant, d'une certaine manière, Mehdi ben Barka était, comme Oufkir, un pur produit du colonialisme français, mais à son meilleur. Il est né en 1920 à Rabat; son père est lecteur du Coran dans une mosquée et assure des fins de mois difficiles en tenant commerce de thé et de sucre. Au sortir de l'école coranique, à neuf ans, seul le

frère aîné de Mehdi est admis à l'école primaire, qui porte
alors le nom significatif d'« école des fils de notables ». Les
Ben Barka sont loin d'être des notables et c'est déjà une
grande chance pour eux que d'avoir un fils accepté. Mehdi
accompagne son frère chaque matin et reste assis sur le
trottoir jusqu'à la fin des cours. L'institutrice française finit
par le faire entrer et l'installe au dernier rang. Six mois plus
tard, il est au premier rang. Ben Barka fait ses études
comme Oufkir la guerre : avec acharnement et brio.

Le mouvement nationaliste remarque cet excellent sujet
et prend en charge ses études secondaires. Mehdi entre à
treize ans au lycée Moulay Youssef. Il est le plus jeune militant du mouvement pour l'indépendance – il sera le plus
jeune à toutes les étapes de sa vie. En classe de seconde, la
résidence prend le relais en lui accordant une bourse qui lui
permettra de poursuivre jusqu'à la licence ès sciences, obtenue à Alger. On avait vu pour lui plus grand encore. Le
général Boyer de la Tour, futur résident lui-même, servait
en 1937 au cabinet du résident Noguès. Il reçut un jour la
visite du proviseur du lycée Moulay Youssef, accompagné
de Medhi, qu'il présenta comme un élève si doué qu'un
effort particulier devrait être consenti en sa faveur. Boyer
de la Tour en parla à Noguès, ancien de Polytechnique, qui
s'emballa : on allait faire préparer au jeune homme le
concours d'entrée à la grande école. La guerre empêcha la
réalisation du projet.

Licencié ès sciences. Le seul du Maroc, à une époque où
les étudiants sont rares et préfèrent le droit ou les lettres
aux séductions austères des sciences exactes. Le vœu secret
de Mehdi était de devenir l'élève d'Einstein... A la fin de
1942, après le débarquement américain, il est rappelé au
Maroc par le mouvement nationaliste et renonce à préparer
l'agrégation.

En 1955, il a trente-cinq ans. Il est petit, noir de poil, la
peau blanche, l'œil charbonneux sous les sourcils épais.
Une vitalité infernale. Il épuise ses collaborateurs, soûle ses
interlocuteurs. On le surnomme « Dynamo ». Orateur brillant, il n'enflamme pas les foules avec les incantations poé-
tico-patriotiques d'un Allal el-Fassi mais les conquiert par la

clarté et la cohérence de sa pensée. Entré en politique à treize ans, il est en 1944 cofondateur de l'Istiqlal et signataire – le plus jeune – du manifeste pour l'indépendance, ce qui lui vaut d'être emprisonné deux ans pour « intelligences avec l'ennemi ». A sa libération, il prend la tête d'une délégation de journalistes marocains et part pour Paris, où siège l'ONU. Contacts multiples avec les délégations pour les intéresser à la cause marocaine. En 1951, Juin l'assigne à résidence dans le Sud ; il y restera jusqu'en 1953, puis on le transfère dans l'Atlas. En septembre 1954 (la Tunisie vient d'obtenir l'autonomie interne et Paris souhaite lâcher du lest au Maroc), il est libéré. Il participe aux consultations d'Aix-les-Bains ouvertes le 20 août 1955 (jour anniversaire de la déposition du sultan) par le gouvernement d'Egdar Faure pour régler la crise marocaine. Le ministre des Affaires étrangères s'appelle Antoine Pinay. Il représente surtout le grand patronat français, soucieux de sauver sa mise au Maroc et qui y parviendra...

Plus tard – beaucoup plus tard –, Mehdi ben Barka procédera à son autocritique. Aix-les-Bains, présenté comme une victoire, n'a été qu'un compromis boiteux, non point tant sur la forme (l'indépendance dans l'interdépendance) que sur le fond. Le colonialisme, reculant sur le front politique, conservera ses positions économiques. Surtout, fallait-il se limiter au seul Maroc quand l'Algérie était en feu ? La solidarité maghrébine n'a-t-elle pas été sacrifiée au nationalisme marocain ?

Pour l'heure, le doute ne l'habite pas. Il est marxiste comme on l'était dans le moment. Réforme agraire, nationalisation de l'appareil de production industrielle, planification minutieuse de l'économie, le tout, naturellement, sous le contrôle démocratique des masses. Il est aussi monarchiste de fait sinon de conviction. L'immense popularité de Sidi Mohammed fait partie de l'équation marocaine. Un autre Jeune-Turc de l'Istiqlal, Abderrahim Bouabid, l'a dit aux Français à Aix-les-Bains : « Mohammed ben Youssef incarne le Maroc et vous n'y pouvez rien. » Plutôt que de se heurter au trône, au risque de s'y briser, il faut s'appuyer sur lui et se renforcer de sa puissance pour le contraindre à évoluer. En somme, le socialisme par la monarchie, ou au moins le socialisme via la monarchie. Le mot de Jean Lacouture, « Ben Barka, c'est Lénine plus Edgar Faure », est une boutade qui va loin. Le sociologue américain Waterbury, éminent spécialiste du Maroc, dira la même chose en plus de mots : « Ben Barka n'était pas l'homme de gauche intransigeant salué par la presse française de gauche [...]. Il n'était pas un homme de gauche doctrinaire et dogmatique bien que ses méthodes fussent à l'occasion progressistes, son vocabulaire typiquement marxiste, et ses conceptions politiques autoritaristes. Mais il faisait preuve d'un pragmatisme remarquable pour atteindre ses objectifs [1]. »

De ce pragmatisme, il allait en effet donner des preuves surabondantes.

*

Deux hommes auront mis au pas la Résistance : le prince Moulay Hassan et Ben Barka.

Secrétaire exécutif de l'Istiqlal, Ben Barka entend bien en faire le parti unique du Maroc, une force irrésistible qui, avec l'appui de l'Union marocaine du travail, syndicat fort d'un demi-million de membres, entraînera le palais dans le mouvement vers le socialisme. Pour cela, il quadrille le pays et pousse partout ses pions : fonctionnaires acquis au parti ou permanents de l'Istiqlal (dans le Rif et ailleurs, la distinction sera mal perçue). Les adversaires doivent être réduits. Quant aux irréductibles, il faut les éliminer. Le secrétaire exécutif procède à la purge sans atermoiements ni palinodies.

Sans doute des éléments douteux s'étaient-ils, comme partout, introduits dans la Résistance. La Sûreté marocaine, aux ordres de Moulay Hassan, pourvoyait le cas échéant aux provocations susceptibles d'émouvoir les honnêtes gens. Mais tous ceux qui furent éliminés n'appartenaient pas à cette catégorie. Les cellules urbaines du Croissant noir avaient le tort d'être souvent d'inspiration communiste. D'autres furent abattus parce qu'ils refusaient l'alliance

1. John Waterbury, *Le commandeur des croyants* (PUF).

avec le trône, ou plus simplement pour rébellion contre l'hégémonie istiqlalienne. Étaient enfin sacrifiés ceux qui entendaient poursuivre le combat jusqu'à l'indépendance de l'Algérie.

Une commission siégeait, sous la présidence de Ben Barka, qui séparait le bon grain de l'ivraie. L'ivraie était abandonnée aux tueurs de la Sûreté, souvent anciens résistants eux-mêmes.

Puis l'épisode Abbès Messadi. Ce même Messadi dont la translation de la dépouille mortelle allait déclencher deux ans plus tard l'insurrection du Rif, écrasée par le prince Hassan et Oufkir.

Messadi était une grande figure de la Résistance. Il avait commencé la lutte à Casablanca, puis s'était fait arrêter par la police française en 1954. Relâché, il avait gagné le Rif pour y organiser des maquis. En octobre 1955, il avait, le premier, et en accord avec les Algériens Boudiaf et El-Midhi, lancé ses commandos à l'attaque des postes français. Sa zone d'opération, entre Aknoul, Boured et Tizi Ouzli, était vite devenue sur les cartes de l'état-major français « le triangle de la mort ». En janvier 1956, lorsque l'Armée de libération s'organisa sous trois commandements distincts, celui des forces du Rif lui fut confié.

Ben Barka le rencontra au cours d'une tournée dans le Nord. Messadi n'entendait pas se soumettre à l'Istiqlal. Il proclamait sa solidarité avec le combat des Algériens. Son seul point commun avec Ben Barka était un tempérament assez vif. Il séquestra quelques jours le tout-puissant secrétaire exécutif de l'Istiqlal. Ben Barka lui fit tenir par la suite une proposition de rencontre à Fès pour éclaircir les malentendus. L'intermédiaire était un certain Hajjaj, subordonné d'Abbès Messadi, mais subordonné jaloux. La seule certitude est qu'on retrouva, le 26 juin 1956, le cadavre affreusement mutilé de Messadi dans la villa louée à Fès par Ben Barka. Selon les amis du secrétaire exécutif, celui-ci souhaitait réellement parvenir à un accord avec Messadi, et chargea Hajjaj de le lui amener. Hajjaj le fit revolver au poing. Une bousculade se produisit dans la voiture et une balle partit, tuant net Messadi.

Neuf ans plus tard, dans une autre voiture, sur une route d'Ile-de-France, il arrivera peut-être que le destin bégaie...

Charles-André Julien, son ami, confie qu'il n'a jamais osé évoquer ces rudes péripéties devant Ben Barka, « de crainte de l'indisposer ».

*

Il est ensuite président de l'Assemblée consultative, dont tous les membres sont nommés par le sultan. Solution transitoire en attendant l'Assemblée constituante, solennellement promise par Mohammed ben Youssef. Ben Barka propose et fait accepter que Moulay Hassan devienne prince héritier. C'est une rupture totale avec la séculaire tradition marocaine, une infraction à l'islam, qui exclut toute succession automatique au trône par primogéniture. Il est vrai que le protectorat a quelque peu vicié cette règle en l'utilisant pour se réserver le choix du successeur, puis, Hassan étant né et témoignant dès son jeune âge d'une pugnacité évidente, pour interdire qu'on le traitât publiquement en héritier du trône.

Du haut de son perchoir, il voit cependant le roi Mohammed V tourner le dos à l'avenir socialiste qu'il imaginait pour lui et chercher dans le passé les vieilles recettes utiles pour réduire la siba. Il s'agit pour Mohammed V comme pour tous ses prédécesseurs d'assurer sa domination en divisant l'adversaire. Avec l'aide de l'Istiqlal, il a réussi à se soumettre la Résistance. Tout ce qui porte les armes au Maroc est désormais sous ses ordres. L'Istiqlal lui-même, pourtant si puissant, a dû accepter un gouvernement où la majorité lui échappait. Il demeure cependant, face au trône, une force redoutable. Une scission l'amoindrirait. La crise éclatera, significativement, sur le problème de la désignation des ministres de l'Intérieur et de la Défense, que le roi entend se réserver au grand dam des éléments les plus intransigeants de l'Istiqlal.

A dire vrai, la scission ne fut pas provoquée par le palais, qui se contenta de jouer son jeu dans la discrétion efficace propre à Mohammed V. Tout au long de ces années, nul diktat tombé du trône, nulle crise créée ostensiblement par lui. Le roi ne cherche jamais l'épreuve de force : il la fuit. C'est en utilisant le dynamisme même de l'adversaire qu'il le déstabilise. L'Istiqlal n'avait dû sa cohérence qu'au combat contre le colonialisme. L'indépendance acquise, son unité devenait factice. Quoi de commun entre un Allal el-Fassi, patriote pétri d'islamisme, et le marxiste Ben Barka ? Quelle unité de vue entre les petits-bourgeois nationalistes qui forment le fond de la clientèle du parti et ses jeunes militants rêvant d'une révolution ?

L'opposition entre « Vieux Turbans » et « Jeunes-Turcs » devait à la fin déboucher sur la scission. Le 6 septembre 1959, Mehdi ben Barka fonde l'Union nationale des forces populaires (UNFP), entraînant avec lui le meilleur de l'Istiqlal : les jeunes, les étudiants, les syndicalistes – tous ceux qui veulent que l'indépendance se traduise dans le pays par des réformes profondes. Le chef du gouvernement, Abdallah Ibrahim, se rallie à l'UNFP.

L'élan sera vite brisé. Le trône enregistre l'affaiblissement drastique de l'Istiqlal, ramené au rang d'un parti banal, simple concurrent des partis qu'on suscitera contre lui. Il feint de laisser gouverner Ibrahim pour mieux le torpiller en lui créant maintes difficultés (dont l'insurrection du Rif n'est pas la moindre). Quant à l'UNFP naissante, et dont la faveur dans l'opinion publique est inquiétante, elle aura droit à un traitement qui fait rupture dans la jeune histoire du Maroc indépendant : de la main de velours du roi, le témoin passe dans le gant de fer du prince héritier.

En décembre 1959, trois mois après la création officielle de l'UNFP, deux de ses membres les plus éminents, le fqih Basri et Abderrahman Youssefi, sont jetés en prison. Ils sont respectivement directeur et rédacteur en chef du quotidien du parti, *At-Tahir* (Libération). Un article a évoqué « la responsabilité du gouvernement devant le peuple ». La phrase est considérée comme une offense au roi, devant lequel le gouvernement serait seul responsable.

Ben Barka, sentant se lever un vent mauvais, fait ses valises et part pour l'Allemagne, où son frère Abdelkader est conseiller commercial à l'ambassade du Maroc à Bonn.

Il a raison. Deux mois plus tard, en février 1960, la Sûreté annonce la découverte d'un complot contre la vie du prince héritier. Dramatisant l'affaire de son mieux, la presse aux ordres indique dans quelle direction il faut chercher les responsables : les anciens résistants (ce que sont le fqih Basri et Youssefi) et la direction de l'UNFP. Ainsi l'hebdomadaire *Les Phares*, dirigé par Ahmed Reda Guedira, familier de Hassan, écrit-il : « Samedi dernier (13 février), tard dans la soirée, un membre influent de la Résistance – ou de l'Armée de libération – se serait présenté à la gendarmerie royale. Il aurait fait des aveux dont la teneur serait terrifiante. Un complot aurait été soigneusement ourdi, tramé et formé. Il viserait l'assassinat de SAR le prince héritier Moulay Hassan. Les lieu, jour et heure de cet assassinat auraient été indiqués. Ces aveux auraient été confirmés par leur auteur cette même nuit de samedi devant le ministre de la Justice en personne, assisté, semble-t-il, du président d'une haute juridiction. Des arrestations ont suivi. » Et cette conclusion inquiétante : « Nous demandons que soient établies toutes les responsabilités, et que l'on ne s'arrête pas au niveau des exécutants. Car si le complot a existé, si la machination a été ourdie, il a fallu des cerveaux pour l'élaborer. Que l'enquête remonte donc jusqu'aux sources. Il ne servirait de rien de couper sa queue au serpent. »

Le 23 février, *El Ayam* affirme que le complot a été organisé par le fqih Basri de la cellule où il est détenu.

Le 24 mars, le même *El Ayam* renchérit : « Il est sûr à présent que Mehdi ben Barka est le cerveau du complot, Basri s'étant chargé de l'exécution... D'autres sont associés dans cette affaire, leur tour arrivera bientôt. Nous avons appris que le parquet, en possession de preuves suffisantes, aurait lancé un mandat d'arrêt contre Mehdi ben Barka. Il se trouve actuellement à Paris. Le gouvernement fera-t-il son devoir en demandant aux autorités françaises son arrestation ? »

Il n'y aura pas de mandat d'arrêt, ni d'ailleurs de procès. Le roi amnistiera tous les prisonniers, ce qui est bien généreux si l'on songe qu'ils étaient censés préparer l'assassinat de son propre fils. Mais les dizaines d'arrestations, les centaines de perquisitions, ont joué leur rôle d'intimidation. Le Maroc entrait dans l'ère du gouvernement par le complot.

Le gouvernement Ibrahim est congédié au mois de mai. Outre la répression du Rif, menée par des forces qui échappaient à son contrôle, on lui avait imposé de prononcer la dissolution du Parti communiste et infligé l'humiliation de cautionner les arrestations de ses amis politiques.

L'opération Écouvillon a sonné le glas de l'Armée de libération. L'Istiqlal est rentré dans le rang. L'UNFP a reçu son coup de semonce.

Le roi annonce au pays qu'il a décidé d'assumer les fonctions de chef du gouvernement et de déléguer ses pouvoirs au prince héritier.

Oufkir est nommé chef de la Sûreté.

*

Le roi mourut. Une sotte histoire. Il souffrait d'une déviation de la cloison nasale qui le gênait bien un peu, surtout lors des voyages en avion. Un chirurgien suisse proposa d'y remédier. Les médecins du roi, pour la plupart français, renâclaient. L'intervention eut lieu. Le roi ne reprit pas connaissance. Hypotension brutale, suivie d'un arrêt du cœur. Toutes les tentatives de réanimation échouèrent. C'était le 26 février 1961.

La douleur du peuple fut à la mesure de ce qu'avait été sa joie cinq ans plus tôt. Mohammed V réunissait en lui les prestiges du souverain et l'affection qui s'attache au persécuté. Au moins autant que le roi, c'était le combattant de l'indépendance que l'on pleurait. Les cinq dernières années de souveraineté restaurée n'avaient pas aboli les vingt-huit ans d'humiliation sous le protectorat. Pour son peuple, Mohammed V resterait à jamais le libérateur du Maroc.

De Paris, Ben Barka adressa à Hassan II un message « d'attachement et de sincère fidélité ». « Notre devoir, écrivait-il, est de poursuivre l'œuvre commencée par notre souverain pour l'édification du Maroc libre, démocratique et prospère, conformément à l'idéal de Sa Majesté et aux aspirations populaires. »

Mais il attendit encore plus d'un an avant de retourner au pays. Le deuxième congrès de l'UNFP était prévu pour juin 1962. Ben Barka rentra en mai. Ce retour fut un triomphe imprévu, à la mesure d'une popularité inouïe que ni le palais ni la classe politique n'avait soupçonnée. Une sorte de réédition de celui du sultan, six ans plus tôt.

C'était le 16 mai 1962, jour de la fête de l'Aïd el-Kébir. Sur la route de l'aéroport à Rabat, le cortège se frayait à grand-peine un passage au milieu de la foule qui scandait : « Union nationale des forces populaires ! » Les jours suivants, les délégations se succédèrent chez Ben Barka de l'aube à la nuit, au point qu'il fallut organiser un sens unique : on entrait par la rue, on sortait par le jardin.

Contrastant avec le plébiscite populaire, la situation politique n'était guère enthousiasmante. Le gouvernement mis en place par Hassan II avait réussi à glisser un coin entre l'UNFP et l'UMT, la centrale syndicale. La rupture était dans l'air. Ben Barka remit dans sa poche le rapport offensif qu'il avait préparé, s'efforça de colmater les brèches, mais affirma dans un discours la suprématie du parti, seul détenteur de la vérité révolutionnaire, sur les autres forces sociales du Maroc. En fin de compte, l'UMT et l'UNFP allaient se séparer, pour le plus grand profit du trône.

La grande affaire était la Constitution que Hassan II s'apprêtait à octroyer à son peuple.

Son père avait promis le 18 novembre 1956, à l'occasion de la fête du Trône, l'élection d'une assemblée constituante. Toutes les forces politiques du pays, Istiqlal en tête, la réclamaient. C'eût été pour la monarchie renoncer au pouvoir absolu : nul doute qu'une assemblée constituante délimiterait et réduirait les prérogatives du trône. Sept ans de savantes manœuvres avaient permis d'écarter la menace. La Constitution ne serait pas l'œuvre de parlementaires élus par le peuple marocain, mais de conseillers du roi et de juristes français, au premier rang desquels l'éminent professeur Maurice Duverger.

Grâce à un texte taillé sur mesure, la monarchie devient constitutionnelle tout en restant de droit divin. Elle se veut démocratique tout en assurant le pouvoir absolu du roi, commandeur des croyants, chef suprême des armées. Le gouvernement, nommé par lui, n'est responsable que devant lui. La justice lui est soumise, comme le reconnaîtra un arrêt de la cour suprême : « La fonction judiciaire fait partie de l'ensemble des attributions qui relèvent en premier lieu du commandeur des croyants. » L'article 35, inspiré de l'article 16 de la Constitution gaullienne, lui permet de décréter l'état d'exception et d'assumer les pleins pouvoirs législatif et exécutif.

L'UNFP continuait d'exiger une assemblée constituante. Pragmatique à son habitude, Ben Barka s'entremit, tenta de manœuvrer. Il croyait encore au couple monarchie-socialisme. Il y croyait sincèrement alors que tant d'autres se ralliaient au trône en reniant les convictions de leur jeunesse. Jusqu'au bout, jusqu'à sa mort, il vivra dans la certitude qu'un compromis pouvait être trouvé, dont le grand bénéficiaire serait le peuple marocain. Nul ne sait la part que tenait dans cette espérance aveugle, sans cesse démentie par l'événement, le fait que Hassan II avait été, naguère, son élève attentif et admiratif.

Le roi ne voulait aucun compromis. Même la sage constituante promise par Ben Barka était encore trop. La Constitution serait octroyée ou ne serait pas. Avec une allusion évidente à son ancien professeur de mathématiques, Hassan II dit à Jean Lacouture : « Je ne laisserai pas mettre la monarchie en équation. Il me faut l'approbation de la foi, non celle des sophistes. »

Il décida qu'un référendum serait organisé le 7 décembre 1962 pour approuver sa Constitution.

Le 14 novembre, l'UNFP appela à l'abstention.

Le 18, Ben Barka prit la route de Rabat à Casablanca avec son ami Mehdi Alaoui, futur député de Salé. Son chauffeur repéra vite dans le rétroviseur la 403 blanche de la Sûreté, fidèle accompagnatrice. Près de Bouznika, sur une portion de route bordant un ravin, la 403 double la Volkswagen de Ben Barka et se rabat en queue de poisson. Le chauffeur de la Volkswagen braque à gauche, parvient à éviter le ravin, mais tombe dans le fossé opposé. Ben Barka, éjecté, est touché à la nuque. Ses deux compagnons sont évanouis. Les policiers de la 403 sortent de leur voiture et s'approchent, la mine menaçante. Par bonheur, des ouvriers agricoles travaillent dans un champ. Ben Barka se précipite vers eux, se fait reconnaître, désigne les policiers. Ceux-ci tournent les talons.

A la clinique où sont transportés les blessés, les radios décèleront chez Ben Barka la fracture d'une vertèbre cervicale nécessitant la pose d'un plâtre, puis d'une minerve.

Le 24 novembre, il quitte le Maroc pour se faire soigner en Allemagne.

La Constitution hassanienne fut approuvée par 97 % des votants. L'abstention plafonnait à 15 %.

*

La leçon fut entendue, mais non sans hésitation. C'est le 1ᵉʳ mai 1963 seulement que l'UNFP décida que l'abstention n'était pas un mot d'ordre mobilisateur, et annonça sa participation aux élections législatives prévues pour le 17.

Un mois plus tôt, Ben Barka et Abderrahim Bouabid avaient donné une interview fracassante à *Jeune Afrique*. Fustigeant la fraude électorale, dénonçant la mainmise des hommes du roi sur le pays, les deux opposants annoncent clairement que si cette perversion de la démocratie doit continuer, « il n'y a plus de recours et l'affrontement direct est inscrit dans les faits. Dès ce moment-là, nul ne peut dire jusqu'où iront les choses. A cette tentative de mainmise de l'administration sur le peuple, nous serons obligés de riposter et nous ne pourrons plus exister en tant que parti légal ».

Ben Barka conduisit la campagne. En deux semaines épuisantes, il sillonna le pays, prenant la parole devant les foules enthousiastes des villes, visitant des villages perdus dans la montagne. Aucune de ses prises de parole n'omettait de protester à l'avance contre les fraudes électorales dont serait victime l'UNFP. Le succès de son parti dépassa toutes ses espérances. L'ampleur de la fraude, ses pires craintes. Ahmed Reda Guedira, ministre du roi, homme distingué, fit donner dix dirhams et dix kilos de farine à tout électeur présentant son bulletin de vote UNFP. Ailleurs c'était un pain de sucre ou du thé. Dans plusieurs circonscriptions, l'administration inversa tout bonnement les résultats, attribuant au candidat du roi les voix obtenues par celui de l'UNFP. L'UNFP avait probablement conquis une soixantaine de sièges sur cent quarante-quatre. Les truquages réduisirent le chiffre à vingt-huit. Mais Ben Barka était élu à Rabat, avec près de 90 % des voix; ce que Lyautey nommait « le Maroc utile » avait voté UNFP, et cinq ministres en exercice étaient battus.

Comme il l'avait été naguère de la résidence, Ben Barka devenait « l'ennemi numéro un » du palais. Pour Hassan II et Oufkir, un complot était nécessaire.

IV

L'irréductible

Le 16 novembre 1955 est son jour de gloire. Après qu'il s'est penché pour le double baiser protocolaire, dessus dessous, sur la main du sultan, celui-ci la retire vivement – signe de faveur – et lui donne l'accolade. Le fqih Basri est la Résistance. Pendant des années, le 20 août, il prendra la parole après Mohammed V pour la célébration du « soulèvement du roi et du peuple ». Par sa bouche s'exprimait le peuple.

Il n'est pas le chef de la Résistance mais son symbole. Il a travaillé avec les bourgeois nationalistes chargés de trouver des armes et des appuis extérieurs comme avec les paysans du bled et les groupes urbains passés à l'action violente. Si on l'appelle le fqih (le lettré) – et rarement l'épithète manquera de lui être accolée – c'est que les bidonvilles n'avaient pas accoutumé de recevoir la visite de personnages instruits : baptisé le fqih par ses frustes camarades de combat, le surnom lui est resté.

Quelques mois après la déposition du sultan, il crée l'Organisation secrète. Il a vingt-sept ans. Ses militants liquident les collaborateurs marocains du protectorat, puis s'attaquent aux Français. En octobre 1954, la police l'arrête. Il semble promis à la mort. Mais il monte une évasion collective et s'échappe de la prison centrale de Kenitra en septembre 1955, avec trente-sept résistants, dont deux se font tuer au cours de l'action. Il reprend aussitôt le combat jusqu'à l'indépendance du pays. Membre de l'Istiqlal, il lui

rallie de nombreux résistants, avec lesquels il entretiendra
toujours des relations privilégiées. Il suit Ben Barka à
l'UNFP. Le prétendu complot contre le prince héritier lui
vaut un deuxième séjour en prison. Il confiera plus tard
que, tandis que la presse aux ordres le désignait comme le
bras armé du complot, son juge d'instruction ne lui celait
point qu'il s'agissait surtout de le mettre hors circuit pendant un certain temps.

Avant de le frapper, le palais a comme d'habitude tenté de
l'acheter. En 1958, au cours d'une entrevue secrète, le
prince Hassan lui annonce que le roi a décidé de le nommer
au poste de khalifa du Sud, réservé par tradition à un frère
du roi. Hassan précise qu'il a voulu l'en informer car tout
refus d'une nomination royale « équivaut à une rébellion, et
la rébellion doit être sanctionnée par l'exécution capitale ».
On ne saurait mieux manier d'une même main la carotte et
le bâton. Le fqih refuse, tout comme il avait décliné auparavant un portefeuille ministériel.

C'est un homme de taille moyenne, au visage rond barré
d'une moustache noire. Son physique anodin masque une
volonté sans faille. Il est celui qui va toujours jusqu'au bout,
quel que soit le prix à payer. Il sait que les aspirations de la
Résistance sont trahies. Au contraire de son ami Ben Barka,
il ne croit plus à la possibilité de faire évoluer le trône
depuis que Hassan II s'y est assis. Seule l'épreuve de force
tranchera entre le monarque et le peuple. Il est prêt à en
prendre les moyens comme à en assumer les risques.

Il est atypique dans la classe politique marocaine. Hassan II, Ben Barka, Bouabid – tant d'autres – sont pétris de
culture française et ont en commun les mêmes souvenirs
estudiantins. Le fqih Basri ne parle même pas le français. Né
à Demnate dans une famille d'agriculteurs moyens, il a fait
ses études à l'université Ben Youssef de Marrakech. La plupart des dirigeants de l'UNFP ont leurs références en France
et leurs amitiés dans la gauche de ce pays. Le fqih a l'œil sur
Le Caire, Damas et Bagdad. Il voit tomber la pourrissante
monarchie égyptienne et Nasser fonder une république
socialiste. Il voit les coups d'État se succéder au Proche-
Orient. Il assiste au triomphe de Ben Bella à Alger. Comment ne pas croire le trône chérifien en sursis ?

*

Né en 1938 à Kenitra, Moumen Diouri a de qui tenir. Son père, militant nationaliste de la première heure, est arrêté lors des manifestations contre le dahir berbère. Il passe deux ans à la prison Moumen de Settat (dont il choisit symboliquement de donner le nom à son fils). Il est une deuxième fois arrêté à la veille de la déposition du sultan et expédié à Marrakech. Là, le fils du Glaoui le torture au fouet pour lui arracher son ralliement à Ben Arafa. Diouri était diabétique. Transféré mourant à l'hôpital, il y décède. Les autorités françaises refusent qu'on l'enterre à Kenitra. Il est inhumé à Fès. Quelques mois plus tard, la famille décide d'aller se recueillir sur sa tombe. Sa veuve doit obtenir une autorisation car, gérante d'un journal mal-pensant, elle n'a pas le droit de se déplacer. Prudente, elle refuse que ses deux fils montent dans la même voiture. Moumen empruntera le car. Un camion prend en écharpe l'auto familiale, tuant net la mère, le fils aîné, une sœur. Une jeep de la gendarmerie évacue prestement le chauffeur du camion. Au Maroc, la route est dangereuse.

Moumen, jeune résistant, membre de l'Istiqlal, rue dans les brancards dès l'accession à l'indépendance. Le nouvel ordre qui se met en place lui paraît trahir les idéaux de la Résistance. Il est convoqué devant la commission de discipline de l'Istiqlal, présidée par Ben Barka. Le ton est tel, et la menace si comminatoire, qu'il part aussitôt pour la France. Il y termine ses études et se met à la disposition du FLN algérien. De retour au Maroc après la victoire de Ben Bella, il est plus que jamais convaincu de la nécessité d'une révolution.

Sa famille, en 1955, a caché Cheikh el-Arab après son évasion de la prison de Kenitra. Quand Moumen rentre au pays, le Cheikh vit dans la clandestinité, depuis la dispersion de l'Armée de libération du Sud. En 1958, il a été condamné à mort par contumace pour avoir abattu un policier. Toutes les polices du royaume pourchassent celui qui est devenu pour le peuple une sorte de Robin des Bois; elles l'ont surnommé « l'Insaisissable ». Il ne l'est pas pour Moumen, qui le rencontre et constate qu'ils sont dans les mêmes dispositions d'esprit.

Moumen Diouri, qui s'est réconcilié avec Ben Barka lors d'un voyage que celui-ci effectuait en Europe, organise à l'été 1962, dans un discret studio de Rabat loué pour l'occasion, une rencontre entre le secrétaire exécutif de l'UNFP et Cheikh el-Arab. Elle ne donne rien. Les positions sont trop divergentes. Tandis que l'un persiste dans son rêve, ou sa chimère, d'incliner le roi dans le bon sens, l'autre place toutes ses espérances dans la seule forme d'action qu'il connaisse : la lutte à main armée. Avec Moumen, il a déjà créé le fantomatique Front armé pour la République du Maroc.

Le regard qu'ils posent sur le régime ne leur laisse pas d'autre choix. Les Forces armées royales, comme leur nom l'indique, sont à la discrétion du roi. Oufkir, leur adversaire du temps du protectorat, fait de la Sûreté une police politique apte à briser toute opposition réelle. La Constitution octroyée par le roi achève de verrouiller le dispositif. Hassan II pourra régner sur le Maroc comme jamais sultan ne le fit avant lui.

Contrairement au grotesque « complot » de 1960, celui de 1963 possède donc un semblant de consistance. Le Front armé pour la République du Maroc est censé préparer le renversement du régime. Mais qu'est-ce que ce Front ? Cheikh el-Arab, Moumen Diouri, le fqih Basri et leurs commandos fantômes d'anciens résistants, dont aucun n'est encore passé à l'action.

La répression, sauvage, va s'abattre sur ceux-ci, mais au-delà, bien au-delà, sur l'UNFP tout entière, dont la montée en puissance inquiète le palais. Les truquages électoraux ne l'avaient pas empêchée d'emporter vingt-huit sièges sur cent quarante-quatre aux élections législatives de mai. Mieux organisée, perfectionnant son implantation, elle menaçait d'obtenir des scores impressionnants aux cantonales et aux municipales prévues pour juin. Le palais recula la consultation à la fin juillet. Entre-temps, Oufkir frappait.

Le 16 juillet, renouvelant le coup de force français de

1952 sur les militants réunis à la Maison des syndicats, la police investit le siège de l'UNFP à Casablanca. Toutes les rues alentour sont bloquées. Au siège sont réunis les membres du secrétariat administratif du parti, les secrétaires provinciaux et vingt et un de ses députés. Ils se barricadent tant bien que mal. Les hommes d'Oufkir enfoncent les portes et arrêtent plus de cent militants. Abderrahim Bouabid, ancien ministre de l'Économie dans le gouvernement Ibrahim, est rapidement libéré. Les autres partent pour les centres d'interrogatoire. Ben Barka échappe à la rafle : il est au Caire.

Simultanément, la répression frappe dans tout le pays. Plus de cinq mille arrestations sont opérées, paralysant l'UNFP.

Le résultat des élections locales fut conforme aux vœux du palais.

*

A Rabat, non loin du palais royal, dans un quartier résidentiel, au milieu de vastes jardins plantés d'orangers, le Dar el-Mokri est l'un des joyaux de l'architecture marocaine. Son propriétaire était Sidi el-Mokri, ancien grand vizir, mort à cent cinq ans sous Mohammed V. Le palais comporte une très grande salle dont les colonnes de porphyre soutiennent des voûtes admirablement travaillées. Les entrelacs ajourés forment comme une dentelle de plâtre. Elle avait accueilli pour des cérémonies officielles les trois derniers sultans et tous les résidents généraux français.

C'est là que fut amené Moumen Diouri.

Il avait été arrêté le 13 juin 1963 par Dlimi, chef adjoint de la Sûreté, et une centaine de gendarmes. On l'avait conduit à l'intérieur de la base américaine de Kenitra, où quatre spécialistes venus des États-Unis l'avaient soumis au détecteur de mensonge à propos d'un vol d'armes commis dans la base ; puis, les yeux bandés, pieds et mains menottés, il fut conduit au Dar el-Mokri et jeté dans la grande salle.

« Il me semblait me trouver au fond d'un puits, écrira-t-il.

Une toux, des gémissements continus, des cris plaintifs, des voix de femmes, d'hommes et d'enfants me parvenaient. J'aurais donné n'importe quoi pour voir ce qui se passait autour de moi [1]. »

Un garde finit par lui ôter son bandeau. La salle était éclairée par deux grands lustres de cristal de Bohême.

« Un voile noir flotta quelques instants devant mes yeux. Il me semblait apercevoir des êtres humains accrochés au plafond par les pieds, tête en bas. J'accusai mes yeux inadaptés à la pénombre. Dans une minute, me rassurai-je, tous ces gens seront assis ou debout. Hélas, ce n'était pas un leurre. Les images étaient bel et bien réelles, très réelles.

« Hommes et femmes ligotés étaient suspendus par une corde au plafond à un crochet de fer. Par terre, des enfants, tête levée vers leurs mères ou pères, sanglotaient. Ils étaient épuisés de fatigue et de pleurs. Leurs petites figures salies par les larmes, la morve leur coulait du nez. Ils n'avaient pas d'âge, ces petits êtres qui paraissaient près d'agoniser, ces enfants agenouillés ou accroupis dans des flaques de sang et de vomi.

« Une horrible odeur de pourriture me monta à la gorge et j'eus envie de vomir à mon tour. Depuis combien de jours, combien de nuits, pataugeaient-ils là-dedans ? »

Oufkir survint. Il fit préparer Diouri pour le premier degré. Le rituel tortionnaire de Dar el-Mokri en comportait sept.

Le premier degré consistait à être attaché par les pieds et par les mains, et suspendu pendant plusieurs heures, ventre vers le sol, à une barre horizontale tenant à deux poteaux. Le poids du corps exerce une traction difficilement supportable sur les muscles du cou et des épaules. Après que le sujet est détaché, la souffrance s'aggrave. Il ne peut bouger des heures durant. Les muscles sont tétanisés.

Le deuxième degré n'innove guère que dans la mesure où un tortionnaire s'assied à cheval sur le sujet, dont la colonne vertébrale est ainsi soumise à rude épreuve.

1. Moumen Diouri, *Réquisitoire contre un despote*, Éditions Albatros.

Aucune question n'avait encore été posée à Moumen Diouri.

Le troisième degré, variante du supplice européen de la baignoire, consiste à plonger la face du sujet dans une bassine remplie de l'urine des tortionnaires. Entre deux plongeons, de l'eau de Javel est versée dans les narines du sujet.

Un homme d'une cinquantaine d'années, très grand, les cheveux si longs qu'ils lui descendaient au milieu du dos, la barbe très longue aussi, errait dans la grande salle en psalmodiant des litanies incompréhensibles. Il était là depuis trois ans. Oufkir avait tué devant lui sa femme enceinte, et il était devenu fou. Hassan II, dont les visites au Dar el-Mokri étaient fréquentes, aimait à se faire présenter le vieux fou, qui, rituellement, se mettait nu devant lui, multipliait les gestes obscènes et lançait des invectives. Après quoi l'homme était ramené dans la salle et pleurait des heures durant.

Puis on travailla à la tenaille les dents de Diouri.

Il vit Oufkir tuer un pompiste de Casablanca, Lahcen, ancien résistant qu'il connaissait bien. Lahcen était pendu par les pieds. Oufkir, poignard au poing, lui incisa le ventre. Les tripes jaillirent. D'un coup de poignard, Oufkir trancha la corde. Lahcen s'écrasa au sol, les vertèbres cervicales rompues. Des gardes emportèrent le cadavre. Ils enterraient les morts au pied des orangers du jardin.

Le quatrième degré consiste dans le supplice des électrodes branchées sur le sexe, la classique « gégène » à laquelle les Français venaient de donner, en Algérie, une notoriété internationale. Pour la première fois, Oufkir posa une question : « Où se trouve Cheikh el-Arab ? » Diouri admit qu'il le rencontrait mais affirma ignorer son adresse.

Le cinquième degré fut d'une simplicité sidérante. Oufkir, poignard à la main, s'approcha de Moumen Diouri, ligoté à une colonne. Il incisa le côté gauche du dos, sortit de sa poche un morceau de sel gemme et l'enfonça dans la plaie, qu'il recouvrit d'un morceau de sparadrap. Puis il s'assit et attendit le résultat. Le moment venu, il donna à l'un des gardiens l'ordre de se déshabiller et l'arrosa avec un tuyau branché sur un robinet.

Le corps couvert de sueur, privé de salive, Diouri avait l'impression d'agoniser. « J'aurais donné mes yeux pour une goutte d'eau. »

Il reconnut tout ce qu'on voulut. Oufkir fit apprécier à deux officiers français entrés dans la salle la remarquable efficacité de son procédé. Mais il voulait savoir où se cachait Cheikh el-Arab. C'était son ennemi personnel depuis le temps du protectorat, celui qui narguait sa Sûreté depuis des années, « l'Insaisissable » devenu une légende vivante dans les bidonvilles du Maroc. Sa geste se nourrissait de provocations insensées. Un jour, revêtu d'un uniforme d'officier, il avait inspecté à loisir une caserne de Casablanca. Oufkir s'était juré de le prendre vivant. Il dit à Diouri : « Tu crois qu'il est plus malin que moi ? Tu verras. Je lui ai préparé une cage de fer, comme pour un fauve, et je lui ferai faire le tour du Maroc. Tout le monde verra ton Cheikh el-Arab vivant et captif. » L'Insaisissable montrait souvent à ses amis une balle de revolver, celle qui lui épargnerait la capture.

Mais Diouri ignorait où se cachait Cheikh el-Arab.

Oufkir tua devant lui le capitaine Skalli, des Forces armées royales, ancien résistant. Il lui découpa littéralement le visage en morceaux : les lèvres fendues, une oreille tranchée, puis l'autre, puis le nez. Il termina en lui plantant son poignard dans la gorge. C'était, dit-il à Diouri, le septième degré, celui dont personne ne sortait vivant. Puis il se détourna pour vomir.

Il avalait avant chaque séance de torture des pilules qui le portaient au comble de la surexcitation.

Ainsi la mort délivrée sciemment pouvait-elle frapper à chaque instant les torturés du Dar el-Mokri – ce qui est rare dans ce domaine. Pendant la Deuxième Guerre mondiale, les officiers allemands de l'Abwehr ne torturaient guère. Simplement, ils déclaraient aux prisonniers que les lois de la guerre autorisaient leur exécution et qu'ils seraient passés par les armes au petit matin s'ils s'obstinaient à se taire. Le face-à-face avec la mort, dans la solitude d'une cellule, délia bien des langues. La Gestapo torturait, et il arrivait qu'elle tuât à force de tortures, mais la mort n'était pas au programme – du moins pas tout de suite. Le supplicié savait qu'on voulait faire parler son corps, non pas anéantir son être. Si Oufkir suscitait une telle épouvante chez ses captifs, c'est que le meurtre délibéré pouvait interrompre à tout instant une séance de torture.

Moumen Diouri eut la chance d'en réchapper. Un jour, il était interrogé avec cinq autres prisonniers, dont deux militaires. Toujours la même question : « Où est Cheikh el-Arab ? » L'un des captifs lança à Oufkir qu'il ne l'aurait jamais vivant. Oufkir empoigna sa mitraillette et ouvrit le feu. Les deux militaires furent tués net ; un troisième prisonnier était blessé à la tête ; le quatrième au coude ; Moumen Diouri avait eu le flanc droit percé par une balle. Une autre avait lacéré son cuir chevelu.

Il se réveilla à l'hôpital.

Quand il revint au Dar el-Mokri, il entendit Oufkir dire à ses aides : « Préparez Basri. Je profite de ce que le patron est là pour le lui montrer. » Le patron, c'était Hassan II.

Le fqih Basri avait suivi le même calvaire que Moumen Diouri, devant qui il fut torturé. Adversaires déclarés du régime, ils savaient au moins pourquoi ils enduraient le martyre. Ce n'était pas le cas de centaines de militants de l'UNFP raflés et torturés pendant de longues semaines.

Mohammed Mansour, ancien résistant, ancien président de la chambre de commerce de Casablanca, député de cette ville, arrêté au siège de l'UNFP, fut transféré à Rabat, où il subit le supplice de la bassine d'eau (selon lui, elle contenait des produits chimiques) et la torture à l'électricité. Il fit l'objet de simulacres d'exécution. Entre deux séances, il était suspendu au crochet de fer et longuement flagellé.

Un député de L'UNFP, élu deux mois plus tôt, fut lui aussi pendu par les pieds au plafond. Un raffinement consista à l'attacher par une seule jambe. Il subit le supplice de la bassine d'eau et affirma, comme Mansour, qu'elle contenait des produits toxiques.

Boubeker Naïm fut enfoncé jusqu'à la taille dans de la chaux vive, sur laquelle on versa de l'eau.

Faut-il continuer ? La liste complète des torturés et

l'inventaire de leurs supplices exigerait tout un chapitre. Nul ne sait combien de corps martyrisés furent ensevelis sous les orangers du Dar el-Mokri. Seules les familles des disparus surent avec le temps qu'ils ne reviendraient plus, mais le travail de deuil devait s'accomplir dans le silence de la peur.

L'Avant Garde, organe de l'Union marocaine du travail, annonça dans un éditorial : « La torture constitue désormais un facteur nouveau dans la conjoncture marocaine. Il serait même plus juste de dire que ce facteur est, d'ores et déjà, déterminant dans le comportement des individus et des organisations [...]. Quel que soit l'épilogue du nouveau " complot ", cette donnée nouvelle qu'est la torture pèsera désormais lourdement sur la vie politique du pays. »

Le 17 août 1963, le ministre de la Justice, Ahmed Bahnini, donna une conférence de presse. Il désigna le fqih Basri comme le chef d'un complot fomenté dès l'automne 1961. Le coup devait intervenir le 20 juillet 1963, quatre jours après les rafles, et le fqih attendait pour ce jour-là d'importantes livraisons d'armes d'Algérie. Mehdi ben Barka était désigné comme le trésorier du complot. Selon le ministre, il avait reçu des fonds de l'étranger.

Aucun journaliste n'interrogea Ahmed Bahnini sur les singularités d'un coup d'État perpétré avec des armes livrées par l'Algérie le jour même de son déclenchement, ce qui impliquait pour le moins quelques difficultés de distribution.

En revanche, il y eut des questions sur les méthodes d'interrogatoire de la police. Le ministre, ancien président de la cour suprême, répondit : « Je n'ai pas assisté à l'enquête préliminaire, et je n'ai pas pénétré dans les locaux de la police. Mais ce que vous me dites là me surprend énormément parce que je connais les méthodes de la police, qui ne sont pas celles que vous indiquez. »

*

Avant même que le procès ne s'ouvrît, Ben Barka était condamné à mort par contumace. La sentence sanctionnait la pire erreur politique de sa vie. La frontière entre le Maroc et l'Algérie, fixée par le colonisateur français, était contestée par les deux parties. Si la responsabilité des incidents qui dégénérèrent en « guerre des sables » reste obscure, le bon droit marocain ne fait guère de doute. Pendant la guerre d'Algérie, la France avait approché Mohammed V en lui suggérant des rectifications de frontière pour lui avantageuses moyennant une « attitude compréhensive », c'est-à-dire l'interruption de l'aide au FLN. Le roi opposa un refus très digne. Mieux encore : le 6 juillet 1961, Hassan II avait signé avec Ferhat Abbas, président du gouvernement provisoire algérien, une convention proclamant le droit de l'Algérie à exister dans son intégrité territoriale. « Le gouvernement provisoire de la République algérienne, poursuivait le texte, reconnaît pour sa part le problème territorial posé par la délimitation imposée arbitrairement par la France entre les deux pays, qui trouvera sa solution dans des négociations entre le gouvernement du royaume du Maroc et le gouvernement de l'Algérie indépendante. » Une commission mixte devait trancher le problème « dans un esprit de fraternité et d'unité maghrébine ». Elle ne s'était jamais réunie.

Les premiers accrochages furent nébuleux. Quelques dizaines d'hommes s'entretuaient pour deux masures et trois palmiers inscrits en rond autour d'un puits. De représailles en contre-offensive, les effectifs grossirent. Ce fut la guerre. La jeune armée algérienne, rompue à la guérilla, fit piètre figure face aux unités motorisées marocaines. Oufkir avait été nommé commandant du front nord. Il s'y distingua. Puis l'Organisation de l'unité africaine (OUA) s'entremit et trouva un compromis acceptable pour les deux parties.

La « guerre des sables », de petite envergure sur le terrain, avait mobilisé les masses. Les radios marocaine et algérienne échangeaient un torrent d'insultes. On entendit la voix de Ben Barka dans ce concert homérique. Par une déclaration lue à la radio du Caire, il condamnait fermement la monarchie chérifienne, « qui vient de s'engager, par volonté impérialiste, dans une guerre d'agression contre la

République algérienne démocratique et populaire ». Il parlait de « véritable traîtrise » et affirmait que jamais le peuple marocain n'accepterait de se battre contre son frère, le peuple algérien.

Cela ne fut pas compris. Le patriotisme marocain, que l'humiliation du protectorat laissait meurtri, s'enflammait à la perspective de la moindre amputation territoriale. Les dirigeants politiques, toutes tendances confondues – y compris le Parti communiste –, réclamaient véhémentement, année après année, le retour du Sahara occidental et de la Mauritanie dans le sein de la patrie. La « guerre des sables » tombait comme une goutte d'acide sur une plaie à vif.

Dans l'indifférence générale, un tribunal militaire condamna par contumace Ben Barka à la peine de mort pour haute trahison.

Oufkir, de retour du front, ouvrit le défilé des troupes à Rabat, debout sur un command-car, en tenue de combat. Les membres du gouvernement se levèrent pour l'applaudir. Il fut promu au grade de général.

V

Un procès exemplaire

Le complot farfelu de 1960, prétendument monté contre le prince héritier, n'avait guère ému l'opinion publique française. Aucun procès ne s'était ensuivi, et l'amnistie tôt proclamée par Mohammed V ne démontrait-elle pas l'inanité du montage?

L'affaire du complot de juillet 1963 suscita en France une émotion profonde. La guerre d'Algérie avait encore renforcé les liens que la plupart des dirigeants de l'UNFP avaient tissés au cours de leurs études avec l'intelligentsia parisienne de gauche. Abderrahim Bouabid, premier ambassadeur du Maroc à Paris, avait été le plus fêté des diplomates étrangers. Le bâtonnier Youssefi, l'une des vedettes du complot, était un homme profondément respecté pour son humanisme et sa foi dans les vertus du dialogue. Mehdi Alaoui, rescapé de l'« accident » survenu à la voiture de Ben Barka, député de Salé, arrêté et torturé, avait pour amis Sartre et Mauriac.

La mobilisation fut à la mesure du saisissement causé par une vague d'arrestations sans précédent et, surtout, par l'usage généralisé de la torture. Des personnalités que leur passé faisait insoupçonnables, tels Charles-André Julien, l'ami de Mohammed V, ou Gisèle Halimi, avocate intrépide des résistants algériens, prirent publiquement position.

Plusieurs accusés choisirent pour défenseurs des avocats français. La convention franco-marocaine de 1957 leur

reconnaissait le droit de plaider, tout comme aux avocats
marocains celui de défendre en France. Le tribunal, tout
en admettant qu'ils avaient le droit de plaider, leur en
refusa l'autorisation sous prétexte qu'ils ne parlaient pas
arabe.

Les accusés choisirent alors quelques avocats algériens.
Ceux-ci furent arrêtés, fouillés au corps, et, leurs dossiers
confisqués, expulsés du Maroc.

Le procès s'ouvrit le 22 novembre devant le tribunal de
Rabat. Sur les cent deux accusés, quatre-vingt-six étaient
présents dans le box. On jugeait par contumace Mehdi
ben Barka et dix-sept de ses camarades.

La défense, nombreuse, était conduite par Abderrahim
Bouabid, dont les débats allaient révéler le courage et le
talent. Cet homme remarquable, alors âgé de quarante-
trois ans, revêtait les apparences d'un grand bourgeois,
avec un flegme et un humour très britanniques, une
grande économie dans le geste, une voix qui daignait rarement aller jusqu'au cri. Né à Salé dans une échoppe de
cordonnier, il avait commencé par être instituteur, puis, à
force de travail, avait obtenu son baccalauréat et était
parti pour Paris décrocher une licence en droit et un
diplôme de Sciences Po. Il adhéra à l'Istiqlal en 1943,
connut quelques prisons, et devint le représentant du parti
en Europe, où il découvrit le monde ouvrier en organisant
les travailleurs immigrés. Il fréquentait alors Léon Blum,
qu'il tint toujours pour l'un de ses maîtres. De retour au
Maroc en 1949, il réussit avec Majhoub ben Seddik la
prise de contrôle de la CGT, qui deviendrait l'UMT. En
décembre 1952, les manifestations de Casablanca lui
valent une nouvelle arrestation. Il est libéré deux ans plus
tard. Protagoniste de la négociation d'Aix-les-Bains,
ambassadeur en France, rappelé après le rapt de Ben
Bella, il devient ministre de l'Économie dans le gouvernement Ibrahim. Après le renvoi d'Ibrahim, il milite au
secrétariat général de l'UNFP.

Ben Barka était plus influent dans le parti de par sa tré-
pidante personnalité, le fqih Basri plus prestigieux de par
son passé, mais avec les voyages incessants du premier et
la préférence du second pour l'ombre, Bouabid était en

voie de devenir ce qu'il serait pendant des décennies : l'incarnation de l'opposition marocaine.

Avec cet excellent avocat à la barre, les accusés avaient la certitude d'être défendus.

Mais l'accusation affichait une parfaite sérénité. Dès avant l'ouverture du procès, chacun savait qu'elle possédait un atout maître : Moumen Diouri. Ses aveux et révélations constituaient l'armature du dossier.

Excédé de souffrance, le jeune Moumen avait fait sa soumission à Oufkir. On l'avait soigné, massé, gavé, et transféré dans une villa somptueuse, avec parc et piscine. Sur la promesse d'une peine de principe – six mois de prison – et d'un avenir brillant, il coopérait avec son tortionnaire, tous deux étendus sur des chaises longues, à la mise en scène du procès. Il signa sans barguigner un procès-verbal d'interrogatoire de vingt pages, et, au cas où des « révélations » supplémentaires s'imposeraient, accepta même de mettre sa signature au bas d'un paquet de feuilles blanches. Comme tout complot suppose des armes, il accompagna les policiers dans une caserne, où une camionnette fut chargée d'armes, puis dans une ferme proche de Skhirat, dont le malheureux propriétaire, furieux parce que la voiture de police lui avait écrasé une dinde, dut creuser la fosse d'où les armes seraient censées avoir été extraites. Moumen se laissa photographier à côté de la fosse et des caisses d'armes. Pour plus de commodité, il eut des séances de travail avec le procureur Majid Benjelloun, qui soutiendrait l'accusation au procès ; il répéta sa leçon jusqu'à la savoir par cœur.

Il était convenu qu'il serait interrogé le premier par le tribunal. La télévision et la radio enregistreraient ses déclarations en direct. Pour témoigner de son repentir, il refuserait l'assistance d'un avocat.

Maintenu dans un strict isolement, Moumen Diouri était bien l'arme imparable de l'accusation.

*

Les premières audiences furent consacrées aux habituelles batailles de procédure. Le président du tribunal,

Tayeb Chorfi, semblait vouloir tenir la balance égale entre défense et accusation. Tandis que se déroulaient ces préliminaires, Charles-André Julien créait à Paris un comité d'information et d'étude qui recueillait de très nombreux témoignages de sympathie, dont ceux de Louis Aragon, François Mitterrand et Jean-Paul Sartre.

La cour suprême, saisie d'un pourvoi de la défense, le rejeta avec une motivation des plus sommaires. Les accusés, au mépris de la règle universellement reconnue de la non-rétroactivité des lois, seraient donc jugés en vertu d'un code pénal adopté postérieurement aux faits qui leur étaient reprochés.

Les débats s'ouvrirent véritablement le 28 décembre, avec la lecture, qui occupa tout un après-midi, de l'arrêt de renvoi. Selon l'accusation, deux groupes, dirigés par Cheikh el-Arab et le fqih Basri, préparaient le renversement du régime et avaient fini par unir leurs efforts. Leur plan prévoyait l'assassinat du roi, de son conseiller Reda Guedira, alors ministre de l'Intérieur, du général Oufkir, et, curieusement, celui de Majhoub ben Seddik, leader de l'UMT. Des cellules clandestines, réparties dans tout le pays, déclencheraient l'insurrection. Le bâtonnier Youssefi et Mehdi ben Barka figuraient parmi les principaux conjurés.

Comme prévu, Moumen Diouri fut le premier accusé interrogé par le président. Télévision et radios se tenaient prêtes à enregistrer ses déclarations. La salle, remplie à craquer de policiers en civil et des familles des accusés, retenait son souffle.

A l'appel de son nom, Moumen se leva et s'approcha du micro. Il avait alors vingt-cinq ans. Frêle, le visage vieilli par une grosse moustache noire, il se lança dans un exorde qui pétrifia l'assistance : « Monsieur le président, il n'y a pas de complot contre Sa Majesté le roi, il y a un complot de la police contre l'UNFP. Aujourd'hui seulement, je puis parler sans contrainte, et je tiens à proclamer la vérité. Jusqu'à présent, j'ai refusé catégoriquement de choisir un avocat afin que l'on ne puisse me reprocher d'avoir été influencé par lui. »

Avec précision, sobriété, martelant ses mots, celui qu'on avait présenté comme le pivot de l'accusation fit le récit des tortures qu'il avait endurées pendant trente-quatre jours, évoquant, entre autres, « ces coups de stylet dont je porte encore les traces dans le dos ». Puis il fit état du marché proposé par Oufkir. « Je n'avais le choix, dit-il, qu'entre deux issues : la mort ou entrer dans le jeu de la police pour étayer la thèse du complot. » Il raconta la mise en scène de la ferme de Skhirat. Quant aux douze mille dollars trouvés chez lui, et dont le dossier affirmait qu'ils lui avaient été remis par Basri pour financer les commandos de Cheikh el-Arab, il démontra qu'ils provenaient de la vente d'une propriété dont on pouvait aisément retrouver la trace à la Conservation foncière.

Le récit des tortures avait bouleversé. Les journalistes étrangers présents notèrent l'émotion inscrite sur le visage des magistrats. Pas une seule fois le président n'interrompit l'accusé. La déclaration de Moumen Diouri avait bien été la bombe que tous attendaient, mais ses victimes ne se situaient pas dans le camp prévu par Oufkir.

A l'audience suivante, le procureur général Benjelloun, dont les séances de travail avec Diouri s'étaient révélées si peu profitables, marqua un point en rappelant que les Américains de la base de Kenitra avaient jugé et condamné l'un de leurs ressortissants pour complicité de tentative de vol d'armes. Le nom de Diouri figurait dans leur dossier. Fallait-il croire que les États-Unis avaient fabriqué ce dossier pour complaire au Maroc ? La défense répliqua en demandant une expertise médicale sur les sévices subis par Diouri. Elle lui fut refusée. Le jeune homme, à la surprise générale, se déshabilla pour montrer ses cicatrices.

L'accusé suivant, qui avait passé des aveux complets, fut lui aussi une franche déception pour le procureur général. Ce Mohammed ben Messaoud, modeste marchand de journaux, doté d'une voix de stentor, raconta que pour en finir avec les tortures il avait accepté de jouer le jeu, moyennant quatre cents dirhams par mois et une embauche dans la police. On l'avait expédié par avion à

Agadir avec une valise pleine d'armes qu'il devait déposer au siège régional de l'UNFP. Trouvant le local fermé, il était rentré à Rabat avec sa valise.

Abderrahim Bouabid créa un violent incident d'audience lorsque le tribunal refusa une expertise médicale sur Abdelkader Affifi, qui se plaignait d'avoir été blessé à la tête par une balle tirée par un policier. L'avocat s'écria : « Les méthodes employées par la police et le parquet général ne diffèrent en rien de celles dont nous étions victimes en 1952, sous le protectorat, quand nous étions nous aussi accusés de complot ! » Le tribunal se résolut cependant à ordonner l'hospitalisation de l'accusé Naïm Boubeker, boulanger de son état, qui se traîna péniblement à la barre, et montra aux juges ses jambes couturées de cicatrices, ainsi que les plaies qu'avait faites sur son bassin l'application de chaux vive. Mais il n'y aurait pas pour l'instant d'expertise médicale...

Me Bouabid déclara au nom des avocats : « Nous en venons à nous demander si désormais nous pouvons utilement assurer la défense des accusés. »

Au fil des auditions, les cocasseries de l'enquête distrayaient des sempiternels récits de torture. Un procès-verbal attestait la présence de Mohammed Fergani, député, lors d'une perquisition à son domicile d'Agadir, le 30 juillet, alors que, arrêté à Casablanca le 17 juillet, il avait été transféré à Rabat, qu'il n'avait plus quittée. L'accusé Abbès Kabbaj, député du Sous, soulignait que le dossier comportait le procès-verbal de son interrogatoire en date du 23 juillet, alors qu'il n'avait été arrêté que le 27. Kabbaj fit observer que les aveux qu'on lui avait fait signer étaient rédigés en français, langue qu'il ignorait. Mais lui aussi voulait en finir avec les sévices : « J'ai été torturé d'une manière telle que cela me rappela les films évoquant la Rome païenne et le traitement infligé aux esclaves et aux martyrs. Mais au XXe siècle, les martyrs, c'est nous. J'ai enduré des sévices que, par respect pour le tribunal, je me refuse à décrire. Quand j'ai été arrêté sous le protectorat, je n'ai pas connu tant de bassesse. » Sur le fond, il posa la question essentielle : pourquoi l'UNFP se serait-elle lancée dans la voie du complot alors qu'elle avait le vent en poupe, comme l'avaient démontré ses succès aux législatives, et alors que les élections locales se présentaient pour elle sous les meilleurs auspices?

Le procureur général crut pouvoir répliquer en montrant les armes (mitraillettes, mousquetons, pistolets, bombes artisanales) accumulées sur la table des pièces à conviction : n'étaient-elles pas la preuve matérielle du complot? Mais la défense avait justement quelques observations à présenter sur les armes. Elle rappela au tribunal que, dès le 18 juillet, un communiqué du ministère de l'Information annonçait « la découverte d'un dépôt d'armes fort important tant en quantité qu'en qualité ». Le 19 juillet, le ministre de l'Intérieur déclarait : « On a trouvé des armes. Je ne les ai pas vues. D'après ce que m'a signalé la police, il s'agit de mitrailleuses et de choses comme ça. » Or les procès-verbaux de la police indiquaient que toutes les armes avaient été trouvées après le 18 juillet... « La machination est évidente, s'écria Bouabid. Le complot n'est pas contre le roi, mais bien contre l'UNFP! Tout cela n'est que comédie! »

C'est à propos des armes qu'allait éclater l'incident décisif. Un matin, on ne les vit plus sur la table des pièces à conviction. Un avocat, Me Maati Bouabid, bâtonnier de Casablanca, les trouva dans une salle voisine, manipulées par des policiers qui n'avaient évidemment aucun titre à le faire. D'après le dossier, une mitraillette appartenait à l'accusé Belmelih, mais, fâcheusement, il avait été impossible, lors de son interrogatoire par le président, de retrouver l'arme parmi les pièces à conviction. Les policiers avaient fait un miracle : la mitraillette était bien là, pourvue d'une étiquette toute neuve au nom de Belmelih...

La défense décida de se retirer. Commise d'office, elle persista dans son refus. De leur côté, les accusés annoncèrent leur intention de ne plus répondre aux questions. Le président passa outre. Le procès continuerait sans avocats et devant un parterre d'accusés muets. « Le tribunal, déclara-t-il, accomplira sa tâche avec l'aide de Dieu. »

*

Après deux mois d'audiences souvent tumultueuses, il était évident que la double nature du procès faisait sa fragilité. Il avait pour fonction politique de donner un coup d'arrêt à la montée en puissance de l'UNFP. Mais l'amalgame entre quelques hommes, dont on pouvait penser, sans trop offenser la présomption d'innocence, qu'ils avaient effectivement comploté, et des militants politiques qui n'y avaient d'évidence jamais songé, se révélait à la longue intenable. Les conditions dans lesquelles des aveux avaient été extorqués aux uns et aux autres jetaient le discrédit sur l'ensemble. Et puisque les accusations portées contre tel homme politique paraissaient invraisemblables, pourquoi eût-on accordé plus de crédit à celles qui accablaient tel autre accusé assis sur le même banc ?

Si le pouvoir s'était borné à faire juger le fqih Basri, Moumen Diouri et le contumax Cheikh el-Arab, il est probable que la tâche des magistrats eût été plus aisée.

On le vit bien quand le fqih fut mis sur la sellette. Silencieux, il écouta la longue lecture des procès-verbaux. Le procureur, cette fois, avait des témoins à charge. Le plus surprenant était le colonel Medbouh.

Mohammed Medbouh, né dans le Rif en 1927, avait l'infortune de porter un nom qui signifie en arabe l' « égorgé ». Ce patronyme lui venait de son père, caïd important, qui, pendant la guerre du Rif, avait trahi Abd el-Krim et l'avait livré aux Français. Les tribus avaient sanctionné sa trahison en l'égorgeant. Pourvu de ce douteux viatique, le fils fit carrière dans l'armée française. Il servit en Indochine et revint avec le grade de capitaine. Après le retour du sultan, il le rallia dans le sillage d'Oufkir et obtint le commandement de la garde royale. Il fut ensuite gouverneur de la province de Casablanca, commandant de la gendarmerie, ministre des PTT dans le gouvernement Ibrahim, directeur du cabinet militaire de Hassan II. Depuis le 5 septembre précédent, il exerçait les fonctions de directeur de la Maison royale, et chacun pouvait comprendre que cette nomination enviée récompensait un exercice dans lequel la famille s'était déjà illustrée : la trahison.

Le colonel Medbouh avait été en effet approché par le fqih. On le croyait un peu homme de gauche, puisqu'il avait fait partie du gouvernement Ibrahim. Gouverneur de Casablanca, il témoignait une certaine sympathie à l'UNFP. Selon ses déclarations au juge d'instruction, Medbouh s'était montré « très attentif » à l'analyse politique du fqih, mais lorsque celui-ci lui demanda les plans du palais, et notamment le chemin d'accès à la chambre à coucher du roi, il comprit que son devoir était de rendre compte. Il n'avait cependant pas rompu le contact avec le fqih, de manière à pouvoir renseigner son maître sur ce qui se tramait.

Un autre officier, le capitaine Laïdi, avait rencontré Basri huit fois en feignant la complicité. Il devait fournir les plans des points stratégiques de Rabat, tels l'état-major et le centre de liaisons radio.

L'accusation disposait aussi de preuves matérielles. On avait trouvé au domicile du fqih la liste des officiers démissionnaires de l'armée et des notes sur les effectifs de la gendarmerie. Chez Khadija Medkouri, seule femme à figurer parmi les accusés, la police avait saisi quatre feuillets écrits de la main de Basri. (Celui-ci devait déclarer au juge d'instruction que les policiers l'avait contraint à les écrire sous leur dictée.) Il s'agissait de l'esquisse d'un plan d'action, avec des notations assez significatives : « interruption des communications : divers moyens », « détermination des domiciles, lieux de travail et déplacements des personnes ci-après » – suivaient les noms de ministres et d'officiers...

Enfin, l'accusation produisit son arme secrète, dont nul n'avait entendu parler jusqu'alors puisqu'elle ne figurait pas au dossier : l'enregistrement sur bande magnétique des aveux passés par le fqih.

Quand le procureur général demanda au tribunal l'audition de la bande, les accusés rompirent net le silence dans lequel ils s'enfermaient depuis une longue semaine. Tandis que le fqih criait à la machination, le bâtonnier Youssefi passa de la condition d'accusé à celle d'avocat pour dénoncer violemment l'irrecevabilité d'une telle preuve, que la police pouvait avoir aisément trafiquée. Il s'ensuivit le débat habituel en tout pays sur le crédit à accorder à un enregistrement magnétique, et, comme d'ordinaire, le tribunal trancha avec hypocrisie qu'il écouterait la bande mais qu'elle ne serait pas reçue comme une « preuve formelle ». A peine le magnétophone était-il mis en marche que les quatre-vingt-six accusés hurlaient en chœur, rendant totalement inaudible la voix enregistrée de Basri. On les expulsa et l'audition reprit. Ce fut le dernier incident du procès : en l'absence de toute plaidoirie, il ne restait plus qu'à entendre le réquisitoire.

Le 20 février, de très nombreuses personnalités françaises, dont Charles-André Julien, François Mauriac, Jean-Paul Sartre, Louis Aragon et François Mitterrand, adressèrent au roi une lettre ouverte exprimant l'« étonnement douloureux » qu'ils ressentaient devant ce procès peu ordinaire. Les signataires ajoutaient que si de lourdes condamnations devaient être prononcées, elles confirmeraient « que le but poursuivi a moins été de faire la lumière sur le fondement des accusations que d'obtenir des sanctions contre les adversaires du pouvoir ».

Le 3 mars, André Malraux, ministre de la Culture, prononça une conférence à Rabat devant deux mille personnes, en majorité des étudiants. Il affirma que l'islam, « l'une des réalités spirituelles les plus vivantes qu'ait connues le monde dans l'ordre religieux », était moins qualifié que l'Occident pour assumer l'héritage grec, mais qu'il l'était en revanche « pour reprendre celui de Sumer, de Thèbes et de Babylone ».

Le 7 mars, le procureur général requit la peine de mort contre quatre accusés présents : le fqih Basri, Moumen Diouri, Omar Benjelloun et Ahmed Benkilou. Il réclamait quinze ans de réclusion pour le bâtonnier Youssefi, trois ans de prison pour le député Mehdi Alaoui, et quatre pour le député Abbès Kabbaj. Une kyrielle de peines de réclusion ou de prison était requise contre les autres accusés.

Le tribunal rendit son verdict le 14 mars à l'aube, au terme d'un procès de près de quatre mois et après un délibéré de sept jours.

Le fqih Basri, Moumen Diouri et Omar Benjelloun étaient condamnés à mort. Huit peines capitales étaient prononcées par contumace, notamment contre Mehdi ben Barka et Cheikh el Arab. Trois réclusions perpétuelles, quatre condamnations à vingt ans, six à dix ans et maintes peines de prison pour des durées variables. Le bâtonnier Youssefi s'en tirait avec deux ans, peine assortie du sursis. Les députés Alaoui et Kabbaj étaient acquittés.

Dans la salle, les familles pleuraient. Les condamnés, emmenés par les gardes, chantèrent : « Ce n'est qu'un au revoir, mes frères. »

L'un des acquittés, Mohamed Sajid, ouvrier, fut enlevé par la police à sa libération et disparut définitivement.

*

Moumen Diouri, conduit comme les autres à la prison de Kenitra, eut le privilège de parcourir en fourgon cellulaire le boulevard portant le nom de son père, qui menait à la prison. Il avait été inauguré peu après l'indépendance par Ben Barka, et celui-ci avait dit à Moumen, après avoir coupé le cordon : « Tu vois, ce boulevard mène directement à la prison. Pour mériter le nom de Diouri, il fallait passer par là ! » A l'époque, ils avaient ri de la plaisanterie.

Oufkir avait réservé une surprise aux condamnés : le personnel pénitentiaire était remplacé par les hommes de sa brigade spéciale, ceux-là même qui les avaient torturés. Les cellules, blanchies à la chaux, restaient éclairées nuit et jour par une éblouissante ampoule de cent cinquante watts. La chasse d'eau des toilettes se déclenchait automatiquement à intervalles rapprochés. Lorsque les détenus finissaient par sombrer malgré tout dans un sommeil pâteux, les gardiens improvisés les réveillaient en frappant les portes de leur trousseau de clés.

Le 19 mai, la cour suprême rejeta les pourvois en cassation. Il n'y avait plus que la grâce royale entre les trois condamnés à mort et le poteau.

L'espoir se nourrissait de quelques indices favorables. Le jour même de l'ouverture du procès, Hassan II avait dit ne pas exclure l'intercession des familles des éventuels condamnés pour solliciter sa grâce. Mais le palais vivait alors dans la certitude d'un triomphe judiciaire. Le tour pris par le procès pouvait avoir modifié les dispositions royales.

Puis l'hebdomadaire *Les Phares*, animé par Reda Guedira, intime du roi, publia un éditorial exprimant la répugnance des libéraux pour la peine de mort. Il concluait : « Nous serons toujours de ceux pour qui le pardon est la forme la plus haute de la dignité humaine. »

En France, Maurice Duverger, principal rédacteur de la première Constitution marocaine, écrivit que l'application du châtiment capital « changerait nécessairement la nature du régime marocain et l'engagerait dans une voie toute différente de celle qu'il a suivie dès l'origine, de façon probablement irréversible, car le sang appelle le sang ».

Il y avait la jeunesse de Moumen Diouri et le souvenir de son père. L'exécution du fqih Basri par une monarchie qu'il avait si puissamment contribué à rétablir heurterait tous les anciens résistants, dont il restait la figure de proue. Les trois condamnés avaient aidé la résistance algérienne et tissé des liens étroits avec les dirigeants du FLN ; or, après la folle « guerre des sables », Rabat se rapprochait d'Alger pour un règlement négocié.

Mais les avocats n'avaient pas reçu l'autorisation de rencontrer leurs clients en prison, et le régime de détention infligé par Oufkir n'inclinait pas à l'optimisme.

L'angoisse montait, et personne n'eût osé parier sur la grâce, lorsque Cheikh el-Arab modifia les données du problème.

*

Le procès avait établi que l'Insaisissable disposait d'une quarantaine d'hommes. C'était assez pour donner du tourment à la police d'Oufkir, insuffisant pour soulever le royaume.

Le 9 juin, à Casablanca, sur information fournie par un indicateur, la police donne l'assaut à une villa du quartier de l'Oasis, allée des Cygnes. Les occupants ouvrent le feu, abattant un commissaire des renseignements généraux et deux inspecteurs, et parviennent à s'enfuir. Une fois de plus, Cheikh el-Arab avait échappé à Oufkir.

Mais la réplique ne tarda pas. Le surlendemain, des promeneurs découvrirent deux cadavres dissimulés derrière un buisson sur la plage des Zenatas, à une vingtaine de kilomètres au nord de Casablanca. Deux autres cadavres sont trouvés au sud de la ville, près de la route de Bouskoura. Les quatre morts, bandeau sur les yeux, ont été abattus à la mitraillette. Il s'agissait d'Abdallah Bouzalim, ouvrier, l'un des lieutenants de Cheikh el-Arab, condamné à mort par contumace au procès de Rabat, de Ahmed Ouchouit et d'Abdallah Gagaz, tous deux ouvriers, et de Souissi el-M'zaly, ancien résistant.

Le 7 août à l'aube, un homme affolé se présenta à la brigade spéciale de Casablanca. Il faisait partie du groupe du Cheikh et révéla que celui-ci préparait une nouvelle opération contre la police politique. L'homme, épuisé nerveusement, ne voulait plus en être. Il livra la cachette de son chef.

Oufkir mobilisa la brigade légère d'intervention et fit boucler par l'armée le quartier de Hay ben M'sik. Au terme d'un combat de deux heures, le Cheikh et deux de ses camarades furent abattus. Telle fut en tout cas la version officielle publiée par la presse.

Selon Moumen Diouri, la fin de son ami fut différente. Oufkir le voulait vivant. Ses hommes avaient reçu l'ordre formel de ne pas tirer sur lui. Quand le Cheikh comprit que sa vie aventureuse touchait à son terme, il sortit de la maison où il s'était réfugié, un pistolet à la main, et s'immobilisa en découvrant les centaines de soldats qui l'encerclaient. Non sans courage (mais cette vertu-là ne pouvait lui être déniée), Oufkir se porta à sa rencontre avec un groupe de policiers. Lorsqu'ils furent à quelques mètres, Cheikh el-Arab dit à Oufkir : « Tu me veux vivant. Je regrette de n'avoir qu'une seule balle, mais celle-là est pour moi. » Et, posant le canon du 11,45 sur sa tempe, il tira, comme il avait dit depuis tant d'années qu'il ferait s'il se trouvait un jour piégé. Il avait trente-six ans, et, dans l'imaginaire populaire, resterait à jamais « l'Insaisissable ».

Le sang du Cheikh épargna celui des trois condamnés à mort. Le 20 août 1964, anniversaire du « soulèvement du roi et du peuple », Hassan II commua leur peine en détention perpétuelle.

Le même jour, Oufkir devenait ministre de l'Intérieur.

VI

Le peuple

La pire condamnation du colonialisme est sans doute dans la formidable aspiration à l'éducation que libère sa chute, comme si le couvercle vissé sur un peuple sautait tout à coup.

Le Maroc, maintenu par l'administration française dans un état de sous-développement éducatif calculé, porta le phénomène à une intensité sans égale. Pour le peuple, dans sa masse, l'indépendance signifiait le droit à l'éducation. A peine avait-elle sonné que des foules de parents assiégeaient joyeusement les écoles pour y inscrire leur progéniture. La soif d'apprendre semblait inextinguible. Les familles les plus pauvres se saignaient aux quatre veines pour permettre aux enfants de faire des études. Dans un pays où l'analphabétisme régnait sur 90 % de la population, le simple fait de savoir lire et écrire ouvrait l'avenir. Un diplôme, fût-il modeste, assurait la vie d'une famille. Le baccalauréat marquait une étape décisive dans l'ascension sociale.

Il fallut multiplier les écoles primaires, bâtir collèges et lycées. L'effort, significatif, restait insuffisant. Chaque année, trois cent mille enfants se présentaient aux portes des écoles. L'inscription exigeait des familles une ténacité digne d'éloge. Bien souvent, les mères devaient camper nuit et jour devant les bureaux pour parvenir à faire enregistrer leurs enfants. Encore l'inscription ne suffisait-elle pas toujours à leur ouvrir les portes du cycle scolaire. En 1965, deux enfants sur trois restaient en rade.

Cette même année 1965, sur fond de crise économique, le pouvoir ferma les vannes. Une circulaire du ministre de l'Éducation nationale, datée du 23 mars, prescrivit le renvoi du lycée des élèves âgés de plus de dix-huit ans, et leur orientation obligatoire vers l'enseignement technique. Selon des critères européens, un élève de dix-huit ans qui n'a pas terminé ses études secondaires pourrait à la rigueur être considéré comme mal orienté. Mais la situation marocaine excluait pareille rigueur. Faute de place, il était banal que des élèves moisissent deux ou trois ans dans des classes dites préparatoires où l'enseignement n'était dispensé qu'à mi-temps. Le retard pris dès le départ, difficilement imputable aux enfants, excluait pour beaucoup d'entre eux le bouclage du cycle secondaire à dix-sept ans.

Le 23 mars, dès la nouvelle connue à Casablanca, les lycéens descendirent dans la rue. Ils défilèrent d'abord en bon ordre, criant des slogans tels que : « On ne veut pas que les pauvres s'instruisent! ». Puis quelques vitrines de magasins de luxe volent en éclats. Des voitures et des autobus sont incendiés.

La police tira, et la manifestation devint émeute.

En fin d'après-midi, le peuple des bidonvilles rejoignait les lycéens.

Peuple innombrable, misérable, chassé des campagnes et venu s'entasser, à bout d'espoir, dans des banlieues sans nom où il disputait sa pitance aux rats. Casablanca, jeune ogresse, se nourrissait d'un exode rural aux allures d'avalanche. L'indépendance, ce devait être aussi la récupération des terres colonisées par les Français et une réforme agraire. Mohammed V s'était assuré froidement la meilleure part, devenant, et son fils après lui, le plus grand propriétaire terrien du royaume. Même les terres où les tribus paissaient collectivement leurs troupeaux, et dont l'accaparement par les colons français avait été l'un des scandales du protectorat, ne furent pas restituées à leurs légitimes propriétaires. La bourgeoisie rurale s'était répartie le reste du butin. A elle, les meilleures terres (en 1971, 5 % des propriétaires détiendront 60 % des terres les plus riches), pour elle essentiellement les barrages construits à partir de 1960.

Quant à la réforme agraire, toujours évoquée, jamais réalisée, elle restait un projet parmi d'autres dans les dossiers de la gauche.

Mois après mois, des cohortes de paysans déracinés échouaient avec femmes et enfants à la lisière des villes, Casablanca surtout. De 5 % au début du siècle, l'urbanisation passait à 30 % en 1965. On dormait d'abord sur des cartons, puis dans des cahutes en tôle baignant l'hiver dans un clapot de boue et d'excréments, transformées l'été en fours solaires. Les moins malheureux plaçaient une fille comme domestique en ville. Les plus heureux trouvaient un travail. Mais Casablanca comptait en 1965 trois cent mille sans-emploi.

La crise ne frappait pas que les bidonvilles. Elle sanctionnait l'échec dramatique du premier plan quinquennal (1960-1964). Ouvriers, employés, enseignants : tous souffraient de la récession. Le roi lui-même, dans un discours prononcé au début du mois, avait évoqué « la conjoncture économique et financière difficile ».

Misère et pénurie côtoyaient un luxe sans complexe. D'immenses fortunes s'étaient constituées sur les ruines du protectorat. La grande bourgeoisie, fuyant les investissements productifs d'emplois mais coûteux, se spécialisait dans l'import-export et la spéculation immobilière. Le capital étranger conservait toutes ses positions, quand il ne les améliorait pas, et trouvait sur place plus de candidats qu'il n'en fallait pour la gérance de ses intérêts.

La corruption était partout. Du frère du roi, le prince Abdallah, surnommé « Son Altesse 51 % » (c'était la part qu'il exigeait dans toute société à laquelle il avait la bienveillance d'accorder son patronage), au dernier fonctionnaire en passant par le moindre des ministres, l'appareil d'État baignait dans le pot-de-vin et le dessous-de-table. Sans même faire à la vertu l'hommage de l'hypocrisie, les trafics s'étalaient au su et au vu de chacun. Des journalistes étrangers vont s'étonner de la mise à sac par les émeutiers de dispensaires ou de bureaux de poste : c'est qu'on savait quels marchés frauduleux avaient été passés pour leur construction.

Ainsi, intriqués dans la ville, les quartiers ou végètent les chômeurs et les tours altières construites pour les bureaux d'affaires, la marée glauque des bidonvilles et les palais privés encerclés de hautes murailles du quartier des Crêtes...

Combien furent-ils à descendre dans la rue?

Les parents étaient venus les premiers à la rescousse en apprenant que la police raflait leurs enfants par camions entiers pour les jeter dans les commissariats. Par dizaine de milliers, les sans-travail les rejoignirent, la haine au ventre, brisant sur leur passage tout ce qui pouvait l'être. En fin d'après-midi, l'émeute flambait à Casablanca.

Comme en 1952, la foule assiégea le commissariat des Carrières centrales, où l'on disait qu'étaient détenus des dizaines de lycéens. Les policiers ouvrirent le feu, faisant des dizaines de victimes. Les émeutiers, armés de pioches et de barres de fer, ne renoncèrent pas. Plusieurs policiers tombèrent. Les munitions s'épuisaient.

Tel l'ange exterminateur, Oufkir tomba du ciel. Il aimait l'hélicoptère pour la capacité qu'il lui donnait de fondre sur l'ennemi avec une rapidité d'aigle. Lui aussi se souvenait des émeutes antifrançaises de 1952 et de leur répression, qu'il avait jugée molle. Aucun reproche de cet ordre ne pourrait lui être adressé. Il a fait arracher une porte latérale de son Alouette II ; un homme est derrière lui pour l'approvisionner en chargeurs. Fusil-mitrailleur au bras, un pied posé sur le patin d'atterrissage, il mitraille la foule et dégage le commissariat. Puis l'hélicoptère remonte une à une les longues avenues de Casablanca, dispersant sous son feu les cortèges.

Des chars d'assaut et quatre cents camions chargés de troupes convergeaient sur Casablanca.

La nuit venue, dans les rues désertées, les soldats ramassèrent les cadavres et les enfouirent dans d'anonymes fosses communes.

L'aube ralluma l'émeute. La haine vouée au roi éclatait en slogans brefs – « Hassan assassin » –, en affiches le représentant en boucher couvert de sang, en mannequins à son effigie auxquels on mettait le feu.

Il fallut trois jours à Oufkir pour mater la ville. Puis il partit pour Rabat et Fès, où les étudiants s'étaient soulevés, et ramena l'ordre avec les mêmes méthodes.

Combien de victimes au total? Assurément plusieurs centaines de morts, certains disent un millier, dont une majorité d'enfants. Jamais, dans l'histoire moderne, une répression n'avait fait autant de morts si jeunes. Seules les fosses communes en savent le chiffre exact.

*

Le roi savait son métier.

Il apparut à la télévision, le 29 mars, et, s'adressant au peuple, lui dit sa déception : « Tu m'as mis à l'épreuve, cher peuple. » Il brossa un sombre tableau de la situation économique, mais, évoquant Churchill, ne promit « que du sang, de la sueur et des larmes ». (Quant à la promesse de sang, elle était déjà largement tenue.) Il stigmatisa les « intermédiaires politiques », c'est-à-dire les partis, en des termes qui ne laissaient guère de doute sur la responsabilité qu'il leur attribuait dans l'émeute.

Cette dernière attaque étonna car partis et syndicats avaient été aussi surpris par l'événement que le palais. L'UNFP s'était hâtée de désavouer l'émeute. En vérité, la lame de fond partie des bidonvilles roulait une fureur aveugle qui n'établissait aucune différence entre formations politiques. Le seul Marocain capable de la canaliser était sans doute le Ben Barka d'avant la « guerre des sables ». Surgie sans prévenir, disparue dans les fosses communes et dans les prisons, tels ces oueds-minute qu'un orage suscite et qui s'évanouissent dans les sables après avoir tout dévasté sur leur passage, l'émeute avait terrorisé la classe politique tout entière.

Chacun, au Maroc et à l'étranger, crut que le palais allait resserrer son étreinte.

Quinze jours plus tard, pour la grande fête de l'Aïd el-Kebir, Hassan II amnistiait tous les condamnés politiques, dont le fqih Basri, Moumen Diouri et Omar Benjelloun. Dans la foulée, il disait son souhait d'un gouvernement d'union nationale et annonçait des consultations avec les partis.

C'était prendre tout son monde à contre-pied. Au Maroc et à l'étranger. On attendait la matraque plombée d'Oufkir : on avait la main tendue du roi. Il fallait être l'héritier d'un très vieux pouvoir, pourvu au surplus d'un aplomb remarquable, pour prendre la pose du libéral sur les cadavres encore tièdes d'une jeunesse massacrée.

Jean Lacouture, parfait connaisseur du Maroc, mais qui avait encore beaucoup à apprendre sur Hassan II, écrivit dans *Le Monde* : « Allait-il laisser la répression s'institutionnaliser, le désarroi emporter les libertés publiques dont il avait voulu faire la fierté du Maroc, l'originalité de son régime ?... Allait-on vers une dictature militaire plus ou moins camouflée ? Il est à l'honneur du jeune souverain que la grande peur qui saisit alors la classe dirigeante du royaume ne l'ait pas porté à instituer la terreur et lui ait fait au contraire découvrir l'urgence d'un vaste rassemblement politique autour du trône... Ainsi l'orage de mars, où l'on croyait voir le prodrome d'un cycle de violence, a-t-il ouvert le champ à la plus importante négociation politique qu'ait connue le Maroc depuis la mort de Mohammed V. »

Moins de deux mois plus tard, le 8 juin 1965, la négociation s'étant révélée stérile et l'opinion publique mondiale n'ayant plus l'œil sur le Maroc, Hassan II proclamait l'état d'exception conformément à l'article 35 de la Constitution, mettait en sommeil le Parlement et assumait les pouvoirs législatif et exécutif.

La Constitution indiquait que l'état d'exception pouvait être proclamé dans deux cas : menaces contre l'intégrité du territoire ; événements susceptibles de mettre en cause les institutions.

Il allait durer cinq ans.

*

Après sa libération de la prison de Kenitra, Moumen Diouri resta dans son pays, une valise toujours prête par précaution.

Le fqih Basri quitta le Maroc en 1966 avec un passeport en bonne et due forme, ce qui étonna ses amis : la plupart des prisonniers politiques libérés éprouvent les plus grandes peines à obtenir ce document. Mais le fqih savait par ses avocats que le palais souhaitait son départ. Il était l'irréductible par excellence. Faute de pouvoir le neutraliser, mieux valait l'éloigner. Il partit pour Paris, où l'attendait, sur les Champs-Élysées, un pied-à-terre obligeamment loué pour lui, dès sa sortie de prison, par un sympathique Français amoureux du Maroc : Antoine Lopez.

L'amnistie proclamée par Hassan II restait pour le moins équivoque sur le cas de Ben Barka, condamné par contumace. « J'aurais souhaité, avait déclaré le roi, que mon pardon englobe tous ceux contre lesquels des jugements ont été prononcés à cause du crime d'atteinte à la sûreté intérieure de l'État qu'ils ont commis, s'ils n'avaient fui la justice de leur pays, cherché refuge à l'étranger et continué dans la voie de l'erreur. » Littéralement, c'était l'exclusion de l'amnistie. D'un autre côté, le « j'aurais souhaité » semblait indiquer un désir d'apaisement. L'avenir restait ouvert.

VII

L'élimination de Ben Barka

Il n'avait pas compris que le pouvoir ne se partage pas.
Mieux que personne, il savait quelle réalité recouvrait les
apparences marocaines. Le multipartisme, si rare dans le
tiers monde, et – plus rare encore – une presse réellement
d'opposition, quoique tempérée par les suspensions, les saisies et l'autocensure, donnaient au régime sa vitrine démocratique. Mais à l'intérieur de la boutique se concoctaient
fraudes électorales et opérations de police pour empêcher
que la réalité du pouvoir n'échappât au roi. L'opposition de
Sa Majesté n'était tolérée qu'à distance respectueuse, dans
son rôle de figuration intelligente. Si elle faisait mine d'en
sortir, la foudre s'abattait sur elle. Ceux qui, lassés par la
farce d'un jeu truqué, se résignaient au complot, tel le fqih
Basri, fournissaient au pouvoir prétexte à écraser l'opposition dans son ensemble.

Jusqu'à sa mort, Ben Barka crut le compromis possible.
Jusqu'au jour où ces lignes sont écrites, Hassan II, avec
maestria et une sorte de courage cynique, a préféré jouer le
pouvoir à quitte ou double plutôt que de le partager. Leur
couple étrange échappait aux normes politiques. Hassan II
détestait Ben Barka parce qu'il ne pouvait se le soumettre;
Ben Barka détestait Hassan parce qu'il ne parvenait pas à le
convaincre. Mais même si Ben Barka était devenu
l'« ennemi numéro un », les courtisans restaient sur leurs
gardes, pressentant sans doute qu'une relation si pas-
sionnelle pouvait connaître d'imprévisibles retournements.

Entre Ben Barka et Oufkir, les choses étaient plus simples : ils s'exécraient. Une scène violente les avait opposés en public. Désignant les nombreuses médailles gagnées au service de la France qu'Oufkir ne manquait jamais d'arborer sur son uniforme, Ben Barka avait hurlé qu'elles n'étaient que quincaillerie de mercenaire, indigne d'un officier marocain. Oufkir n'oublia jamais l'insulte. Nul doute que si Ben Barka était tombé dans la rafle de juillet 1963, plusieurs degrés du Dar el-Mokri lui eussent été appliqués. Personne n'imaginait les deux hommes siégeant côte à côte au Conseil des ministres.

*

Le discours royal annonçant l'amnistie est du 29 mars 1965. Le 25 avril, Mehdi ben Barka rencontre chez son frère Abdelkader, à Francfort, le prince Moulay Ali, cousin et beau-frère du roi, ambassadeur du Maroc à Paris. Moulay Ali fait passer le message d'Hassan II à son ancien professeur de mathématiques : « J'ai une équation à résoudre au Maroc. » Ben Barka pose d'emblée la question de l'armée : acceptera-t-elle une ouverture à gauche ? Moulay Ali assure que l'armée n'est pas un problème. Sur le fond, Ben Barka se montre comme toujours prêt à prendre ses responsabilités. Il propose un gouvernement UNFP comprenant des personnalités indépendantes désignées par le roi et un contrat de deux ans avec un catalogue de réformes profondes, notamment une réforme agraire. Quant à retourner au pays, comme l'y invite le roi, il le fera avec plaisir dès qu'il en aura fini avec ses obligations internationales. Il est président du comité d'organisation de la conférence Tricontinentale qui doit s'ouvrir à La Havane en janvier 1966. Après Bandoeng, qui a révélé le tiers monde, La Havane consacrera l'émergence de sa partie la plus militante. Mais le schisme sino-soviétique complique la situation, et il faut toute la diplomatie de Ben Barka pour empêcher l'éclatement.

Le 19 mai, alors que la négociation entre le palais et l'opposition s'enlise, Abderrahman Youssefi et Abderrahim

Bouabid, leaders de l'UNFP, sont reçus par le roi et l'assurent que Ben Barka est toujours prêt à rentrer sur la base d'un accord écrit. Hassan répond : « Cela n'a plus d'intérêt puisqu'il n'est pas rentré quand je le lui ai demandé. »

En juin, Ben Barka rédige un texte dont la publication sera posthume. Il y dénonce la politique économique qui a abouti aux émeutes de mars : « Elle a échoué parce qu'elle cherchait toujours à servir les intérêts néo-colonialistes et un État de privilèges et d'exploitation. » Le roi est stigmatisé pour son discours du trône du 3 mars, prononcé trois semaines avant l'explosion : « [Ce] fut un premier constat d'échec total qui prenait le ton d'une triste homélie, pour ne pas aboutir à une autocondamnation sévère. Reconnaître l'échec et en rendre responsable la nature humaine et la succession des saisons était une façon étrange de concevoir ses responsabilités. » Ben Barka poursuit : « Si la majorité de la population est maintenue dans la misère et l'inculture et si, en plus, elle voit se fermer devant elle les portes de l'espérance, comment s'étonner que l'impatience prenne le masque du désespoir ? » Il justifie l'émeute : « Si les élections sont truquées, si la liberté de réunion est niée, si la presse est bâillonnée, si les patriotes porte-parole des masses sont pourchassés, condamnés à mort ou à la détention, ou tout simplement liquidés, comment s'étonner – comme a cru pouvoir le faire le chef de l'État – que le peuple emploie un moyen plus direct pour se faire entendre ? » Mais il propose un « accord de compromis » qu'il se déclare prêt à mettre en œuvre « par la pratique gouvernementale quotidienne ».

En juillet, son frère Abdelkader reçoit du prince Moulay Ali le conseil de se rendre à Rabat pour y louer une grande maison où s'installera la famille de Mehdi. Abdelkader obtempère, se fait arrêter pour des raisons obscures, et reçoit le conseil de quitter le pays.

Le 20 août, lors de la cérémonie commémorant la déposition de son père, Hassan II a une phrase qui semble exclure Ben Barka de l'amnistie : « Si des personnes mal intentionnées ont donné de notre action une interprétation erronée, ont persisté dans l'erreur, et ont continué à œuvrer contre leur pays, leurs concitoyens, la nation, à son tour, les a reniés. La communauté les a rejetés. »

Mehdi ben Barka conserve cependant son optimisme. Il dit à un ami étudiant : « C'était au moment des négociations pour le pacte [avec l'opposition] que j'aurais dû rentrer. Maintenant c'est trop tard. Mais j'espère cependant que tout s'arrangera. »

Il restait cependant inflexible sur Oufkir, répétant à qui voulait l'entendre : « Ce sera lui ou moi. »

En septembre, il est à La Havane pour la préparation de la Tricontinentale. Fidel Castro lui révèle qu'il est soumis à une forte pression de Hassan II visant à le priver de la présidence de la conférence. Le roi a menacé, s'il n'était pas entendu, de cesser tout achat de sucre à Cuba.

En octobre, il donne au Caire une longue interview à Mohammed Heykal, le plus influent de tous les journalistes arabes, rédacteur en chef de _Al Ahram_ : « Je sens le danger maintenant plus que jamais. Nous avons décidé de tendre la main au roi Hassan II, de même qu'il nous a tendu lui-même la main, et d'amorcer notre collaboration après une rupture de plusieurs années. » Pour Ben Barka, l'armée, dont les chefs ont été formés par le colonialisme, qu'ils ont servi tout au long de leur carrière, représente une menace tant pour le roi que pour les forces populaires. C'est pour pallier ce danger qu'un rapprochement s'impose : « Aujourd'hui, ils s'aperçoivent que notre collaboration avec le roi a repris ou qu'elle est sur le point de reprendre ; ils réalisent qu'ils ont à intervenir, sinon ils perdraient la première manche. Ou ils exerceront sur le roi une pression irrésistible, ou ils dirigeront sur nous les opérations décisives de liquidation par tous les moyens. [...] Je ne sais pas de quoi demain sera fait, mais le sentiment du danger ne s'est jamais imposé à moi de manière aussi impérieuse. »

Le 29 octobre, à Paris, Mehdi ben Barka, optimiste en dépit de tout, confie à Thami Azzemouri, étudiant : « Il y a des propositions de la part du roi qui sont très positives. Il est possible que nous participions à un gouvernement où il y aurait d'autres forces politiques, et je crois que ce serait une très bonne chose pour le pays, car l'opposition systématique n'est pas, au fond, une très bonne chose. Il faut savoir, de temps en temps, être positif, collaborer, et je crois que dans l'état actuel des choses, le pays a besoin de nous. C'est pour cela que je compte rentrer au Maroc. »

C'était à moins d'une heure de son enlèvement.

*

On ne racontera pas une fois de plus la ténébreuse affaire Ben Barka. Organisée par des menteurs professionnels ou des mythomanes qui ont su multiplier les fausses pistes et brouiller les vraies traces, elle reste une énigme, un crime sans cadavre, une parodie de justice.

Le crime politique est rarement mystérieux par carence d'explication plausible; il le devient presque toujours par surabondance des mobiles prêtés aux tueurs. Ben Barka rejoint ici John Kennedy, et précède Henri Curiel.

La CIA trouvait intérêt à son élimination. Ben Barka dans un gouvernement marocain, c'était une grave menace sur les bases américaines au Maroc, essentielles pour le Pentagone, dont il ne cessait d'exiger l'évacuation. Leader du tiers monde, dénonciateur inlassable de l'impérialisme, son activité frénétique en faisait un objectif prioritaire. Son calendrier pendant les quatre mois qui précèdent son enlèvement est significatif. En juillet, il est à Pékin pour convaincre les Chinois d'accepter une présence soviétique à la Tricontinentale. Après un passage par Paris, il est le 9 août à Nagasaki pour la conférence mondiale sur la bombe atomique; il y prononce un violent discours contre la guerre du Vietnam. Début septembre, il est au Caire, toujours pour la Tricontinentale. A la fin du mois, il rencontre Castro à Cuba. De La Havane, il repart pour Le Caire. A la mi-octobre, il s'envole pour l'Indonésie, mais doit rebrousser chemin à la suite du coup d'État qui a renversé Sukarno.

Lui mort, on pouvait espérer que la Tricontinentale tomberait dans le néant. Ce fut le cas.

Le Mossad israélien pouvait trouver avantage à neutraliser un homme qui, dans toutes les instances internationales, défendait hautement la cause palestinienne. De plus, l'agence israélienne n'était pas en position de refuser une prestation de service à son puissant tuteur américain.

Le SDECE, compromis par ses sympathies pour l'OAS, avait une revanche à prendre sur des hommes comme Ben Barka. Le service, omniprésent au Maroc, garant des intérêts français, ne pouvait qu'envisager avec défaveur le retour, voire l'entrée au gouvernement, d'un dirigeant politique résolu à liquider le système néo-colonial. Il entretenait par ailleurs des relations anciennes et affectueuses avec son ex-agent Oufkir.

Hassan II, au terme de son dialogue de sourds avec Ben Barka, a pu le déclarer irrécupérable. Or son prestige restait important au Maroc, renforcé par la stature qu'il s'était acquise sur le plan international. Les sombres convulsions de la mise au pas de la Résistance étaient bien oubliées et la désastreuse prise de position à l'occasion de la « guerre des sables » s'estompait. Ceux-là même qui critiquaient Ben Barka devaient admettre son exceptionnelle rectitude. Jamais l'ambition personnelle n'avait guidé ou infléchi son action. Possédé par une foi ardente, intègre, désintéressé, il pouvait se tromper : il ne trompait jamais. Le roi, conscient qu'il ne réussirait pas à l'attacher à son char, contrairement à tant d'autres personnalités de l'opposition, a pu ordonner à Oufkir de le liquider.

Oufkir a pu prendre lui-même l'initiative de faire enlever son ennemi le plus farouche, soit pour tenter de le convaincre, au cours d'un entretien forcé, de signer un armistice, soit pour l'exécuter.

Bien sûr, il n'est pas exclu que ces volontés homicides convergentes se soient rencontrées pour aboutir à un accord plus ou moins tacite d'élimination d'un homme qui réunissait sur sa tête tant de ressentiments. Le général de Gaulle déclara à Vincent Monteil, le 4 avril 1967 : « Le roi, bien entendu, est complice, et même l'inspirateur. » Deux ministres de son gouvernement, Jean Foyer (23 décembre 1965) et Roger Frey (21 janvier 1966), mirent en cause la CIA. Des journalistes israéliens établirent, à partir des révélations d'un chef du Mossad, que ce service avait au moins trempé dans la préparation de l'enlèvement. La responsabilité du SDECE résulte des circonstances mêmes de la cause.

Il est avéré qu'au moment précis où Ben Barka négociait son retour avec le prince Moulay Ali, le SDECE notait, le 21 avril, l'arrivée à Paris du général Oufkir, « chargé par le roi d'entrer en contact avec Mehdi ben Barka pour tenter de le convaincre de rentrer au Maroc avec ses compagnons ».

Le 12 mai, le SDECE note dans un rapport que son agent Lopez, de retour d'un voyage au Maroc, où il a rencontré Oufkir, a appris de celui-ci un projet de « récupération de Ben Barka » et la volonté des autorités marocaines d'en finir « par des procédés non orthodoxes ». Lopez, dit « la savonnette », chef d'escale à Orly, est un intime d'Oufkir, chez lequel il emmène sa famille en vacances. Oufkir lui a promis le poste de directeur général d'Air Maroc.

Le 12 octobre, dix-sept jours avant l'enlèvement, le truand Figon révèle à François Brigneau, directeur de l'hebdomadaire d'extrême droite *Minute* : « Pour dessouder Ben Barka, on avait cent briques. J'ai monté toute l'opération avec un de vos confrères. On a imaginé de faire un film sur la décolonisation. Aujourd'hui, les Marocains disent qu'ils ont renoncé à l'affaire et ils refusent de balancer l'acompte de quarante briques qu'ils avaient promis. »

Si la CIA et le Mossad n'apparaissent pas, la volonté du pouvoir marocain d'en terminer avec Ben Barka semble bien établie. Au centre des manœuvres d'approche, un agent marocain nommé Chtouki qui ne sera jamais identifié et dont les témoins qui l'ont rencontré donnent des signalements contradictoires (tantôt don Quichotte, tantôt Sancho Pança).

L'opération fut exécutée par ce que Daniel Guérin appelle « trois polices françaises différentes » : l'officielle (les policiers Souchon et Voitot, de la brigade des stupéfiants), la secrète (Lopez), la parallèle (les truands barbouzards). Ben Barka avait été approché depuis des mois sous le prétexte d'un film documentaire consacré à la décolonisation. Figon jouait le rôle du producteur. Le projet avait pour auteur le journaliste Philippe Bernier; Georges Franju fut choisi pour la mise en scène; Marguerite Duras devait assurer le commentaire.

Ben Barka fut intercepté le 29 octobre à 12 h 25 devant le
restaurant Lipp, à Saint-Germain-des-Prés, où il devait
déjeuner avec Figon, Bernier et Franju. Les policiers Souchon et Voitot, requis par Lopez, lui présentent leur carte
de police et l'invitent à monter dans leur voiture. Il obtempère. Cette docilité, de la part d'un homme qui se savait
menacé, stupéfia ses amis et étonna les commentateurs.
Personne ne savait à l'époque que Ben Barka devait être
reçu le lendemain à l'Élysée. De Gaulle, qui suivait avec
attention son action dans le tiers monde, s'était déjà entretenu deux fois avec lui. Il souhaitait être mis au fait des pré-
paratifs de la Tricontinentale. Le rendez-vous avait été organisé par Henri Curiel, qui connaissait Ben Barka de longue
date et l'aidait à mettre sur pied la conférence. Lorsque Souchon dit à Ben Barka : « Vous avez rendez-vous avec des
personnalités politiques. On m'a demandé de vous conduire
auprès d'elles », le policier croit (c'est ce que lui a affirmé
Lopez) qu'il s'agit de personnalités marocaines. Pour Ben
Barka, il est évident que son rendez-vous à l'Élysée a été
avancé. Ce n'est qu'en voyant la 403 filer sur l'autoroute du
Sud qu'il manifestera « une certaine nervosité ». Selon le
truand Le Ny, passager de la voiture, il évoqua alors son rendez-vous avec de Gaulle.

Le terme du voyage est une villa cossue de Fontenay-le-
Vicomte, propriété du truand Boucheseiche, dit Bonne-
bouche. Ancien lieutenant de Pierrot le Fou, puis de Jo
Attia, maintes fois condamné, Boucheseiche exhibe désormais des cartes barrées de tricolore que lui ont méritées ses
activités de barbouze. Il a participé à l'enlèvement à Munich
du colonel Argoud, chef de l'OAS. Ses complices étaient
alors les truands Dubail, Le Ny et Palisse, encore à ses côtés
pour l'opération Ben Barka. Presque tous se sont connus
sous l'Occupation à la Gestapo française, qu'ils appelaient
« la carlingue ». Proxénète notoire, propriétaire de deux
hôtels de passe à Paris, Boucheseiche, grâce à Oufkir, a
étendu son champ d'activité au Maroc. Il a acquis à Casablanca le Grand Hôtel et une villa sur le bord de mer où il
réside avec sa femme. Toujours avec la protection d'Oufkir,
il a des intérêts dans diverses boîtes de nuit et maisons de

passe. C'est un ami d'enfance de Lopez, qui a sa résidence à Ormoy, tout près de Fontenay-le-Vicomte.

Livraison faite de Ben Barka, les inspecteurs de police et Lopez rentrent à Paris. Souchon et Voitot, auxquels Lopez rend des services à Orly pour la détection du trafic de drogue, sont persuadés de lui avoir renvoyé l'ascenseur à l'occasion d'une affaire politique couverte par la haute hiérarchie. Lopez téléphone à son officier traitant du SDECE : « Le rendez-vous que vous savez a bien eu lieu à Fontenay-le-Vicomte. »

En fait de rendez-vous, Ben Barka n'a autour de lui que quatre voyous rompus aux « procédés non orthodoxes ».

*

La suite des événements est déconcertante.

Boucheseiche et Lopez multiplient dans la soirée les appels téléphoniques à Rabat, tant au chef de cabinet d'Oufkir qu'à celui de Dlimi, directeur adjoint de la Sûreté. Mais Dlimi est à Alger, Oufkir à Meknès. Se seraient-ils ainsi absentés s'ils avaient été les maîtres d'œuvre de l'opération ? Oufkir finit par rappeler Lopez pour lui annoncer qu' « il va voir le patron ». Le patron, c'est Hassan II, qui séjourne à Fès. A 22 h 30, nouvel appel d'Oufkir : il arrive par avion. Mais Lopez l'attend en vain à l'arrivée du vol de nuit de Casablanca. Il n'atterrira à Orly que le 30 octobre, lendemain du rapt, à 17 h 30. Selon certains témoignages, il était « fou de rage ». Dlimi, venant d'Alger, l'avait précédé de trois heures.

Ainsi Hassan II a-t-il dépêché Oufkir à Paris. Singulière démarche ! Comme le fera observer par la suite Oufkir, l'arrivée à Orly du ministre de l'Intérieur d'un pays étranger peut difficilement passer inaperçue. Il bénéficia d'ailleurs des facilités offertes aux voyageurs de marque. Tout se passe comme si les Marocains, surpris par l'événement, s'étaient résignés à prendre tous les risques.

Mieux encore : Hassan II est attendu à Paris le 10 novembre. Il doit assister aux cérémonies du 11 aux côtés du général de Gaulle. La coïncidence apparaît pour le

moins fâcheuse. Certes, l'osmose est si parfaite entre services marocains et français, les relations entre leurs chefs si
anciennes et si cordiales, l'unité de vue si établie, qu'Oufkir
a pu estimer qu'il n'y avait pas lieu d'agir à Paris autrement
qu'à Rabat ou Casablanca. Mais pourquoi une telle précipitation dans l'improvisation?

Les hypothèses ne manquent pas pour expliquer ces inco-
hérences mais aucune ne s'impose par la vertu d'un témoignage crédible. Selon les uns, Oufkir aurait été doublé par
les truands, Figon en tête (mais non Boucheseiche, trop
dépendant du ministre de l'Intérieur pour pouvoir se permettre le moindre faux pas). Après avoir exécuté le contrat
– l'enlèvement –, Figon aurait négocié au prix fort la livraison de Ben Barka. Selon les autres, l'opération était encore
plus complexe. Avertis par Figon des manigances marocaines autour de l'exilé, quelques personnages proches du
pouvoir – le célèbre avocat-barbouze Lemarchand, le
commissaire Caille – auraient tendu un piège machiavé-
lique : laisser s'opérer l'enlèvement, puis intervenir pour
libérer Ben Barka. C'eût été propulser l'étoile gaullienne au
firmament du tiers monde, écarter Oufkir, dont les liens
avec la CIA inquiétaient le clan gaulliste, accabler le SDECE
(compromis par Lopez), avec lequel les barbouzes avaient
des comptes à régler depuis la lutte contre l'OAS. Figon
aurait fait échouer ce plan subtil en ne parvenant pas à
joindre Lemarchand pour l'informer du rapt.

La crapulerie de tout cela! Rarement un homme de la
qualité de Mehdi ben Barka aura été enseveli sous pareille
bassesse.

L'accident est admis par presque tous. Ben Barka suc-
comba-t-il à une crise cardiaque, à une dose trop forte de
somnifère, ou bien fut-il victime d'une vertèbre trop fragile?
On ne le sait. D'après *Le Canard enchaîné* du 10 décembre
1969, le kidnappé, vif et nerveux, se serait débattu quand il
aurait découvert que l'Élysée n'était pas sa destination. L'un
des truands l'aurait frappé à la nuque, sur la vertèbre fragili-
sée depuis sa sortie de route au Maroc. Son décès, ou son
état très grave, expliquerait les allées et venues affolées de
ses ravisseurs, augmentés d'Oufkir et de Dlimi, entre Orly,

la villa de Boucheseiche à Fontenay-le-Vicomte et celle de Lopez à Ormoy, où Ben Barka, mort ou moribond, fut sans doute transporté.

Peu avant qu'on ne le suicidât, Figon fit à *L'Express* un récit que l'hebdomadaire publia, le 10 janvier 1966, sous le titre fracassant : « J'ai vu tuer Ben Barka ». Vite démenti par Figon, il suscita l'incrédulité générale. La réputation d'affabulateur de l'auteur, fils dévoyé d'un inspecteur général de la Santé publique, commandeur de la Légion d'honneur, était bien établie. Le démenti allait de soi : Figon, une fois de plus trop bavard, voulait échapper aux conséquences d'un récit accablant pour des hommes aussi puissants qu'Oufkir et Dlimi, aussi dangereux que les truands auxquels il s'était associé et dont le palmarès criminel surclassait le sien de plusieurs coudées ; il s'était fourvoyé dans une affaire trop grande pour lui.

L'incrédulité naissait du rocambolesque même du récit. D'après Figon, Dlimi, arrivé le premier à Fontenay-le-Vicomte, avait aussitôt affirmé son intention homicide. Non sans mal, les truands maîtrisèrent Ben Barka, qui se débattit avec une énergie prodigieuse. Puis arrive Oufkir, coiffé d'un grand feutre noir. « Il a une incroyable tête d'assassin, raconte Figon. Il se retourne vers moi : " Il est là-haut ? – Oui. " – " Ça marche bien ? " Je fais une moue significative. Oufkir ne répond rien. Il décroche un petit poignard marocain attaché à une panoplie en bas de l'escalier. Il monte au premier. " Eh bien ! le voici ", dit-il simplement.

« En le voyant, Ben Barka commence à se débattre à nouveau. Oufkir s'approche de lui : " Je connais très bien le moyen de le calmer. " Et il commence à lui tailler la gorge et la poitrine avec la pointe du poignard. Il paraît y prendre un plaisir de chirurgien en train d'expliquer une opération à ses internes : " Regardez, maintenant, ça va. "

Cette scène grand-guignolesque fit hausser les épaules : comment croire que le ministre de l'Intérieur du Maroc se fût livré sur le sol français à des débordements sadiques qui semblaient tirés d'un feuilleton de quatre sous ? Pourtant, elle attestait paradoxalement l'authenticité du récit. Tous les torturés du Dar el-Mokri pouvaient reconnaître dans ce travail au poignard l'inimitable signature d'Oufkir.

A bien lire le récit de Figon, il apparaît que *L'Express* lui a donné un titre dépassant la réalité des faits rapportés : Figon a vu torturer Ben Barka; il n'a pas assisté à sa mort.

Ben Barka gardait ses archives politiques dans un coffre de banque à Genève. Oufkir les voulait. Selon ses confidences à l'un de ses protégés, l'agent espagnol Gonzales-Mata, il extorqua au prisonnier le numéro de son coffre et une procuration [1].

Le fait est qu'après sa nuit éprouvante il prit l'avion pour Genève le 31 au matin. Il devait affirmer par la suite que c'était pour rejoindre ses enfants, en vacances à Gstaad. Oufkir était sans nul doute un père très affectueux mais on peut se demander si le ministre de l'Intérieur du Maroc, confronté à la situation délicate trouvée entre Fontenay-le-Vicomte et Ormoy, pouvait donner la priorité à quelques heures de détente familiale à Gstaad.

Il est de retour à Paris le 2 novembre. Le 3, il participe à un cocktail au ministère de l'Intérieur, où l'on fête la fin d'un stage effectué en France par les gouverneurs marocains, hauts fonctionnaires dépendants de son autorité. Il y côtoie le commissaire Bouvier, en charge de l'enquête sur la disparition de Mehdi ben Barka...

Le soir, à un dîner officiel offert par l'ambassade du Maroc, il fait face à Jacques Aubert, directeur de cabinet de Roger Frey, ministre de l'Intérieur. Le ministre s'est décommandé à la dernière minute...

Le 4 novembre, il repart pour Rabat, en compagnie de Dlimi, sans être autrement inquiété.

*

De Gaulle tonna et évoqua « l'honneur du navire » compromis. Même s'il ne pouvait pas le dire, il ne supportait pas qu'on eût kidnappé sur le sol français un homme qui était son invité. La France rappela son ambassadeur au Maroc et suspendit son aide financière. Le 20 janvier 1966, un mandat d'arrêt international était lancé contre Oufkir et Dlimi. De Gaulle attendait au moins d'Hassan II qu'il se

---

1. Rapporté par Luis Gonzales-Mata dans *Cygne*, Éditions Grasset.

débarrassât de son ministre de l'Intérieur. L'opposition marocaine, navrée, voyait chaque pression française conforter la position du tortionnaire de Dar el-Mokri. C'était une question de fierté nationale : impossible de céder au diktat de l'ancienne puissance coloniale. Hassan II marqua des points dans l'opinion en manifestant un soutien ostentatoire à Oufkir.

Le premier procès ouvert devant les assises de la Seine fut interrompu, le 19 octobre 1966, par un coup de théâtre : l'arrivée à Paris de Dlimi, venu se constituer prisonnier. C'était, selon lui, une démarche personnelle. Une lettre au roi en donnait les raisons : « Un procès me mettant en cause, et à travers moi mon pays, se déroule actuellement devant la cour d'assises de la Seine. Tout au long de ce procès, mon pays voit son nom injurié, blasphémé, traîné dans la boue. Et cela à cause de moi. Dans le but de mettre un terme à toutes ces infamies et laver l'honneur de mon pays et le mien, j'ai décidé de me présenter devant la cour d'assises de la Seine avant la fin de ses débats. Je supplie Votre Majesté de ne point me tenir rigueur du fait de ne l'avoir point consultée au préalable. Connaissant les sentiments paternels que me porte Votre Majesté, je suis sûr qu'elle m'aurait empêché de me rendre à Paris. Je pars en étant convaincu que vous me garderez votre confiance et votre estime, et préserverez l'honneur et la dignité de ma famille et de mes enfants. »

Le directeur adjoint de la Sûreté n'avait point accoutumé ses concitoyens à cette image de chevalier sans peur et sans reproche. Né en 1931 à Sidi Kacem, dans le Gharb, Ahmed Dlimi, après des études au lycée Moulay-Youssef de Rabat, était entré à l'école militaire de Dar Beida. Major de sa promotion, il avait participé à la répression de l'insurrection du Rif et à l'écrasement de l'Armée de libération du Sud. Mais c'est dans les besognes policières qu'il devait donner son exacte mesure. Le lendemain de son arrivée à Paris, *Le Monde* écrivait : « Ses adversaires politiques voient parfois en lui un homme plus redoutable qu'Oufkir, un technicien des " interrogatoires poussés " qui n'hésite pas à opérer lui-même, et en éprouve, disent-ils, du plaisir. Calme – trop

calme peut-être –, il explose en colères brusques et assez
terrifiantes. » Le journaliste poursuivait : « Il est homme à se
sacrifier si tel est l'ordre du roi. Mais il viendra plus vraisemblablement se disculper, lavant ainsi les soupçons qui
pèsent également sur le général Oufkir et même sur le
palais. Avec quels arguments et quelles preuves pourra-t-il
établir son innocence ? »

Il ne s'agissait pour Hassan II que de gagner du temps. Le
roi n'avait pas cru que le procès viendrait. Puis il avait
espéré qu'Oufkir et Dlimi seraient préservés. Il répétait
complaisamment que l'affaire se réglerait « entre de Gaulle et
lui ». Mais de Gaulle, outragé, n'avait pas tendu la main à
celui qu'il appelait devant ses familiers « ce petit trou du
cul ». Au fil des audiences du premier procès, il apparut
qu'Oufkir et Dlimi n'échapperaient pas à une lourde
condamnation. La reddition du chef adjoint de la Sûreté
entraînait l'interruption des débats, l'ouverture d'une nouvelle instruction et, par le recours systématique à tous les
artifices de procédure, le renvoi du second procès à une
date lointaine. Waterbury écrit : « On a souvent l'impression
que le roi n'a d'autre stratégie à long terme que d'espérer
que ses tactiques à court terme continueront d'être
payantes. » Il en fut ainsi pour l'affaire Ben Barka.

Il infligea à Dlimi cent vingt jours d'arrêts de rigueur pour
être parti sans autorisation et l'éleva au grade de colonel.

Dlimi arrivait à Paris encadré par trois avocats marocains.
Les deux premiers, Ahmed Hamioni et Abdelkader Benjelloun, étaient respectivement ministres de l'Intérieur et de la
Justice quand avait été jugé le « complot de juillet 1963 ». Le
troisième défenseur, Magid Benjelloun, alors procureur
général, avait réclamé et obtenu la tête du contumax Ben
Barka. Ainsi le palais dépêchait-il les pires ennemis du disparu au procès censé châtier ses meurtriers.

Le second procès s'ouvrit le 19 avril 1967. Les débats
montrèrent vite que, même si truands et comparses, sen-
sibles au nouveau rapport de forces établi par l'arrivée de
Dlimi, modifiaient leurs dépositions antérieures pour l'exo-
nérer, l'implication du chef adjoint de la Sûreté ne faisait
aucun doute.

Mais le temps avait passé, la lassitude dénouait les énergies, et, dans une affaire singulièrement mortifère, la mort avait opéré des coupes claires. Outre Figon, trop bavard, suicidé à bout portant, trois avocats de la partie civile étaient décédés entre les deux procès. De plus, Albert Naud, l'un des défenseurs de Dlimi, avait été victime d'un grave accident de voiture, tout comme le principal collaborateur de Me Floriot, avocat de Souchon. Plus tard, les truands Boucheseiche, Le Ny, Dubail et Palisse, réfugiés au Maroc, y décéderaient l'un après l'autre, les trois premiers liquidés par la Sûreté, le seul Palisse jouissant du privilège de mourir dans son lit. Oufkir et Dlimi étaient eux aussi appelés à finir brutalement.

Le verdict fut rendu le 5 juin 1967 dans une indifférence quasi générale : la guerre des Six Jours éclatait le jour même. Acquittement des accusés présents dans le box, à l'exception de Lopez et de Souchon, condamnés respectivement à huit et six ans de réclusion criminelle. Oufkir, contumax, était condamné à perpétuité, ainsi que les quatre truands en fuite et le fantomatique Chtouki.

Verdict ambigu, parfaitement illogique. Si Oufkir était coupable, Dlimi l'était aussi. Inversement, l'acquittement de Dlimi vidait la condamnation d'Oufkir de sa substance. Verdict politique : il avait été beaucoup question, pendant les débats, de la colonie française au Maroc, exposée aux représailles qu'impliquerait une condamnation de Dlimi. En accablant Oufkir, la justice sauvait les apparences de l'honneur ; en acquittant Dlimi, elle préservait l'avenir des relations franco-marocaines.

L'innocent Dlimi fit au Maroc un retour triomphal. Hassan II le récompensa en le nommant directeur de son cabinet militaire.

Le coupable Oufkir reçut lui aussi l'hommage de son roi pour son « indéfectible attachement à notre personne ». Il reçut les étoiles de général de division.

La sentence n'affecta pas sa bonne humeur. Il n'avait cessé de protester de son innocence, sans condescendre cependant à en fournir les preuves, se bornant à donner à chaque journaliste, d'une voix nouée par l'émotion, sa

parole d' « officier français ». Si le regard de son interlocuteur trahissait de l'incrédulité, il proposait, les larmes
aux yeux, de se déshabiller pour montrer les blessures
reçues au service de la France. Mais ses intimes savaient
que le trachome dont il souffrait depuis son enfance, à quoi
s'étaient ajoutées les atteintes du lance-flammes allemand,
lui procurait une grande disponibilité lacrymale dont il
jouait avec brio. Car cet homme terrible, promis à une fin
shakespearienne, était aussi un personnage de comédie ita-
lienne : souple, flexible, rusé, insinuant. Au grand Berbère
aurait pu s'adresser l'apostrophe lancée jadis par le pape à
un Corse rondouillard : « *Tragediante!... Commediante!...* »

Sa condamnation l'exposait en principe à une arrestation
immédiate s'il posait le pied sur le sol français. La mort du
général de Gaulle et l'élection de Georges Pompidou à la
présidence de la République lui épargnèrent ces contingences. Il reprit ses voyages en France, pour ses affaires, ses
plaisirs, et aussi pour recevoir à Lyon les soins qu'exigeaient
ses yeux blessés. En septembre 1972, Maurice Schumann,
ministre des Affaires étrangères, en visite à Rabat, lui serra
la main lors d'une réception. C'était sceller l'enterrement
officiel de l'affaire Ben Barka.

Un adieu à Mehdi ben Barka, militant internationaliste
marocain, qui croyait pouvoir sauver son peuple malgré son
roi, mais mourut de n'avoir point compris que, pour un
autocrate, le pouvoir ne se partage pas.

VIII

État d'exception

Mornes années.

Le roi, maître de tout, frappait à doses homéopathiques. Sitôt qu'une tête sortait de l'alignement, la répression la courbait.

Au début de 1966, Hassan Ismaïl, vice-président de l'Union nationale des étudiants, est condamné à six mois de prison.

Au mois de mars, l'avocat Omar Benjelloun, condamné à mort au procès du complot de juillet 1963, puis gracié et libéré à la suite des émeutes de mars 1965, est condamné à dix-huit mois de prison pour « incitation à la grève », peine assortie d'une interdiction de séjour de deux ans dans les villes.

En juin, alors que la guerre des Six Jours crée une émotion profonde dans le pays, Ben Seddik, président de l'Union marocaine du travail, adresse au gouvernement un télégramme critiquant son attitude ambiguë dans le conflit israélo-arabe. Ben Seddik, célèbre pour l'équivoque de ses relations avec le palais, maintes fois dénoncé comme aux ordres du pouvoir, menant son syndicat à la baguette (Hassan III était son surnom), connaît cependant la paille humide des cachots : dix-huit mois de prison.

En juillet 1969, Ali Yata, secrétaire général du Parti communiste, rebaptisé Parti de la libération et du socialisme, est condamné à dix mois de prison tandis qu'un décret dissout son organisation. Mais le minuscule PLS renaîtra sous un autre nom (il est un ornement indispensable du régime : un dictateur tolérerait-il chez lui un parti communiste ?) et Ali Yata, toujours secrétaire général du prochain Parti du progrès et du socialisme, retournera au palais baiser la main du roi, dessus dessous, pour les « contacts officieux » dont Hassan II joue en virtuose.

En octobre 1969 ont lieu les troisièmes élections communales et municipales depuis l'indépendance. Cette fois, le ministre de l'Intérieur s'appelle Oufkir. Faute de pouvoir négocier un pourcentage de fraude acceptable, l'UNFP et l'Istiqlal boycottent le scrutin. Les résultats, selon le commentaire du ministre de l'Intérieur, manifestent un divorce entre les électeurs et les partis. De fait, les candidats dits « neutres », ou candidats-Oufkir, remportent 82,79 % des sièges; le Mouvement populaire, proche du palais, en gagne 12,7 %; les candidats se réclamant de l'Istiqlal malgré la décision d'abstention ont 4 % des sièges, ceux de l'UNFP... 0,5 %.

Les chiffres d'Oufkir présentent cependant une singularité qui intrigue les observateurs étrangers : le corps électoral comportait 4 172 000 électeurs en 1960; neuf ans plus tard, il en compte 4 771 000. Comment expliquer une si faible progression dans un pays connaissant depuis dix ans une croissance démographique galopante ?

La fin de l'année fut marquée par la découverte d'un nouveau « complot ».

*

L'affaire commence avec les aveux d'un repenti, Monadi Brahim, qui se présente à la police au terme d'un salutaire examen de conscience et dévoile sans réticence la noire machination dans laquelle il s'est laissé entraîner (Brahim sera liquidé après le procès). Le pouvoir, bien loin de se répandre en invectives incendiaires, laisse cette fois mijoter l'affaire à petit feu. Tout au long de l'automne 1969 et jusqu'au printemps suivant, les enlèvements se succèdent, frappant des responsables ou des militants de l'UNFP. Nul ne sait où ils sont détenus ni quelles charges sont retenues contre eux. Ainsi disparaissent Lahbib Forkani, poète et journaliste, ancien député, responsable de l'UNFP pour le sud du pays; Me Mohammed el-Yazghi, membre du comité central, responsable de la fédération de Rabat, proche collaborateur de Abderrahim Bouabid, etc. Les disparitions se chiffrent par centaines.

L'affaire s'accélère avec la livraison par l'Espagne de deux Marocains. L'un, Mohammed Ajjar, ancien chef de la Résistance, cofondateur de l'UNFP, s'est fixé à Madrid en 1969 après un exil de six ans en Algérie. L'autre, Ahmed Benjelloun, ancien responsable de l'Union des étudiants marocains, voyageait beaucoup entre l'Espagne et Damas. Tous deux sont accusés d'avoir acheté des armes légères pour fomenter un soulèvement au Maroc. Or Benjelloun s'occupait bien d'achat d'armes, mais elles devaient être embarquées à Barcelone avec le consentement tacite des autorités espagnoles, à destination des commandos palestiniens. C'est, semble-t-il, sur pression américaine que l'opération fut stoppée net. Elle fournissait à Oufkir matière à étayer son « complot » : il suffisait d'affirmer que les armes devaient équiper des insurgés marocains et non des commandos palestiniens. Madrid extrada sans difficulté Ajjar et Benjelloun. Le premier avait été condamné à mort par contumace pour le « complot de juillet », et une seconde fois en 1965 à la suite d'incidents à la frontière algéro-marocaine.

Dès lors, le « complot de Marrakech » pouvait prospérer. A sa tête, bien sûr, on plaça le fqih Basri. Tous ceux qui l'avaient rencontré au cours des années précédentes, tels Abderrahman Youssefi ou Mehdi Alaoui, représentant de l'UNFP en France, passèrent à la trappe. A en croire la presse aux ordres, l'affaire avait été montée par le parti Baas, au pouvoir en Syrie, qui poursuivait l'objectif fort ambitieux de renverser la monarchie alaouite ainsi que les régimes algérien et tunisien. En somme, une révolution à l'échelle du Maghreb. La radio marocaine stigmatisa violemment les comploteurs, qui « projetaient de détruire nos traditions, nos valeurs spirituelles et notre régime social. Ils voulaient imposer à notre peuple et à notre société des idéologies importées... Ce complot visait, en premier lieu, à compromettre la stabilité dont jouit le Maroc dans un climat de quiétude et de sérénité ».

La presse de l'UNFP est suspendue.

Les observateurs avertis de la politique marocaine subodorèrent qu'une consultation électorale était dans l'air.

*

En avril, le roi annonça que le Maroc était « à la veille d'entamer l'une des phases les plus importantes de son histoire ». Les optimistes y virent l'annonce de la fin de l'état d'exception, vieux de cinq années. Plusieurs éléments militaient pour un assouplissement du régime. Oufkir ayant fait appeler sous les drapeaux, à titre disciplinaire, les dirigeants de l'Union nationale des étudiants, toutes les universités étaient en grève. Le congrès de l'Association des barreaux du Maroc avait voté une motion s'inquiétant du sort de deux avocats disparus depuis plusieurs mois. (Ils étaient soumis aux interrogatoires d'Oukfir et de Dlimi.) Surtout, le vieil Allal el-Fassi, chef charismatique de l'Istiqlal, avait prononcé à Tetouan, sur la tombe d'un militant nationaliste, et devant une foule considérable, une violente philippique contre le régime. Le roi avait sans doute compris qu'il lui fallait lâcher du lest.

L'espérance grandit encore quand Hassan II annonça qu'une nouvelle Constitution serait, en juillet, soumise au peuple par référendum.

La lecture du texte proposé accabla les moins crédules. Bien loin de donner du jeu aux institutions marocaines, la révision avait pour seul objectif de renforcer encore le pouvoir du roi. Immunité parlementaire supprimée pour la mise en cause du principe monarchique ou de la religion. Majorité absolue exigée pour demander la convocation d'une session extraordinaire, alors que le tiers des députés suffisait sous la précédente Constitution. Motion de censure recevable si elle est signée par le quart des députés au lieu du dixième. Parallèlement, la marge d'initiative du roi était élargie tant sur le plan législatif qu'exécutif. Dans son « Bulletin de l'étranger », *Le Monde* pouvait écrire : « Rien ne paraît devoir être fondamentalement changé dans les méthodes de gouvernement. Il s'agit moins de revenir à une véritable vie démocratique que d'assurer au magistrat suprême une majorité permanente. »

Sous cette douche glacée, l'opposition tenta de réagir. L'Istiqlal et l'UNFP, oubliant les querelles qui les opposaient depuis la scission, s'unissent dans un Front national (Koutlah el-Watania). Allal el-Fassi précise drôlement : « C'est un mariage catholique, moins facile à rompre qu'un mariage musulman. » Les deux partis appellent au rejet du projet de Constitution, tout comme l'Union marocaine des étudiants et le Parti communiste d'Ali Yata.

Le 24 juillet, la nouvelle Constitution fut approuvée par 98,85 % des votants. La participation était de 93 %.

La fraude, elle aussi, avait atteint des scores inégalés. La province d'Ouarzazate, parmi d'autres, retint l'intérêt perplexe des observateurs. Sur 191 735 votants, 5 seulement avaient déposé dans l'urne un bulletin nul. Aucun des 191 730 suffrages exprimés ne l'avait été en faveur du « non ». Oufkir conduisait les opérations électorales comme les opérations militaires : sans faire de quartier.

Un mois plus tard, des élections législatives boycottées par l'Istiqlal et l'UNFP donnaient aux candidats de l'administration une non moins écrasante majorité : cent cinquante-neuf sièges. Le Mouvement populaire du docteur Khatib, toujours proche du palais, s'en voyait adjuger soixante. Neuf députés en tout et pour tout se réclamaient de l'opposition.

Le général Oufkir souligna la désaffection des masses à l'égard des partis politiques.

*

Le procès du « complot baasiste » s'ouvrit le 14 juin 1971 devant le tribunal régional de Marrakech. Il aurait dû venir en principe devant une cour militaire, mais les officiers pressentis, au vu d'un dossier vide, avaient préféré se récuser. Cent quatre-vingt-treize accusés étaient poursuivis, dont une trentaine par contumace.

L'Union nationale des étudiants dénonçait un procès « monté de toutes pièces par le pouvoir ». Le Front national indiquait de son côté que « toutes les victimes, à quelques exceptions près, ont subi les tortures les plus atroces, et cela dans toutes les périodes de garde à vue. C'est dans de telles conditions qu'ont été obtenus les " aveux spontanés et concordants " dont est constitué le dossier de l'accusation ».

La presse étrangère signala la « large liberté de parole » accordée à la défense. C'était rendre hommage aux pratiques démocratiques de la justice marocaine. Mais cette liberté de parole était mise à profit par les accusés pour dénoncer les tortures dont ils avaient été victimes, et ces révélations étaient elles-mêmes jugées hautement pédagogiques par le pouvoir. Ainsi le palais gagnait-il, comme toujours, sur les deux tableaux : un procès salué à l'étranger comme équitable permettait de faire connaître aux opposants les risques effroyables qu'ils encouraient.

Ce jeu pervers condamnait l'opposition marocaine à une existence schizophrène. Jouant sa pantomime dans la vitrine démocratique du régime, publiant dans sa presse, lorsqu'elle n'était pas suspendue, des articles de dures critiques, donnant sans contrainte des interviews à la presse internationale (et jugée souvent avec sévérité par ses amis à l'étranger, les Français au premier rang, qui, voyant la liberté apparente dont elle jouissait, la trouvaient au fond bien timide), elle savait qu'elle pouvait à tout instant basculer dans l'indicible. Des hommes honorables, riches d'un passé de lutte politique entamée sous le protectorat, reçus à l'étranger avec considération, disparaissaient dans la nuit du Dar el-Mokri ou des « villas » de Dlimi, promis à n'être plus qu'un corps martyrisé par la torture, réduits à l'humiliation d'avouer n'importe quoi pour en finir avec la souffrance, puis émergeaient enfin de cet enfer pour s'entendre condamner en vertu des « aveux » qu'on leur avait arrachés, et pour lire dans la presse internationale des comptes rendus soulignant, au terme du procès, que si le Maroc n'était pas exactement une démocratie, on ne pouvait en tout cas l'assimiler à une dictature pure et simple. De sorte que les martyrisés subissaient tous les inconvénients d'une dictature sans être admis à la gratification morale accordée d'ordinaire à ceux qui se battent contre elle.

Situation professionnelle compromise, famille dévastée par l'angoisse, brisure intime de l'âme de celui qui a dû abdiquer sa dignité devant les tortionnaires, longues années de prison : rude métier que celui d'opposant au Maroc.

Abderrahim Bouabid, dirigeant de l'UNFP, animait la défense. Il fut superbe d'audace, de pugnacité, d'intelligence. Dès l'ouverture des débats, il annonça son intention de récuser l'un des trois juges, précisant avec une hypocrisie admirable que, « par courtoisie », il se refusait à le nommer. Il apparut vite que c'était le président du tribunal en personne. L'un des accusés, Aït el-Mouden, ancien résistant, avait été condamné à mort sous le protectorat pour des attentats contre les généraux Guillaume et de Hauteville, et aussi pour avoir lancé une grenade sur Ben Arafa, le sultan fantoche. Or le président du tribunal avait été le secrétaire particulier de Ben Arafa, ce qui lui avait valu, pendant un temps, d'être déchu de ses droits civiques. Comme il s'était trouvé près de son maître lors de l'attentat à la mosquée Berrima de Marrakech, ne pouvait-on craindre qu'il ne nourrisse quelque prévention à l'égard du lanceur de grenade, aujourd'hui dans le box ? Le tribunal rejeta la demande de récusation, mais, bien assoupli par cette passe d'arme, le président devait témoigner par la suite d'une remarquable politesse envers les accusés et leurs défenseurs.

La vacuité du dossier de l'accusation était accablante. Le dénonciateur du « complot » fit sourire en évoquant une armée clandestine de cent cinquante mille hommes dont Mᵉ Bouabid aurait été précisément l'un des chefs. Les pièces à conviction « saisies » par la police – quelques revolvers et grenades, des cocktails Molotov, des machines à polycopier – semblaient en tout cas indiquer que l'intendance ne suivait guère. Un seul accusé reconnaissait ses crimes, mais c'était un malade mental qui prétendait découvrir l'identité de ses complices grâce à des pierres magiques. En revanche, et malgré les efforts de la défense, on ne sut pas comment était mort Moudjahid Kacen, décédé aux mains de la police peu après son arrestation. Quant aux dizaines de certificats attestant que les accusés avaient été torturés, ils furent écartés du procès sous prétexte que les expertises médicales avaient été autorisées par la justice militaire et que celle-ci s'était ensuite déclarée incompétente...

Plusieurs accusés admirent s'être rendus en Syrie pour y subir un entraînement militaire, mais c'était pour rejoindre la résistance palestinienne. Quant à Ahmed Benjelloun, créateur de comités propalestiniens, la défense put établir qu'il avait bel et bien envoyé des cargaisons d'armes dans un port syrien, et non pas marocain.

Le 10 juillet éclata le coup de tonnerre de Skhirat.

IX

Tuerie à Skhirat

Jacques Benoist-Méchin avait décidé de ne pas aller à la réception donnée le 10 juillet à Skhirat par le roi pour son quarante-deuxième anniversaire. Auteur d'une mémorable *Histoire de l'armée allemande*, secrétaire d'État à Vichy, partisan d'une politique de collaboration à outrance, il avait été condamné à mort à la Libération, gracié, et, depuis sa sortie de prison, se consacrait à l'écriture de biographies de grandes figures du monde arabe. Son fils adoptif, Hacène, avait reçu en plein visage le club de golf d'un joueur maladroit et reposait dans sa chambre d'hôtel de Rabat. La blessure était sérieuse. Reçu à dîner le 9 au soir par son ami Ahmed Bennani, ancien chef du protocole royal, Benoist-Méchin lui fit part de son intention. Bennani se rembrunit et dit : « Vous avez tort, je crains que le roi ne se formalise de votre absence. Chez nous, les invitations de Sa Majesté sont considérées comme des ordres. »

Le seul refus remontait aux années soixante. Le hadj Beĺ Larbi Alaoui, issu d'une grande famille fassi, jouissant d'une grande réputation de moralité qui lui faisait considérer les mœurs du palais d'un œil sévère, avait décliné la royale invitation au prétexte de son âge avancé. Il n'était plus sorti de chez lui jusqu'à sa mort pour que le prétexte ne pût être contesté.

Bennani avait suggéré un compromis à Benoist-Méchin : faire un saut assez tôt à Skhirat, saluer le roi, et lui demander la permission de se retirer. Mais lorsque l'écrivain se

présenta à 10 heures à la réception, ce fut pour apprendre
que le roi ne participait pas à la compétition de golf du
matin et qu'il n'était pas encore visible. Le général Moulay
Hafid, chef du protocole, lui confia qu'il croyait savoir que
Sa Majesté souhaitait lui dire quelques mots à l'issue du
déjeuner. Benoist-Méchin décida de retourner à Rabat et de
revenir à Skhirat dans l'après-midi. La distance n'était que
de vingt-sept kilomètres.

Le blessé allait mieux. Rasséréné, Benoist-Méchin
reprend la route de Skhirat. Son chauffeur rattrape bientôt
un convoi de camions bourrés de troupes. Il le double tant
bien que mal. Benoist-Méchin est sidéré par l'aspect tendu
des soldats, leur œil fixe. Il remarque que les chargeurs de
leurs pistolets-mitrailleurs sont engagés : cela n'est pas
l'habitude en manœuvre. Il salue de la main les occupants
d'un camion. Aucune réponse. Un souvenir vieux de quatorze ans remonte à sa mémoire : le coup d'État contre
Fayçal II, roi d'Irak. Envahi par un noir pressentiment, il
donne l'ordre au chauffeur de foncer sur Skhirat. Il veut
prévenir le roi que quelque chose se trame contre lui.

Un orchestre égyptien mouline des airs langoureux. Un
millier d'invités bâfrent devant les buffets. Protégé du soleil
par un dais, le roi mange seul à sa table, conformément au
protocole. Benoist-Méchin se précipite vers lui. Deux serviteurs lui barrent le chemin : on ne dérange pas Sa Majesté à
table. L'écrivain, désemparé, cherche en vain le chef du
protocole. Puis, gagné par l'ambiance euphorique, il se
demande s'il ne s'est pas sottement alarmé. Aurait-il pu
l'aborder que le roi l'eût sans doute trouvé grotesque. Le
protocole lui a épargné de se couvrir de ridicule.

Après tout, le Maroc n'est pas l'Irak.

*

Le domaine royal de Skhirat s'étend en terrasse sur près
de trois kilomètres le long de la plage. Point de palais au
sens propre du terme, mais une série de bungalows et de villas où loger les enfants du roi, les serviteurs, la garde, etc.
La salle du trône s'ouvre sur une vaste piscine. Derrière,

dans un autre bâtiment, les appartements privés du roi. D'un côté le golf de dix-huit trous qui longe la route de Rabat ; de l'autre, l'Atlantique. Pins, mimosas et eucalyptus embaument l'air marin.

C'est là que, rituellement, Hassan II fête l'anniversaire de sa naissance. Au fil des années, les invitations ont atteint le millier. Point de femmes : elles seront reçues le lendemain. Tenue de sport de rigueur. Les invités portent jeans, polos Lacoste, chemises hawaiiennes violemment bariolées, pantalons aux couleurs tendres. On dirait d'un Club Méditerranée dont les gentils membres seraient ministres, ambassadeurs, milliardaires, généraux, hommes politiques de premier rang. L'élite marocaine, ou ce qu'on nomme ainsi, est là, frayant avec d'éminentes personnalités étrangères, dont Jacques Chazot. Les dirigeants de l'UNFP n'ont pas été invités cette année pour cause de procès de Marrakech, mais on reconnaît Allal el-Fassi, toujours pétulant malgré son âge, et le docteur Messouak, éminent compagnon de route du Parti communiste.

Comme toujours, une flopée de médecins, dont beaucoup de grands patrons français qui ont fait spécialement le voyage. On sait le roi hypocondriaque, hanté par la mort. Il se rassure en s'entourant de sommités médicales.

Avec Allal el-Fassi, deux superbes vieillards incarnaient l'histoire contrastée du Maroc. Le docteur Dubois-Roquebert, octogénaire, avait été le chirurgien puis l'ami du sultan Mohammed ben Youssef et n'avait pas ménagé ses efforts pour empêcher sa déposition. Il était allé visiter l'exilé en Corse et à Madagascar. Il portait une vive affection à Hassan, qu'il avait pratiquement vu naître, mais s'inquiétait parfois à haute voix. On l'avait entendu dire : « Nous avons réussi son instruction mais raté son éducation. » Le maréchal Mezziane, né dans le Rif, alors occupé par l'Espagne, avait fait une carrière exceptionnelle dans l'armée espagnole. Pendant la guerre civile, il s'était illustré à la tête du contingent marocain (les Maures, de sinistre mémoire républicaine) et avait joué un rôle décisif dans la victoire de Franco. Nommé capitaine-général, le grade le plus élevé dans la hiérarchie militaire espagnole, très lié au Caudillo, il avait été, après l'indépendance, le premier ambassadeur du Maroc à Madrid. Hassan II lui avait remis son bâton de maréchal – dignité accordée pour la première fois dans l'armée marocaine – le 17 novembre 1970. Il était le beau-père du général Medbouh.

Le général Medbouh, la taupe du complot de juillet, a l'œil à tout. Chef de la maison militaire du roi, il est le vrai patron de l'armée, le ministre de la Défense nationale se bornant à gérer l'intendance. C'est le système Hassan : la réalité du pouvoir ne doit pas quitter le palais. Promotions, affectations et déplacements d'unités dépendent du seul Medbouh. Sévère et méticuleux, il donne toute satisfaction. Mais les courtisans trouvent une autre raison à sa faveur : le golf. Ancien joueur de polo, cavalier de concours hippique, des problèmes de santé l'ont obligés à renoncer à ces deux sports. Il s'est reconverti dans le golf, dont il préside la fédération marocaine. Hassan II adore le golf. Il gouverne en tapant dans la petite balle blanche, suivi de trou en trou par un essaim de ministres, leurs dossiers sous le bras. Les bonnes gens de Rabat ont été gratifiés par leur roi d'une photo de dix mètres sur quatre, placardée devant la mosquée Moulay Youssef, au cœur de la ville, montrant le commandeur des croyants frappant la balle dans un swing gracieux. Les chauffeurs de taxi la montrent aux étrangers en disant : « Le roi au travail. » Il arbore des tenues de jeu qui font la consternation des invités britanniques, mais chacun sait que la passion vestimentaire de Hassan II n'a d'égale que son mauvais goût. Il affectionne particulièrement les complets noirs à grosses rayures blanches, avec cravate flamboyante et feutre incliné sur l'œil, qui le font ressembler à un gangster de série B.

Il avait refusé au dernier moment de participer à la compétition de golf organisée par Medbouh sur le parcours d'un vert cotentinais (un quartier de Rabat a été privé d'eau, en ce mois de juillet torride, pour arroser les greens). Le nombre de joueurs risquait de la faire durer trop longtemps. Tôt dans la matinée, il était cependant venu (bermuda bleu, chemisette, casquette jockey) recevoir l'hommage des golfeurs. De toute façon, pour les véritables aficionados, l'événement aurait lieu le lendemain sur le parcours somptueux de Dar es Salam. Des champions professionnels étaient attendus du monde entier.

Les habitués avaient noté que les caddies étaient des civils fournis par un club de Rabat. D'ordinaire, des parachutistes avaient la charge de trimballer les clubs des joueurs. On remarquait aussi que la garde était beaucoup moins fournie que les années précédentes, et que le contrôle des invitations, à l'entrée, se faisait de manière débonnaire. Medbouh, responsable de la sécurité, n'éprouvait à l'évidence aucune inquiétude.

On n'avait plus revu le roi avant 13 heures, et il avait marqué de l'agacement en constatant que ses invités ne l'avaient pas attendu pour commencer à piller les buffets. Trois fois, le chef du protocole avait pourtant rappelé par haut-parleur que nul ne devait manger avant l'arrivée du roi. Le général Medbouh, au contraire, invitait les uns et les autres à se servir. Depuis le début de la réception, il pressait le mouvement sans qu'on sût trop pourquoi. Mais ses obligations officielles ne lui faisaient pas perdre le sens de la famille : on le vit s'approcher du maréchal Mezziane, son beau-père, à qui il fit remarquer que le soleil ardent et la cohue de la réception risquaient de le fatiguer. Le vieil homme se retira dans un bungalow.

La somptuosité des buffets fait l'émerveillement général. Montagnes de homards et de langoustes, piles de saumons, caviar à la louche, fruits, gâteaux et sorbets. Des moutons tournent par dizaines sur la broche des méchouis tandis que les cuisines préparent amuse-gueule et brochettes. Le thé et les boissons non alcoolisées sont servis aux buffets mais, pour les amateurs de whisky ou de champagne, une tente à été dressée hors de l'enceinte du palais, au bord du terrain de golf, de manière à ne point choquer les oulémas, sourcilleux gardiens de la foi musulmane.

Hassan II, d'un petit geste sec, fait relever des invités vautrés près de sa tente royale, et s'installe pour son déjeuner solitaire. Non loin de la sienne, une grande table réunit les hôtes de marque : Habib Bourguiba junior, le prince Moulay Abdallah, frère du roi, Ahmed Laraki, Premier ministre,

Driss Slaoui, directeur du cabinet royal, Louis Joxe, ancien ministre, les professeurs de médecine Touraine et de Gennes.

A 14 h 08, des détonations crépitent. Beaucoup pensent à un feu d'artifice. A chaque anniversaire du roi, une attraction vient distraire les invités. Il y a deux ans, une superbe fantasia. L'an passé, un lâcher de parachutistes. Mais à quoi rimerait un feu d'artifice sur fond de ciel bleu ? D'ailleurs, aucune fusée n'apparaît. Certains pensent à une plaisanterie du prince Moulay Abdallah, « Son Altesse 51 % », célèbre pour son esprit farceur. Un homme arrive de la tente à whisky et champagne, franchit la petite porte ouverte dans le mur séparant le golf de la terrasse, fait quelques pas, puis s'écroule. C'est Maurice Perrier, ingénieur agronome, membre du cabinet du ministre français de la Coopération. Derrière lui, une trentaine d'invités paniqués s'engouffrent à leur tour par la petite porte, qu'un aide de camp referme derrière eux.

Le roi, jusque-là parfaitement calme, se lève en voyant s'écrouler Maurice Perrier, et s'écrie : « Mais qui a donné l'ordre de tirer ? »

Un feu nourri balaie le golf. Des grenades volent au-dessus du mur. L'une d'elles tombe devant la tente royale. Habib Bourguiba junior la ramasse avant qu'elle n'explose et la balance au loin. « Vous la jetez sur l'orchestre », observe Louis Joxe, imperturbable.

Tandis qu'on entraîne le roi vers la salle du trône et que tombent partout morts et blessés, les invités affolés, dont certains, qui barbotaient dans la piscine, sont en maillot de bain, se dispersent par grappes et cherchent frénétiquement une issue. La plupart se ruent vers la plage. Elle est bouclée par des soldats en armes. Le golf est investi. Skhirat verrouillée, la tuerie peut commencer.

*

Au mois d'avril précédent, Hassan II avait envoyé le général Medbouh aux États-Unis pour préparer le voyage qu'il avait lui-même prévu d'y effectuer. Medbouh devait notamment aborder l'irritante question des bases américaines. Concédées par la France aux États-Unis, aucun texte ne régissait leur existence ni ne prévoyait leur durée. Washington voulait sortir du flou, notamment financier, car le Trésor américain ne savait sur quel chapitre du budget imputer le loyer des bases, versé directement dans la cassette royale. La situation, d'un point de vue non hassanien, était juridiquement intenable.

L'heure de vérité du général Medbouh sonna sur un golf de Californie où il affrontait un sénateur américain, ami du directeur de la Pan American Airways. Le sénateur fit observer que les hommes d'affaires américains avaient une certaine expérience de la corruption dans le tiers monde mais que le Maroc, de ce point de vue, étonnait les plus blasés. Medbouh, blessé au vif, demanda une explication. On la lui fournit sans réticence. La Panam souhaitait construire un grand hôtel à Casablanca. Son choix s'était porté sur une vieille caserne construite par la France, la caserne Eudes. L'emplacement était magnifiquement situé. Un intermédiaire marocain, Omar ben Messaoud, proposait le terrain à deux cent cinquante francs le mètre carré, chiffre dérisoire : il valait huit à dix fois plus. La Panam se réjouissait encore de sa bonne fortune quand Messaoud précisa que la différence entre le prix officiel et le prix réel devrait naturellement être versée sur des comptes bancaires appartenant à divers ministres ou membres de la famille royale. Il avait eu la candeur cynique de l'écrire. La Panam préféra renoncer à son hôtel. Medbouh, humilié et ulcéré, rentra au Maroc avec la photocopie de la lettre de Messaoud.

Hassan II, mis au pied du mur par un Medbouh glacial, se borna à faire arrêter Messaoud, qui, à la désolation des policiers qui l'interrogeaient, parla beaucoup. Sa comptabilité, fort bien tenue, révélait que plusieurs dizaines de millions de pots-de-vin avaient été versés au palais et au gouvernement. Les ministres de l'Éducation nationale, des Finances, du Commerce et du Tourisme furent limogés sans être autrement inquiétés. Ce laxisme scandalisa Medbouh et le jeta dans la rébellion. Hassan II, qui avait annulé son voyage aux États-Unis, plaça avec effronterie la fête du Mouloud, le

8 mai, sous le signe de l'intégrité morale. Il déclara :
« L'intégrité morale est le secret de toute réussite. » Aucune
affirmation ne pouvait être plus déconcertante pour le
peuple marocain.

La corruption régnait du haut en bas de l'édifice social. Le
paysan le plus démuni savait que sa démarche la plus banale
auprès de l'administration n'aboutirait qu'au prix d'une
poule ou d'un mouton. Les chômeurs partant par centaines
de milliers pour travailler en Europe devaient épingler une
poignée de dirhams à leur demande de passeport. Au sommet, les pots-de-vin roulaient sur des milliards. Il était de
notoriété publique que les minerais marocains, exportation
principale à l'époque, étaient vendus officiellement au-
dessous de leur teneur réelle (45 %, par exemple, au lieu de
60 %), la différence de prix allant sur les comptes numérotés suisses des responsables. Ahmed Reda Guedira, proche
conseiller du roi, fidèle entre les fidèles, confiera à Josette
Alia, du *Nouvel Observateur*, après la tourmente de Skhirat :
« S'il n'y avait que quelques scandales, même haut placés,
même énormes, ce serait simple : il suffirait de faire quelques procès retentissants et tout rentrerait dans l'ordre. Ce
qui est grave, c'est que la corruption, telle une gangrène,
s'est généralisée au point de devenir un système – voire
" le " système. »

Le roi donne l'exemple. Premier propriétaire foncier du
pays, premier exportateur d'agrumes, premier entrepre-
neur, il rachète les possessions de la Banque de Paris et des
Pays-Bas, investit dans les produits laitiers, la betterave à
sucre, les fleurs coupées. Ses placements à l'étranger sont
innombrables.

La corruption est partie intégrante de son mode de gouvernement. Un jour, il élève au rang de ministre un fonctionnaire réputé pour son intégrité et annonce à ses courtisans : « Je le renverrai quand il aura volé vingt-cinq
millions. » Il donne avec munificence. Cela va de la voiture
– « Va à mon garage, choisis une Mercedes, elle est à toi » –
aux fermes, à la compagnie de transport, aux villas somp-
tueuses. Mais il prend avec la même facilité. Roulant sur
une route, il découvre un domaine admirablement entre-

tenu et se l'approprie sans autre forme de procès. Le propriétaire, s'il a su se laisser dépouiller avec le sourire, aura
sa compensation. Chacun doit savoir que la fortune, comme
le pouvoir, dépend de la seule faveur du roi. L'accession
encouragée à la corruption n'empêchait pas les impétrants
de devoir subir les marques ostensibles du mépris royal. Le
Tout-Rabat avait fait ses délices de la mésaventure survenue
à un ministre, rapidement enrichi. Il avait invité le roi à la
pendaison de crémaillère de la luxueuse maison tout juste
bâtie dans le quartier du Souissi, le Neuilly de Rabat. Hassan II s'extasia sur la beauté des lieux et s'enquit du prix. Le
ministre, dont le traitement officiel ne justifiait nullement
pareille dépense, crut habile de diviser le coût réel par
deux. Le roi le félicita de l'excellente affaire qu'il avait réalisée, lui fit signer sur-le-champ un chèque correspondant au
prix avancé, et s'appropria la maison. Elle devint la résidence de l'ambassaseur d'un pays ami.

Medbouh était intègre. Il sortait d'une famille aisée. Austère, sévère, d'une extrême discrétion, il méprisait le luxe,
et le système de corruption de Hassan lui répugnait. Après
sa mort, on trouvera chez lui une série de grandes enve-
loppes cachetées portant l'inscription « Cadeaux du roi » et
contenant de grosses sommes d'argent liquide. Mais tous les
officiers supérieurs avec lesquels il prit contact à son retour
des États-Unis ne partageaient pas son intégrité. Le colonel
Chelouati, d'une intelligence remarquable, avait trafiqué
sur les passeports délivrés aux ouvriers migrants lorsqu'il
était gouverneur d'Oujda. Une pétition de propriétaires spoliés par lui avait mis fin à ses fonctions administratives. Le
pouvoir, après Skhirat, publiera la longue liste des biens des
officiers compromis. Leurs soldes n'expliquaient certes pas
leur fortune. Ils avaient suivi le sort commun : de même que
la faveur royale les avait élevés dans la hiérarchie, elle les
avait enrichis. Un cadeau du roi ne se refusait pas plus
qu'une invitation. Seuls les obscurs échappaient par force
au système.

Comme l'écrit admirablement le sociologue américain
Waterbury, qui souligne « la manière de plus en plus
cynique, pour ne pas dire méprisante, dont le roi traitait les

élites, civiles comme militaires », le moment vint, à l'orée
des années soixante-dix, où « il ne fut certainement pas
facile aux élites de participer au système et de préserver en
même temps leur dignité [...]. Certains ont commencé à
penser que les conditions de leur pacte étaient inacceptables, que le prix de leur dignité était trop bas et que, plus
tard, le fait d'avoir été partie prenante dans le contrat pourrait leur coûter plus cher que sa résiliation immédiate ».
Puisque le roi se refusait à nettoyer les écuries d'Augias, on
le ferait sans lui, voire contre lui.

Il fallait une épée au complot. Ce fut M'Hamed Ababou.

A trente-cinq ans, Ababou était le plus jeune colonel de
l'armée marocaine. Son âge suffisait à le distinguer des
autres participants au complot. Le général Hamou, frère de
l'épouse de Hassan II, arborait sur sa poitrine plus de déco-
rations françaises qu'aucun autre officier marocain, Oufkir
compris. Comme lui, les généraux Bougrine, Moustapha et
Habibi avaient fait les campagnes d'Italie, de France et
d'Allemagne, puis avaient effectué de longs séjours en Indochine, d'où ils étaient revenus couverts de blessures et de
médailles. Même le colonel Chelouati, né en 1925, était un
ancien d'Indochine. Plusieurs d'entre eux étaient mariés à
des Françaises. Ils formaient au sein de l'armée marocaine
une sorte de club où, l'âge venant, et avec lui la nostalgie
des années de jeunesse, l'on évoquait à longueur de soirées
bien arrosées l'« Indo », les patrons d'antan et les vieilles
histoires de mess.

M'hamed Ababou appartenait à une autre génération. Ses
références étaient chez les jeunes officiers qui, au Moyen-
Orient, faisaient valser les monarchies croulantes, et s'il
avait dû se désigner un modèle, c'eût été sans aucun doute
le colonel libyen Kadhafi, qui, deux ans plus tôt, avait renversé le trône branlant du roi Idriss. Contrairement à ses
aînés, qui posaient sur l'armée américaine l'œil blasé du
vieux baroudeur, il vouait une admiration totale au corps
des Marines.

Commandant de l'école des cadets d'Ahermoumou, en
plein pays berbère, il en avait fait un enfer militaire probablement sans équivalent dans le monde. Soumis à une

discipline d'airain, les futurs sous-officiers se voyaient imposer du matin au soir un entraînement délirant dont la fina-
lité n'était point tant de leur faire acquérir l'indispensable
technique que de les transformer en robots fanatisés prêts à
exécuter n'importe quel ordre. Le parcours du combattant,
inspiré de celui des Marines, mais largement amélioré par
Ababou, était un calvaire quotidien. De jour comme de nuit,
les exercices se faisaient à balles réelles.

Petit, sec, nerveux, Ababou régnait sur son bagne en despote absolu. L'adjudant-chef Akka, un géant au beau visage
buriné, les bras et les mains tatoués, lui servait d'ordonnance et de garde du corps. Agé de plus de cinquante ans,
Akka avait servi trente ans dans les tabors et fait toutes les
campagnes de l'armée française depuis l'Italie jusqu'à
l'Indochine. Son allégeance à Ababou était totale. Il eût tué
le roi sans hésiter si le colonel le lui avait demandé. Son
destin sera d'achever l'homme auquel il avait donné sa foi.

Ababou n'était pas seulement une bête militaire. Même
ses ennemis, qui étaient légion, lui reconnaissaient de
l'intelligence. Il lisait beaucoup. C'était aussi une fripouille.
Après sa mort, le pouvoir publiera la liste de ses biens : deux
villas, une ferme, un salon de thé à Rabat. Il prélevait sa
dîme à l'école même, rognant sans vergogne sur la nourriture des cadets, les obligeant à payer au prix fort leurs livres
d'étude, qu'ils devaient restituer sans remboursement à la
fin de l'année, envoyant des commandos dévaliser les chantiers alentour. Sa ferme, située au voisinage de l'école, il se
l'était purement et simplement appropriée. Le propriétaire
légitime, bourgeois citadin, ayant témoigné de l'irritation, le
roi convoqua Ababou et lui dit : « Pourquoi ne pas m'en
avoir parlé ? J'aurais tout arrangé. » Et il lui donna un
chèque représentant le prix de la ferme. Hassan connaissait
bien Ababou car celui-ci, avant de prendre le commandement de l'école des cadets, avait été l'aide de camp de son
frère le prince Moulay Abdallah. La fréquentation quotidienne de « Son Altesse 51 % » pouvait difficilement être
considérée comme une école d'intégrité. Aussi bien Ababou
n'apercevait-il aucune contradiction entre ses prébendes
personnelles et un rôle de nettoyeur des écuries d'Augias. A

son frère aîné, colonel lui aussi, mais d'une trempe moins assurée, qui lui rappelait timidement ses compromissions, Ababou rétorqua : « Je n'ai reçu que la part de galette qui me revenait. »

Il haïssait Hassan, qu'il appelait « le nègre », allusion au teint sombre et aux traits négroïdes, accentués avec l'âge, que le roi tenait de sa mère, esclave noire offerte par le Glaoui à Mohammed ben Youssef.

Medbouh et lui étaient du même village. Il entra sans hésiter dans le complot du général. Ses quatorze cents cadets, d'une obéissance aveugle, seraient le fer de lance du coup d'État.

Une première tentative eut lieu le 14 mai 1971, deux mois avant Skhirat. Hassan II devait assister à des manœuvres. Ababou mit en place une embuscade sur la route d'El Hajeb à Azrou. Medbouh était dans le cortège royal. A quelques kilomètres du lieu de l'attentat, il aperçut un hélicoptère au-dessus du cortège. Craignant que le pilote ne découvre les cadets embusqués, il ordonna par radio à Ababou de lever le dispositif. Le colonel obéit, mais conçut des doutes sur la détermination du général.

Il fallait agir à Skhirat ou renoncer pour longtemps. La promotion de l'école d'Ahermoumou se disperserait à la fin de juillet pour être affectée dans les unités. Mais la réception n'offrait-elle pas l'occasion rêvée? La famille royale sous la main, le gouvernement en son entier, la quasi-totalité de l'état-major, et, surtout, les chefs des unités les plus aptes à réagir au coup d'État : parachutistes, gendarmerie, brigade légère de sécurité.

Les conjurés, placés aux postes d'aiguillage essentiels de l'armée, purent pourvoir à l'organisation matérielle sans éveiller les soupçons. Quinze camions de matériel et d'armement, dont huit tonnes de munitions, arrivèrent à Ahermoumou. Le déplacement des cadets se ferait sous couvert de manœuvres près de Rabat. La route est longue : trois cents kilomètres, à travers deux régions militaires. Le ministère de la Défense n'en saura rien : le maître de l'armée est Medbouh.

Les soixante camions partirent d'Ahermoumou le 10 juillet à 3 h 15 du matin. Conformément aux ordres du colonel, les quatorze cents cadets avaient été répartis en vingt-cinq commandos de quinze à quarante hommes commandés par un officier. Une brigade spéciale de commandements, forte de vingt-cinq gradés triés sur le volet, assurera la coordination des opérations.

A 10 heures, le convoi fait halte pour une collation à la lisière de la forêt de la Mamora, où se cache la base américaine de Sidi-Yahya. Ababou révèle pour la première fois à ses hommes le but de la manœuvre : le roi est entouré à Skhirat d'éléments subversifs, « les traîtres et les chevelus ». Il attend sa délivrance des cadets d'Ahermoumou. La moitié des commandos investira le palais par le nord, l'autre par le sud. Les chefs de commandos tireront en l'air pour rabattre les « subversifs ». Ceux qui résisteront ou tenteront de fuir devront être abattus.

Le convoi repart.

Une ambiguïté demeure, lourde de conséquences. La dizaine d'officiers supérieurs, Medbouh à leur tête, regroupés dans un informel « conseil de la révolution », veulent un coup d'État de bonne compagnie : obtenir de Hassan une abdication et l'expédier finir ses jours sur quelque Côte d'Azur. Un régime militaire pur et dur, à l'image de ceux que les autres pays arabes produisent à répétition, exercerait le pouvoir.

Ababou veut la peau du « nègre ».

*

Pendant trois heures, Skhirat ne fut que confusion sanglante [1]. Les tirs d'intimidation s'étaient vite mués en tirs à tuer. Nulle résistance pourtant, à moins de désigner par ce nom l'indignation de distingués joueurs de golf voyant les cadets piétiner les greens de leurs chaussures à tige. La plupart des chauffeurs des limousines garées sur les parkings

---

1. François Pedron, dans *Echec au roi* (La Table Ronde), a reconstitué magistralement ces heures de folie furieuse. Nous lui avons beaucoup emprunté pour ce chapitre, ainsi qu'au remarquable récit écrit par Jean Mauriac pour l'AFP et au témoignage donné par Jacques Benoist-Méchin dans *Deux Étés africains* (Albin Michel).

furent froidement abattus d'une balle dans la nuque au volant de leurs voitures. La fureur des cadets était telle que beaucoup de témoins, dont Louis Joxe, les crurent drogués. Une troupe si durement entraînée, si bien tenue en main ne pouvait se laisser aller à de pareils débordements que sous le coup de quelque excitant.

En vérité, nul entraînement, aussi rude soit-il, n'atténue le choc de la mort pour la première fois donnée. Pour les cadets, dont presque tous avaient moins de vingt ans, et pour leur encadrement, guère plus âgé, Skhirat fut le baptême du sang. L'écume aux lèvres et les yeux exorbités ne s'expliquent pas autrement. La troupe d'Aboubou était entraînée mais non aguerrie. Des gendarmes habitués aux accidents de la route eussent mieux gardé leur sang-froid.

Mais la rage était bien réelle. Elle alimenta la tuerie. Tous les témoignages concordent pour dire le saisissement des cadets découvrant la sacrilège tente à champagne, les monceaux de nourriture, les vêtements pour eux bizarres des invités. Skhirat était l'exact contraire de la spartiate Ahermoumou. Les garçons, dans leur immense majorité, sortaient de familles pauvres du Rif, des montagnes du Moyen-Atlas, du Tafilalet, réservoirs à tabors et goumiers de l'armée française. Le luxe de Skhirat était pour eux inimaginable. Sa révélation les rendit fous. Leur colonel avait dit vrai : ils avaient devant eux les « traîtres », les « pourris ». A en juger par certaines invectives, il semble bien que Hassan II fut enveloppé dans leur colère. Après tout, même pour un cadet au crâne rasé sautant de son camion au terme d'un voyage de près de dix heures, il était clair que le palais de Skhirat n'était pas occupé par des éléments subversifs mais par des hommes d'âge mûr, fort à l'aise, venus à l'invitation du roi.

Bijoux, gourmettes en or, montres Cartier, briquets incrustés de diamants, appareils photo furent arrachés sans ménagement à leurs propriétaires et brisés à coups de talon ou de crosse par les cadets ivres de rage. Après l'affaire, un seul d'entre eux sera capturé avec les poches remplies d'objets précieux. Un invité fut sévèrement malmené, qui, repris par la force de l'habitude, agita devant les cadets une épaisse liasse de billets. « On n'est pas venu pour ça ! » hurlaient les jeunes gens. Toute manifestation de morgue, ou même de cette simple assurance que procure une longue fréquentation du pouvoir et de l'argent, portait leur exaspération à de dangereux sommets. On entendait crier : « Nous sommes là pour l'honneur et la propreté du pays ! » et « On en a marre de toute cette pourriture ! » Ceux des cadets qui, lors de la halte matinale près de la forêt de la Mamora, avaient cru comprendre qu'il s'agissait de libérer le roi d'une horde de syndicalistes subversifs réajustaient rapidement leur vision de l'affaire.

D'une manière générale, la mort frappait au petit bonheur, et souvent avec la plus affreuse injustice. Des médecins furent abattus pour avoir voulu porter secours à des blessés, dont beaucoup moururent vidés de leur sang. Des grenades lancées par les bouches d'aération massacrèrent les employés des cuisines. Les malheureux caddies avaient été abattus dès les premières minutes de l'assaut. Les hôtes du roi, rassemblés avec une rudesse expéditive, durent s'allonger à plat ventre sur le sol, les mains au-dessus de la tête. Le soleil matraquait. Benoist-Méchin manqua d'être exécuté pour avoir soutenu le regard d'un cadet. Ababou criait comme un furieux : « Nous sommes l'armée du peuple pour la libération ! » Ses hommes reprenant le slogan, des ambassadeurs de pays socialistes en chemise hawaiienne crurent expédient d'agiter leurs papiers et de se faire reconnaître ; les vives reparties des cadets démontrèrent que l'heure n'était pas à l'internationalisme prolétarien.

Mais le sort de certaines victimes ne devait rien au hasard. La brigade spéciale de commandement disposait d'une liste, et un sinistre appel répandit la terreur sur les corps étendus au soleil. Après quelques exécutions sommaires (rafale de pistolet-mitrailleur, puis balle dans la nuque), plus personne ne se leva. Le nom de Dlimi fut appelé plusieurs fois en vain. Les officiers supérieurs étaient particulièrement visés, mais comment les reconnaître dans cette jonchée de corps où chirurgiens, ministres et ambassadeurs portaient chemises et pantalons interchangeables ?

Le colonel **Bouazza Boulhimez**, chef de la gendarmerie, interpellé par Ababou, ne donna pas la réponse attendue : « Tue ce traître », ordonna Ababou à un cadet, qui obtempéra aussitôt. On ne discutait pas un ordre du colonel.

Le prince Moulay Abdallah fut magnifique. Il fit une apparition dramatique, « proprement shakespearienne », selon Benoist-Méchin, entouré de cadets menaçants. Blessé au coude et à la hanche, il allait la tête droite, un sourire aux lèvres, sa djellaba d'emprunt imprégnée de rouge car un jet d'eau avait dilué les taches de sang. Passant devant un parterre d'invités étendus auxquels les cadets hurlaient : « Restez à plat ventre ! » il lança avec une assurance souveraine : « Mais non, vous n'allez pas les laisser couchés ! Assis ! ». Des invités obéirent. Subjugués, les cadets hésitaient. L'un d'eux, pourtant, pointa son pistolet-mitrailleur sur Moulay Abdallah. « Tu veux tirer sur ton prince ? Vas-y, tire sur ton prince. » Le canon de l'arme s'abaissa vers le sol et le blessé, toujours superbe, repartit avec son escorte. Tel le député français Baudin lors du coup d'État de 1851, mais à un tarif évidemment supérieur, le prince Moulay Abdallah semblait vouloir montrer comment on meurt pour 51 %.

Le roi, son frère, se tenait bien.

*

On l'avait entraîné dans la salle du trône, puis vers les dépendances, et il avait finalement trouvé refuge dans ce qu'il faut bien appeler les cabinets. La fin de la tricentenaire monarchie alaouite risquait d'être sordide.

Très vite, Medbouh était venu le voir. Le général avait été bouleversé par l'ouverture du feu, non prévue au programme – à son programme. Le spectacle de l'assaut vociférant des cadets l'avait vite convaincu de la vanité de toute tentative d'apaisement. Il vint frapper à la porte des lieux d'aisance. Le roi lui ouvrit. Selon sa version, Medbouh, les yeux exorbités, lui prit la main et dit : « C'est un coup d'Ababou. Je l'ai reconnu parmi les agresseurs. Vous ne craignez rien. Je vais vous mener à lui pour parlementer. » Hassan aurait refusé la proposition : « Je ne parlementerai pas. »

Medbouh aurait alors proposé : « Si vous le permettez, je vais l'amener ici. Lui pardonnerez-vous ? – Va le chercher si tu veux. Quant au pardon, c'est une autre affaire. »

On a longtemps parlé d'une abdication en bonne et due forme que Medbouh aurait fait signer au roi et qui aurait été ensuite récupérée sur son cadavre. Aucun des invités cloîtrés avec Hassan n'a vu pareille scène, qui eût pris plus de temps qu'une brève conversation. Il est vrai que la plupart de ces éventuels témoins avaient intérêt à la taire.

Medbouh ne revint plus. Des cadets prirent position devant la porte du réduit. Ultime privilège réservé au roi par ses compagnons d'infortune : il était le seul à regarder par le trou de la serrure.

Le gouvernement marocain était largement représenté auprès de lui : Ahmed Laraki, Premier ministre, Moulay Ahmed Alaoui, Ahmed Senoussi, Ahmed Balafrej, Oufkir. Parmi les Français, les plus notables étaient les professeurs de médecine de Gennes et Touraine, et le bijoutier Chaumet, promis par la suite à une célébrité équivoque pour des péripéties judiciaires qui durent lui paraître peu de chose auprès des heures d'agonie vécues à Skhirat. Sa maison offrait les coupes magnifiques attribuées aux vainqueurs de la compétition de golf. Il y avait aussi un jeune médecin coopérant français qui n'en revenait pas du tour imprévu pris par la réception : « Je n'aurais jamais pensé voir le roi du Maroc de si près », répétait-il avec un accent du Midi qui faisait chaud au cœur. Et comme le roi avait évoqué la venue de renforts : « Alors, Sire, ils arrivent, vos renforts ? »

Un diplomate, en transes, tenait à mi-voix un discours volubile et incohérent, monologue ininterrompu, sans rime ni raison. L'homme avait disjoncté.

Un ministre, affligé d'une bien compréhensible perturbation du transit intestinal, ne cessait de se jeter dans l'un des quatre cabinets. On le tenait à l'œil car, dans son émoi, il avait tendance à tirer la chasse d'eau, dont le bruit risquait de révéler que les lieux étaient occupés. Une bordée de « chut » interrompait son geste. Le roi avait recommandé d'observer le silence.

Oufkir, vêtu d'une chemisette et d'un pantalon clair,

fumait cigarette sur cigarette en piaffant de rage. Pour un homme qui avait survécu à une guerre mondiale et aux sanglants corps à corps d'Indochine, la mort dans cette tenue, et dans pareil décor, était peu acceptable. Pâle, crispé, il se tenait de préférence sous un vasistas ouvert. Sans doute redoutait-il le jet d'une grenade et se tenait-il prêt à la relancer avant qu'elle n'éclatât. Au tout début de l'action, il avait proposé une sortie. Le roi l'en avait dissuadé : « C'est de la folie, tu ne vas pas te faire descendre comme ça ! »

Il était l'interlocuteur privilégié de Hassan, qui commentait pour lui à mi-voix ce qu'il découvrait par le trou de la serrure : « Ce sont bien les cadets d'Ababou... » Puis : « Je ne comprends pas, c'est l'unité la plus structurée de mon armée. Le colonel est un ami de Moulay Abdallah. Il est sorti de notre académie militaire. » Et après un long silence : « Je ne comprends pas. J'essaie de faire l'analyse de la situation. »

Un moment difficile fut le passage à portée d'oreille d'enfants qui pleuraient. Le roi reconnut sa progéniture : « C'est ma famille... Ce qu'il y a de plus terrible, c'est que nous n'avons même pas un clou pour nous défendre. »

Il s'efforçait de réconforter ses hôtes : « Ne vous inquiétez pas, vous aurez la vie sauve. C'est le destin. Il faut attendre. C'est le destin. » Comme des grenades explosaient dans la salle du trône, il commenta avec le sourire : « Je ne suis pas assuré contre les dommages de guerre... » Il s'inquiéta auprès de Chaumet du bon fonctionnement de sa montre. Et toujours : « Ne bougeons pas, j'attends des renforts. »

Une vive fusillade ranima l'espoir : les renforts arrivaient. On sut ensuite que Dlimi, trouvant enfin un téléphone en état de marche, avait donné l'alerte aux compagnies mobiles d'intervention, l'équivalent des CRS français. Deux compagnies furent dépêchées sur Skhirat. Les cadets les liquidèrent sans difficulté.

Le plus incompréhensible était la passivité des assaillants envers le petit groupe terré dans les dépendances et qui comprenait les trois hommes les plus puissants du Maroc : le roi, Oufkir, le Premier ministre Laraki. S'il s'agissait d'un coup d'État, les trois têtes de l'État n'étaient-elles pas un

objectif plus important que de malheureux caddies ou
d'infortunés cuisiniers?

– Qu'attendent-ils? demandait Hassan à Oufkir.

– Je ne sais pas.

– Plus ils attendent et plus il faut espérer.

C'était le bon sens.

Nul ne sait exactement comment mourut Medbouh. Une
première version en fit la victime d'une rafale visant le docteur Benyaich, médecin personnel du roi, qui était allé chercher dans les appartements privés une mitraillette démon-
table offerte à Hassan pour son précédent anniversaire. Une
mort accidentelle n'aurait certes rien d'extraordinaire : les
balles perdues volaient en tous sens et Ababou lui-même en
avait reçu une à la base du cou. Selon une autre version,
Medbouh et Ababou se seraient violemment disputés. Les
témoignages restent fragiles sur le lieu, l'heure exacte et le
fond même de l'altercation. D'après les uns, le colonel Ababou aurait demandé à Medbouh où se trouvait le roi et le
général aurait répondu qu'il n'en savait rien. Selon les
autres, la réponse de Medbouh fut qu'il avait envoyé Hassan II à Rabat sous escorte. Pour Ababou, l'une et l'autre
réponse étaient inacceptables. Le rôle du général Medbouh
consistait précisément à fixer le roi. Le soustraire à son
complice équivalait à une trahison. Ababou ordonna à
l'adjudant-chef Akka d'abattre Medbouh. Plus tard, il aurait
dit : « Il a trahi à cinquante pour cent, il a payé à cent pour
cent. »

Mais cette hypothèse s'accorde mal avec la garde d'une
vingtaine d'hommes installée devant le réduit où le roi avait
trouvé refuge. Le général Medbouh n'avait aucune autorité
sur les cadets : on l'avait bien vu lorsque, dépassé par les
événements, il s'était efforcé en vain de faire cesser le feu.

Pour Hassan II, interviewé ultérieurement par Raymond
Tournoux, de *Paris-Match*, il ne fait aucun doute que le cordon de cadets a été mis en place par Ababou. Et les séquestrés entendirent un cadet répondre à un autre, qui s'impa-
tientait de cette interminable faction devant une porte
apparemment sans intérêt : « Il faut attendre le retour du
colonel. »

Il faudrait donc conclure qu'Ababou, qui se comportait depuis quelques heures en tueur assez expéditif, a bronché au moment d'en finir avec Hassan. Aucune explication n'est disponible, si ce n'est, peut-être, cette obscure incapacité à passer à l'acte qui retient tant de bras de faire tomber la tête du souverain ou du chef d'État. Même si Ababou paraissait le mieux immunisé contre pareille impuissance, celui qu'il appelait « le nègre » restait peut-être le roi.

Toujours est-il que, vers 4 heures, le colonel rembarque ses hommes sur les camions et fonce sur Rabat avec les généraux Hammou, Bougrine, Habibi et le colonel Chelouati, tous membres du conseil de la révolution. Skhirat neutralisée, il s'agit à présent de prendre le contrôle du Maroc.

Erreur fatale : Ababou ne laisse à Skhirat que quatre-vingt-dix cadets commandés par des officiers subalternes.

La suite dépasse l'entendement.

Vers 5 heures, des coups violents sont donnés sur la porte des dépendances. Au terme de trois heures d'étouffante séquestration, chacun croit son dernier moment venu. Oufkir s'écrie, tremblant de rage impuissante : « On va se faire descendre comme des canards ou quoi ? » La porte est ouverte. Les cadets semblent surpris de trouver tant de monde mais il est clair qu'ils ne reconnaissent personne, et surtout pas le roi. Ils donnent l'ordre de sortir, bras en l'air. Les captifs sont conduits à la petite porte donnant sur le golf et s'asseyent, après avoir été fouillés, parmi d'autres prisonniers.

Un quart d'heure passe. Quelques cadets arrivent devant le groupe du roi. Ils dévisagent les captifs. Soudain, l'un d'eux se penche sur le roi et, l'aggripant par la chemise, l'oblige à se lever (« avec une incroyable férocité », dira Hassan) : « Toi, viens avec nous ! » Six cadets l'encadrent. Un officier ordonne : « Quatre hommes suffiront. »

Le roi part, les mains en l'air. Deux rafales crépitent. Comme tous les invités présents, Benoist-Méchin est convaincu d'avoir assisté à la fin de la monarchie alaouite : « L'assistance est immobile, pétrifiée d'horreur. Les soldats, eux, se cramponnent à leur fusils plus nerveusement que jamais et une expression de panique passe dans leurs regards. »

Tandis que l'écrivain roule des pensées moroses, son attention « est attirée par un bourdonnement semblable à celui d'une ruche d'abeilles qui s'élève dans la direction où l'on a emmené le roi. On dirait plusieurs personnes qui murmurent à l'unisson... J'y suis : on psalmodie une prière... Mais ce n'est pas possible! Je rêve!... Hassan II reparaît. Non seulement il est vivant mais il sourit. Son visage exprime un mélange de soulagement et de contentement intérieur. Il est entouré des mêmes soldats qui l'ont emmené tout à l'heure, mais on sent que leurs rapports ont changé du tout au tout. Ce ne sont plus des bourreaux conduisant un condamné au supplice. Ce sont des jeunes gens affairés, qui escortent leur prince avec un empressement respectueux. »

Hassan racontera à Raymond Tournoux : « Il [le cadet] était tellement énervé, excité, que sa mitraillette tremblait dans ses bras. Soudain, coup de théâtre! Mon geôlier se met au garde-à-vous et me salue militairement. Je commande : "Repos!" Je devine que quelque chose d'extraordinaire, d'insolite, se passe. Il faut y aller à fond. Je l'apostrophe : "Pourquoi ne me baises-tu pas la main? Êtes-vous devenus tous fous, vous, les soldats de l'armée royale, mes enfants? " Le cadet se montre angoissé : il me supplie : " Notre Seigneur, ne parlez pas trop fort, il y a encore ici beaucoup de gens qui vous veulent du mal. " Il m'embrasse les pieds, le cou, les épaules. Je manifeste le désir d'aller voir mes enfants. Sur le chemin, l'ensemble des cadets m'entoure, m'embrasse les mains. Au même instant, j'entame la Fatiha, les premiers versets du Coran, repris par les cadets et par l'assistance. »

Puis, avisant Oufkir parmi les prisonniers : « Général Oufkir, debout! Je te délègue tous mes pouvoirs civils et militaires. Prends l'affaire en main! »

Sous les yeux stupéfaits des cadets, qui n'avaient pas identifié le quinquagénaire anonyme vêtu d'un pantalon marron clair et d'une chemise rayée, Oufkir se lève et se dépouille de cette tenue civile qui depuis des heures lui était tunique de Nessus. Il est significatif que beaucoup d'invités, trop éloignés pour avoir compris les paroles du roi, crurent que celui-ci faisait exécuter son ministre de l'Intérieur...

Oufkir enfile la tenue de parachutiste que lui tend le pilote de l'hélicoptère royal, arrache une arme à un cadet, et part en campagne. La répression peut commencer.

Depuis deux heures, la radio marocaine annonçait : « Le roi est mort, vive la République ! » et diffusait sur fond de marches militaires un communiqué enregistré : « L'armée, l'armée vient de prendre le pouvoir. Le système monarchique a été balayé. L'armée du peuple a pris le pouvoir. Vigilance, vigilance. Le peuple avec son armée est au pouvoir. Une ère nouvelle vient de poindre. »

*

Le soir même, tout était réglé.

Le colonel Ababou tomba sur le perron de l'état-major de Rabat au cours d'un échange de coups de feu avec un général fidèle au roi, qui fut tué. Grièvement blessé, Ababou demanda à Akka de l'achever. L'adjudant-chef refusa. « C'est le dernier ordre que je te donne », dit Ababou. Akka tira.

Les généraux putschistes étaient partis pour leurs régions militaires respectives afin d'y établir l'autorité du conseil de la révolution. Bougrine fut cueilli à sa descente d'avion. Habibi fut pris à Marrakech ; Hammou, à Meknès. On captura les autres à Rabat.

Le lendemain soir, Hassan II donna une conférence de presse dans son palais du Souissi, où les journalistes de la presse marocaine et étrangère furent conduits en camionnettes. « Je suis encore un peu plus roi qu'hier », déclarat-il. Il accabla les conjurés de ses sarcasmes : « Coup d'État de sous-développés » conduit par des « imbéciles » qui n'avaient même pas eu le courage d'aller jusqu'au bout. Oufkir, quant à lui, répétait : « Ce sont des ânes. »

Il était difficile de ne pas adhérer à ces points de vue. Les officiers mutins s'étaient arrêtés au bord du Rubicon et, ouvrant le feu, en avaient fait une rivière de sang. Plus de cent morts, au moins deux cents blessés. Parmi les tués, l'ambassadeur de Belgique, l'octogénaire docteur Dubois-Roquebert, l'ami de Mohammed V, le grand cardiologue Jean Himbert, des ministres, le président de la cour suprême, une cohorte d'officiers supérieurs, des dizaines de serviteurs. Mais manquait à ce sinistre tableau le seul cadavre qui eût compté : celui du roi. Hassan mort, tout changeait. Le prince héritier avait neuf ans. L'armée, restée loyale en apprenant que Hassan vivait toujours, eût sans doute basculé s'il était tombé, ne serait-ce que sur le prétexte classique du maintien de l'ordre. Des tonnes de munitions avaient été utilisées à Skhirat : la balle unique qui eût tout réglé n'avait pas été tirée.

Sinistre, le roi précisa : « Demain, à la même heure au plus tard, les chefs de la rébellion auront été passés par les armes. On leur accordera tout juste le temps de raconter ce qu'ils ont à dire. »

Cette annonce suscita une certaine émotion dans le monde. Pourquoi une procédure si expéditive puisque le calme était partout rétabli? Liquider si prestement les responsables du putsch, n'était-ce point priver l'opinion d'éclaircissements nécessaires pour comprendre une affaire dont les mobiles restaient obscurs. La presse aux ordres, en publiant leur fortune (« un ramassis de potentats repus »), accroissait la perplexité : pourquoi des hommes parvenus au sommet de la hiérarchie militaire, exerçant à l'occasion les plus hautes fonctions administratives, s'étaient-ils lancés dans une sanglante aventure? « Beaucoup de questions restent sans réponse », constatait le *New York Times*. Michel Legris, envoyé spécial du *Monde*, écrivait avec candeur : « Le chef de la conjuration [Medbouh], ainsi que plusieurs des officiers qui furent ses complices, avait, même auprès de ceux qui réprouvent le plus vigoureusement leurs agissements, une réputation établie d'honnêteté et de rectitude morale. » Il en concluait que sa rébellion restait une énigme. Mais c'est justement l'honnêteté de Medbouh et de la plupart des conjurés qui obligeait à leur fermer rapidement la bouche. Un procès public eût révélé l'océan de corruption où baignaient le palais, le gouvernement, l'administration, les milieux d'affaires. Quelques salves expéditives préserveraient de ce fâcheux déballage.

L'exécution fut laide. Elle eut finalement lieu le mardi matin 13 juillet, à 11 heures : les tortionnaires avaient obtenu une nuit supplémentaire pour travailler sur leurs prisonniers. Quatre généraux (Hammou, Bougrine, Mustapha, Habibi), cinq colonels, dont Chelouati, et un commandant furent conduits en half-track au camp de Moulay Ismaïl, près de Rabat. Tous portaient sur le visage les marques de la torture. Certains, tel Habibi, qui ne s'étaient ralliés au putsch que sur l'assurance que le roi était mort, acceptaient mal leur supplice. Hammou, le plus âgé et le plus gradé, témoignait d'un calme absolu. Le colonel Chelouati, farouche, semblait n'éprouver que le regret d'avoir raté son affaire. Au Premier ministre Laraki qui lui demandait : « Pourquoi as-tu fait cela ? » il répondit d'une voix tranquille : « Estime-toi heureux d'être en vie. On se retrouvera là-haut. » Oufkir et plusieurs ministres assistaient à l'exécution. Les ministres n'épargnèrent pas les insultes aux condamnés. L'un d'eux donna un coup de pied à un général ligoté. Oufkir se taisait. Bougrine avait été son meilleur ami au collège d'Azrou. Hammou servait au 4e régiment de tirailleurs marocains quand lui-même y était arrivé en 1941. Avec eux, avec les autres, il avait vécu sous l'uniforme français, de l'Europe à l'Extrême-Orient, une aventure guerrière dont le souvenir les soudait d'autant plus qu'ils étaient de moins en moins nombreux à le partager.

Des soldats arrachèrent aux condamnés les insignes de leur grade, puis les conduisirent brutalement aux dix poteaux et les y attachèrent. La scène était filmée par la télévision. Hassan la suivait de son palais (« J'ai été présent de loin », dira-t-il à Jean Mauriac). Les pelotons, forts de douze hommes chacun, étaient composés de soldats représentants les trois armes de l'armée marocaine. Juste avant le tir, quelques condamnés crièrent : « Vive le roi Hassan ! », ce qui conduisit les ministres à déclarer qu'ils étaient morts en lâches. Le général Bougrine lança à Oufkir : « Prends garde, Oufkir ! La prochaine fois, ce sera ton tour car je sais que tu penses comme nous ! »

Quand tout fut fini, les hommes des pelotons défilèrent en crachant sur les cadavres.

X

Interlude

« Un groupuscule », avait dit Hassan avec mépris des
conjurés de Skhirat. Mais cinq généraux avaient marché
dans le putsch. Ils contrôlaient les régions militaires essentielles. (Comme quatre autres généraux étaient tombés à
Skhirat, l'armée marocaine avait perdu en trois jours neuf
de ses quinze généraux. Aucune guerre, si meurtrière fût-
elle, ne connut à ce niveau un tel pourcentage de pertes.)
Pour le roi, le plus inquiétant peut-être était la singulière
apathie des casernes dans le moment où la radio, aux mains
des mutins, diffusait la nouvelle de sa mort et l'instauration
d'une république. Aucune unité n'avait spontanément manifesté son loyalisme envers le prince héritier. Et pour donner
l'assaut aux cadets retranchés dans les bâtiments publics de
Rabat, Oufkir ne s'était fié qu'à la brigade légère de sécurité,
créée par lui, et aux parachutistes.

Après ce que la presse internationale appellera « le coup
de tonnerre de Skhirat », le pilier essentiel du trône était
pour le moins vacillant.

La surprise fut totale pour tous les observateurs. La
loyauté de l'armée était l'un des rares postulats jamais remis
en cause de la politique marocaine. Seul Ben Barka, dans
son interview à *Al Arham*, avait évoqué, quelques jours avant
son enlèvement, l'éventualité d'un putsch, mais son avertissement semblait si peu crédible qu'il n'avait été repris
nulle part. Le roi lui-même y avait-il prêté garde ? Il est vrai
que le leader de l'opposition prévoyait une intervention de

l'armée pour empêcher tout rapprochement entre les forces populaires et le palais, et que Hassan II savait de science certaine qu'une telle alliance n'avait aucune chance de se produire puisqu'il ne la voulait pas.

Sur le fond, l'analyse de Ben Barka restait discutable. Pour lui, le passé des chefs de l'armée, Oufkir en tête, hypothéquait l'avenir : « L'armée marocaine est un obstacle à toute évolution démocratique dans notre pays, et, à plus forte raison, à toute option révolutionnaire. L'armée marocaine est différente de toutes les autres armées arabes. C'est une armée de métier dont le fondement n'est pas le service national [...]. De plus, certains éléments dirigeants, à l'échelon supérieur de son commandement, ont un passé douteux : ils ont été formés, ils ont servi, ils se sont distingués et ils ont été récompensés et promus dans les guerres coloniales de l'empire français, dont les dernières batailles ont été celles de Diên Biên Phu et d'Algérie. La naissance de l'État indépendant au Maroc n'a pas changé l'opinion de ces éléments sur la lutte des peuples. » Ben Barka prévoyait que, pour préserver leurs privilèges, leurs alliances de classe et leurs profitables complicités avec le néo-colonialisme, « ils pourraient se trouver dans une situation telle qu'ils seraient amenés à déposer le roi ». C'était sans doute extrapoler à l'ensemble des cadres supérieurs de l'armée son antagonisme personnel – celui-là bien réel, et finalement meurtrier – avec Oufkir.

Le fait est que la première secousse vint, non pas du club des anciens de l'armée française, mais de jeunes officiers inspirés par l'exemple du colonel Kadhafi, qui avait arraché le pouvoir des mains débiles du vieux roi Idriss. L'épisode, avéré, demeure enveloppé de mystère. Au début de 1970, dix-huit mois avant Skhirat, une cinquantaine d'officiers aviateurs auraient été exécutés dans la plus grande discrétion. La rumeur attribuait la dénonciation du complot au commandant des forces aériennes, le général N'Michi, qui serait l'un des premiers à être abattu par Ababou à Skhirat. La répression aurait entraîné le départ du général Driss ben Omar, major général de l'armée, qui voulait que les mutins fussent jugés par un tribunal militaire. Au lendemain de Skhirat, le journaliste égyptien Heikal publia qu'au cours d'une visite à Rabat, en 1969, il avait été conduit une nuit, dans le plus grand secret, à une réunion clandestine à laquelle participaient quelques officiers. Après les avoir écoutés pendant trois heures, il leur avait promis d'oublier leurs noms et leurs visages.

Le coup de Skhirat lui-même ne répondait guère au schéma esquissé par Ben Barka. Aucune perspective d'arrivée de l'opposition au pouvoir ne justifiait une intervention militaire. Ce n'était pas pour préserver leurs privilèges que les conjurés avaient décidé de passer à l'action, mais au contraire pour nettoyer le pays d'une corruption inlassablement dénoncée par l'opposition. Ils étaient sans aucun doute des hommes de droite, et la dictature qu'ils auraient instaurée, en cas de succès, n'eût même pas laissé en place la vitrine démocratique du régime hassanien, mais quel Marocain, de droite ou de gauche, pourvu qu'il fût intègre, pouvait rester insensible à leurs motivations?

Aussi bien l'apathie du peuple avait-elle été, au sens propre, formidable. Nulle manifestation pour encourager les mutins, mais aucune explosion de joie, ni même de soulagement, à l'annonce que le roi avait survécu. Cloîtrés chez eux, les Marocains avaient assisté au drame en spectateurs, et son dénouement, dans un sens ou dans l'autre, semblait les laisser indifférents.

Dix ans tout juste s'étaient écoulés depuis la déploration nationale, l'immense deuil public et privé qu'avait été pour la nation la mort du roi Mohammed V.

Un an avant Skhirat, le 6 juillet 1970, son fils Hassan avait déclaré à Jean Daniel, directeur du *Nouvel Observateur* : « Je suis solidaire des peuples et non des régimes. Je suis solidaire des monarques qui réussissent. Si une monarchie tombe, c'est qu'elle a fait son temps ou qu'elle le mérite. Tout le monde prévoyait depuis longtemps les événements de Libye, comme jadis on prévoyait la chute du roi Farouk, en Égypte. Si jamais cela m'arrivait, c'est que je l'aurais mérité. »

*

Comme toujours en période de crise, Hassan II fit preuve
d'une éclatante maestria tactique.

Il avait beaucoup perdu dans l'affaire. Le commandeur
des croyants, vêtu comme un garçon de plage, avait levé les
bras devant des gamins au crâne rasé; il s'était assis, mains
en l'air, là où on lui avait ordonné de le faire. La jeunesse
dorée de Rabat le surnommait déjà PPH (passera pas
l'hiver). Les courtisans eux-mêmes, parlant aux journalistes
étrangers, disaient désormais « Hassan » et non plus « Sa
Majesté ». On le trouvait soudain plus rusé qu'intelligent.
Des familiers du palais n'étaient pas avares d'anecdotes édi-
fiantes sur sa paresse, ses débauches, son avidité financière,
son mauvais goût. Désacralisé, tout charisme envolé, le roi
était vivant, mais il était nu.

Au lendemain de Skhirat, le 11 juillet au soir, il avait lancé
une violente diatribe à la télévision contre l'opposition :
« Nous adressant aux leaders politiques et aux dirigeants
syndicaux, nous leur disons que nous n'avons récolté que
les fruits de ce qu'ils ont semé, à force d'écrire dans leur
presse et d'insinuer que le Maroc est sur la voie de l'effondrement, que la situation est mauvaise, que l'économie
n'est pas saine et que la féodalité bat son plein [...] Il y avait
parmi les blessés de Skhirat M. Ouazzani [leader politique
indépendant] dont un bras a été arraché, et, parmi les personnes qui ont été malmenées, M. Allal el-Fassi, et également le docteur Messouak, dont on connaît les opinions
[communistes]. Nous sommes certains que s'il y avait eu
d'autres représentants d'organisations syndicales ou politiques, leur sort aurait été le même. Cela prouve que vous
êtes en train de creuser vos tombes. Si les mutins avaient
pris le pouvoir, ils n'auraient pas été de votre niveau. Ce ne
serait pas Medbouh ou Bougrine qui vous appelleraient
pour partager avec vous le pouvoir, car vous ne les
comprendriez pas et ils ne vous comprendraient pas non
plus. D'autant plus que vous êtes des intellectuels chevron-
nés et que vous auriez pu être les premières victimes. C'est

pour cela que nous vous disons, vous qui façonnez l'opinion publique marocaine, soit directement, soit en faisant circuler des rumeurs : Prenez garde, si vous semez le vent, vous récolterez la tempête. »

Cette attaque surprit dans la mesure où l'opposition, de l'aveu même d'Oufkir, n'était en rien mêlée au complot. Et les Bouabid, Ibrahim et autres Allal el-Fassi n'avaient nul besoin d'être avertis qu'ils avaient tout à craindre d'un coup militaire. Atterrée par Skhirat comme elle l'avait été par les émeutes de Casablanca de 1965, l'opposition savait qu'elle devrait désormais naviguer entre Charybde et Scylla – entre la hantise d'un raz de marée populaire risquant de tout emporter et celle d'un nouveau putsch de janissaires.

De l'avis général, la diatribe du roi préludait à une sévère offensive. Les augures annonçaient l'imminente proclamation de l'état d'exception et des mesures de contrainte propres à empêcher l'opposition de « creuser sa propre tombe ». Mais Hassan II était décidément trop intelligent pour agir comme font d'ordinaire les autocrates au sortir d'une crise : se venger de la peur éprouvée en déchaînant la répression, et écraser du même coup toute espèce d'opposition. Une fois la crise passée, aussi rude qu'elle ait été, il savait disposer d'une marge de manœuvre pour sauvegarder la vitrine démocratique nécessaire à son prestige international. Comme après les émeutes de Casablanca, il prit tout le monde à contre-pied.

Le 13 juillet, quelques heures après l'exécution des mutins, il déclarait à Jean Mauriac, de l'AFP : « Je ne changerai pas de politique, mais, bien sûr, je vais changer quelque chose dans la façon de gouverner mon pays, à commencer par moi-même. Il est certain que ces événements ne sont pas spontanés. Ils ne sont que la stratification, d'une part, d'un certain nombre de conjonctures, et, de l'autre, d'un certain nombre d'erreurs d'appréciation. Dans cette part d'erreurs figurent les miennes. Vous en dire la nature et le volume est, à mon avis, prématuré, car tout cela nécessite une introspection extrêmement scientifique. Objective, c'est impossible, car on ne peut pas s'analyser. »

Cette spectaculaire autocritique fut trouvée « honnête et courageuse ».

Abderrahim Bouabid déclara aussitôt que « si la monarchie voulait rouvrir le dialogue qu'elle a elle-même interrompu depuis dix ans avec l'opposition, celle-ci ne s'y refuserait pas systématiquement. Toute ouverture de la part du roi fera l'objet d'un examen approfondi ». Le leader de l'UNFP ajouta que la violence de Skhirat « était le signe d'une exaspération qui ne se limite pas aux jeunes cadres de l'armée, mais qui atteint également les chômeurs, les intellectuels et les étudiants ».

Le 4 août, Hassan II annonça dans un long discours son intention d'ouvrir des conversations avec les forces politiques du pays.

Les entretiens s'engagèrent aussitôt entre le palais et une classe politique divisée, rongée par les rancœurs nées de dix ans d'opposition stérile. Ils furent secrets, ce qui déconcerta les militants mais donnait du champ à un roi qui, selon Jean Lacouture, était « passé maître en l'art de susciter les convoitises, de faire vaciller les vertus politiques et d'opposer les appétits ».

Dans le même temps, une manne royale tombait sur le pays : baisse du prix du sucre de 18 %, suppression de la taxe sur les radios et les bicyclettes, augmentation de 28,5 % du salaire minimal agricole, de 30,6 % des salaires ouvriers, de 15 % du traitement des fonctionnaires. Oufkir, nommé ministre de la Défense, obtint pour les militaires de substantielles augmentations de solde. Trois cent mille hectares de bonnes terres seraient repris aux colons français et distribués aux petits agriculteurs. Une cour spéciale de justice jugerait enfin Omar ben Messaoud, l'homme de la Panam, les cinq ministres limogés et plusieurs hauts fonctionnaires. Ils s'étaient partagé douze millions de francs de pots-de-vin.

Le 25 août, Hassan II convoqua Abderrahim Bouabid dans son palais de Fès pour un entretien confidentiel. Bouabid répondit qu'il ne pourrait s'y rendre : il serait ce jour-là à Marrakech, où reprenaient les audiences du procès de ses camarades de l'UNFP.

*

Rares étaient ceux qui croyaient à la réouverture du procès. Le très réel complot de Skhirat faisait plus vains encore, et pour tout dire dérisoires, les efforts de l'accusation pour nourrir un dossier misérable fondé sur les révélations d'un mouton, conforté par les déclarations d'un dément. Et pourquoi le roi ferait-il condamner l'UNFP, qui était sur la sellette à Marrakech, dans le moment même où il négociait avec elle ? L'opinion générale était que le procès serait renvoyé sine die.

Il ne le fut pas. Le 29 avril, le procureur demandait quarante-huit têtes, dont celles de seize accusés présents dans le box, les trente-deux autres, dont le fqih Basri, étant jugés par contumace. Cent vingt-deux détentions à perpétuité étaient requises. Qualifiant les accusés « de héros du crime », le procureur n'hésita pas à leur imputer la responsabilité politique et morale du drame de Skhirat. Scandalisée, la défense refusa de plaider. Commise d'office par le président, elle persista dans son refus.

La sentence tomba le 17 septembre. Elle fut considérée comme légère. Une condamnation à mort frappait un accusé présent dans le box : Mohammed Ajjar, livré par l'Espagne ; les quatre autres étaient prononcées par contumace, dont celle du fqih Basri, qui en était à sa deuxième. Six condamnations à perpétuité, dont trois par contumace ; cinq peines de vingt ans de prison, dont deux par contumace ; vingt-quatre de dix ans de prison, dont treize par contumace, etc. Ces siècles de prison tombant de la bouche de l'ancien secrétaire particulier de Ben Arafa furent salués comme une victoire par la défense et les accusés eux-mêmes, sur lesquels les réquisitions du procureur avaient fait passer un vent glacial.

Il était clair que Hassan II, après avoir soufflé le froid, avait voulu montrer sa clémence. Mais il lui appartenait de mettre la touche finale au chef-d'œuvre d'iniquité qu'avait été le procès de Marrakech. Mohammed Ajjar, seul condamné à mort présent dans le box, fut par lui gracié et

libéré. Sans doute le droit de grâce est-il par définition réga-
lien, sans limite ni justification, mais enfin un respect élémentaire de la chose jugée eût voulu que l'accusé le plus
lourdement condamné ne fût pas le premier libéré. Mohammed Ajjar était libre tandis que ses camarades, condamnés à
vingt ans, dix ans ou cinq ans de prison, purgeaient leur
peine. Ainsi était-il démontré que, comme le pouvoir et la
fortune, la liberté tenait au seul caprice du roi.

Les pourparlers secrets continuaient cependant entre le
palais et les leaders du Front national réunissant Istiqlal et
UNFP. L'opposition s'en tenait à sa vieille exigence, fondée
sur la promesse de Mohammed V, de l'élection d'une
assemblée constituante. Il s'agissait pour elle de changer les
règles du jeu. Le roi voulait continuer à fixer les règles,
quitte à arbitrer le jeu avec plus de souplesse qu'auparavant.
Le 17 février 1972, il annonça qu'une nouvelle Constitution
serait soumise à référendum le 1er mars. C'était la troisième
en dix ans. Les chefs de l'opposition, comme en 1970,
apprirent la nouvelle avec stupeur. L'un d'eux déclara à
François Mennelet, envoyé spécial du *Figaro* : « Nous pen-
sions que nous étions d'accord avec Sa Majesté. Notre surprise n'en a été que plus grande. Jamais nous n'aurions
pensé être ainsi roulés. »

Le projet soumis à référendum augmentait quelque peu
les pouvoirs du Parlement, dont les deux tiers des membres
seraient dorénavant élus au suffrage direct. Il aurait le droit
de présenter des amendements à la Constitution, mais à
condition qu'ils soient proposés par les deux tiers des députés. Le Premier ministre voyait enfin ses attributions renfor-
cées.

L'opposition, roulée, bernée, flouée, décida d'appeler à
l'abstention.

Une morne campagne de quinze jours s'engagea. Les journalistes étrangers notèrent que, même dans les douars traditionnellement acquis à la monarchie, les affiches appelant à
voter « oui » étaient parfois déchirées.

Tous les yeux étaient fixés sur Kenitra, où un tribunal
militaire jugeait les mille quatre-vingt-un officiers, sous-
officiers et cadets rescapés du coup de Skhirat.

Deux cents au moins manquaient à l'appel. Selon la thèse officielle, ils étaient tombés sous les balles de la brigade légère de sécurité lors de la reprise des bâtiments officiels. Les témoins civils des combats jugeaient le chiffre très excessif. Après la mort du colonel Ababou, le seul chef dont ils reconnussent l'autorité, et confrontés à l'évidence que le coup était manqué, les cadets n'avaient guère opposé de résistance. On disait à Rabat que plusieurs dizaines d'entre eux avaient été enterrés vivants dans une fosse commune.

L'article 163 du code pénal était sans équivoque : « L'attentat contre la vie ou la personne du roi est puni de mort. Cet attentat n'est jamais excusable. »

Juges et avocats durent prendre des dispositions pour traiter une telle masse d'accusés. On décida que la conduite des cadets ne serait pas examinée au cas par cas, mais commando par commando, et que les avocats se répartiraient la défense des commandos. Quatre barreaux marocains furent mis à contribution. La procédure ordinaire serait suivie pour les officiers d'encadrement, tel le lieutenant-colonel Mohammed Ababou, frère du colonel disparu, qui, quoique mollement, avait participé à l'affaire du début jusqu'à la fin. Personne n'aurait misé un dirham sur sa tête.

On regardait avec une sorte de terreur admirative l'adjudant-chef Akka, dont la stature gigantesque dominait l'assemblée. Le crâne rasé, les mains tatouées, l'œil impavide, l'homme semblait indestructible. Un destin singulier avait voulu qu'il donnât sans doute la mort aux deux chefs du complot : le général Medbouh et le colonel Ababou. L'accusation retenait contre lui, entre autres, le meurtre du général Bachir Bouhali, major général de l'armée. Mais aucun aveu n'avait pu lui être arraché. Torturé nuit et jour par Dlimi pendant trois semaines, il n'avait pas descellé les lèvres.

Mohammed Ababou révéla que son frère, pendant la halte à la lisière de la forêt de la Mamora, avait dévoilé aux officiers qui l'entouraient le véritable but de l'opération. « Vu la situation critique du pays, aurait dit le colonel, le haut commandement a décidé d'attaquer le palais de Skhirat et de renverser le roi. Tout le monde doit obéir à mes ordres. On ne peut plus reculer. » Mais les officiers mis en cause s'en tinrent à la version des « éléments subversifs » dont il fallait débarrasser le roi. Quant aux cadets, leur défense tenait en une phrase, émouvante et terrible dans sa simplicité : « On ne discutait pas un ordre du colonel. »

Seul l'aspirant Mohammed Raïs reconnut avoir tiré sur un invité de Skhirat, le colonel Bouzemaa, aide de camp du prince Moulay Abdallah.

Le 22 février, le colonel procureur requit vingt-cinq peines de mort, vingt-six réclusions à perpétuité, vingt-cinq peines de vingt ans. Pour le reste des accusés, il s'en remettait à la sagesse du tribunal.

Le verdict, rendu le 29 février, acheva de convaincre que la justice marocaine était décidément imprévisible. L'aspirant Raïs, seul à avoir avoué un meurtre, était le seul condamné à mort (le roi le graciera). Contre toute attente, Mohammed Ababou et Akka sauvaient leur tête. Soixante-quatorze condamnations, allant de la réclusion à perpétuité à un an de prison, frappaient l'encadrement. Tous les cadets étaient acquittés.

Le lendemain, 1er mars, la nouvelle Constitution était adoptée par 98,75 % des votants. La participation atteignait 92,92 %.

Ahermoumou, débaptisé sur ordre du palais, reçut le nom de Ribat el-Ghir, qui signifie Forteresse du bonheur.

La page noire de Skhirat était tournée.

XI

Un drame shakespearien

La séance du Conseil des ministres, présidée par le roi, tire en longueur. Pâle, crispé, Oufkir paraît à bout. Soudain, il explose : « Ça ne peut plus durer ! Si vous ne changez rien, il y aura un autre putsch. Et plutôt que d'être descendu en maillot de bain, j'aime mieux en finir tout de suite ! » Devant le roi et les ministres médusés, il sort de sa poche un revolver et le plaque sur la table. Un long silence, puis Oufkir se lève et quitte la pièce en disant : « Moi, je vais dormir, je suis trop fatigué. » Hassan II le suit, s'enferme avec lui dans un bureau. Ils parlent plus d'une heure. C'était au lendemain de Skhirat.

Oufkir était las. Jean Lacouture écrira bientôt : « Depuis plus de vingt ans, le peuple marocain ne s'est jamais trouvé en danger sans voir Oufkir du côté des ennemis de son unité, de son émancipation et de son progrès. » Il avait beaucoup torturé et beaucoup tué, mais il était fatigué de son rôle de boucher du régime. Il témoignait une profonde admiration au journaliste égyptien Heykal, et Heykal avait écrit, après les pleins pouvoirs conférés par Hassan dans la confusion sanglante de Skhirat, qu'Oufkir était « un agent de terrorisme et de répression ».

Les dix exécutions du camp Moulay Ismaïl restaient inoubliables. Il n'avait rien de commun avec les Ben Barka, Basri, Bouabid. A ses yeux, des politiciens bavards, fomenteurs de désordre, qui ne lui pardonneraient jamais ce dont il était le plus fier : son passé militaire sous l'uni-

forme français. Les généraux suppliciés de Moulay Ismaïl,
c'était sa famille. Eux savaient qu'on ne faisait pas pour la
gamelle Monte Cassino, l'hiver 44 dans la boue glaciale, la
route coloniale n° 4 et Diên Biên Phu. Mercenaires ? Le
courage avait été leur patrie. A quoi bon l'expliquer ? Et à
qui ?

Le cri de l'intègre Bougrine, son ami d'enfance, juste
avant la salve : « Je sais que tu penses comme nous »...

Ministre de l'Intérieur au moment des émeutes de Casablanca, ministre de la Défense après Skhirat. Chaque fois
qu'une brèche s'ouvrait dans le système, on l'y appelait. Et
toujours pour réprimer, quadriller, espionner, punir. Il y
avait cru. Il n'y croyait plus. A quoi bon s'échiner puisque
rien ne changeait au fond, et que les mêmes causes produi-
raient toujours les mêmes effets ? Quelques procès spectaculaires jetés en pâture à l'opinion n'aboliraient pas la corruption, consubstantielle au régime hassanien. Ministre de
l'Intérieur, il était mieux placé que quiconque pour en
apprécier les ravages. Posant son regard noir sur les
ministres, il pouvait dire quels trafics et concussions avaient
fait la fortune de chacun. Lui-même était riche, mais ses
pires ennemis ne l'auraient pas rangé parmi les corrompus.
Le peuple l'appelait : « Celui de nos ministres qui nous
coûte le moins cher. » Bourreau sans doute, mais bourreau
honnête. Il n'avait guère de mérite : l'argent ne l'intéressait
pas.

Il s'était donc attelé à la tâche de reprendre l'armée en
main. Valse des mutations, promotions, mises à la retraite.
Suppression des régions militaires pour éviter que des fiefs
s'y constituent. Le plus outrageant peut-être pour des soldats, et la preuve la plus éclatante de la méfiance du pouvoir : les munitions placées sous le contrôle de la gendarmerie. Une armée de soldats de plomb manœuvrant avec des
fusils vides. Sa tournée des popotes avait édifié Oufkir. Le
coup de Skhirat ne suscitait ni indignation ni mépris et les
officiers ne considéraient pas les fusillés de Moulay Ismaïl
comme des « potentats repus ». Medbouh, que son caractère
glacial avait de son vivant tenu à l'écart de la popularité,
accédait, en vertu de son intégrité, à une sorte de martyre.

Même le peuple le révérait. A chaque mesure de baisse du prix du sucre ou d'élévation du salaire minimal, les Marocains disaient : « Que Dieu aie pitié de Medbouh, qui nous a valu cela. »

Oufkir imposa un verdict de clémence au procès de Kenitra. Les soldes furent relevées de 30 à 40 %. On murmurait à Rabat : « Est-ce Oufkir qui récupère l'armée ou l'armée qui récupère Oufkir ? »

Le roi, qui l'avait déclaré « le plus loyal » de ses sujets, se méfiait de lui. Il n'avait plus, comme autrefois, ses entrées au palais. Il devait demander audience. Hassan II le recevait entouré de gardes du corps. Un nouveau venu, prêté par la France, avait réorganisé la protection rapprochée du roi : Raymond Sasia, ancien gorille du général de Gaulle. Inventeur d'une méthode de tir rapide, il rappelait inlassablement sa qualité de seul étranger à avoir reçu le diplôme de l'Académie du FBI.

Le Rabat politique étant un village, tout comme Washington ou Paris, l'évolution d'Oufkir ne passait pas inaperçue. « Curieusement, note à l'époque Waterbury, aux yeux de tous les Marocains, l'opposition y comprise, l'image d'Oufkir s'est considérablement transformée depuis juillet 1971. Du super-flic sadique, on ne parle plus, mais de l'homme d'autorité honnête, fourvoyé un temps il est vrai, et qui a été touché par la vérité. » Des dirigeants de l'UNFP diront à Josette Alia qu'« ils n'étaient pas insensibles aux dernières prises de position du ministre de la Défense », qui « avait réussi récemment à se façonner un certain visage », et dont ils avaient « de bonnes raisons » de penser qu'il ne leur était pas hostile. Signe des temps : au cours des pourparlers secrets avec le roi, l'opposition ne faisait plus de l'éviction d'Oufkir une condition de son entrée au gouvernement.

Ainsi Mohammed Oufkir entamait-il, à son tour, sa montée au supplice.

*

Il dormait trois heures par jour. On le voyait très souvent arriver au volant de sa voiture, sans gardes du

corps, au Mamma, rendez-vous des noctambules. Il y disputait d'interminables parties de poker, de préférence
avec des officiers de sa génération. Le Hilton, proche du
palais royal, servait surtout à ses soupers galants. Il faisait
toujours une considérable consommation de femmes,
mais, s'il lui arrivait d'organiser des orgies, il en restait le
spectateur, préférant le tête-à-tête aux emmêlements col-
lectifs. Chacun savait du reste que ses innombrables pas-
sades comptaient peu : Oufkir était passionnément amoureux de Fatima, son épouse.

Fatima Chenaa est l'une de ces femmes à qui la photo-
graphie échoue à rendre justice. Maints clichés la
montrent superbe, élégante, l'œil tendre, le sourire rayon-
nant, mais ceux qui l'ont connue reposent les photos en
soupirant : elle était autre chose aussi, et bien davantage.
Un charme à la lettre irrésistible. Vivace comme une
source de montagne. Intelligente, drôle, un appétit insa-
tiable de la vie. Capable de terribles colères. Le contraire
d'une femme de harem.

Berbère Zemmour, fille du colonel Abdelkader Chenaa,
khalifa du pacha de Salé, près de Rabat, elle avait fait de
courtes études chez les religieuses de Meknès. Oufkir la
rencontra à l'occasion d'une réception à la résidence. Sa
beauté était sans rivale. Elle subjugua l'aide de camp, qui
n'eut de cesse de l'épouser. Le mariage fut célébré quelques semaines plus tard. Ils formaient un couple rare.
Oufkir, qui n'était pas exactement beau, en imposait par
sa prestance, son regard anthracite, le passé qu'on lui
connaissait, l'avenir qu'on lui prévoyait. Il fascinait par la
violence que chacun pressentait en lui. Fatima régnait par
le charme.

Trois enfants naquirent : Malika, adorée par Oufkir, était
le portrait de sa mère au physique comme au moral.
Myriam souffrait de crises d'épilepsie qui obligeaient à un
traitement permanent. Raouf ressemblait autant à son
père que Malika à sa mère. Plus tard viendra une autre
fille, Inan.

Après l'avènement de Hassan, la famille s'installa dans
une villa du Souissi, le quartier chic de Rabat, où le roi

conservait sa maison de prince héritier, qu'il aimait par-dessus tout. Rue des Princesses, on entrait dans la villa des Oufkir, ceinte de hauts murs blancs, par un portail de chêne clouté. L'allée bordée d'arbres menait aux garages abritant les Mercedes, Porsche et Maserati, puis à la villa elle-même, vaste construction rose ornée de ferronneries vertes. Comme toutes les demeures du quartier, elle comportait un salon européen, où s'entassaient des meubles de styles contrastés, et un salon marocain. De l'autre côté de la villa s'étendaient une vaste pelouse et un parc. Les dépendances entouraient la piscine. Un maître d'hôtel et une vingtaine de domestiques assuraient le service.

Oufkir trompait abondamment Fatima tout en considérant que ses infidélités, normales pour un homme, surtout marocain, n'affectaient en rien ses sentiments. Le problème naquit de ce que Fatima en usa de même avec lui, ce que peu d'hommes, surtout marocains, acceptent avec bonne humeur. Quoique peu exclusive, elle marquait une préférence pour les jeunes officiers. Un lieutenant, surpris par Oufkir, fut retrouvé roué de coups, inconscient, non loin de la villa. Un capitaine, père de deux enfants, reçut une mutation pour une garnison saharienne, dont il ne revint pas. Cela faisait événement. Mais l'ordinaire de la vie était tissé de fracassantes scènes de ménage, suivies de réconciliations attendries, de sorte que le couple Oufkir fournissait à la chronique mondaine de Rabat des chapitres qui, quoique mouvementés, parurent à la fin fastidieux.

Elle passa par le lit du roi, comme beaucoup d'autres. Mais elle y resta plus longtemps. Ce fut une vraie liaison, assez agitée elle aussi, puisqu'il semblait écrit que les amours de cette femme seraient toujours tumultueuses. Hassan II la couvrit de bijoux, puis se lassa, n'aimant pas plus qu'un autre se voir préférer de vigoureux sous-lieutenants.

Une fille naquit : Soukaïna. Tout Rabat murmurait qu'elle était l'enfant du roi.

Oufkir se languissait. Il buvait beaucoup, passait des nuits blanches à jouer au poker, arrivait au bureau les yeux rougis, accablait ses amis du récit toujours recommencé de ses infortunes conjugales. L'homme que tout le Maroc redoutait à juste titre, celui qui faisait lever sous ses pas une moisson de clichés zoologiques – profil d'aigle, œil d'épervier, loup maigre, chacal féroce, tigre royal, etc. –, cet homme s'était gagné auprès de ses collègues du gouvernement excédés le sobriquet de « cocu geignard ». Personne n'est simple.

Tous, le roi en tête, l'exhortaient à répudier Fatima. Il s'y résigna. On lui trouva une ravissante jeune femme, passée elle aussi par le lit du roi. Elle se prénommait Fatima. Il lui fit un enfant et l'enferma à la maison. Elle n'aspirait pas à en sortir. Tout était en ordre.

Mais il aimait Fatima – l'autre. Et elle l'aimait aussi. Les parties de poker furent bientôt organisées au nouveau domicile de la répudiée. Oufkir lui avait acheté une villa à l'Agdal, rue du Béarn, près de l'avenue de France. Tels deux combattants épuisés qui décident de mettre bas les armes faute d'avoir pu s'entretuer, ils reconnurent que, puisqu'ils ne pouvaient vivre séparés, il ne leur restait qu'à s'accepter tels qu'ils étaient. Ils se remarièrent.

Oufkir répudia sa petite seconde femme, qui, son enfant sous le bras, se réfugia au palais. Et Fatima réintégra la villa du Souissi.

Un garçon naquit, Abdellatif. Tout Rabat l'appela « l'enfant de la réconciliation ».

Une seconde vie conjugale commença, plus apaisée. Fatima ouvrit un magasin de mode à Rabat en association avec la sœur du roi, Lalla Aïcha. Les affaires marchaient bien. Elles marchaient d'autant mieux qu'on disait que la boutique bénéficiait d'une exonération des taxes d'importation.

En 1972, Malika avait dix-huit ans, et, aussi belle que sa mère, entamait un parcours qui promettait d'être aussi tumultueux. Admise au collège royal, dans l'enceinte du palais, où les enfants de la famille royale faisaient leurs études en compagnie de quelques élus triés sur le volet, elle l'avait quitté pour préparer son baccalauréat au lycée Lalla

Aïcha. La vivacité de son caractère fit problème avec les professeurs. Elle n'était guère populaire depuis le jour où ses compagnes en grève jetant des pierres sur sa Mercedes, elle avait appelé la police pour les faire arrêter. On la trouvait hautaine et capricieuse, mais il n'était sans doute pas facile d'être la fille du général Oufkir, toujours présenté comme l'homme le plus puissant du Maroc après le roi (pour certains, avant), et de rester indemne. Elle menait la vie facile de la jeunesse dorée de Rabat. Dès son adolescence, elle avait obtenu de s'installer dans une dépendance à l'écart, de l'autre côté de la piscine. Elle y recevait sa bande, dont les fleurons étaient Larbi Benjelloun, fils d'un richissime banquier de Casablanca, et Houzzein Aherdane, fils du leader du Mouvement populaire, plusieurs fois ministre. Elle avait une liaison avec Driss Bahanani, fils du ministre de la Défense tué à Skhirat. Oufkir, qui adorait son aînée, s'était résigné à fermer les yeux. Il avait l'entraînement.

La malheureuse Myriam, quinze ans, souffrait toujours d'épilepsie. Raouf avait seize ans et ressemblait de plus en plus à son père. Son compagnon de jeux préféré était Farid Mimoun, le fils d'un voisin. Puis venaient Inan et Soukaïna – Soussou pour la famille –, huit et neuf ans. Abdellatif, « l'enfant de la réconciliation », allait sur ses trois ans.

Pour les vacances, la famille avait le choix entre la grande maison de Marrakech, le domaine de Cabo Negro, sur la Méditerranée, la résidence de Marbella, en Espagne, ou encore le confortable pied-à-terre acquis à Londres. A la modicité de cette liste de propriétés, les hommes avertis du royaume reconnaissaient l'intégrité d'Oufkir. Tout est affaire de proportion.

Depuis Skhirat et la relative disgrâce de son mari, Fatima clamait sa haine de Hassan.

*

Ce 16 août 1972, le roi est heureux. Il rentre au Maroc après un séjour de trois semaines dans son château de Betz, près de Senlis. Il a goûté le temps maussade, bien préférable

à la canicule africaine, et s'est adonné à son occupation pré-
férée : le golf. Son premier voyage en France depuis l'affaire
Ben Barka. La page est décidément tournée.

Le 10 juillet, il avait tenu à célébrer son quarante-
troisième anniversaire à Skhirat, sur les lieux mêmes de la
tuerie, sans rien changer, comme par défi, aux fastes de la
journée : buffets somptueux, alcools, orchestres et frivolités.
Les rescapés de l'année précédente avaient reçu, tels des
anciens combattants, une médaille commémorative.

L'organisation du voyage en France témoignait cependant
de la prudence royale : Hassan II et ses proches avaient pris
le train jusqu'à Tanger, s'étaient embarqués pour Marseille,
d'où un avion les avait menés à Paris. Ainsi le voyage par air,
toujours vulnérable, se limitait-il au survol de la France,
hors d'atteinte d'éventuels comploteurs.

Au moment des adieux à Tanger, l'émotivité d'Oufkir
avait frappé les témoins. En se penchant, comme tous les
membres du gouvernement, pour baiser la main du roi, dessus dessous, il avait éclaté en sanglots. Le roi en avait-il été
touché ? On l'avait entendu s'inquiéter, avant le retour, d'un
cadeau susceptible de plaire à son ministre de la Défense.

Le voyage Paris-Rabat s'effectue en avion, avec escale à
Barcelone pour un déjeuner avec Gregorio Lopez Bravo,
ministre espagnol des Affaires étrangères. Le commandant
de bord du Boeing 727, pilote de Royal Air Maroc, est
Mohammed Kabbaj. Capitaine de l'armée de l'air, grand ami
de Mehdi ben Barka, il a choisi de démissionner après son
enlèvement. Il était noté à l'armée comme un élément
« brillant mais contestataire ». C'est un homme de taille
moyenne, presque chauve, moustachu, le menton serti
d'une courte barbe.

Pendant l'escale à Barcelone, le centre de contrôle régional de Casablanca avait appelé Kabbaj à plusieurs reprises
pour savoir à quelle heure exactement son appareil survole-
rait Tanger. Le pilote pouvait difficilement l'indiquer
puisque le départ restait soumis à la décision de son royal
passager. Peu après le décollage, Kabbaj demanda d'ailleurs
à la tour de contrôle de Rabat-Salé l'autorisation de passer à
la verticale de Tetouan, et non de Tanger, ce qui lui fut
accordé.

Le Boeing survolait précisément Tetouan lorsque six F-5 marocains apparurent dans le ciel. Aucune escorte n'était prévue. Kabbaj fit prévenir Hassan II, installé dans le salon royal. Hassan, assis devant un bureau, répondit : « Ce doit être l'initiative de quelqu'un. Laissez... »

Kabbaj interroge cependant la tour de contrôle de Rabat-Salé, et cet appel, comme les suivants, sera enregistré sur bande magnétique : « Quatre avions d'escorte [en fait, ils étaient six] entourent l'appareil. L'escorte n'était pas prévue. Pourquoi était-elle là ? » Pour toute réponse, l'un des chasseurs ouvre le feu. Kabbaj crie : « On nous tire dessus ! Nous allons crasher ! »

Mitraillé par trois chasseurs, le Boeing subit en quelques secondes des dégâts considérables : deux réacteurs sur trois hors d'usage, circuits hydrauliques touchés, tuyères d'échappement transpercées.

Il volait à trois mille mètres d'altitude et à une vitesse de neuf cents kilomètres-heure. L'arrêt de deux réacteurs le fait plonger de plus de mille mètres avant que Kabbaj, aidé du copilote, ne parvienne à le stabiliser. Le commandant de bord a ouvert ses volets d'intrados pour se préparer à un atterrissage de détresse. La vitesse tombe à deux cent cinquante kilomètres-heure. Des vibrations effrayantes secouent l'appareil. Tous les passagers sont persuadés qu'il va exploser d'une seconde à l'autre. La carlingue, percée de balles, est envahie par une fumée épaisse venant de l'arrière. Sasia, le seul étranger diplômé de l'Académie du FBI, touché à l'épaule, ruisselle de sang. Un autre garde du corps a été tué et un secrétaire particulier est grièvement blessé. Le photographe du roi, Linh, originaire du Vietnam, sévèrement malmené par les cadets l'année précédente, prend cliché sur cliché. Le prince Moulay Abdallah, lui aussi de tous les coups durs, s'accroche à son siège. Il y a encore Moulay Ali, cousin du roi, le colonel Dlimi, chef des aides de camp du palais, Moulay Ahmed Alaoui, directeur des deux journaux officieux du Maroc, et plusieurs intimes du roi.

Comme à Skhirat, Hassan II fut extraordinaire de sang-froid, de maîtrise de soi et d'intelligence.

Dès la première rafale, il a jailli de son fauteuil et s'est précipité dans le cockpit. Le ballet des F-5 ne lui laisse aucune illusion. A moins d'un miracle, c'est la fin. L'idée de génie vint de Kabbaj. Avisant le mécanicien, Jouhari, il lui dit : « On va les bluffer. Annonce à la radio que je suis tué, que le copilote est tué, que le roi est mort... » – « Blessé grièvement », rectifie aussitôt Hassan. Le mécanicien s'exécute, et enchaîne : « J'essaie de tenir l'avion, pensez à ma femme et à mes enfants... »

Le roi mort, c'était le pouvoir vacant. Le roi blessé restait le roi. Mais à bord de son Boeing battant de l'aile, avec un simple mécanicien aux commandes, il le resterait vraisemblablement peu de temps.

Les F-5 disparaissent.

Kabbaj, cramponné aux commandes, répète sans cesse : « Majesté, Majesté, jamais je n'arriverai à atteindre Rabat... Jamais je n'arriverai à poser mon appareil... » Hassan, les mains posées sur ses épaules, répondait : « Tu es avec moi, tu es avec ton roi, ne crains rien... »

Le Boeing plonge vers la piste de Rabat-Salé, toute proche de celle de Kenitra, d'où se sont envolés les F-5. Kabbaj réussit à poser l'avion, même s'il ne peut éviter une sortie de piste à cause d'une roue coincée. Les hôtesses de l'air, dont le calme avait été exemplaire, déploient le toboggan et activent le mouvement : on craint une explosion. L'un après l'autre, les passagers se laissent glisser au sol.

*

L'armée de l'air marocaine possédait en tout et pour tout trente-huit avions de combat, dont quatorze Northrop F-5 américains, la prunelle de ses yeux. Les pilotes avaient obtenu leur brevet à Tours, s'étaient perfectionnés à Salonde-Provence et avaient fait un stage au Texas.

Pour un pilote de F-5, chasseur supersonique doté de la technologie de pointe du combat aérien, rater un Boeing 727 équivaut pour un tireur d'élite à manquer une vache dans une cour de récréation.

Sur les six appareils qui avaient décollé de Kenitra, trois

seulement avaient leurs mitrailleuses approvisionnées. Trois cents balles par avion. Ni roquettes ni obus de 37 mm : leur pose nécessitait l'intervention de spécialistes qu'il eût fallu mettre dans la confidence. Les balles elles-mêmes étaient inertes, non explosives. On dira ensuite que le commandant Kouera, chef d'escadrille, s'était trompé de caisses. Mais une balle inerte bien placée peut causer d'irrémédiables dégâts.

Les avions armés sont ceux du commandant Kouera, du lieutenant Ziad et du lieutenant Boukhalef. Le premier est dans le complot depuis trois semaines; le deuxième n'a été mis au fait que quelques minutes avant le décollage; le troisième fut informé en cours de vol du caractère un peu particulier de la mission.

Le lieutenant Ziad ouvre le feu le premier. Attaquant par le flanc gauche, sa rafale met deux réacteurs sur trois hors d'usage, transperce cinq fois la carlingue et endommage l'aile gauche. Le commandant Kouera prend le relais. Attaquant de face, sous le Boeing, ses balles touchent les tuyères d'échappement, mises à découvert par l'ouverture des volets d'intrados. Puis les mitrailleuses de Kouera s'enrayent. Le lieutenant Boukhalef ne touche aucun organe essentiel, mais les circuits hydrauliques sont détériorés et les volets répondent mal.

Hassan II dira plus tard que les ordinateurs, nourris des données intégrant les dommages subis par l'appareil, rendirent un verdict sans appel : « L'avion avait une chance sur un milliard de s'en sortir. » Les experts qui inspectèrent l'appareil conclurent que seule une chance très exceptionnelle avait évité l'explosion en vol.

Le commandant Kouera, ses mitrailleuses enrayées, largua son réservoir d'essence supplémentaire sur le Boeing pour le déséquilibrer. Les deux avions étaient à la hauteur de Larache. Il manqua sa cible. Il s'adressa alors par radio à ses hommes et leur dit : « Je me sacrifie pour la patrie. » Fonçant sur le Boeing, il s'efforça de lui arracher son gouvernail mais ne réussit qu'à endommager son propre appareil. A la dérive, il actionna son siège éjectable au nord de Kenitra. Un peu plus tard, le lieutenant Boukhalef largua également son réservoir supplémentaire sur le Boeing, sans plus de succès.

Un choc frontal, à la kamikaze, eût tout terminé. Mais le « dur désir de durer » habitait El Wafi Kouera comme la plupart des mortels, et le commandant, plutôt que de finir en beauté dans le ciel marocain, choisit le long chemin menant à la torture et à une mort inéluctable.

*

Hassan monte dans une Mercedes et rejoint le salon d'honneur, à près de deux kilomètres de l'épave du Boeing. Il passe les troupes en revue. Les photos le montrent échevelé, marchant d'un pas rapide. Un peu en retrait, le colonel Dlimi a la main dans sa poche gonflée par un revolver. Les gardes du corps veillent tous azimuts. A l'entrée du salon d'honneur, un homme se précipite : le colonel Hassan Lyoussi, chef de l'armée de l'air. Dlimi sort son arme pour l'abattre. Le roi retient son bras. On lui annonce qu'un F-5 s'est écrasé au sol et que le pilote a sauté en parachute. Il se tourne vers un officier : « Saute dans un hélicoptère et ramène-moi ce traître. Tu m'en réponds sur ta vie. » Puis il entre dans le salon d'honneur, où il embrasse ses enfants avant de recevoir les compliments des ministres et des membres du corps diplomatique. Comme on évoque sa prodigieuse baraka, il éclate de rire : « C'est vrai, je suis vivant, voilà qui va décourager les comploteurs. »

Oufkir n'était pas là. Il avait quitté le salon d'honneur quelques minutes avant l'atterrissage du Boeing pour se rendre à la tour de contrôle en compagnie du colonel Hassan Lyoussi. Voyant le Boeing entamer tant bien que mal sa procédure d'atterrissage, Lyoussi s'exclame : « Voilà l'avion du roi ! » Blême, Oufkir répond : « Ce n'est pas possible. C'est un autre. – Mais non, aucun autre avion n'est annoncé. C'est bien lui. On y va ? – Vas-y si tu veux. »

Le roi et sa suite sont depuis une demi-heure dans le salon d'honneur quand trois F-5 survolent l'aéroport en rase-mottes. C'est le vol de reconnaissance Pink, dépêché par le lieutenant-colonel Amokrane, adjoint du colonel Lyoussi, premier affidé du complot, qui, depuis le début de l'après-midi, coordonne à partir de la tour de contrôle de Kenitra les attaques contre le roi. Il est 17 h 48.

Le roi, accompagné de son frère et de ses gardes du corps, file vers une petite pinède à proximité des bâtiments. Il a recommandé aux diplomates de sortir un par un pour regagner Rabat. Il est évident que le cortège officiel prévu par le protocole offrirait une cible de choix aux avions. On fait pourtant démarrer les chauffeurs au volant de leurs voitures vides : ils serviront de leurre.

A peine le roi et sa suite ont-ils quitté le salon d'honneur que deux F-5 passent dans un bruit de tonnerre et ouvrent le feu. Aux commandes, les lieutenants Ziad et Boukhalef, qui, après l'attaque manquée contre le Boeing, sont retournés se réapprovisionner en munitions à Kenitra. L'opération porte le nom de code Red Flight. Huit morts et une cinquantaine de blessés, dont plusieurs ministres.

Le roi est indemne. Il prend lui-même le volant d'une voiture et part pour une destination inconnue.

Le lieutenant-colonel Amokrane déclenche alors l'opération Red Lightning : six F-5 foncent sur le palais royal de Rabat, le mitraillent et le bombardent. Il y aura encore des morts et des blessés. Mais le roi n'est pas au palais.

Amokrane saute dans un hélicoptère en compagnie du lieutenant El-Midaoui, son complice, et ordonne à l'équipage de mettre le cap sur Gibraltar. Il n'existe pas de traité d'extradition entre la Grande-Bretagne et le Maroc.

Le soir même, la base de Kenitra était investie et soumise.

*

L'annonce de l'attentat stupéfia le monde. Quoique moins meurtrier que le bain de sang de Skhirat, et bien qu'il ne mît en cause, apparemment, qu'une poignée de jeunes pilotes, il fut ressenti comme un ébranlement beaucoup plus grave. La répétition d'un coup d'État à un an de distance témoignait de la détermination d'une partie au moins de l'armée. Cette fois, la volonté de liquider physiquement le roi paraissait évidente, même si d'aucuns prétendraient par la suite que Kouera et ses hommes voulaient simplement l'obliger à atterrir à Kenitra, où une abdication lui aurait été extorquée. La chance invincible qui s'attachait à Hassan frappait enfin les imaginations. Si trois pilotes aux commandes d'avions de chasse ultramodernes avaient échoué à descendre un Boeing 727, qui pourrait avoir raison de ce roi entêté à vivre?

Les coups de théâtre se succédèrent à cadence rapide.

Le 17 août à l'aube, une dépêche de l'agence officielle Maghreb Arab Press annonçait que le général Oufkir s'était suicidé au cours de la nuit. Les journaux paraissant ce matin-là dans le monde imprimaient qu'il dirigeait d'une main ferme les opérations de répression de la mutinerie. Dans la journée, les commentateurs expliquèrent que le féal Oufkir, chargé par son roi de reprendre l'armée en main, n'avait pu survivre à l'humiliation d'un attentat qui signait son échec.

Le 18 août, on apprenait que le gouvernement de M. Heath s'était déshonoré en livrant dans la nuit aux autorités marocaines le lieutenant-colonel Amokrane et le lieutenant El-Midaoui, qui avaient demandé l'asile politique. La seule explication fournie était que « leur présence à Gibraltar paraissait contraire à l'intérêt public ». Londres redoutait, en cas de refus, le rappel des trois mille Marocains travaillant sur le rocher et l'interruption du ravitaillement de la base, que l'Espagne maintenait sous son blocus. Le geste de M. Heath, contraire à toutes les traditions britanniques, déchaîna une tempête politique à Londres.

Le même jour, le ministre de l'Intérieur, Mohammed Benhima, annonce au cours d'une conférence de presse à Rabat que le suicide d'Oufkir est un « suicide de trahison ».

Le comportement étrange du ministre de la Défense dans l'après-midi du 16 août en avait étonné plus d'un. Il quitte le salon d'honneur juste avant l'atterrissage du Boeing et y retourne après le passage meurtrier des F-5. « Où est le roi? » demande-t-il. On lui répond qu'il est parti. Il arrive « les yeux vitreux, en sueur », au camp de Moulay Ismaïl, où sont stationnés les blindés. Hassan II lui téléphone. On

entend Oufkir répondre : « Je vais aller le tuer à Kenitra. »
Mais il rejoint le siège de l'état-major, à Rabat, où
Ahmed Alaoui, rescapé du Boeing, l'entend dire au général
Ben Amar, qui s'est porté volontaire pour reprendre Kenitra : « Prends les blindés. Tu vas boucler la base et l'occuper
de force. Et fais en sorte qu'aucun de ces fils de bâtards de
pilotes qui ont pris l'air ne reste vivant. » Vers 10 heures du
soir, rentré chez lui, il téléphone à sa femme, en vacances à
Cabo Negro avec les enfants : « Tout va bien. Je suis sain et
sauf. Je me repose. Il ne faut pas t'inquiéter. L'alerte a été
chaude mais tout est rentré dans l'ordre. » Puis il quitte le
Souissi après avoir dit à une domestique : « Tu me réveilles
demain matin à 6 heures. » Il prend la route de Skhirat dans
sa BMW personnelle, suivi de sa Mercedes de fonction dans
laquelle se trouve son garde du corps. Selon Jean-
Pierre Joulin, du *Nouvel Observateur*, dont l'enquête apparaît très minutieuse, Oufkir, arrivé à Skhirat, renvoie à
Rabat le chauffeur dans la BMW. Le chauffeur militaire et le
garde du corps l'attendent dans la Mercedes. Il ne revient
pas. Les deux hommes commencent à s'impatienter lorsque
des parachutistes viennent leur dire qu'ils peuvent rentrer à
Rabat : le général Oufkir a quitté le palais par une porte
dérobée.

Le ministre de l'Intérieur, dans sa conférence de presse
prolixe, mais imprécise, devait donner la version officielle
du dernier acte. Selon lui, le lieutenant-colonel Amokrane
avait déclaré en atterrissant à Gibraltar : « Mes camarades et
moi-même avons obéi à un ordre venant d'un grand général
dont le nom commence par la lettre " O ". » La devinette
n'était pas insoluble. « A partir de ce moment, dit le
ministre de l'Intérieur, ma naïveté s'est dissipée et je
commençai à croire à la complicité d'Oufkir. » Il lui avait
annoncé quelques heures plus tôt l'arrestation du commandant Kouera et avait été surpris du peu d'enthousiasme
manifesté par son collègue de la Défense.

Le roi, qui n'avait pas vu « le plus loyal » de ses serviteurs
de tout l'après-midi, le convoque en fin de soirée à Skhirat,
où il s'est retranché sous la protection des parachutistes.
D'après le ministre de l'Intérieur, Oufkir arrive vers

23 heures. Il est reçu dans un salon par le général Moulay Hafid Alaoui, oncle du roi, ancien de la division Leclerc, ministre de la Maison royale, et par le colonel Dlimi, tous deux passagers du Boeing. Oufkir demande si le roi a vu ou non Kouera. Les deux autres restent silencieux. « Le général Oufkir a tiré les conclusions de sa conduite », déclare le ministre. « " Je sais ce qui m'attend ", a-t-il dit. Il a sorti son revolver. Les deux témoins ont essayé de l'en empêcher. Il s'est tiré trois balles : une au mamelon, une autre je ne sais où, et la troisième a été fatale. »

Mais beaucoup de monde avait vu la dépouille mortelle d'Oufkir, ramenée chez lui sur un brancard le 17 au matin. Une balle l'avait frappé en pleine poitrine. Une autre l'avait touché aux reins. La troisième s'était logée dans son bras droit. La quatrième (le coup de grâce?), entrée par la nuque, était ressortie par l'œil gauche, brisant un verre de lunette. Réputé peu maladroit avec les armes, Oufkir avait, selon la version du ministre de l'Intérieur, réussi un suicide de contorsionniste.

*

A son tour, le roi parla.

Le 19 août, s'adressant aux chefs militaires réunis à Skhirat en présence de son frère et du gouvernement, il accusa Oufkir d'avoir voulu « accomplir un crime parfait ». Les interrogatoires des aviateurs avaient révélé que l'attaque du Boeing était programmée au-dessus de la mer. L'avion englouti, la thèse d'un accident, voire d'un engin explosif placé à Paris ou à Barcelone, aurait prévalu. Seule l'avance prise par Kabbaj sur son horaire avait déjoué le plan. Mais même si l'avion s'était écrasé au sol, qu'aurait eu à craindre Oufkir d'une enquête dirigée par lui? Maître du Maroc, il aurait fait introniser le prince héritier – dix ans –, se serait investi chef du conseil de régence et aurait gouverné à sa guise. Hassan II annonça en termes sévères sa décision de supprimer les postes de ministres de la Défense, de major général et de major général adjoint. Il s'occuperait lui-même de l'armée, à laquelle il consacrerait désormais quatre heures par jour.

Le lendemain, jour anniversaire de la déposition de son père, il exhorta son « cher peuple » à l'union et lança un appel à « toutes les forces vives de la nation ». Mais, tombant des lèvres d'un homme qui exerçait pratiquement le droit de vie et de mort, sa péroraison fut sinistre. Dieu, dit-il, l'avait « placé sur le trône pour sauvegarder la monarchie ». Il rappela que, « pour cette sauvegarde, le rite malékite prévoit qu'il ne faut pas hésiter, le cas échéant, à faire périr le tiers de la population habité par des idées néfastes, pour préserver les deux tiers de la population saine ».

La plus mémorable intervention royale eut lieu à l'occasion de la conférence de presse donnée le 21 août devant cent cinquante journalistes étrangers. Hassan II, comme d'habitude, se fit attendre, mais cette fois l'attente dura deux heures. Les gorilles, très nombreux, manifestaient une nervosité communicative. Le roi apparut crispé et agressif. *Le Figaro*, comme l'ensemble de la presse, le trouva « mauvais » et jugea « choquant » son recours systématique à l'argot. Agacé par la question d'un journaliste, il répliqua vivement : « Je n'ai pas l'habitude de subir des interrogatoires. » Et il eut ce mot singulier dans une bouche royale : « Mon casier judiciaire est d'ailleurs vierge. » Il avait commencé par faire la leçon à la presse et s'en prit avec aigreur à certains journalistes, dont Jean Lacouture, accusé d'être, comme Oufkir, « un produit de la résidence ». Car Hassan II découvrait soudain qu'Oufkir avait été un serviteur dévoué du colonialisme français et estimait que sa félonie avait là sa racine. Il lui avait fallu dix-sept ans pour s'en apercevoir.

On doit reconnaître que l'épreuve était rude. Devant l'opinion publique mondiale représentée par les journalistes venus des cinq continents, le roi devait accabler l'homme qui était son complice avant même son accession au trône, le reître qui avait avec lui flambé au napalm les villages du Rif, le compagnon de ses plaisirs, le confident de ses pensées, l'exécuteur de ses hautes et basses œuvres, le tortionnaire habile à extraire les faux aveux nécessaires aux faux complots, le massacreur de Casablanca et autres lieux, celui qui l'appelait le patron jusque dans les sous-sols de Dar el-

Mokri, et dont lui-même avait dit et répété qu'il était le plus dévoué de ses serviteurs. « Homme de coups de main », disait à présent Hassan. Mais Oufkir lui avait donné plus d'un coup de main. Était-il si étrange que pour évoquer ce long cheminement commun, le crime épaulant la majesté, le roi recourût tout naturellement à un langage de mafioso ?

De même respecterait-il l'*omerta*, la loi du silence, lorsqu'il évoquerait le lendemain, dans une interview à l'AFP, l'affaire Ben Barka : « Quant à dire qu'Oufkir a été l'instigateur, l'exécutant de la disparition de Ben Barka, je peux vous assurer que, jusqu'à présent, je n'ai pas eu la moindre preuve, de la part d'Oufkir, ni la moindre allusion, ni le moindre aveu, pouvant me laisser penser qu'il avait participé, de près ou de loin, à tout cela. » Mais le roi ne taisait plus l'exaspération où l'avait mis la nécessité de couvrir, à l'époque, son ministre de l'Intérieur, au prix d'une brouille avec la France et du mépris humiliant du général de Gaulle. Nul doute que la première faille entre les deux hommes s'était alors ouverte et que Hassan n'avait pas pardonné à Oufkir sa compromettante maladresse. Quant à Ben Barka, il eut droit à cette royale oraison funèbre : « Je vous le dis le plus franchement, le plus cyniquement possible : je ne regrette pas la disparition de Ben Barka. C'était un agitateur notoire à l'échelon international. » Et Hassan II eut ce mot curieux, probablement destiné à édifier les populations françaises : « Si Ben Barka n'avait pas disparu, vous l'auriez trouvé aux côtés de Cohn-Bendit en mai 1968. »

Un passage de la conférence de presse devait rester inoubliable pour tous ses auditeurs, car il est rare qu'un homme, roi ou manant, révèle en un instant la bassesse et la vulgarité de son âme. Il s'agissait du lieutenant-colonel Amokrane, livré par les Anglais et conduit garrotté à Skhirat. La voix grasseyante, l'œil allumé par un plaisir rétrospectif, le roi raconta en souriant comment il avait accueilli le prisonnier, qu'on savait atteint d'une maladie incurable des reins : « Alors, mon vieux, même si tu ne meurs pas devant le peloton d'exécution, tu sais que tu es condamné ? En principe, tu en as pour un an, un an et demi. Ça devrait t'épargner des regrets. » Jean Lacouture, dont le jugement sur Oufkir était fort sévère, citait Lyautey – « Il est plus facile, au Maroc, de rencontrer un assassin qu'un mufle » – et concluait : « Oufkir n'était pas un mufle. » Hassan cumule.

Ses doutes sur la loyauté de son ministre de la Défense remontaient au procès des cadets de Skhirat. A l'époque, l'opinion avait cru que le roi, usant de la clémence d'Auguste, avait souhaité un verdict d'apaisement. C'était le contraire. Devant les journalistes, ahuris par le coup de projecteur jeté sur le fonctionnement très spécifique de la justice marocaine, le roi révéla : « Mes instructions ont été données devant tous les officiers présents, devant tous les chefs d'unité [composant le tribunal militaire], instructions qui sont consignées au procès-verbal... Dans la mesure où quelqu'un a été soupçonné [*sic*] d'avoir tué de sang-froid un civil, condamnez-le au maximum ! Quant à moi, laissez-moi user de mon droit de grâce. Je verrai par la suite. » Il avait appris le verdict à 4 heures du matin et s'était senti « obligé de couvrir ». Il annonça que, depuis la veille, 20 août, tous les officiers supérieurs composant le tribunal avaient été mis à la retraite d'office.

La conférence de presse n'apporta guère de lumière nouvelle sur les zones d'ombre de l'affaire. Le roi révéla cependant qu'en découvrant les F-5 dans le ciel de Tetouan il avait eu la certitude qu'Oufkir était dans le coup. Il s'était souvenu d'une tournée faite au printemps à Agadir en compagnie de son ministre de la Défense. Oufkir lui avait dit : « Khadafi va se rendre en Mauritanie. Si j'arrivais à connaître son plan de vol, que penseriez-vous de lui envoyer un F-5 pour lui rentrer dedans en plein désert ? » – Je lui ai répondu, dit le roi aux journalistes : « Tu es fou... C'est impensable... Il y aurait une enquête... On retrouverait des traces de balles, de roquettes... Alors, tu t'imagines le scandale international que cela ferait. » Ayant ainsi évoqué, dans une conversation ordinaire avec son homme de confiance, les inconvénients techniques de l'opération, Hassan II poursuivit : « Ce ne sont pas des mœurs de chef d'État, ce ne sont pas des mœurs dans la tradition marocaine. Oufkir, je t'interdis formellement cette histoire. »

Il faut dire que la radio libyenne, depuis des années,

exhortait furieusement le peuple marocain à se soulever, vomissait des flots d'insultes sur le roi, et que le colonel Khadafi n'eût sans doute pas trouvé mauvaise l'idée d'envoyer un Mig contre l'avion de Hassan – à condition, bien sûr, que le problème des traces de balles et de roquettes fût résolu.

Une ambiguïté demeurait. Pour Hassan II comme pour son ministre de l'Intérieur, la certitude de la culpabilité d'Oufkir était venue des aveux passés devant le roi par le commandant Kouera. Or Oufkir était mort vers minuit alors que, toujours selon le roi, Kouera ne lui avait été présenté qu'à 2 heures du matin. Mais le suicide restait la version officielle. Tel un suspect aux abois, le roi offrit même de montrer à qui voudrait les impacts de balles dans le plafond, preuves que l'honnête Dlimi et le secourable Moulay Hafid Alaoui s'étaient précipités sur le désespéré pour l'empêcher de mettre à exécution son funeste dessein.

« Un drame shakespearien », concluait sobrement le roi.

*

Fatima et ses enfants étaient rentrés précipitamment de Cabo Negro dans la nuit du 16. Lorsque l'ambulance débarqua, au matin du 17, le cadavre de leur mari et père, le quartier du Souissi retentit de gémissements, de cris, d'imprécations. Fatima, hors d'elle, montra aux visiteurs la chemise de son mari, qu'une balle avait déchiquetée dans le dos à la hauteur des reins. Malika, la fille aînée, qui vouait une admiration sans bornes à son père, hurlait au mépris de toute prudence : « C'est le roi ! C'est le nègre ! » Comme la femme de Dlimi se présentait pour une visite de condoléances qu'on pouvait trouver superflue, elle lui sauta au visage et la griffa en criant : « Pas toi, putain ! » Elle renvoya brutalement un chambellan venu – singulière attention – apporter quelque nourriture offerte par Hassan : « Rappelle à ton roi qu'il n'y a pas si longtemps il crevait de peur en nous demandant quelque chose ! » Oufkir mort, sa femme et sa fille se comportaient comme s'il continuait d'étendre sur elles sa puissante protection.

Le 17 au soir, un fourgon vint chercher le cercueil. Fatima et ses filles, entourées de quelques rares et courageux fidèles, se lacérèrent le visage en hurlant de douleur; les hommes frappaient le fourgon. Le cercueil fut chargé dans un avion qui mit le cap sur le sud. Seul Raouf, le fils aîné, accompagnait la dépouille de son père. Selon la tradition islamique, les femmes ne participent pas aux cérémonies funèbres.

Les obsèques eurent lieu le lendemain au cimetière de Taouz, où était déjà inhumé le père d'Oufkir. La piste de terre ne va pas plus loin : au-delà commence le Sahara. Cent cinquante personnes à peu près assistaient à la brève cérémonie. Conformément aux ordres du palais, aucune prière ne fut dite sur la tombe : il fallait respecter la loi coranique interdisant toute prière pour un suicidé. Mais le recteur de la mosquée de Paris publia un communiqué relevant que l'argument était contraire à l'enseignement de l'islam : « Il est dit en effet dans les textes : on doit prier sur la dépouille de celui qui s'est donné la mort. »

Le mausolée de la famille Oufkir, orienté vers La Mecque, est fait de pierres sèches empilées, et recouvert de tuiles vertes, couleur de l'islam.

Un paysan de Taouz, interrogé par l'AFP sur la réaction de la population locale (deux cents personnes), répondit avec prudence : « Les gens, dans l'ensemble, estiment que ce qu'a fait le général n'est pas bien. Le roi, c'est le roi. Il ne faut pas y toucher. Mais en même temps, ils ont eu du chagrin, parce que le général, voyez-vous, tout le monde l'aimait bien ici. »

A Plouzern, dans le Finistère, un couple de Français, resté anonyme, demanda au curé de célébrer une messe à la mémoire du général Oufkir. Un ancien camarade de combat et sa femme, probablement. L'office eut lieu le 18 septembre.

Le 18 août au matin, un cordon de sentinelles isola la villa du Souissi; un tank fut même posté à proximité. Tous les domestiques furent chassés. Le téléphone fut coupé. Avec Fatima et ses six enfants, les seuls occupants étaient une

cousine restée fidèle, Achoura, et la jeune anglaise
Anna Brown. Miss Brown avait été recrutée comme nurse
par les Oufkir lors d'un séjour qu'ils faisaient à Londres,
dans la maison qu'ils y avaient acquise, au 19, Hyde Park
Street. Elle promenait les plus jeunes enfants et leur apprenait l'anglais. Séduite par la famille, elle avait accepté de la
suivre au Maroc. L'ambassade de Grande-Bretagne à Rabat,
alertée sur sa séquestration, s'efforça vainement de lui venir
en aide.

Le 23 août, interviewé par Jean Mauriac pour l'AFP,
Hassan II lui déclarait : « C'est sa femme, vous savez, qui
fut à la base du malheur d'Oufkir. » Il incrimina un certain Baâzat « qui était parvenu à mettre Oufkir sous sa
coupe, et particulièrement sa femme ». Ce Baâzat, haut
fonctionnaire du ministère de l'Intérieur, très proche
d'Oufkir depuis les années où il était à la tête de la Sûreté,
avait été mêlé en 1970 à une affaire de trafic d'influence
visant à déposséder un industriel français de son entreprise au profit de complices marocains. L'industriel, fort
de ses appuis au palais, réussit à faire échouer la tentative.
Baâzat dut démissionner, ainsi que le procureur général
de Casablanca et un ministre du cabinet royal. « Ce fonctionnaire, poursuivit le roi, mettait en coupe réglée, au
profit de Mme Oufkir et du sien, tous les domaines où
pouvaient s'exercer les fonctions du ministre de l'Intérieur. J'ai donné l'ordre à Oufkir de le renvoyer. Il le fit,
mais plus qu'à contrecœur. Il a considéré que l'affaire
était dirigée contre lui. Il avait l'impression de perdre la
face. Pourquoi ? Je ne saurais vous le dire. En réalité, il
faisait face, à cette époque, à des drames dans son foyer.
Skhirat a trouvé un homme mûr, démantibulé, intellec-
tuellement en pièces détachées. Il ne fallait plus qu'une
chiquenaude pour le faire basculer de l'autre côté. »

Le 23 décembre, au terme du deuil officiel, des fourgons
sans vitres se garèrent devant la villa du Souissi et embar-
quèrent Fatima, les six enfants – le dernier, Abdellatif,
avait trois ans – et la cousine Achoura, qui s'obstina à partager leur sort. Anna Brown fut remise en liberté et rega-
gna Londres.

Les fourgons partirent pour une destination inconnue.

Le colonel Chenaa, père de Fatima, reçut pendant quelque temps la visite régulière d'un mystérieux émissaire à qui il remettait les médicaments que requérait l'épilepsie de la petite Myriam. Un jour, l'émissaire lui fit dire que « ce n'était plus la peine ». Il en conclut que Myriam était morte mais ne posa pas de question. Aucun des parents, intimes, familiers, connaissances ou relations mondaines de la famille Oufkir – ils étaient des centaines – ne s'enquit jamais du sort des disparus. Aucun des fils de millionnaires ou de ministres qui fréquentaient assidûment la belle Malika ne demanda ce qu'elle était devenue.

Au Maroc de Hassan II, on ne pose pas de questions.

Sur ordre du roi, la villa du Souissi fut rasée.

XII

Les pelotons de Kenitra

Le procès des conjurés s'ouvrit le 17 octobre devant le tribunal permanent des Forces armées royales de Kenitra. Ils étaient deux cent vingt dans le box, officiers, sous-officiers et soldats, qui appartenaient tous à la base aérienne. La plupart s'étaient contentés d'exécuter des ordres qui n'avaient rien d'exorbitant : comment les hommes chargés d'interdire l'accès de la base auraient-ils pu deviner qu'il s'agissait de favoriser un complot contre le roi? Ce n'était évidemment pas le cas des pilotes qui avaient pris l'air. Le lieutenant-colonel Amokrane et le commandant Kouera tenaient la vedette. Kouera, qui s'était brisé la jambe en touchant le sol, semblait rétabli. Tous les accusés portaient l'uniforme bleu de l'armée de l'air. Les plaisanteries qu'ils échangeaient et leurs rires étonnèrent les observateurs étrangers, s'agissant d'une affaire aussi grave, mais le soulagement des accusés politiques fait partie du processus judiciaire marocain : l'ouverture du procès signifie la fin des séances de torture.

Les accusés, dont la moyenne d'âge n'atteignait pas trente-cinq ans, étaient assis face à une grande photo de Hassan II en tenue militaire d'apparat.

Les débats confirmèrent que Skhirat avait fait basculer Oufkir. Il avait pris contact avec Amokrane, alors commandant de la base de Kenitra, le 14 juillet 1971, le lendemain même des exécutions du camp Moulay Ismaïl. Hassan II voulait limoger le lieutenant-colonel, dont la loyauté lui paraissait douteuse. Oufkir obtint qu'il conservât son affec-

tation. Au mois de septembre, au cours d'un voyage privé à
Tanger, il confia à l'aviateur : « J'ai trouvé une armée
démantelée. Nous devons resserrer les rangs pour ne pas
nous laisser submerger par les politiciens. » Le
15 novembre, il dressa devant lui un dur réquisitoire contre
le palais : mœurs dépravées du roi, pourriture morale de sa
famille et de ses intimes, affairisme, corruption, trafics
d'influence...

Mohammed Amokrane ne pouvait rester insensible à ce
tableau. Originaire du Rif (on le soupçonnait d'avoir participé à la rébellion de 1958), il était l'aîné d'une famille de
sept enfants ; ses six frères étaient bergers. Une partie de sa
solde, chaque mois, servait à faire vivre les siens. Cet
homme austère, passionné par son métier, qui avait appris
six langues, assistait depuis des années à l'incroyable trafic
auquel se livraient les dignitaires du régime avec les Américains basés à Kenitra. Whisky, cigarettes, appareils ména-
gers, chaînes hi-fi et téléviseurs quittaient la base par
camions entiers, hors de tous droits de douane.

Le commandant Kouera, lui aussi originaire du Rif, et de
très petite extrace, se trouvait dans les mêmes dispositions
d'esprit.

A la fin du mois de novembre, Oufkir fit part à Amokrane
de sa décision de supprimer Hassan II. Amokrane entra
dans ses vues. Il fut convenu de saboter l'hélicoptère royal,
mais la maladie du lieutenant-colonel l'obligea à partir pour
Paris à la fin de l'année. Il fut soigné à l'hôpital Necker.
Selon l'accusation, il en avait profité pour rencontrer des
opposants en exil, dont l'inévitable fqih Basri.

Le 9 août, informé que le roi rentrerait par avion de ses
vacances en France, Oufkir chargea Amokrane d'organiser
l'attaque du Boeing. Le commandant Kouera fut recruté.
Les trois conjurés dînèrent, la veille du coup, chez Assia
Lazrak, épouse de l'ancien ministre des Finances compromis par les révélations du général Medbouh, arrêté après
Skhirat et en instance de jugement pour corruption. Assia
Lazrak, qui n'assistait pas au dîner, fut rapidement mise
hors de cause : elle s'efforçait depuis des semaines d'être
agréable à Oufkir pour qu'il intervienne en faveur de son

mari. Au cours du dîner, Oufkir affirma aux deux aviateurs qu'il avait le soutien de l'armée.

Deux ans plus tard, un témoignage inattendu allait compléter ceux d'Amokrane et de Kouera. Il émanait du lieutenant Ahmed Rami, ancien aide de camp d'Oufkir, réfugié politique en Suède. L'itinéraire de Rami était singulier : enseignant à Casablanca, militant de l'UNFP, il est arrêté et torturé à l'électricité après les émeutes de Casablanca. Il décide alors d'entrer dans l'armée, seule capable à ses yeux d'en finir avec le régime. Sa candidature est refusée pendant plus d'un an, puis acceptée sur intervention du général Medbouh, qu'il rencontre personnellement. Lors du coup de Skhirat, il commande une unité de blindés chargée de la protection du palais royal et lit dans sa chambre *Technique du coup d'État*, de Malaparte, quand l'officier de permanence, affolé, l'expédie à Skhirat avec ses dix-sept chars. Il est bien décidé à prêter main forte aux mutins mais arrive quand tout est terminé. Il rencontre Oufkir à cette occasion et semble le séduire, puisque le général, devenu ministre de la Défense, le convoque la semaine suivante dans sa villa du Souissi et lui propose de devenir son aide de camp. Pour Rami, Oufkir était l'assassin de l'homme qu'il avait le plus admiré au monde, son maître à penser, Mehdi ben Barka. Il accepte cependant de s'allier avec le diable pour parvenir à son but. Oufkir eut tôt fait de lui dévoiler ses dispositions d'esprit : dès le mois de septembre, il lui annonçait son intention de tuer le roi. Rami accepta avec enthousiasme de marcher avec l'homme qui, en 1965, l'avait fait torturer avec des centaines d'autres militants de l'UNFP.

Le récit de Rami, toujours engagé à l'heure où ces lignes sont écrites dans un combat à mort avec la monarchie, doit assurément être accueilli avec réserve. C'est un partisan qui s'exprime, non un témoin. D'après lui, Oufkir mit sur pied plusieurs tentatives d'attentat qui étonnent par leur caractère aventureux. Ainsi aurait-il songé à abattre Hassan II d'une rafale de mitraillette à l'occasion d'une réunion des chefs de corps présidée par lui, mais le roi se décommanda au dernier moment. Une autre tentative échoua pour la même raison. Oufkir invita alors Hassan II à inspecter la brigade légère de sécurité, puis le camp Moulay Ismaïl ; Hassan se récusa. Si l'on en croit Rami, la volonté homicide du ministre de la Défense ne connaissait ni trêve ni repos.

L'une de ses révélations confortait ce que tout Rabat évoquait à mi-voix : Oufkir était averti du complot des généraux. Le colonel Chelouati, l'un de ses fidèles (il avait commandé la brigade de sécurité créée par Oufkir), lui avait demandé de participer à l'affaire. Oufkir répondit : « Si vous réussissez, je marche avec vous. Échouez, et je vous tombe dessus. » Il ne savait ni l'heure ni le lieu, de sorte que Skhirat fut pour lui une surprise complète. Et puisque les comploteurs avaient échoué, il les avait, comme promis, écrasés. Chelouati, l'homme le plus déterminé du complot, ne l'avait pas livré, certain qu'il prendrait un jour ou l'autre le relais. A en croire Oufkir, Chelouati avait été longuement torturé par Dlimi. Hassan survint au milieu de la nuit et gifla à plusieurs reprises le prisonnier ligoté, un bandeau sur les yeux. « Quel est le lâche qui me frappe alors que je suis attaché ? » demanda Chelouati. Le roi ordonna qu'on lui enlève son bandeau. Chelouati lui cracha au visage. « Demain, promit Hassan, on crachera sur ton cadavre. »

Pour le 16 août, Rami avait enregistré sur bande magnétique un appel destiné à être diffusé sur les ondes. Il annonçait « la mort du tyran » et l'élection d'un conseil de la révolution. Après l'échec de l'attentat, Rami se rendit à la villa du Souissi, où il vit le cadavre de son chef, mais ne retrouva pas le porte-documents contenant l'enregistrement. Il fallait fuir, avec la police de Dlimi à ses trousses. Le lieutenant eut l'idée ingénieuse de gagner la mer et de longer les plages, vêtu en tout et pour tout d'un slip de bain. Qui songerait à demander ses papiers à un homme en slip de bain marchant d'un pas tranquille au bord de l'eau ? Il rejoignit ensuite la montagne, se fit berger pendant huit mois, et trouva finalement un bateau de pêche qui le fit passer en Espagne, d'où il se réfugia en Suède.

L'aide de camp et confident d'Oufkir ne proposait aucune réponse à la question que chacun se posait : pourquoi le général, son affaire manquée, avait-il commis la folie de se rendre à Skhirat pour une entrevue dont il pouvait difficilement espérer sortir vivant puisque le commandant Kouera était aux mains de Dlimi? Même s'il ne pouvait prévoir les déclarations d'Amokrane à Gibraltar, la seule capture de Kouera ne signifiait-elle pas qu'il était démasqué? Ou bien espérait-il que l'aviateur, tel Chelouati, garderait le silence? Mais les tortures infligées à Chelouati ne visaient pas à lui faire incriminer Oufkir, à l'époque insoupçonnable, tandis que Kouera serait forcément questionné par Dlimi sur le rôle du ministère de la Défense.

Une vérité possible filtra au fil des mois. Le rang de ceux qui la répandirent en fait davantage qu'une simple rumeur. Hassan II – cela est avéré – ne se rendit pas directement à Skhirat après sa fuite de l'aéroport mais se réfugia d'abord à l'ambassade du Liban. Son frère Moulay Abdallah aurait quant à lui trouvé refuge à l'ambassade de France. Réflexe normal de la part d'hommes qui, connaissant le savoir-faire d'Oufkir, pouvaient penser que l'attaque aérienne n'était que le premier épisode d'une action à double ou triple détente. La loyauté de l'armée restait-elle acquise au roi ou bien allait-elle désormais au ministre de la Défense? (Il est symptomatique que lorsque les premières rumeurs sur la participation d'Oufkir au complot commencèrent à circuler dans Rabat beaucoup refusèrent d'y croire au prétexte que, si le général avait été dans le coup, celui-ci aurait réussi...) Le soir, la situation dans le pays se révélant calme, et l'armée sous contrôle, le roi imagina avec Dlimi le piège où tomberait Oufkir. Dlimi téléphona au chef de la brigade légère de sécurité, dont l'attitude avait été pour le moins équivoque et qui avait beaucoup à se faire pardonner. Sur ses instructions, l'officier annonça à Oufkir que le roi, grièvement blessé, était à sa merci dans une maison toute proche de l'ambassade du Liban. Le général s'y rendit aussitôt et fut abattu par Dlimi et Moulay Hafid Alaoui, le roi donnant le coup de grâce. Le cadavre fut ensuite transporté à Skhirat pour une mise en scène appropriée.

La version, plausible, expliquerait mieux le comportement d'Oufkir après l'attentat. Mais elle est rien moins qu'avérée.

Des trois hommes à connaître la vérité – Hassan II, Mou-

lay Hafid Alaoui et Dlimi –, seul le premier est aujourd'hui
en vie.

*

    Amokrane – mince, presque fluet, une mortelle tristesse
dans le regard – et Kouera – petit, vif, presque chauve –
eurent le plus grand mal à s'expliquer sur leurs motivations : le président leur ôtait la parole dès qu'ils s'aventu-
raient sur ce terrain éminemment dangereux pour le pouvoir. Mais si l'on avait pu fermer la bouche de Bougrine et
de ses camarades en les fusillant à la va-vite, il fallait bien
juger Amokrane, que les Anglais n'avaient livré qu'à la
condition qu'il bénéficierait d'un procès en bonne et due
forme.
    Le tribunal de Kenitra eût pourtant fait froncer des sour-
cils britanniques. M\ue Reda Guedira, défenseur du lieutenant
Boukhalef, qui avait tiré sur le Boeing, demanda dès la première audience la récusation de l'un des membres du tribunal, qu'il tenait pour juge et partie au procès. Il s'agissait du
colonel Dlimi, passager de l'avion royal, appelé à juger ceux
qui avaient tenté de le tuer. M\ue Guedira aurait pu demander
aussi la récusation du lieutenant-colonel Skirrej, qui se trouvait dans le même cas. Sur les cinq membres du tribunal,
président compris, deux avaient donc des raisons d'entretenir une compréhensible prévention à l'encontre des
accusés. Le tribunal rejeta néanmoins la requête.
    Sans cesse interrompu par le président Bouachrine, fina-
lement sommé de se taire, le lieutenant-colonel Amokrane
put à peine commencer d'expliquer que les révélations
d'Oufkir sur les mœurs du palais l'avaient décidé à agir. « Si
le roi avait été mon propre père, lança-t-il, j'aurais comploté
contre lui. » Il fut interpellé par le procureur : « En t'enrôlant dans l'armée, tu as prêté serment de fidélité, et ta devise
était : Dieu, la patrie, le roi. Pourquoi as-tu failli à ce serment ? » Amokrane répondit : « C'était en 1956 et c'était
devant Mohammed V. J'ai prêté ce serment devant un
homme comme moi, qui, lui aussi, a fait serment d'être
fidèle. C'est comme un contrat de mariage, mais les clauses
n'ont pas été respectées par l'autre partie. »

Le commandant Kouera tenta d'expliquer à son tour à quel point le tableau dressé par Oufkir de la pourriture du pouvoir l'avait choqué. Il voulut élargir son propos en évoquant la misère du peuple, l'analphabétisme persistant, l'absence totale de perspective pour la jeunesse. Sans cesse interrompu par le président, il fit allusion à l'affaire des Ouled Khalifa, petite tribu du Gharb, dépossédés de leurs terres par les colons français et spoliés ensuite par la grande bourgeoisie rurale alors qu'on leur avait promis la restitution de leurs biens. Une jacquerie avait éclaté et la gendarmerie avait tiré, faisant six morts et seize blessés. Oufkir, alors ministre de l'Intérieur, était intervenu avec rudesse pour rétablir les paysans dans leurs droits.

Au cours du procès, François Mennelet, envoyé spécial du *Figaro* à Kenitra, fut expulsé du Maroc. Ses articles, toujours très informés, déplaisaient au palais.

Les débats infirmèrent la thèse de Hassan II selon laquelle Oufkir, après avoir réussi son crime parfait, aurait gouverné sous couvert d'un conseil de régence à sa dévotion. L'appel au peuple enregistré par Rami était lancé au nom de la République arabe marocaine et proclamait explicitement l'abolition de la monarchie. On avait trouvé au domicile d'Amokrane un cahier d'écolier vert où était consigné le plan Overflow, nom de code de l'opération. Il prévoyait la mise en place d'un « gouvernement révolutionnaire national ». Entre le conseil provisoire du commandement de la révolution, le conseil de la révolution et le gouvernement révolutionnaire national, les futures institutions semblaient esquissées d'un crayon un peu flou, mais le jeune prince héritier n'y avait en tout cas aucune place.

L'une des contradictions non résolues tenait à l'alliance saugrenue entre Oufkir et Basri. Que le fqih fût impliqué par le pouvoir dans l'affaire ne pouvait surprendre : il jouait depuis des années le rôle du raton laveur dans l'inventaire de tout complot, vrai ou faux. Certains pensèrent cependant que le palais, cette fois, dépassait les bornes de la vraisemblance en associant Basri et l'homme qui l'avait torturé de ses propres mains en 1963. Mais Amokrane confirma à l'audience qu'il avait rencontré à plusieurs reprises le fqih lors de son séjour à Paris. Comment concilier ces contacts avec le fait qu'Oufkir avait recruté Amokrane en lui démontrant l'urgence d'agir pour prévenir une prise de pouvoir par la gauche? Le général se montrait fort préoccupé par des saisies d'armes qu'on tentait d'acheminer clandestinement au Maroc. C'était pour lui le signe que quelque chose se préparait. Mais qui donc pouvait expédier ces armes, sinon le fqih Basri, seul opposant à avoir choisi le recours à la violence révolutionnaire?

Le rôle des Américains, furtivement évoqué, fut vite évacué par le président. La question ne devait pas être posée. Hors prétoire, elle l'était avec insistance. Incontestablement, Medbouh avait été l'homme de la CIA au Maroc. Oufkir lui-même entretenait avec elle des contacts anciens et étroits. Les Américains, alarmés par l'évolution du royaume et l'incapacité du palais à se réformer, avaient-ils baissé le pouce? On savait leur inclination à remplacer les monarchies branlantes par des régimes militaires musclés: la Grèce, la Libye même (avec une rapide et sévère déception), en étaient les exemples les plus récents. L'ambassadeur Rockwell, spécialiste des pays arabes, récemment nommé à Rabat, jouissait de la réputation méritée d'un homme n'hésitant pas à mettre la main à la pâte. Les pilotes des F-5 avaient été entraînés au Texas. Kouera et ses hommes avaient décollé de Kenitra sous l'œil des Américains, dont les radars avaient forcément enregistré l'attaque du Boeing. En somme, les indices ne manquaient pas mais la preuve ferait toujours défaut.

*

Le colonel Benayada, procureur, demanda quatorze têtes, trois réclusions à perpétuité, quatre condamnations à vingt ans et quatre à cinq ans. Pour les autres accusés, il s'en remettait à la sagesse du tribunal. La défense – une trentaine d'avocats – était emmenée par Me Reda Guedira. Familier du palais, conseiller intime du roi, ancien ministre, Guedira avait fait sensation en acceptant d'assumer la défense du lieutenant Boukhalef, le pilote qui, le premier, avait ouvert le feu sur le Boeing. Il fut très grand avocat. Plaçant délibérément l'affaire sur le terrain politique – et le président ne pouvait guère intimer silence à ce personnage considérable revêtu de la robe du défenseur –, il fit l'éloge du jeu démocratique et enchaîna : « Mais pour que ces règles du jeu politique puissent continuer d'être observées, il faut qu'il y ait des forces politiques authentiques et qu'il y ait un parlement authentique. Or le Maroc n'avait plus ni les unes ni l'autre. Il avait par contre Medbouh, il avait par contre Oufkir. Ces derniers ne pouvaient s'exprimer que par la voie qui leur était naturelle, la leur : la voie militaire. Leur violence ne pouvait revêtir qu'une seule forme : les moyens de l'armée... Ignorant les limites au-delà desquelles l'ambition devient illégitime, ils n'avaient plus comme adversaire à éliminer que le roi. » Abderrahim Bouabid et même le fqih Basri n'eussent point dit autre chose, mais il était dans la nature du régime hassanien que sa condamnation finît par tomber, au cours d'un procès pour tentative de régicide, des lèvres d'un homme unanimement considéré comme un fidèle inconditionnel du trône.

Le tribunal rendit son verdict le 7 novembre. La peine de mort était prononcée contre Amokrane, Kouera et les sept pilotes qui avaient attaqué le Boeing, l'aéroport ou le palais royal. Elle frappait aussi le capitaine Larabi, qui avait pris le relais d'Amokrane à la tour de contrôle, et le sous-lieutenant Lyazid, responsable du cordon de sécurité installé autour de la base, qui s'était enfui avec Amokrane. Des peines s'échelonnant de vingt ans de réclusion à trois ans de prison frappaient trente-deux comparses. Cent soixante-dix-sept accusés étaient acquittés.

Les condamnés furent transférés à la prison centrale de Kenitra et incarcérés dans le quartier des condamnés à mort, préalablement vidé de ses occupants de droit commun. Seuls demeurèrent trois prisonniers politiques condamnés à la peine capitale (ils devaient être épargnés). Les aviateurs frappés de peines de réclusion ou de prison gardaient un excellent moral, plaisantaient entre eux pendant la promenade et jouaient volontiers au ballon. Ils étaient convaincus qu'une amnistie interviendrait bien

avant l'achèvement de leur peine. Seuls Amokrane et
Kouera n'avaient pas le droit de sortir de leur cellule. La
prison de Kenitra n'étant pas différente des autres, les trois
prisonniers politiques eurent tôt fait d'entrer en contact
avec eux.

Amokrane et Kouera leur apparurent déterminés, sans
regrets ni remords. Amokrane confirma ses entretiens à
Paris avec le fqih Basri, dont il se sentait beaucoup plus
proche que d'Oufkir. Il s'était ouvert au fqih des problèmes
moraux que lui posait une alliance avec celui qui avait si
longtemps tenu le rôle de boucher du régime. Basri, pratique, lui avait répondu : « Marchez avec lui ; on s'en débar-
rassera après. »

Les familles et les avocats espéraient en une grâce royale.
Hassan II n'avait-il pas ordonné aux juges des cadets de
Skhirat de condamner fermement et de le laisser exercer
son droit de grâce ? Puisqu'il avait cette fois ses condamnations, pourquoi n'irait-il pas jusqu'au bout de son propos ?

Le 21 décembre, il donna à *La Voix du Nord* une interview
qui exalta l'espérance. Il déclarait : « Quant au régime, on
peut constater qu'il est libéral. Il y a aujourd'hui quatre
mois que mon avion a été attaqué, et les accusés sont toujours en vie. » Un répit de quatre mois dans une cellule de
condamné à mort pouvant difficilement apparaître comme
le comble de la faveur, la plupart des augures en conclurent
que le roi avait décidé de gracier.

Abderrahim Bouabid, au nom de l'opposition, demandait
une amnistie générale de réconciliation.

Un soir, vers 10 heures, des gardes vinrent chercher Amokrane et Kouera, leur bandèrent les yeux, leur mirent une
couverture sur la tête et les emmenèrent. Kouera était si
petit que la couverture lui recouvrait les chevilles. On les
ramena vers 2 heures du matin. Ils racontèrent qu'ils
avaient été conduits au palais et mis en présence du roi dans
une salle où étaient installées des caméras, avec, derrière
elles, des techniciens prêts à filmer. Hassan leur dit :
« Reconnaissez vos erreurs, demandez votre pardon et je
vous libère. » Les deux condamnés refusèrent. Ils savaient
qu'on avait convaincu certains des fusillés de Skhirat de

crier « Vive le roi » en leur promettant d'obtenir la vie sauve à la dernière minute. Hassan II avait lui-même vendu la mèche en répondant à Jean Mauriac, qui l'interrogeait sur ces cris singuliers de la part d'hommes qui n'avaient plus rien à perdre, et plus rien à gagner : « Ils ont cru que j'exercerais mon droit de grâce. » Mais comment auraient-ils pu entretenir un espoir aussi fou, alors que le roi n'était même pas présent, et juste avant la salve, si le marché ne leur avait été proposé dès avant ? Ainsi Hassan II précédait-il de quinze ans l'imam Khomeiny, dont les condamnés à mort, contre promesse de vie sauve, se reniaient devant les caméras de télévision juste avant d'être conduits au poteau pour y mourir dans le désespoir absolu de finir lâchement. La mort de ses adversaires ne suffisait pas au roi du Maroc : il lui fallait encore leur voler cette mort.

Le soir suivant, Amokrane fut de nouveau extrait de sa cellule. De retour le lendemain matin, il demanda qu'on prévienne l'avocat Omar Benjelloun et Mohammed Lyazghy, tous deux proches de Bouabid, d'avoir à se tenir sur leurs gardes : on l'avait torturé toute la nuit pour qu'il les impliquât dans le complot.

Dans tous les quartiers de condamnés à mort du monde, les fêtes nationales ou religieuses sont vécues paisiblement car la tradition veut qu'on n'exécute pas ces jours-là. Hassan II choisit la fête de l'Arafat, jour de la trêve, veille de l'Aïd el-Kebir, pour faire passer par les armes les onze aviateurs condamnés à mort.

L'exécution eut donc lieu le samedi 13 janvier 1973 sur le champ de tir de la base de Kenitra. Pour ultime vision, les condamnés avaient devant eux le décor où s'était joué leur drame : dans une boucle de l'oued Sebou, la prison centrale ; dans une autre, les bâtiments de la base et les pistes sur lesquelles ils s'étaient si souvent lancés aux commandes de leurs F-5 pour des vols d'entraînements, puis, le 16 août, pour la vaine attaque du Boeing.

Il n'y eut pas de cris de « Vive le roi ».

Amokrane était marié à une Allemande qui quitta le Maroc. La femme de Kouera, institutrice dans le Nord, avait eu avec lui un garçon et une fille, tous deux blonds, très beaux, intelligents. Elle se remaria avec un enseignant, dont elle eut encore cinq enfants.

Les tombes des deux officiers, dans le Rif, sont jusqu'à ce jour régulièrement fleuries.

*

La vie continua pour les condamnés à la réclusion ou à la prison. Ils étaient toujours détenus au quartier des condamnés à mort. Dans le quartier Jim étaient reclus les soixante-quatorze prisonniers du procès de Skhirat. La surveillance était exercée, non par des gardiens de l'administration pénitentiaire, mais par des hommes des compagnies mobiles d'intervention, particulièrement durs, ou par des gendarmes.

Les familles avaient un droit de visite et pouvaient apporter des colis.

Dans la nuit du 7 août 1973, par une chaleur torride, des camions militaires entrèrent dans l'enceinte de la prison. Les détenus, tant ceux de Skhirat que les aviateurs, furent étroitement ligotés et jetés dans les camions, qui démarrèrent pour une destination inconnue.

Les familles, pour obtenir des informations, s'adressèrent à l'administration pénitentiaire, au ministre de la Justice, à l'état-major des armées et même au palais royal. Elles furent partout renvoyées sans un mot d'explication. Des visites domiciliaires de la police firent comprendre aux plus obstinés que la prudence imposait de rester coi et de ne plus poser de questions. Aucune nouvelle d'aucune sorte ne parvint de l'un quelconque des prisonniers évanouis dans la nuit du 7 août. Ceux qui avaient été condamnés à deux ou trois ans de prison ne furent pas libérés à l'expiration de leur peine.

Le 13 juillet 1975, un communiqué du ministère de l'Information annonça l'évasion de leur lieu de détention de quatre militaires, dont Mohammed Ababou, le frère du colonel, et l'adjudant-chef Akka. Ce lieu n'était pas précisé. Le Maroc fut quadrillé comme il ne l'avait jamais été de

mémoire d'homme. Trente-cinq barrages de police entre
Tetouan et Rabat. Un soleil de plomb faisait fondre le maca-
dam. Le 20 juillet, un second communiqué annonça que les
fuyards étaient repris, à l'exception d'Akka, abattu par les
forces de l'ordre. Harrouch Akka, l'homme de guerre dont
l'évasion faisait trembler le palais, avait réussi à gagner la
forêt de la Mamora, celle-là même où son chef, le colonel
Ababou, avait harangué ses troupes avant de les lancer sur
Skhirat. Traqué par la meute des chasseurs, il fut tué ou exécuté dans des circonstances restées imprécises.

Puis, de nouveau, le silence. Nul ne savait où étaient passés les condamnés enlevés de Kenitra le 7 août 1973. A l'instar de la famille Oufkir, c'était comme s'ils avaient disparu
de la surface de la terre.

XIII

Les focos du fqih

Les commentateurs n'avaient plus de mots pour dire l'isolement du roi, la fragilité de son trône, la menaçante montée des périls. Si Oufkir lui-même avait trahi, sur qui pouvait compter Hassan II? Skhirat avait été l'œuvre de cadets abrutis d'entraînement et rendus fous par le luxe insolent étalé sous leurs yeux. Dans le ciel de Tetouan, c'était la fine fleur de l'armée marocaine, des pilotes éduqués, frottés à l'étranger, qui avaient délibérément ouvert le feu sur leur souverain.

Et, comme pour Skhirat, le silence tonitruant du peuple.

Après coup, nulle émotion ni compassion populaire : une marée de plaisanteries clapotant aux marches du trône. L'histoire la plus répandue était celle de l'homme surexcité qui se présente à la porte du palais en disant à la sentinelle : « Je veux tuer le roi »; et le soldat, montrant d'un geste las une longue file d'attente, de répondre : « A la queue, comme tout le monde. »

Le roi réagit. Il donna à Kabbaj, le pilote du Boeing, le commandement de l'armée de l'air. D'aucuns évoquèrent Caligula élevant son cheval à la dignité de sénateur, comparaison désobligeante pour le commandant Kabbaj, qui s'était révélé pilote habile dans des circonstances délicates. Mais enfin, que venait faire ce modeste officier de réserve à la tête des forces aériennes marocaines, sinon témoigner de la persistance de l'absolutisme royal? Le Boeing lui-même fut envoyé à La Mecque, garni d'oulémas

qui l'arrosèrent de l'eau de Zenzem. Selon la tradition
musulmane, l'eau jaillit dans le puits de Zenzem par la
volonté d'Allah pour qu'Ismaïl, fils d'Ibrahim, puisse s'y
désaltérer. Les mécréants appelèrent l'avion « Hadj
Boeing » puisqu'il avait fait le pèlerinage aux lieux saints.
Le roi se fit aussi installer des parcours de golf simplifiés à
l'abri des tirs importuns.

Il avait dit à Jean Mauriac, le 22 août : « Il ne faudra plus
que j'accorde ma confiance à qui que ce soit. » Mais Dlimi,
chef de ses aides de camp, était placé à la tête du contre-
espionnage et chargé de surveiller l'armée. Les chefs de la
garde royale, de la gendarmerie et de la brigade légère de
sécurité étaient trois beaux-frères de Dlimi, nouvel homme
lige, serviteur désormais le plus loyal. Après Medbouh, Oufkir, quand l'heure de Dlimi sonnerait-elle ?

                           *

La tentative d'Oufkir et des aviateurs avait frappé un roi
rasséréné, plus que jamais maître du jeu. De l'avis général,
la secousse de Skhirat n'était qu'un accident atypique, et
Hassan II supportait mal qu'on l'évoquât devant lui. Tout
au long de l'année écoulée, il avait manœuvré l'opposition,
multipliant les entretiens secrets qui déconcertaient les
militants et avivaient les rivalités entre les leaders. Deux
événements, d'ordre différent, l'avaient encouragé à
prendre trois semaines de vacances en France – absence
d'une longueur inusitée chez les chefs d'État : Allal el-Fassi,
le vieux dirigeant de l'Istiqlal, victime d'un accident de voiture, se faisait soigner à Genève ; et l'UNFP avait éclaté.

La crise de la gauche venait de loin. Une nouvelle génération entrait en politique, qui n'avait pas connu la résistance au protectorat et les amitiés ou complicités qu'elle
avait tissées entre dirigeants de toutes tendances. A quoi
servait l'UNFP, demandaient les jeunes militants, sinon à
offrir au régime l'alibi démocratique lui permettant de
masquer sa véritable nature ?

Les universités bouillonnaient. Le 8 décembre 1972, à
Rabat, la police dispersa brutalement une manifestation

d'enseignants et d'étudiants, faisant plusieurs blessés graves. Une grève générale fut décidée. Les forces de l'ordre investirent les cités universitaires. Une quinzaine d'arrestations furent opérées. Le 5 janvier 1973, la grève s'étend et la police intervient de nouveau, arrêtant le président de l'Union nationale des étudiants marocains, Abdelaziz Menebhi. Le 10, la police frappe à Salé. Trente arrestations. Le 11, elle saccage le siège de l'UNEM à Rabat. Le vice-président, Abdelwahed Belkebir, est à son tour arrêté avec plusieurs étudiants. La grève continue. Le 24, le gouvernement interdit l'UNEM. Les troubles durent jusqu'au printemps.

Les lycées ont pris le relais dès février : grèves et manifestations. Quarante-cinq arrestations parmi les élèves, tous mineurs, et les enseignants. Ils sont inculpés de « constitution d'associations illégales » et « d'atteinte à la sûreté intérieure de l'État ». Le jugement aura lieu en juillet 1976. Six lycéens et enseignants seront condamnés à trois mois de prison ferme après avoir accompli trois ans de détention préventive.

L'UNEM était depuis sa création dans la mouvance directe de l'UNFP, son réservoir de futurs militants et dirigeants. Or, conquise par les groupes marxistes, l'UNEM lui échappait.

Les rapports entre la formation d'Abderrahim Bouabid et l'Union marocaine du travail (UMT) avaient en revanche toujours été cahotiques. Les conflits de personnalités n'y étaient pas pour rien. Mahjoub ben Seddik, dit « Hassan III », très proche des syndicats américains (ses adversaires l'accusaient d'être dans la main de la CIA), prétendait tenir son organisation à l'écart de la politique et la vouer à l'action revendicative. Ses syndiqués, quoique sous-payés par rapport aux normes européennes, constituaient une sorte d'aristocratie ouvrière, peu solidaire, par la force des choses, du million de chômeurs hantant les bidonvilles de Rabat et de Casablanca. Bouabid souhaitait une UMT plus engagée dans la lutte politique.

Le différend fût resté d'ordre stratégique si de noirs soupçons n'avaient pesé sur les véritables motivations de

Ben Seddik. Sa centrale était installée dans un superbe building de dix étages dominant le port de Casablanca. L'immeuble appartenait à la ville, dont le conseil municipal, tenu par des élus de l'administration, réglait à l'occasion les factures de téléphone et d'électricité. Le palais royal fournissait les voitures. Les permanents étaient des fonctionnaires détachés par leur administration et toujours payés par elle. Conformément au système hassanien, une loi avait été votée pour interdire ces détachements, mais elle n'était pas appliquée, de sorte que la menace restait suspendue sur la tête des syndicalistes. Mahjoub ben Seddik ne manquait pas de raisons, bonnes ou mauvaises, pour s'abstenir de tout engagement inconsidéré.

Mais il appartenait à titre personnel à l'UNFP et avait même été élu au secrétariat permanent, dont les deux autres membres étaient son ami Abdallah Ibrahim et Abderrahim Bouabid.

A l'initiative des jeunes militants, la commission administrative du parti prononça la dissolution du secrétariat permanent. Bouabid soutenait l'opération. D'un désintéressement au-dessus de tout soupçon, accablé par l'impuissance où s'enlisait le parti, alarmé par le divorce avec une jeunesse universitaire qui se cherchait des maîtres à penser et à agir plus radicaux, il ressentait la nécessité d'un nouveau démarrage. Abdallah Ibrahim, porte-parole de l'UMT, dénonça au contraire l'opportunisme de « soi-disant militants » assoiffés de pouvoir. Une crise ouverte secoua l'organisation. Ben Seddik et plusieurs de ses amis furent exclus. Ibrahim demanda à Allal el-Fassi d'écarter l'UNFP de la Koutlah, le Front national d'opposition. Il y avait désormais deux UNFP : celle de Casablanca, appuyée sur l'UMT, et celle de Rabat, regroupée autour de Bouabid.

Hassan II pouvait en toute quiétude partir jouer au golf.

A son retour, et la tentative de putsch écrasée, l'opposition lui paraissait à ce point négligeable qu'il ne crut pas nécessaire de recourir à sa vieille technique d'ouverture. Il rappela à toute éventualité que « si Oufkir avait réussi, il n'y aurait plus eu de partis politiques au Maroc », et déclara sèchement lors de sa conférence de presse : « Si

ces messieurs des partis politiques ont apporté un change-
ment quelconque à leurs exigences de mars ou d'avril dernier, je suis prêt à rouvrir les pourparlers. Si les positions
sont les mêmes, je ne vois pas pourquoi je les rouvrirais :
les élections diront ce qu'elles devront dire. »

La mise en cause du fqih Basri scandalisait ses anciens
camarades de l'UNFP. Bouabid déclara : « Je pense que
tout commentaire est absolument inutile étant donné le
caractère ahurissant de cette sorte de révélation... S'agit-il
cette fois encore d'un *nouveau* " complot " mis sur le
compte de l'UNFP ? Enfin, il est à peine croyable que les
ennemis politiques les plus irréductibles puissent se retrouver en partenaires dans un " complot ". » Beaucoup plus
tard, en 1987, le fqih lui-même, dans une interview à *Jeune
Afrique*, devait affirmer : « Cette idée est monstrueuse politiquement et moralement. Comment imaginer qu'on puisse
collaborer avec quelqu'un qui vous a personnellement torturé, et qui a été associé à l'assassinat d'un camarade ? »

Le camarade était Ben Barka. La satisfaction cynique
proclamée par Hassan II de l'élimination du leader tiers-
mondiste était reçue comme une insulte par l'UNFP tout
entière.

Le lendemain de la conférence de presse du roi, la tendance Bouabid de l'UNFP publia un communiqué sévère :
« L'appauvrissement, la paupérisation des masses populaires à la faveur de l'enrichissement d'une minorité de féodaux, de capitalistes alliés aux intérêts étrangers, a conduit
à la généralisation de la crise sociale qui a provoqué une
série d'événements sanglants. Dans cette longue période de
répression, les enlèvements, les arrestations, la torture et
l'étouffement des libertés fondamentales sont devenues le
pain quotidien du peuple marocain. » L'UNFP ajoutait :
« La seule issue pour sortir de l'impasse où se débat actuellement le pays consiste dans la consécration de la souveraineté du peuple qui doit être la source du pouvoir par
l'instauration d'une véritable démocratie, d'où soient ban-
nies les méthodes de truquage et de falsification. » Bouabid
multipliait les interviews. Pour lui, « un vide terrible »
s'était ouvert, que seule l'élection d'une assemblée consti-

tuante pourrait combler. De son côté, l'Istiqlal exigeait que
« tout le pouvoir soit donné au peuple ».

Il s'agissait encore et toujours de convaincre le roi de
partager le pouvoir, ce qu'il ne voulait à aucun prix. Hassan II aimait à citer ce vieux proverbe marocain : « Tu tues
le lion, et tu en manges une partie, ou il te tue et il te
mange en entier. »

Le roi, dans une interview à un hebdomadaire libanais,
Al Hawadess, se borna à inviter les partis à ne pas bouder
les prochaines élections législatives. Il eut cette phrase, qui
en disait long sur les manipulations électorales antérieures : « Je leur promets de ne pas enfreindre la légalité. »

Les contacts reprirent. Vieille histoire... Déjà, certains
dirigeants de l'UNFP annonçaient qu' « ils ne se montreraient pas trop exigeants » et se contenteraient, faute d'une
assemblée constituante, d'amendements à la Constitution
de 1972.

Le 23 septembre, le roi adressa aux six chefs de parti une
lettre les invitant à entrer dans le gouvernement que tentait de mettre sur pied son beau-frère, Ahmed Osman. Ali
Yata, leader du PLS, n'eut pas droit au courrier royal car
son parti était interdit. Conformément au système hassanien, il fonctionnait cependant, avec, sur sa tête, l'épée de
Damoclès d'une répression qu'eût justifiée l'interdiction.
Ali Yata fut donc convoqué au palais, où le roi lui signifia
de vive voix le contenu de sa lettre.

A l'exception du Mouvement populaire de Mahjoub Aherdane et du Mouvement constitutionnel et démocratique du
docteur Abdelkrim Khatib, toutes les réponses furent négatives. L'opposition n'acceptait d'entrer au gouvernement
que pour appliquer son programme.

Le 13 janvier, quelques heures après que les pelotons de
Kenitra eurent disposé des onze aviateurs condamnés à
mort, les deux dirigeants politiques que les tortionnaires
du lieutenant-colonel Amokrane voulaient l'entendre
mettre en cause étaient à leur tour visés. Mohammed
Lyazghy, membre éminent de la tendance Bouabid de
l'UNFP, naguère emprisonné et torturé, reçut à son domicile une lettre piégée qui le blessa grièvement au visage,

aux mains et à l'abdomen. Le même jour, un homme, qui n'était pas un postier, remit au domicile de l'avocat Omar Benjelloun, lui aussi fidèle de Bouabid, un paquet posté la veille à Rabat. Il contenait un livre, *Svetlana, fille de Staline*. Benjelloun était un rescapé du complot de juillet 1963 : condamné à mort, il avait été gracié après les émeutes de mars 1965. Cet homme méfiant découvrit que le livre, dans lequel avait été aménagée une cavité, contenait un explosif dont il neutralisa le détonateur. La concomitance avec les exécutions de Kenitra frappa les esprits, et aussi l'utilisation de lettres piégées, qui, jusqu'alors, ne faisaient pas partie de l'arsenal répressif du pouvoir, pourtant très vaste. L'UNFP-Rabat publia un communiqué exprimant l'espoir que les policiers apporteraient « autant de zèle à identifier les assassins qu'ils en avaient mis auparavant à torturer les victimes ».

Ahmed Osman forma un gouvernement qui, à l'image des précédents, était composé d'hommes du palais.

Le roi avait cependant senti le vent du boulet et reconnu la nécessité d'un geste spectaculaire. Dans son discours du trône du 3 mars, il annonça la « marocanisation » des terres et des entreprises. Quinze ans après l'indépendance, les derniers colons français perdaient leurs domaines. Ils ne furent pas restitués aux tribus mais adjugés le plus souvent aux grands féodaux, que le peuple appellerait « les nouveaux colons ». Quant à la marocanisation des entreprises, qui imposait un directeur et cinquante pour cent du capital d'origine autochtone, elle fut pour la bourgeoisie locale l'occasion d'un lucratif trafic de prête-noms et une nouvelle source de pots-de-vin. Les hommes d'affaires européens appelèrent « associés-burettes » les partenaires que la nouvelle loi leur imposait et dont l'utilité essentielle consistait à huiler convenablement les rouages administratifs.

Ce même 3 mars 1973, le fqih Basri frappait.

*

Infatigable, il faisait la navette entre Paris, Damas, Bagdad, Le Caire, Tripoli et Alger, tissant des amitiés solides,

notamment avec le président Boumediene, recueillant des
fonds non négligeables, multipliant les contacts avec ses
compatriotes exilés. Son nom et sa photo n'apparaissaient
guère dans les journaux. Deux fois condamné à mort, il se
savait suivi à la trace par les agents du roi et redoutait le
sort de Ben Barka. Mais l'action politique au grand jour ne
le concernait plus. L'impuissance de l'opposition légale
marocaine, traînée par le roi de conversations secrètes en
élections truquées, lui paraissait irrémédiable. Il avait
tourné la page. Seule la lutte armée pourrait en finir avec
le régime. Il y consacrait toute son énergie.

Ses fidèles s'étaient longtemps comptés parmi les
anciens résistants, dont il était la figure de proue. Les
années passant, beaucoup, mais non pas tous, avaient
perdu le goût de l'action clandestine et l'aptitude au
combat armé. Le fqih, au cours de ses voyages au Moyen-
Orient, avait recruté parmi les jeunes Marocains qui, trau-
matisés par le désastre de la guerre des Six Jours, s'étaient
engagés corps et âmes aux côtés de la résistance palestinienne. Formés dans des camps d'entraînement syriens ou
libyens, rompus à une impitoyable guerre de commandos,
ceux-là pourraient porter la flamme révolutionnaire dans
les campagnes marocaines.

Il semble que le fqih ait été prêt à agir dès 1971. Skhirat,
puis l'attaque du Boeing, l'obligèrent à rester l'arme au
pied. Il passa à l'action en mars 1973.

Quatre bombes explosent à Oujda, deux à Nador, sans
faire de victimes. A Casablanca, un engin explosif est placé
sous la voiture du consul général des États-Unis, un autre
au centre culturel américain. A Rabat, une bombe sous la
scène du théâtre Mohammed V, une deuxième au centre
culturel américain. Aucune de ces quatre bombes
n'explose. A Khenifra, deux cocktails Molotov font deux
blessés. Dans la nuit du 3 mars, un commando armé de pistolets-mitrailleurs attaque le poste administratif de Moulay-
Bouazza, dans le Moyen-Atlas, tue la sentinelle et déguer-
pit. A Tinghir et à Goulmima, dans le Haut-Atlas, deux
autres commandos échangent des coups de feu avec
l'armée royale. Dans le Sud, à Figuig, près de la frontière

algéro-marocaine, la gendarmerie saisit dans un dépôt clandestin trente-neuf armes automatiques, dont dix-sept fusils-mitrailleurs.

Il s'agissait d'allumer dans les campagnes traditionnellement portées à la dissidence les *focos* de Che Guevara, dont Régis Debray avait explicité la stratégie avec son livre *Révolution dans la révolution?* Les foyers qu'allumerait ici et là une avant-garde résolue embraseraient par contagion les zones environnantes. Mais le Che était mort depuis huit ans, et l'Amérique du Sud, banc d'essai de sa stratégie, n'avait pas – loin de là – basculé dans la révolution. Le Maroc, au surplus, se prêtait fort mal à une expérience de ce genre. L'ancestrale siba était le fait de tribus entières se soulevant à l'appel de leurs chefs traditionnels. Elle relevait d'un phénomène collectif. Les paysans marocains, quel que fût leur mécontentement envers le pouvoir, n'étaient pas préparés à se rallier individuellement à des inconnus qui avaient franchi la frontière algéro-marocaine clandestinement pour ouvrir le feu contre des unités régulières implantées de longue date dans les campages.

L'armée royale dispersa en un tournemain les commandos du fqih. A supposer que certains de ses éléments eussent été enclins aux états d'âme, le seul fait que les assaillants arrivaient d'Algérie aurait suffi à les en détourner. La « guerre des sables » n'était pas oubliée.

Conformément à une pratique rodée de longue date, Hassan II ne manqua pas l'occasion de frapper une nouvelle fois l'opposition en décrétant l'amalgame entre les commandos du fqih et l'UNFP-Rabat. La faction dirigée par Abderrahim Bouabid inquiétait le palais par son dynamisme, son implication dans les luttes sociales et une ambition affichée de reconquérir les étudiants. Pour la première fois depuis la mort de Ben Barka, une opposition à la fois rigoureuse et crédible risquait d'apparaître sur la scène politique. L'équipée guévariste de Basri allait permettre d'écraser la tentative dans l'œuf.

Le 28 mars, le roi stigmatisait devant une assemblée d'anciens résistants les « renégats » qui « ont tendu la main à l'étranger ». Répétant par trois fois : « On n'emporte pas

la patrie à la semelle de ses souliers », il poursuivit : « Ils se
sont mis à tuer ou à essayer d'occire leurs frères, mus uni-
quement par des mobiles de mercenaires ou d'individus
qui veulent précipiter ce pays dans la plus grande cata-
strophe qu'il ait connue depuis treize siècles. »

Le 2 avril, le Premier ministre, Ahmed Osman, signait un
décret portant suspension immédiate de la branche de
Rabat. Les locaux du parti, à Rabat et dans les principales
villes, étaient perquisitionnés et placés sous scellés. Des
centaines d'arrestations étaient opérées, parmi lesquelles
celles de treize avocats de Rabat, et, naturellement, de M^e
Omar Benjelloun et de Mohammed Lyazghy, tous deux rescapés des colis piégés envoyés à leur domicile : le pouvoir,
tenace, ne lâchait pas ses proies.

Le décret de suspension portait des accusations dénuées
d'ambiguïté : « Le gouvernement de Sa Majesté le Roi tient
à souligner que la plupart des membres de cette organisation [celle de Basri] se trouvent être soit des responsables,
soit des militants, soit des simples adhérents d'une organisation politique légalement reconnue et jouissant de tous
les droits des organisations similaires. Le gouvernement de
Sa Majesté le Roi regrette de constater qu'il est devenu une
constante établie que, depuis la scission de l'année 1972
d'un parti politique connu, le clan de Rabat serve de couverture à une activité clandestine, subversive et illégale. »

*

Le procès des cent cinquante-neuf accusés s'ouvrit le
25 juin devant le tribunal militaire permanent de Kenitra,
décidément voué aux procès de masse. Un dosage savant
faisait se côtoyer les hommes des commandos de Basri,
dont huit militaires pris les armes à la main, et les juristes
ou fonctionnaires militant à l'UNFP-Rabat, qui, de toute
leur vie, n'avaient pas approché un fusil.

Au prétexte qu'on jugeait en procédure de flagrant délit
(les accusés étaient arrêtés depuis plus de deux mois...), la
moitié des avocats ne purent prendre connaissance du dossier qu'à l'audience. Le document de synthèse tenant lieu

d'acte d'accusation n'avait pas été communiqué à la défense. Trois jours durant, cette défense allait relever les innombrables irrégularités et violations du droit entachant la procédure.

Mais l'indignation se lassait tant il était évident qu'on assistait à la reprise d'une misérable pièce maintes fois jouée. Comme l'écrivait Marc Kravetz, envoyé spécial du *Monde diplomatique* : « Quand un procès politique s'ouvre au Maroc, l'essentiel a déjà eu lieu. L'audience publique, c'est le dénouement d'un drame obscur et sanglant qui s'est déroulé dans les " villas " du colonel Dlimi et dans les coulisses du palais... Quant au verdict, il appartient au palais seul. »

Ce fut donc l'habituelle dénonciation des aveux arrachés sous la torture, commentée, avec un geste las, par le procureur : « Laissez, on sait tout cela. » Rituellement, la presse aux ordres rapporta, dans un souci pédagogique, les supplices endurés, et les observateurs étrangers peu avertis s'étonnèrent de lire dans les journaux officieux que le colonel Dlimi était accusé d'avoir personnellement torturé. Car Dlimi, tout grand personnage qu'il était devenu, continuait de mettre la main à la pâte. Me Belqadi, torturé pendant quatre-vingt-trois jours, ne fit même pas sourire en précisant qu'il avait dû signer son procès-verbal d'interrogatoire les yeux bandés. Dans la salle, les fonctionnaires chargés des contacts avec la presse, montrant les accusés, disaient avec un cynisme bon enfant : « Ceux-là, au moins, ils sont vivants. » Des militants raflés en mars et avril n'avaient plus reparu.

Les hommes du fqih assumèrent leurs responsabilités. Ils avaient à leur tête Omar Dakhoun, un ouvrier de trente-sept ans. Émigré en RFA en 1964, expulsé d'Allemagne après les émeutes de Casablanca, il était rentré au Maroc et avait milité dans l'organisation de jeunesse de l'UNFP. La guerre des Six Jours l'avait conduit à rallier la résistance palestinienne. Il participa à plusieurs actions de commando dans les territoires occupés, puis rentra au Maroc et plongea dans la clandestinité.

M'Hamed Boutadi, vingt-huit ans, était caissier à la Régie

des transports urbains de Casablanca. Après une rencontre
avec Dakhoun, il part pour Paris, où il a des conversations
avec le fqih Basri, et va suivre un stage dans un camp
d'entraînement syrien. De retour au Maroc, il se met à la
disposition de Dakhoun. Il avoue sans réticence avoir posé
une bombe sous la voiture du consul général des États-Unis
et une autre au centre culturel américain de Casablanca.

L'accusé le plus étonnant était le docteur Khattabi,
parent d'Abd el-Krim, né sur le bateau qui emmenait le
chef historique de la rébellion du Rif à la Réunion. Abd el-
Krim l'avait élevé comme son fils. Omar Khattabi, médecin
du lieutenant-colonel Amokrane, avait tenté de faire parvenir une modeste somme (deux mille francs) à sa veuve,
retournée en Allemagne, pour l'aider à élever ses enfants.
Une coïncidence curieuse faisait qu'il était assis, dans la
salle d'audience de Kenitra, exactement à la place qu'avait
occupée Amokrane dix mois plus tôt. Affirmant son désin-
térêt total pour la politique, il admettait avoir rencontré le
fqih Basri lors d'un voyage au Caire, mais imputait à des
tortures insupportables les aveux qu'on lui avait extorqués.

Les politiques de la branche de Rabat condamnèrent le
recours à la violence et se démarquèrent de la tentative du
fqih. Mohammed Lyazghy, ses mains blessées par le colis
piégé encore enveloppées de pansements, déclara :
« J'ignore totalement l'existence d'une organisation clandestine. » Mais il fallut expliquer au tribunal le sens politique du mot cellule. « La cellule, précisa l'accusé Smaïl
Abdelmoumi, greffier en chef du palais de justice de Casablanca, est présentée comme un synonyme de subversion.
Elle est tout simplement, à l'UNFP, un élément de base du
parti. » Mᵉ Omar Benjelloun, comme ses camarades,
dénonça les tortures subies. « Mais, ajouta-t-il, je n'en garde
rancune à l'égard de quiconque, car c'est un système qui
me torturait et non pas des personnes. »

A l'origine, Abderrahim Bouabid avait été choisi comme
défenseur par plusieurs accusés. Le palais jugea expédient
de le faire citer comme témoin, ce qui lui interdisait
d'endosser la robe. C'était un mauvais calcul car la déposition de Bouabid fut le sommet du procès. A écouter cet

homme grave, honnête, sincère, qui luttait depuis son adolescence pour un Maroc de liberté et de justice sociale, on
ne pouvait se déprendre d'un sentiment de lugubre gâchis :
tant de valeur, tant de richesse humaine tenues en lisière et
inemployées... Le système Hassan, en ne permettant, sauf
rares exceptions, qu'aux courtisans et aux concussion-
naires d'accéder au gouvernement, privait le Maroc des
meilleurs de ses fils.

Sans emphase, d'une voix posée, il réaffirma son option
et celle de son parti pour une monarchie constitutionnelle.
Mais, évoquant l'interminable succession d'enlèvements,
de tortures et de brimades dont les siens étaient victimes
depuis si longtemps, il admit qu'il comprenait la démarche
du fqih : « Il en est parmi nous qui se sont demandé si la
voie légale n'était pas une erreur et si, à la violence, il n'y
avait pas à imposer une contre-violence. Ceci explique
qu'il en est qui sont allés s'établir à l'étranger en se réclamant de l'idéologie de l'UNFP. » Et il adjura le tribunal de
se demander si le désespoir n'avait pas entraîné certains
accusés sur les chemins de l'action armée.

A propos de Basri, il fit sensation en révélant que son cas
avait été évoqué au cours des conversations secrètes avec
le roi. Lui-même, Bouabid, assurait la liaison avec le fqih et
le tenait informé : « Rien n'était ignoré en haut lieu de ces
contacts. Le retour de Mohammed Basri au Maroc, avec
des perspectives d'amnistie, fut envisagé. » Si le roi en personne négociait avec l'exilé, pouvait-on reprocher à ses
amis de le rencontrer à l'occasion de voyages à Paris ou au
Caire ?

Le procureur du roi voulut remonter la pente en tentant
de démontrer que le Maroc était une démocratie. Mal lui
en prit. Bouabid, en quelques phrases, rappela que les élections prévues par la Constitution n'avaient toujours pas eu
lieu, et que son parti les souhaitait « libres et honnêtes ».
« Nous voulons, conclut-il, une démocratie vraie. »

Le verdict tomba le 30 août. Le procureur avait réclamé
vingt-cinq têtes : il en obtenait seize. Sur les trente réclusions à perpétuité requises, le tribunal lui en accordait
quinze. Cinquante-six peines de prison à temps étaient pro-

noncées. Soixante-douze accusés étaient acquittés, dont les treize avocats appartenant à la branche de Rabat et le docteur Khattabi.

Les quinze condamnations à mort frappaient des hommes de Dakhoun convaincus d'avoir porté les armes ou posé des bombes.

*

Marc Kravetz, en écrivant que le verdict d'un procès politique relève du palais, énonçait une règle susceptible d'exceptions : on l'avait bien vu pour le procès des cadets de Skhirat, dont les juges, à l'instigation d'Oufkir, avaient osé braver les instructions royales. Oufkir mort, plus personne n'était en mesure d'infléchir le tribunal vers la clémence, mais il pouvait arriver que les juges, croyant de bonne foi avoir satisfait aux désirs de Hassan II, restassent cependant en deçà de ses exigences.

Le soir du verdict, les soixante-douze acquittés furent entassés dans des camions et conduits dans un camp militaire. Aucune explication ne fut donnée de cette décision singulière, qui relevait de l'enlèvement pur et simple, et fut dénoncée comme tel par les organisations humanitaires du monde entier, dont Amnesty International. L'Association des avocats du Maroc, dont treize membres faisaient partie des victimes, s'éleva dans un communiqué contre leur « arrestation arbitraire » qui constituait « une violation flagrante des principes de la justice ».

La rumeur courut que les acquittés allaient être impliqués dans un nouveau « complot ». De fait, la Sûreté nationale indiqua qu'ils faisaient l'objet d' « une enquête préliminaire concernant d'autres infractions à la loi ». On apprit enfin que les soixante-douze acquittés seraient poursuivis pour un complot visant à l'enlèvement du prince héritier. Hassan II, qui avait entamé une carrière exceptionnelle de fabricant de faux complots en 1960, alors qu'il était lui-même prince héritier, faisait servir son fils, le jeune Mohammed, au même propos.

Les condamnés n'échappaient pas à la vindicte royale.

Seize têtes ne suffisant pas au palais, le procureur du roi reçut l'ordre de se pourvoir en cassation. Il se fonda sur le fait que l'une des questions posées aux juges ne l'avait pas été dans les formes prescrites par le code de procédure pénale. La cour suprême, dans un exceptionnel élan de pointillisme juridique, suivit le procureur. Cela permettrait de faire revenir devant le tribunal treize condamnés, dont sept avaient réussi à sauver leur tête lors du premier procès.

Le 1er novembre, quinze des seize condamnés à mort du premier procès furent passés par les armes dans l'enceinte de la prison militaire de Kenitra. Le seizième, Mohammed Mouhtadi, ancien caissier des transports urbains de Casablanca, était provisoirement épargné. Il s'était montré fort coopératif avec l'accusation lors du premier procès et pourrait contribuer efficacement à une condamnation plus sévère de la fournée des treize.

L'exécution suscita des réactions contradictoires. Pour les uns, l'armée, frappée par une dure répression en 1971 et 1972, n'eût pas admis que des civils pris les armes à la main fussent grâciés. Les autres estimaient que la situation internationale aurait dû incliner le roi à la clémence : la guerre du Kippour avait éclaté et un corps expéditionnaire marocain se battait sur le Golan et dans le Sinaï. Ali Yata, au nom de son parti toujours interdit, avait publiquement demandé la grâce, arguant que l'heure commandait de surmonter les dissensions intérieures.

Le 15 janvier 1974 s'ouvrit à Kenitra le second procès des treize accusés repêchés, si l'on ose écrire, grâce au pourvoi du procureur. Parmi eux, des paysans qui n'entendaient rien à ces acrobaties juridiques et s'étonnaient qu'une condamnation à la réclusion perpétuelle fût trouvée peine trop légère. Les autres accusés étaient instituteurs, électriciens, ingénieurs.

Le tribunal sut cette fois rencontrer le désir du roi : six condamnations à mort. Elles frappaient Saïd Ouhssaïne Oukhouya et Moha Ou Hammou Aherfoune, condamnés à perpétuité au premier procès, Boujemâa Janah, condamné antérieurement à trente ans, Boujemâa Miri et Mohammed

Lahjioui, condamnés à vingt ans, et Driss Meliani, que les premiers juges n'avaient condamné qu'à dix ans de réclusion.

Dans la foulée, le tribunal de Kenitra prononçait, le lundi 28 janvier, soixante-deux peines capitales par contumace. Le fqih Basri écopa naturellement de sa troisième condamnation à mort. Le réquisitoire le désignait comme un « dangereux agitateur qui compte à son actif plusieurs tentatives de renversement du régime ».

Les soixante-douze acquittés du premier procès attendaient toujours de connaître leur destin. Philippe Herreman écrivit dans *Le Monde* : « Ainsi, cinq mois après le premier procès de Kenitra, le sort de six nouveaux condamnés à mort dépend d'une grâce hypothétique, et celui de soixante-douze acquittés d'une inculpation ou d'une libération aussi incertaine l'une que l'autre. Accompagnée de méthodes d'interrogatoire souvent dénoncées, la répression, légale ou inavouée, est distillée au compte-gouttes, comme s'il s'agissait moins de juger des complots ou autres actions illégales que d'intimider et de briser systématiquement les adversaires du régime. Selon l'opposition, les procès publics qui se déroulent à intervalles réguliers ne sont d'ailleurs que la face révélée de la répression. Car, dit-elle, pour quelques dizaines de personnes jugées selon les lois, combien sont "enlevées", gardées à vue interminablement, interrogées sans aucune garantie judiciaire? Les témoignages, à cet égard, sont trop nombreux pour que l'on puisse conserver quelques doutes sur ces pratiques. »

Les six condamnés à mort furent passés par les armes le 27 août. Avec eux, mourut Mohammed Mouhtadi, à qui sa coopération avec l'accusation n'avait même pas valu sa grâce. Le roi avait son chiffre.

Quant aux soixante-douze acquittés, il leur fallut attendre le 12 juillet 1976, soit trois ans après le premier jugement qui les avait déclarés innocents, pour comparaître devant la chambre criminelle de la cour d'appel de Rabat, désormais compétente en vertu d'une réforme judiciaire. Ils étaient poursuivis pour tentative d'évasion collective et complot contre le prince héritier. Deux accusés, Hammadi Azlough et Hocine Khouya, manquaient à l'appel : ils avaient été tués en détention. La chambre criminelle prononça trois condamnations à quinze, dix, et quatre ans de prison.

L'avocat Omar Benjelloun, jeune vétéran de la lutte pour la démocratie, sauvé du poteau par les émeutes de Casablanca, rescapé d'un attentat au colis piégé, n'était pas assis au banc des accusés. Mis en liberté provisoire, il avait été assassiné sur le pas de sa porte, le 18 décembre 1975, par des tueurs se réclamant d'un groupe de fanatiques islamiques.

XIV

L'affaire Bourequat

Tout est mystérieux dans l'affaire de la famille Bourequat, à commencer par les origines du père : on ne sait trop s'il venait d'Algérie ou de Tunisie. Dans les années vingt, il épousa une Alaouite, lointaine cousine de celui qui n'était encore que le sultan Mohammed ben Youssef. Il eut avec elle quatorze enfants, dont six moururent en bas âge. Tandis que sa femme vibrait d'un nationalisme intransigeant, Bourequat, industrieux et secret, savait faire la part des choses. Les services rendus au Deuxième Bureau lui valurent en 1927 sa naturalisation française. Comme il ne disposait d'aucune autre nationalité officielle, ses enfants naissaient purement et simplement français. Sa femme ignorait ce détail. Lorsqu'elle l'apprit fortuitement (en découvrant des papiers administratifs), la maison retentit d'une scène de ménage exceptionnelle par son intensité et sa durée. L'épouse dupée alla même se plaindre à son cousin, devenu entre-temps Mohammed V, mais que pouvait le roi du Maroc dans la circonstance ? Rien n'annulerait le fait que les enfants Bourequat étaient français aux yeux de la loi. Si elle les avait connus dans leur intégralité, les prénoms auraient mis la puce à l'oreille de la mère; par exemple Midhat-René, né le 3 janvier 1932, Bayazid-Jacques, né le 23 janvier 1933, Ali-Auguste, né le 19 décembre 1937. Le père avait sans doute appris au Deuxième Bureau l'intérêt de ne pas mettre tous ses œufs dans le même panier. Si l'avenir devait être français, Auguste Bourequat fleurait bon le Cantal ou la Corrèze ; s'il était marocain, Ali Bourequat ne s'éprouverait pas dépaysé à Rabat.

Le père prit avec aisance le tournant de l'indépendance : fort de son expérience, il mit en place les services secrets marocains. Midhat-René partit pour la France en 1957, travailla sept ans dans les PTT, puis cinq ans dans l'électroménager, alors en pleine expansion. En 1970, il rentra au Maroc. Bayazid-Jacques et Ali-Auguste, ses cadets de deux et cinq ans, étaient, comme on dit, dans les affaires. Il s'associa avec eux et créa un très prospère commerce de marbres rares.

La famille vivait dans le luxe : villa au Souissi, robes et parfums de Paris pour les filles, puissantes voitures pour les garçons. Grâce au cousinage de la mère et aux fonctions du père, elle avait ses entrées au palais. Le père n'aimait pas trop que les filles s'y rendent, car, connaissant les lieux, il ne souhaitait pas y risquer leur moralité.

Les trois frères – décidément Midhat, Bayazid et Ali –, familiers de Hassan II, étaient de toutes ses fêtes et réceptions. On les voyait à Skhirat pour la célébration de l'anniversaire royal. Ali jouissait de l'affection de la princesse Lallah Nouzha, sœur du roi, dont il avait été un temps le secrétaire. Lallah Nouzha, qui devait mourir accidentellement à trente-six ans, avait, sur l'ordre de son frère, épousé Ahmed Osman, chef du parti des indépendants et futur Premier ministre. Elle en aimait un autre, Khalid Amaroqh, fils d'un grand caïd berbère, et les tourments de sa passion contrariée remuaient le Tout-Rabat.

Le 8 juillet 1973, à 6 heures du matin, la gendarmerie fit irruption au domicile familial, avenue Villemin, arrêta Ali, et, selon le témoignage de Khadija – l'une des filles –, saisit une machine à écrire. A midi, c'était au tour de Bayazid et de Midhat de disparaître, emmenés par des gendarmes.

Aucune explication ne fut donnée. Aucun document judiciaire ne justifiait ces actes plus proches de l'enlèvement que de l'arrestation. Les trois frères étaient simplement effacés, désormais dépourvus de toute existence juridique. Le système Hassan n'échappe pas à une certaine démocratie dans la mesure où il s'applique avec la même rigueur aux privilégiés et familiers du palais qu'à un docker de Casablanca militant à l'UNFP ou à un étudiant membre de l'UNEM.

Ainsi coexistent dans ce singulier royaume deux régimes aussi opposés que le jour et la nuit. Côté lumière, des codes fixant la loi et un appareil judiciaire digne des pays les plus évolués. Côté ombre, un pouvoir pharaonique faisant disparaître sur un claquement de doigts ceux qui lui déplaisent. Après un temps plus ou moins long – trois mois, trois ans –, il arrive que les disparus émergent à la lumière et rentrent dans le circuit juridique officiel. Cela se passe quelquefois de manière abrupte. Un jour, des avocats arrivant au palais de justice de Kenitra découvrent des prisonniers ahuris entassés dans le box : les policiers viennent de les y déposer après les avoir détenus pendant des mois dans quelque geôle secrète. Les avocats, aussitôt commis d'office par le président, doivent improviser la défense des pauvres diables. Mais il arrive aussi que les disparus ne réapparaissent jamais, ou encore que le verdict rendu en pleine lumière ne soit pas jugé satisfaisant : le bras pharaonique rafle aussitôt les mal jugés et les replonge dans les ténèbres, tels les soixante-douze acquittés du procès de Kenitra. Parfois, l'ombre et la lumière s'interpénètrent pour créer un bizarre crépuscule juridique. Lors d'un procès jugé à Casablanca du 30 août au 2 septembre 1973, Abdelaziz Menebhi et Abdelwahed Belkebir, président et vice-président de l'UNEM, déclarés en fuite, furent condamnés par contumace à la réclusion à perpétuité : ils étaient au même moment détenus dans un centre de torture de la police. (Il leur fallut observer quatre longues grèves de la faim pour obtenir d'être jugés en 1976, trois ans plus tard. Tous deux furent acquittés, mais Belkebir sera de nouveau arrêté en 1977.)

Les familles savent qu'humilité et réserve sont de mise. Le tour des services officiels est vite fait, et la réponse toujours négative. Nul n'a entendu parler du disparu. Il faut alors solliciter ceux qui ont accès au seul pouvoir qui compte – le roi –, hommes du gouvernement ou de l'opposition puisque les uns et les autres sont également reçus au palais.

Réponses apaisantes et exhortations à la patience. Il faut attendre la fête du Trône, en mars, ou le 10 juillet, anniversaire de la naissance du roi, ou le 20 août, anniversaire de la déposition de Mohammed ben Youssef, célébrée comme « le soulèvement du roi et du peuple ». De même que l'ouvrier attend que tombe des lèvres augustes l'annonce d'une augmentation du salaire minimal et la ménagère celle d'une baisse du prix du sucre, les familles espèrent de la bienveillance royale le retour des disparus à la lumière. Les années passent, les anniversaires se succèdent, mais ceux qui savent entretiennent l'espoir à petit feu : ce sera sûrement pour la prochaine fois.

*

Khadija Bourequat et sa mère n'attendirent que deux ans. Le 13 juillet 1975, la mère, âgée de soixante-cinq ans, est arrêtée chez elle en fin de matinée. Peu avant 15 heures, Khadija, trente ans, est prise à son domicile, allongée au fond d'un camion militaire et emmenée dans une villa transformée en centre d'interrogatoire. On la questionne sur ses frères, dont elle apprend qu'ils se sont évadés.

Quand un détenu s'évade, la police marocaine a pour principe de rafler tous les membres de sa famille. D'une part, ils ne pourront pas lui porter aide et assistance; d'autre part, la disparition de la famille exerce un chantage souvent efficace.

Sans que nous en possédions la preuve définitive, il est infiniment probable que les frères Bourequat s'enfuirent avec le lieutenant-colonel Ababou, l'adjudant-chef Akka et deux autres militaires de Skhirat, dont l'évasion fut annoncée par le ministère de l'Information ce même 13 juillet. Le militant syndicaliste Houcine el-Manouzi était avec eux : des avis de recherche furent placardés sur les murs. El-Manouzi, condamné à mort par contumace au procès de Marrakech, avait été enlevé à Tunis et ramené au Maroc. Depuis, nul ne savait ce qu'il était devenu.

Les évadés furent tous repris, à l'exception d'Akka, abattu par les forces de l'ordre.

La capture des trois frères détendit l'atmosphère. Khadija put voir sa mère, et un policier leur servit une tasse de thé. Mais la semaine suivante, un camion emmenait les deux femmes, les yeux bandés, au siège de la DST marocaine. Khadija entendit un policier lui dire : « Ton Mehdi, on peut le transformer en chair à saucisse. » Mehdi, âgé de six ans, était le fils de Khadija. Elle l'avait eu avec un Français, dont elle avait divorcé par la suite. Mise en scène ? Un enfant hurlait dans une pièce voisine. Mais ce n'était pas la voix de Mehdi.

Le 23 juillet, les deux femmes furent transférées au siège de la gendarmerie. Khadija reconnut parfaitement la voix de son frère Bayazid, qui, dans une pièce voisine, criait : « Mais si je savais quelque chose, je vous le dirais ». Elles restèrent cinq mois chez les gendarmes, le plus souvent les yeux bandés. Toutes les fenêtres étaient masquées, même le vasistas des toilettes. En décembre, on les conduisit au commissariat central de Rabat. Khadija souffrait de crises hépatiques et avait gonflé comme une outre. Ses nerfs la lâchaient. Un jour, elle gifla un de ses geôliers. Sa mère souffrait de crises cardiaque à répétition.

En juillet 1976, elles furent transférées à Casablanca. Le 27 novembre, un commissaire de police conduisit la mère à l'hôpital pour un examen, puis la raccompagna chez elle. Khadija, libérée, l'y rejoignit le jour même.

Elle avaient été détenues sans raison apparente ni inculpation officielle pendant seize mois et quarante jours.

*

Comme tout pays soumis à un autocrate, le Maroc est le royaume de la rumeur ; et puisque tout y procède du roi, et de lui seul, le palais est le lieu de tous les fantasmes.

Tel Hassan lui-même, vêtu le matin d'une tenue de golf bigarrée, l'après-midi de la traditionnelle djellaba blanche et le soir d'un costume Cardin, le palais mêle les siècles et les genres. Il est le siège du pouvoir d'un chef d'État moderne. Il est aussi harem, comme aux premiers temps de la dynastie alaouite. Chaque jour, et jusqu'à une heure avancée de la nuit, une cour s'y rassemble, mêlant ministres, hommes d'affaires, bouffons, chacun s'efforçant de deviner le roi, puisqu'il possède les clés de l'avenir.

Le roi est un homme difficile. Il est hanté par la mort, surveille sa santé, consulte les sommités médicales du monde entier. Non sans raison, il se croit environné de régicides et vit dans la hantise d'un nouveau Skhirat. Ses colères, imprévisibles, foudroient le premier des ministres comme le dernier des domestiques. La rage le conduit à des déportements inouïs qui stupéfient les témoins, soudain confrontés à un voyou éructant.

Mais c'est dans l'exercice de son mépris qu'il est vraiment royal. Chacun, autour de lui, doit recevoir son humiliation, l'accepter et revenir lui baiser la main, dessus dessous. Oufkir avait raconté à Amokrane que, pendant un conseil des ministres, un membre du gouvernement, courbé sous la fureur royale, ayant balbutié : « Majesté, je suis votre esclave », Hassan s'était écrié : « Il ne suffit pas de le dire ! Il faut l'être. C'est ainsi que j'entends qu'on me serve. » L'une des formes habituelles que prend son mépris est l'attente qu'il impose aux autres. Le roi n'a pas d'horaire. Pour un Marocain, il est banal d'attendre son audience deux ou trois jours au-delà de la date fixée. A la longueur de l'épreuve, chacun peut mesurer son crédit. Oufkir connut sa disgrâce après avoir piaffé une longue journée dans une antichambre. Dlimi, bientôt, languira tout un jour dans une autre antichambre – du palais de Marrakech cette fois – mais n'aura pas le loisir de ruminer son discrédit puisqu'il sera exécuté le soir même. Même la reine d'Angleterre, le roi d'Espagne et le président de la République française doivent patienter, mais l'attente, pour eux, excède rarement deux heures.

Pour le caractère, sinon pour les vices, le roi est en somme le contraire de son frère Moulay Abdallah, un homme délicieux, qui avait la passion des femmes mais ne détestait pas les garçons, buveur assurément, joueur certainement, affairiste sans aucun doute, mais d'une courtoisie exquise, s'efforçant d'être agréable à tous, bon comme le pain et qui mourra prématurément en emportant dans la tombe la désolation de sa famille et l'affliction de tous ses proches.

Le roi aime la nuit. Il se lève tard, se couche encore plus tard. Le soir venu, déposant le fardeau du pouvoir, il se distrait en compagnie de bouffons chargés de le faire rire, puis rejoint ses femmes. Chaque année, il séjourne dans ses nombreux palais, et va de Meknès à Fès, de Marrakech à Ifrane. Celui qu'il vient de se faire bâtir à Agadir éclipse, dit-on, tous les autres. Il améliore sans cesse la décoration, ou croit le faire, car son goût est consternant. Les robinetteries en or seront toujours pour lui le comble de l'art. Longtemps un Français, Paccard, fera sa fortune en exécutant les directives ornementales du roi, puis la disgrâce viendra, mettant au bord de la faillite une entreprise de Savoie.

Quand il part en grand appareil, le temps de l'anxiété commence pour les ministres et courtisans contraints de rester à Rabat : loin du roi, ils ne peuvent plus lire leur avenir dans son regard, ni mesurer à la rapidité avec laquelle il retire sa main baisée dessus dessous la solidité de leur position. Les rumeurs commencent à courir sur l'abaissement des uns, l'élévation des autres. Au reste, que le roi soit à Rabat ou ailleurs, tout le Maroc est à l'affût de ses faits et gestes. Les journaux télévisés du soir, en français ou en arabe, lui sont presque exclusivement consacrés et décrivent par le menu sa journée, ses visites, ses audiences. Et chacun de déchiffrer sur le petit écran la géométrie variable de la cour : celui-ci est un peu à l'écart, cet autre a eu droit au sourire royal. Qu'un dignitaire du régime disparaisse de l'écran pendant plusieurs jours, c'est le signe que sa disgrâce est consommée. Du moins le croit-on. Même la disparition d'un garde du corps fait événement. Quand le général Kabbaj, le pilote du Boeing devenu commandant de l'armée de l'air (Hassan l'avait naturellement nommé général), cessa d'être vu à la télévision pendant plusieurs mois, les rumeurs les plus contradictoires coururent : il avait tenté d'assassiner le roi, qui l'avait fait exécuter ; il s'était au contraire sacrifié pour protéger son souverain d'un nouvel attentat et gisait sur un lit d'hôpital, grièvement blessé... Une fois, le roi lui-même disparut des écrans pendant quinze jours, contraignant les présentateurs, privés de leur routinière pitance, à de laborieuses improvisations. Le Maroc, soudain, flottait dans le vide. Le palais dut avertir par communiqués répétés que Sa Majesté souffrait d'une légère indisposition.

Les femmes occupent beaucoup le roi, qui est avec elles à la fois Kennedy et Louis XV. Kennedy, dans la mesure où il fait abondante et rapide consommation de starlettes, petites chanteuses, professionnelles de haut vol expédiées d'Europe par les maquerelles spécialisées dans les plaisirs des grands. Louis XV, car, pour chaque courtisan, glisser sa femme dans le lit royal fait avancer de plusieurs cases dans la faveur du souverain. Comme à Versailles, toute femme honorée par le roi, fût-ce furtivement au coin d'un couloir, publie sa bonne fortune pour la capitaliser en crédit et influence : quel ministre refusera un passe-droit à un courtisan dont la femme a servi au plaisir du roi ?

Hassan est cependant accessible à l'amour. Il eut une passion pour une très belle Marocaine aux yeux clairs que Rabat appelait « Madame Edgar Faure » depuis qu'elle avait conquis à la hussarde le célèbre président, qui savait ne pas résister toujours. Quand les feux de Hassan se furent assoupis, elle sut devenir la grande ordonnatrice des plaisirs royaux. Puis une starlette française régna longtemps sur le cœur du roi. De ses deux femmes légitimes, l'une lui a donné cinq enfants, parmi lesquels il préfère Rachid, le dernier garçon. Sa fille, Lalla Meriem, qu'il a mariée à Fouad Filali, chargé de gérer la fortune royale, lui a donné une petite-fille, Soukaïna, dont il est fou. Il se fait volontiers photographier avec l'enfant dans les bras.

Le harem abrite des pensionnaires moins propices à l'imagerie édifiante. Un jour qu'il était allé chasser dans le Moyen-Atlas, le roi remarque la beauté de la fille d'un notable, près du village de Mrirt [1]. Elle est mariée, mère de deux enfants. Une voiture vient la chercher le lendemain avec ses enfants. Un ordre du roi ne se discute pas. Le malheureux mari tentera vainement de récupérer au moins sa

---

1. Le livre de Claude Ariam, *Rencontres avec le Maroc* (Éditions La Découverte), offre le tableau le plus complet des mœurs du palais royal.

progéniture. Pour lui aussi, d'une heure à l'autre, c'était comme si sa famille avait disparu de la surface de la terre.

L'un des grands attachements du roi va à sa mère, Lalla Abla. Elle règne sur le palais, tient sa cour, préside les réceptions des femmes. Elle avait connu quelques années difficiles lorsque le sultan, auquel elle avait donné cinq enfants, tomba amoureux d'une rivale, Lalla Bahya, qu'il couvrit de cadeaux somptueux, finit par épouser, et dont il eut une fille, Lalla Amina, née en exil à Madagascar. A la mort de Mohammed V, Lalla Abla se vengea en reléguant sa rivale dans deux petites pièces du palais, avec un matelas jeté sur le sol pour toute literie. Mais lorsque Lalla Amina eut grandi et qu'elle vit le sort fait à sa mère, elle osa affronter la colère du roi, son demi-frère : les deux femmes eurent permission de quitter le palais.

Rumeurs de sérail. Fantasmes nés de ce milieu clos où mijotent haines recuites et jalousies flamboyantes, et d'où ne transpire jamais aucune information. Un monde secret, étouffant, mortifère.

Lalla Abla, la mère du roi, était une esclave noire donnée par le Glaoui à Mohammed ben Youssef. La rumeur murmure que la malice du Glaoui lui fit offrir au sultan une fille enceinte. Hassan ne serait donc pas le fils du roi vénéré, mais celui du félon qui l'avait fait déposer...

Mohammed V meurt d'une opération bénigne, entouré d'hommes de l'art, dans une clinique pourvue des équipements les plus modernes. La rumeur – insensée – évoque le pied qui se posa sur le tuyau de réanimation, interrompant la vie du roi...

Tout cela pour dire que les frères Bourequat furent probablement emportés par l'une de ces tempêtes de sérail silencieuses mais funestes.

Selon une première version familiale, Lalla Abla, la mère du roi, prit ombrage de l'influence exercée sur Hassan par sa seconde femme légitime, Fatima Amaroqh, sœur de ce Khalid Amaroqh dont la princesse Lallah Nouzha était pour son malheur si violemment éprise. Avec la complicité d'une ancienne maîtresse du roi, elle entama des opérations de magie noire. (Magie noire, philtres et sortilèges jouent un grand rôle dans la vie secrète du sérail.) L'épouse du roi dépérit, et le roi aussi. Informés on ne sait comment de ces sinistres pratiques, les frères Bourequat se résolurent à les révéler à Hassan. Celui-ci exila sa mère quelque temps à Tanger, mais fit disparaître les trois frères pour que la péripétie restât à jamais secrète.

Une autre version, plus tardive, attribuait l'effacement des Bourequat à une manigance financière particulièrement véreuse – même pour le palais – dont ils auraient été les témoins superflus.

Beaucoup plus tard encore, Khadija Bourequat devait fournir une explication qui semble bien construite a posteriori. D'après elle, son frère Ali avait eu vent d'un complot organisé contre le roi par le prince Moulay Abdallah et le colonel Dlimi. Il en informa Hassan par lettre. Sur la suite, Khadija a varié. Selon une version, Dlimi aurait intercepté la lettre et fait disparaître les frères – et aussi la machine à écrire saisie au domicile familial. Selon une autre, le roi aurait reçu la lettre mais éliminé les trois Bourequat car il ne pouvait supporter que son frère fût publiquement mis en cause. Cette explication ignore que la loyauté de Dlimi n'était pas douteuse en 1973, et que le prince Moulay Abdallah, qui menait une vie privée très intense, n'avait jamais donné le moindre signe d'intérêt pour l'exercice du pouvoir.

*

L'affaire devait connaître un rebondissement inattendu en 1981.

Khadija voulait quitter le Maroc et s'installer en France, où vivent l'une de ses sœurs et un quatrième frère. Elle reçut des services consulaires un passeport français, mais quand elle voulut prendre l'avion la police de l'aéroport la refoula sous prétexte qu'elle était marocaine. Trois tentatives auraient échoué de la sorte. La jeune femme quitta clandestinement le Maroc en passant dans l'enclave espagnole de Melilla (la contrebande, tolérée de part et d'autre, permet des fuites de ce genre), d'où elle s'embarqua pour Malaga. C'était le 7 avril 1981. Arrivée en France, elle s'installa chez sa sœur, à Villeneuve-Saint-Georges, dans le Val-de-Marne.

Un mois plus tard, François Mitterrand accédait à la présidence de la République. Khadija lui écrivit, ainsi qu'à de très nombreuses organisations humanitaires. Le 20 janvier 1982, elle reçut une réponse de Danielle Mitterrand : « Le dossier de vos frères est actuellement en cours de traitement au ministère des Relations extérieures. Soyez assurée que c'est avec une grande attention que je suivrai son développement. » Ce n'était pas vaines paroles. Une lettre partit de l'Élysée pour le palais de Rabat, soulevant le problème Bourequat. Elle n'eut pas de réponse. Le 22 avril, Danielle Mitterrand recevait Khadija, puis la confiait à l'une de ses collaboratrices, Cécile Sportis. Les Renseignements généraux, mis au fait, chargèrent un inspecteur de garder le contact avec elle.

La précaution n'était pas superflue. En juillet, alors qu'elle se rend par le train à Versailles pour un stage de formation professionnelle, trois Marocains l'abordent et la menacent : « Tu arrêtes de t'occuper de tes frères, tu ne poses plus de questions, sinon, tu vas avoir des ennuis sérieux. » Elle reconnaît l'un des policiers : il l'a interrogée à Rabat. Elle rend compte à l'inspecteur des Renseignements généraux, qui lui donne un numéro de téléphone où le joindre d'urgence.

Le 27 septembre, à Paris, en pleine rue, les trois hommes l'abordent de nouveau. « Si tu ne laisses pas tomber définitivement, il y aura une balle dans la tête pour toi et une autre pour ton fils. » Le fils vit avec son père en Bretagne. L'un des Marocains cite l'adresse.

Affolée, Khadija rentre chez sa sœur. Elle a le lendemain, en fin d'après-midi, un rendez-vous chez son dentiste parisien, avenue de Breteuil. Après bien des hésitations, elle décide de s'y rendre. Le dentiste la trouve nerveuse, tendue. Elle renonce d'ailleurs à se faire soigner et part précipitamment.

A 19 h 30, le téléphone sonne dans un bureau des Renseignements généraux. L'inspecteur chargé de Khadija est absent. Un policier de permanence décroche. Il entend une voix de femme, haletante : « Ils m'ont retrouvée, ils me suivent, je suis boulevard de... » La communication est coupée.

Le soir, Khadija ne rentre pas au domicile de sa sœur. La brigade criminelle est saisie. Le parquet de Créteil ouvre une information contre X pour « arrestation, détention et séquestration illégale de personne » (termes définissant parfaitement le sort subi par les frères Bourequat depuis neuf ans).

Sept jours plus tard, Khadija n'avait toujours pas reparu. Le 5 octobre, l'ambassadeur du Maroc était reçu au Quai d'Orsay. Le même jour, le porte-parole du Quai confirmait que Khadija avait saisi le ministère du cas de ses frères dès juillet 1973.

L'affaire se situait dans un contexte politique embarrassant. La Maison du Maroc à la Cité universitaire, rénovée, allait être inaugurée le 6 octobre en présence du prince héritier, le jeune Sidi Mohammed. Le 27 octobre, le président François Mitterrand devait se rendre en visite officielle au Maroc, et Rabat faisait grand cas de cette visite car le Parti socialiste et son ancien premier secrétaire n'avaient pas ménagé, du temps qu'ils étaient dans l'opposition, le régime de Hassan II et ses violations des droits de l'homme. Une nouvelle affaire Ben Barka allait-elle se mettre à la traverse de la réconciliation ?

Ces coïncidences de calendrier soulevaient un autre problème : Khadija n'aurait-elle pas choisi le moment idéal pour attirer l'attention sur son drame familial en simulant un enlèvement ? Les policiers n'écartaient pas l'hypothèse. Pour les autorités marocaines, c'était une certitude. Youssef bel Abbès, ambassadeur à Paris, dénonça « une histoire montée de toutes pièces » pour « nuire aux relations entre le Maroc et la France et saboter le voyage du président François Mitterrand ». A Rabat, l'irritation était manifeste, même dans les rangs de l'opposition, pour laquelle les frères Bourequat, naguère familiers du palais, ne comptaient pas parmi les victimes les plus touchantes de la répression.

Le 7 octobre, à 7 h 30, dix jours après sa disparition, Khadija se présenta au poste de police situé à l'entrée du tunnel de l'autoroute de l'Ouest, à Saint-Cloud. Elle déclara qu'elle avait été enlevée par deux Marocains, séquestrée et privée de toute nourriture. Elle fut conduite à l'hôpital de Saint-Cloud. Le commissaire Claude Cancès, chef adjoint de la brigade criminelle, l'y trouva « dans un état de grande fatigue ». Après vingt-quatre heures de soins, elle put être interrogée mais ses explications restèrent incohérentes, pleines de lacunes et de contradictions. On pouvait y voir la preuve indirecte d'une simulation. C'était peut-être aussi que la malheureuse, soumise à un chantage sur la vie de ses frères, devait taire les détails de sa séquestration. La première explication fut davantage retenue que la seconde. Il était cependant établi que le policier marocain reconnu par Khadija se trouvait bien en France au moment des faits.

Le soulagement des autorités marocaines fut manifeste. L'ambassadeur à Paris s'exclama : « Le roman policier se dégonfle ! ». L'euphorie poussa Rabat à publier un communiqué imprudent. Il spécifiait que Khadija Bourequat « n'est pas d'origine marocaine et, par conséquent, n'est apparentée ni de près ni de loin à la famille royale marocaine », ce qui était absurde car la naturalisation du père n'empêchait pas la mère d'être une Alaouite, cousine du roi. Surtout, le communiqué précisait que ses trois frères étaient impliqués dans une « affaire de chantage et de trafic d'armes ». Ainsi Rabat admettait-il enfin qu'il y avait une affaire Bourequat. On était en 1982. Les trois frères avaient disparu en 1973. La justice marocaine traitait le dossier sans confondre vitesse et précipitation. Aucune précision n'était donnée sur la juridiction saisie ni sur le lieu de détention des prévenus. Aucune explication non plus sur le fait que, neuf ans après leur arrestation, ils n'avaient pas songé à s'assurer le concours d'un avocat.

Khadija dit aujourd'hui que jusqu'à la mort de sa mère, survenue en 1984, le roi lui fit passer quelques informations sur ses fils. La mère sut ainsi que Ali avait été tué en 1983, au cours d'une nouvelle tentative d'évasion. Bayazid aurait été relâché, mais avec l'ordre de refaire sa vie quelque part dans le monde, sans jamais essayer de renouer avec un membre quelconque de sa famille. Midhat restait en otage pour garantir la discrétion de Bayazid.

Dans cette histoire ténébreuse, qui semble comme arrachée aux premières pages de la dynastie alaouite, dans les temps reculés où il n'était d'autre loi que le bon plaisir du sultan, mais qui se déroule alors que le Maroc songe à jeter un pont sur le détroit de Gibraltar pour relier l'Afrique à l'Europe, la seule certitude demeure que trois hommes disparurent le 8 juillet 1973 pour des raisons inconnues, et qu'aucun d'eux n'a depuis 1975 donné signe de vie.

L'auteur souhaite préciser que Madame Khadija Bourequat, après la publication de la première édition de ce livre, a assigné son auteur et son éditeur pour manifester son désaccord avec l'analyse faite de la situation de sa famille, et que le Tribunal de Grande Instance de Paris lui en a donné acte aux termes d'une ordonnance de référé en date du 19 octobre 1990.

XV

Le tour des frontistes

La répression ne chômait pas : juin 1971, procès de Marrakech ; février 1972, procès des militaires de Skhirat ; octobre 1972, procès des aviateurs ; 19 juin 1973, procès des commandos de Basri. Dans les trois dernières affaires, le trône avait été sévèrement agressé par ses adversaires, obligeant le roi à réagir à chaud, ce qu'il détestait par-dessus tout. La répression préventive avait sa préférence. Il pouvait choisir son moment et frapper alors que l'opinion publique internationale n'avait pas les yeux sur le Maroc. Les procès se déroulaient dans l'indifférence, permettant de doser finement punition et intimidation tout en sauvegardant la vitrine démocratique. L'UNFP était depuis sa création soumise à cette tactique typiquement hassanienne, qui laisse la victime pantelante sans lui ôter tout à fait la vie, de sorte qu'elle peut reprendre sa place dans la vitrine – mais la place exactement prescrite par le royal ordonnateur et dont elle avait prétendu sortir.

Abderrahim Bouabid et ses amis n'étaient pas les seuls à s'alarmer de la montée en puissance des gauchistes au sein de l'université. La vague de manifestations inquiétait le palais. La prise de contrôle de l'UNEM par les marxistes entraîna sa dissolution. Dirigeants et militants furent arrêtés par dizaines. Mais la contagion politique risquait de déborder les limites de la jeunesse estudiantine et d'atteindre la classe ouvrière, agitée au même moment par une série de grèves menées avec détermination. Hassan II voyait surgir une relève possible à l'opposition classique qu'il avait, au fil des ans, si parfaitement maîtrisée, voire domestiquée.

Le gauchisme marocain, tout autant que son homologue européen, procédait d'une sensibilité internationaliste, et la Palestine était son Vietnam. Nasser, longtemps, régna sur le cœur de la jeunesse marocaine. La nationalisation du canal de Suez et la mise en échec de l'expédition franco-britannique avaient suscité l'enthousiasme. On écoutait religieusement la radio du Caire. Même la déroute des Six Jours n'entama pas le prestige du Raïs, dont la mort subite fut pour le Maroc un deuil national. La Palestine prit le relais. Cercles d'études et comités de soutien se multiplient dans les universités et dans les lycées. Le poète Abdellatif Laabi crée la revue *Souffles* en 1966, les éditions Atlantes en 1967, l'Association de recherches culturelles en 1968, la revue *Anfas*, version arabe de *Souffles*, en 1969. Il traduit *La Poésie palestinienne de combat* et écrit un poème que tous les étudiants récitent : « Il a neigé sur Jérusalem toute la nuit ». En 1972, il prénommera sa fille Qods, qui est le nom arabe de Jérusalem. Un numéro spécial de *Souffles* sur la Palestine est épuisé en quelques jours. Dans les classes, les élèves arrachent le portrait du roi et écrivent à la place le mot *thaoura*, appris des Palestiniens, qui signifie révolution.

En 1967, Abraham Serfaty et un groupe de Juifs marocains publient un texte de solidarité avec la révolution palestinienne. L'année suivante, Serfaty entre au comité de rédaction de *Souffles*. Il quitte le Parti communiste avec Laabi, en 1970, sur un désaccord avec la ligne officielle à propos du Proche-Orient.

Pour Laabi et Serfaty, la solidarité doit aller au-delà des mots. Le moyen le plus efficace d'aider les Palestiniens serait à leurs yeux d'allumer des foyers révolutionnaires dans les pays arabes conservateurs qui freinent la lutte de libération.

Parallèlement, des militants de l'UNFP réfléchissent sur l'enlisement de leur organisation. Pour eux, les émeutes de mars 1965 restent un traumatisme majeur. Le peuple s'est soulevé sans que quiconque l'ait prévu et sans qu'aucun parti ait été en mesure de canaliser l'insurrection. Les dirigeants de l'UNFP, terrés chez eux comme toute la bourgeoisie marocaine, ont assisté dans l'impuissance la plus totale au déferlement puis à l'écrasement de l'émeute. Depuis, ils vivent entre la hantise d'un recommencement tout aussi incontrôlable, qui risquerait d'emporter toutes les structures de la société marocaine, et celle d'un putsch militaire instaurant une dictature musclée.

Enfin, les milliers d'étudiants marocains qui vont étudier à Paris, Bordeaux, Toulouse, Lyon, subissent la contagion des idées soixante-huitardes et se radicalisent au contact de leurs camarades français.

Trois organisations naissent : Ilal Amam (En avant), fondé par Serfaty et Laabi ; le Mouvement du 23 mars, ainsi nommé en mémoire de l'émeute de Casablanca, issu des cercles de réflexion créés par d'anciens militants de l'UNFP ; Servir le peuple, né d'une scission au sein du Mouvement du 23 mars. Ensemble, ils forment ce qu'on appellera le « Front ».

Ils ont en commun la référence marxiste-léniniste, la solidarité avec la Palestine, une fascination pour la révolution culturelle chinoise. Sous la langue de bois, qu'ils manient avec la même déplorable virtuosité que leurs homologues européens, par-delà leurs implacables querelles de sectes, une conviction partagée : le prolétariat marocain est tenu hors du jeu politique ; seul un travail en profondeur permettra de l'y faire rentrer.

Leur condamnation de l'opposition classique est sans nuances. En dix ans, elle a fait la preuve de son inefficacité. Ils lui reprochent de pratiquer la « lutte des places » au lieu de la lutte des classes. Le reproche n'est pas infondé : pour un Bouabid stoïquement fidèle à ses idées, combien de ralliements au palais, furtifs ou spectaculaires, par lassitude de voir les années passer sans perspective de parvenir au pouvoir, déchaînement d'appétits trop longtemps réfrénés, ou, plus honorablement, par désir de ne pas laisser inexploités des talents qui pourraient être utiles au Maroc ? Pour les frontistes, même un Bouabid ou un Ali Yata ont perdu tout crédit. Traînés d'élections truquées en conciliabules secrets avec le palais, toujours crédules et toujours floués, que font-ils, au bout du compte, sinon le jeu du roi et de la bourgeoisie?

En janvier 1972, Serfaty et Laabi sont arrêtés. Les lycéens se mettent en grève. Le pouvoir lâche du lest et libère ses prisonniers. Le 14 mars, la police arrête de nouveau Laabi et plusieurs dizaines de militants. Serfaty, alerté, échappe à la rafle. En août, une soixantaine d'accusés sont jugés par le tribunal de Casablanca pour atteinte à la sûreté de l'État. Tenu au même moment, le procès des commandos de Basri et de l'UNFP-Rabat accapare l'attention. Le verdict est impitoyable : vingt-cinq condamnations à perpétuité par contumace, dont celles de Abdelaziz Menebhi et d'Abdelwahed Belkebir, déclarés en fuite alors qu'ils sont détenus dans une prison secrète de la police; six militants condamnés à quinze ans de réclusion, treize à dix ans, un à huit ans, six à cinq ans.

Serfaty plonge dans la clandestinité.

*

Abraham Serfaty, promis à devenir un jour le plus ancien prisonnier politique du continent africain, est l'un de ces hommes à part dont le destin est tout entier forgé par leurs convictions. Il naît juif dans un pays où la communauté isréalite, par tradition immémoriale, se place sous la protection du trône, mais il deviendra l'adversaire irréductible du régime et l'objet de la vindicte personnelle de Hassan II. Il est antisioniste et propalestinien. Né en 1926 à Casablanca, il appartient à la génération du protectorat et de la lutte pour l'émancipation mais sera le dirigeant emblématique d'un front rassemblant une jeunesse née après l'accession à l'indépendance.

Études brillantes, jusqu'en mathématiques spéciales, au lycée Lyautey de Casablanca. En 1944 – il a dix-huit ans –, il adhère aux Jeunesses communistes marocaines après l'exécution par l'armée française de jeunes gens manifestant pour l'indépendance. L'année suivante, il devient membre du Parti communiste et part pour Paris préparer l'École des mines. Il en sort ingénieur civil des mines quatre ans plus tard, et retourne au Maroc.

A vingt-trois ans, avec une bonne tête ronde de Juif arabe sur un corps interminable culminant à un mètre quatre-vingt-dix, il est l'un des très rares autochtones diplomés d'une grande école française. Son avenir se présente sous les meilleurs auspices.

Mais, nommé directeur d'un chantier de recherche minière dans le Haut-Atlas, il démissionne au bout de quelques mois et rejoint le combat pour l'indépendance. Il s'installe à Casablanca et milite parmi les syndicalistes. La police française l'emprisonne deux mois en 1950. En 1951, il rencontre dans une famille de républicains espagnols exilés une superbe Andalouse, Joséfine, et l'épouse. Maurice naît en 1951. Cette même année, après un nouveau séjour en prison, la résidence l'exile en France avec sa sœur Évelyne, militante comme lui, sa femme et son fils. Sa vieille maman décide de suivre le mouvement. Le ministre de l'Intérieur de l'époque, François Mitterrand, l'assigne à résidence dans le Cantal, puis en Haute-Garonne. La smala regagne le Maroc après l'indépendance.

Sa carrière redémarre : ingénieur au Service des mines en 1956, directeur des mines et de la géologie en janvier 1959, il est détaché en juin 1960 à l'Office chérifien des phosphates en qualité de directeur de la recherche et du développement. L'office est alors la plus grosse entreprise du Maroc, son joyau industriel, le meilleur gage de son avenir économique. (Sa présidence, vrai pactole pour un homme averti, est convoitée par tout ce qui compte dans le royaume. Un ancien Premier ministre y fera sa fortune.) En 1962, il donne des cours à l'école d'ingénieurs Mohammedia.

Mais, toujours militant, il est arrêté une première fois en décembre 1962, puis en mars 1965, après les émeutes de Casablanca.

A toutes ces fonctions, il ajoute en 1965 des cours à la faculté des sciences économiques de Rabat. C'en est trop pour Joséfine, qui, entre les phosphates et la militance, ne voit plus son mari. Ils se séparent.

En novembre 1968, il est renvoyé de l'Office pour s'être solidarisé avec les mineurs de Khouribga en grève. Il se

consacre à l'école Mohammedia, dont il prend la direction
de la section mines avant d'être nommé directeur des
études en 1971. Parallèlement, il publie des textes sur les
problèmes culturels en Afrique et dans le monde arabe, la
question palestinienne, le sionisme, le judaïsme marocain.
En 1971, il devient membre correspondant du Centre palestinien d'études et de recherches de Beyrouth.

Son visage s'est creusé et arbore une épaisse moustache
noire. L'œil reste vif.

Quand la police manque son arrestation, le 14 mars 1972,
elle se rabat, selon ses habitudes, sur sa sœur et son fils.
Maurice, vingt ans, est battu comme plâtre. Il ne sait pas où
se cache son père. Évelyne le sait. Elle est toute petite,
presque une naine (un mètre quarante-six), comme si un
dieu distrait, ayant façonné le gigantesque frère, s'était
trouvé pris de court pour la sœur. Elle est sauvagement tor-
turée à l'électricité, fouettée, victime de simulacres d'exécutions. Elle mourra deux ans plus tard.

Du fond de la cellule où il allait passer huit ans, le poète
Abdellatif Laabi écrivit un beau et terrible poème où la torture est dite en mots de feu et que trament, lancinants, les
trois vers :

> *Tu parles ou on te tue*
> *Ils t'ont tuée, Évelyne*
> *Tu n'avais pas parlé.*

*

Recherché par la police, Abraham Serfaty passe de
planque en planque pendant un mois. En avril, des camarades le mettent en contact avec Christine Daure-Jouvin,
coopérante française, professeur d'histoire et de géographie
au lycée Mohammed V de Casablanca depuis treize ans. Elle
est la fille d'un prestigieux recteur de l'université de Caen,
Pierre Daure, grand résistant. Ses opinions sont progressistes et elle ne manque pas de courage : elle accepte de
cacher l'homme traqué. Allez savoir pourquoi, elle s'imaginait Abraham petit, rondelet et frisé... Elle découvre un gail-

lard aux cheveux plats qui la survole de très haut. Deux camarades en cavale, Abdellatif Zeroual et Belabes Mouchtari, rejoignent Abraham. En mai, Christine trouve près de chez elle un petit appartement à louer. Elle fait signer le bail par un coopérant français en partance pour la France et les trois clandestins s'y installent.

Une vie dangereuse, éreintante, excitante, commence alors, qui va durer deux ans et demi. Christine assure la matérielle, fait les courses, accompagne les trois hommes à leurs rendez-vous clandestins (un couple attire moins l'attention de la police qu'un homme seul). Ses collègues, ses enfants eux-mêmes, ignorent tout de sa double vie. Tension perpétuelle, épuisement physique, affres renaissant au plus léger retard, à la moindre présence suspecte à proximité du refuge clandestin. Française, elle est relativement protégée, mais connaît assez les us et coutumes de la police pour savoir que l'on peut aisément mourir d'un accident de la circulation.

L'action clandestine a aussi ses moments de grâce : un amour naît entre elle et Abraham, malgré l'affreuse barbe de coopérant qu'il s'est laissé pousser pour changer de physionomie.

Abdellatif Zeroual, vingt-huit ans, très brun, moustachu, fils d'instituteur, était enseignant et poursuivait des études de philosophie. Il écrivait aussi des poèmes. Son itinéraire politique était le même que celui de Serfaty, qu'il avait suivi après sa rupture avec le Parti communiste d'Ali Yata. Il était membre de la direction d'Ilal Amam. Responsable étudiant à Rabat, trop connu dans la capitale, il avait dû se replier à Casablanca. Belabes Mouchtari, vingt-deux ans, ami d'enfance de Zeroual, étudiait comme lui la philosophie.

Le 5 novembre 1974, Zeroual avait rendez-vous avec un militant du Mouvement du 23 mars. Vers midi, une jeune Marocaine vient prévenir Christine, chez elle, que la direction du 23 mars est arrêtée. Christine se précipite à l'appartement et alerte Abraham et Belabes. Ils changent de visage : Zeroual, qui devrait être rentré, n'est toujours pas là. Pendant cinq jours, les dispositifs de sécurité prévus en cas d'arrestation d'un membre de la direction sont mis en

place. Le 9 novembre, un samedi, Abraham dit à Christine :
« Nous ne reverrons pas Zeroual avant très longtemps. » Il
ajoute, confiant : « Je crois qu'il n'y aura pas d'autres arrestations : nous avons tout verrouillé. » Ils s'embrassent et se
séparent. Ils ne savent pas que c'est pour douze ans.

*

Le Dar el-Mokri était désaffecté depuis la mort d'Oufkir.
Dlimi, son successeur, avait décentralisé la torture entre
plusieurs villas de Rabat, un hangar désaffecté de l'aérodrome d'Anfa, et surtout le derb Moulay Cherif de Casablanca.

Derb Moulay Cherif est en fait le nom du quartier où
s'élève le commissariat du treizième arrondissement. C'est
une bâtisse en béton, très laide, haute de trois étages, qui
illustre parfaitement la double nature du régime marocain.
Côté rue, un commissariat banal où œuvrent des agents
débonnaires. Sur les arrières, une cour bordée de buissons,
gardée par les hommes des compagnies mobiles d'intervention, où seuls peuvent pénétrer les véhicules de la
police. Le centre d'interrogatoire occupe le rez-de-
chaussée ; les trois étages sont occupés par les familles des
flics : linge aux fenêtres et marmaille jouant sur les balcons,
quelques mètres au-dessus des suppliciés.

A droite du couloir central, les bureaux des commissaires
et inspecteurs. A gauche, les salles de tortures et les pièces
où l'on parque, allongés sur le sol, toujours menottés, les
yeux toujours bandés, les militants soumis à une garde à vue
qui peut durer des semaines, des mois, des années.

Le chef-tortionnaire était alors le commissaire division-
naire Hamiani, de la brigade nationale de la police judiciaire, qu'on prétendait sorti de Saint-Cyr. Un homme trapu,
épais, le visage réjoui, habillé comme tous ses adjoints avec
une extrême recherche. Aux militants qui lui exposaient
leur programme politique, il avait coutume de répondre
avec un rire gras : « Moi, je préfère le champagne et les
filles ! » Il s'exprimait presque toujours en français, l'arabe
étant réservé, dans les locaux du derb, au petit personnel.

Abraham Serfaty subit la panoplie classique des tortures adoptées au cours d'une pratique plus que décennale.

Le perchoir à perroquet, emprunté au Brésil (*pau de arara*), consiste à être pendu, les genoux repliés contre le thorax, les poignets liés aux chevilles, à une barre d'acier portée par deux chevalets.

Le supplice de l'eau présentait une amélioration par rapport à la baignoire classique des tortionnaires français : il suffisait d'une serpillière imbibée d'eau enfoncée dans la bouche. Abraham, qui avait subi cette torture après son arrestation de janvier 1972, nota un perfectionnement : la serpillière était maintenant simplement humectée, de sorte que la sensation d'étouffement restait la même mais que le supplice pouvait durer plus longtemps. Ses tortionnaires versaient aussi sur la serpillière un produit chimique non identifié, légèrement mousseux, qui, inexplicablement, le conduisait à se mordre les lèvres jusqu'au sang. Les militants de l'UNFP torturés à l'occasion des « complots » successifs avaient parlé de cette substance chimique dont ils affirmaient qu'elle les rendait fous.

Comme eux, Abraham fut pendu par les pieds et par les poignets, face au sol, à la barre placée entre les deux chevalets. Comme eux, le corps instantanément couvert de sueur, il eut l'impression que sa colonne vertébrale allait se briser. C'est le supplice de l'avion, réjouissant pour les tortionnaires car le sujet, à bout de souffrance, tente sans cesse de se soulever en tirant sur ses poignets et ses chevilles, mais retombe bientôt dans sa position insupportable, jusqu'à l'évanouissement.

Et, bien sûr, la traditionnelle falanga, qui consiste à frapper pendant des heures la plante des pieds du supplicié. Les coups étaient portés avec un tronçon de bande transporteuse faite de caoutchouc dur, renforcé de fibres en nylon et de fils d'acier. Hamiani avait amélioré la technique en ordonnant l'arrosage régulier des pieds avec de l'eau salée. Après deux mois de falanga, les pieds d'Abraham n'étaient plus que deux grosses cloques sanguinolentes.

Mais la torture est beaucoup plus que souffrance physique. Dans un texte écrit dix ans plus tard, et qui glace le cœur, Abraham Serfaty dira pourquoi il lui fallut attendre pour l'évoquer : « Lorsqu'on l'a subie si longtemps et si intensément qu'elle a pénétré votre corps et votre être, [en parler] est comme s'extirper une vomissure enfouie au fond de son corps. Tant qu'elle est encore vivace, et cela dure des années, il est impossible à soi-même de la voir en face. On doit au contraire tout faire pour oublier ces heures immondes, pour retrouver figure humaine après des mois et des mois d'avilissement physique, pour que le cœur ne tremble plus à chaque son qui rappelle cette voix de basse qui me chuchotait, à l'oreille, au plus profond de ma torpeur : *" Nuhud "* (lève-toi) – et je savais que c'était pour la torture [1]... »

Par bonheur, les tortures subies en janvier 1972 lui avaient laissé des séquelles cardiaques, de sorte que l'évanouissement venait vite. Après une séance particulièrement sévère, le 18 novembre, il fut exposé au froid, immobile, pendant de longues heures. Son cœur s'emballa. Les professeurs de l'hôpital Avicennes, où il fut transporté le lendemain, mirent en cause le système neurotonique. Les sévices furent remplacés par la privation de sommeil. A la fin décembre, il était au bord de la folie. La découverte par la police, sur révélation d'un militant torturé, d'une cache recelant les archives d'Ilal Amam, et notamment les fort imprudents procès-verbaux des réunions du secrétariat, relâcha la pression : Hamiani ne lui demanda plus que de confirmer ce qu'il connaissait déjà.

On l'avait arrêté avec, dans sa poche, un gros trousseau de clés, dont le commissaire voulait savoir quelles serrures elles ouvraient. Pour certaines, il s'agissait de locaux clandestins. Abraham ne parla pas.

Il marqua un point en évoquant devant ses bourreaux la révolution portugaise et le sort réservé à leurs confrères de la PIDE, la police secrète de Caetano. Cela jeta un froid sensible. Le commissaire principal Kaddour Yousfi, adjoint de Hamiani et responsable permanent du derb, eut sa revanche. Un jour, il reçut Abraham dans son bureau et entama une conversation banale, comme il eût fait avec un

---

1. *Les Temps modernes*, avril 1986.

détenu coopératif. Abraham, peu soucieux de provocation, répondit sur le même ton. Dissimulé sous le bureau pelotonné aux pieds de Yousfi, un militant qui venait de subir victorieusement la torture entendait tout et ne put pas ne pas croire que le dirigeant d'Ilal Amam marchait avec la police.

A partir de la mi-juillet commença pour tous les détenus la mise au point des procès-verbaux. Une troupe de fonctionnaires de police installa ses machines à écrire dans les bureaux du derb. La plupart des militants durent signer leurs dépositions bandeau sur les yeux. Les récalcitrants repassaient à la torture. Le 26 août, les premiers détenus partirent pour le palais de justice afin d'être présentés au juge d'instruction au terme d'une garde à vue longue de trois à neuf mois. (Selon l'article 82 du code de procédure pénale marocain, modifié par le dahir n° 159-451 du 18 septembre 1962, « la garde à vue ne peut durer plus de quatre jours sauf autorisation écrite du parquet pour une prolongation de quarante-huit heures ».) Soixante-dix-neuf détenus quittèrent ainsi le derb. Puis les départs furent interrompus sans explication. Vingt-six militants, dont Abraham Serfaty, restaient en attente.

Abdellatif Zeroual faisait problème.

*

Dès sa disparition, le 5 novembre, Christine Daure-Jouvin s'était efforcée de connaître son sort.

Elle sut que la police était allée le 10 novembre arrêter son père, ancien résistant, instituteur, six enfants, à son domicile de Berrechid, agglomération lugubre dont la seule illustration est son asile pour malades mentaux. Conduit au derb, le père d'Abdellatif fut interrogé – mais non torturé – pendant deux jours par des policiers qui lui demandaient sans relâche : « Où est ton fils ? Où se cache-t-il ? »

Elle apprit aussi qu'un militant arrêté avait été confronté deux fois avec Abdellatif.

Puis filtra le témoignage de deux autres militants détenus au derb. Ils avaient croisé dans un couloir Abdellatif partant pour une nouvelle séance de torture. Dans un état pitoyable, incapable de marcher, il était porté sur une peau de mouton par les policiers.

Le 11 novembre, un autre camarade, Abderrahman Nouda, sévèrement détérioré par la torture, doit être transféré à l'hôpital Avicennes de Rabat. Abdellatif Zeroual part avec lui. A peine arrivé, Nouda est renvoyé sans explication au derb. Trois jours plus tard, le 14, les policiers le réexpédient à l'hôpital. Là, quelqu'un lui dit : « Celui qu'on a amené avec toi vient de mourir. »

Le même 14 novembre au soir, Christine est arrêtée chez elle et conduite au derb. Interrogée, mise en demeure d'identifier les militants sur photos, elle voit derrière le commissaire, posée sur une étagère, une enveloppe commerciale portant la mention manuscrite en français « Abdellatif Zeroual ».

Ramenée chez elle, consignée à domicile avec deux policiers en permanence devant sa porte pour l'empêcher de sortir, elle est interrogée chaque jour par le commissaire Amri. Sans le nommer, de crainte d'être sommée de livrer d'autres noms, elle évoque sans cesse Abdellatif pour tenter de le protéger.

En décembre, l'angoisse la décide à sauter le pas. C'est que les ténèbres ne cessent de s'épaissir autour d'Abdellatif. Le bruit court qu'un certain Bekkali, professeur de philosophie, arrêté, serait décédé à l'hôpital de mort naturelle et que le corps aurait été rendu à sa famille. Personne, parmi les militants, ne connaît ce Bekkali. Christine « avoue » donc au commissaire Amri qu'elle connaît le nom du militant qui partageait le logement d'Abraham et qu'elle a vu ce nom écrit sur une enveloppe posée sur une étagère du derb. La réaction du commissaire est stupéfiante : fou de rage, il lui saute à la gorge, comme s'il voulait l'étrangler, et hurle qu'elle espionne la police jusque dans ses locaux. Puis il se calme, se rassied, et, la tête baissée, murmure : « Eh bien, oui, il s'appelle Abdellatif Zeroual, et nous l'avons arrêté. L'enveloppe, c'est le contenu de ses poches. »

Abdellatif, impitoyablement torturé pour qu'il livre, entre autres choses, la cachette de Serfaty, avait au bout de cinq

jours atteint le point de non-retour. Le commissaire
Hamiani tenta d'abord de dissimuler son arrestation : tandis
que le malheureux agonisait dans une cellule du derb, son
père, dans un bureau voisin, était interrogé comme s'il était
en fuite. Mais les tracts annonçant sa capture, diffusés par
Ilal Amam, ne laissaient aucune chance au subterfuge.
Hamiani inventa alors ce Bekkali, destiné à mettre une étiquette inoffensive sur le cadavre d'Abdellatif. Le témoignage de Christine Daure-Jouvin ruinait cette nouvelle tentative.

Abdellatif Zeroual était mort le 14 novembre à l'hôpital
des suites des tortures endurées au derb.

Condamné à perpétuité par contumace, comme Serfaty,
au procès d'août 1973, il avait écrit dans la clandestinité un
poème, *Le Martyr*, qui serait aussi son épitaphe :

> *Me voici, tombant sur la place*
> *Je porte mon cœur comme une fleur*
> *Rouge*
> *Qui goutte à goutte se vide de son sang*
> *Me voici nu, rampant parmi les morts*
> *Je rassemble la force en moi*
> *Pour saisir le drapeau déchiré*
> *J'attise avec mon sang*
> *L'étincelle ardente parmi les cendres*
> *Me voici, payant le prix du sacrifice.*
> *Bénis ma mort, ô mon amour.*

Un adieu à Abdellatif Zeroual, militant internationaliste
marocain, philosophe et poète, tombé sur l'obscur champ
de bataille du derb Moulay Cherif.

*

Christine Daure-Jouvin signa un procès-verbal reconnaissant avoir aidé Serfaty et Zeroual. Il lui fut rendu car « il ne
convenait pas en haut lieu ». Le nom de Zeroual était de
trop. Toutes les autres formulations qu'elle proposa furent
rejetées pour la même raison.

En juin 1975, autorisée à sortir de chez elle, mais son passeport confisqué, elle se rend au derb pour demander des nouvelles. On lui en refuse l'entrée. Le commissaire Yousfi lui parle derrière les grilles. Son visage couturé de cicatrices exprime une profonde stupeur : personne ne vient de son propre chef au derb, côté cour. Il refuse de donner la moindre information.

Elle commence alors la rédaction d'un texte dans lequel elle évoque Zeroual. La police le sait. Le commissaire Amri l'interroge sur le contenu. Il est donc évident qu'elle témoignera au procès et que le sort du disparu sera évoqué. Pour la première fois depuis l'indépendance, la police devra reconnaître qu'un homme est mort en garde à vue. C'est d'autant plus fâcheux pour le pouvoir qu'il veut réaliser l'union nationale sur le problème du Sahara occidental. La révélation d'une bavure meurtrière risquerait d'entacher le tableau. Aussi décide-t-on de geler provisoirement le règlement de compte avec les frontistes. Le processus de présentation des militants au juge d'instruction est interrompu. Abraham Serfaty et ses vingt-cinq camarades restent détenus au derb.

Un jour, Christine est convoquée par Abderrahim Berrada, avocat des frontistes. Il lui tend un procès-verbal. C'est l'acte de décès officiel d'Abdellatif. Tous les deux pleurent.

Le pouvoir s'était résigné à reconnaître la mort du supplicié. Bien entendu, le procès-verbal indique qu'elle est due à des causes naturelles. Dès son arrestation, Abdellatif se serait plaint de violentes douleurs au ventre. La police, renonçant à l'interroger, aurait aussitôt appelé un médecin. Les soins prodigués à l'hôpital Avicennes n'auraient pas réussi à le sauver.

Mais Christine l'avait vu en parfaite santé le matin même de son arrestation. Un camarade avait été confronté deux fois avec lui alors que la police affirmait à présent ne pas l'avoir interrogé. Enfin, si Abdellatif était décédé de mort naturelle, pourquoi n'avoir pas rendu le corps à sa famille ?

Christine sera expulsée du Maroc.

La Marche verte sur le Sahara a lieu en novembre 1975. Deux mois plus tard, le 15 janvier 1976, Abraham Serfaty et ses vingt-cinq camarades, toujours menottés, le bandeau sur les yeux, sont entassés dans des fourgonnettes et conduits au palais de justice. On leur enlève menottes et bandeaux dans l'escalier en colimaçon menant au cabinet du juge d'instruction.

En voyant entrer dans son bureau un Abraham qui émergeait de l'enfer d'une garde à vue de quatorze mois, titubant sur ses pieds déformés par la falanga, les poignets profondément entaillés par le port permanent des menottes, les doigts paralysés par un syndrome de Raynaud qui l'empêchera d'écrire pendant des années, le juge d'instruction l'accueillit par ce mot sublime : « Vous avez de la chance que nous soyons en démocratie. »

XVI

La Marche verte

Si l'on avait dit en 1972 à Mustapha el-Ouali, jeune géant barbu beau comme un dieu, qu'il n'était pas marocain, il eût marqué la plus vive surprise. Quatre ans plus tard, devenu secrétaire général du Front Polisario, il tombait les armes à la main face à l'armée marocaine. C'est dire que le problème du Sahara occidental n'est pas simple.

Si l'on adopte la thèse marocaine, la comparaison avec l'Alsace-Lorraine, inlassablement ressassée par Hassan II, reste peu satisfaisante. La France avait perdu ces deux provinces en conséquence d'une défaite militaire classique, suivie d'un retour rapide de l'armée prussienne victorieuse à l'intérieur de ses frontières. Il est vraisemblable que pour les populations bretonnes, ou gasconnes, qui n'avaient pas vu l'ombre d'un soldat ennemi, la perte de l'Alsace-Lorraine, certes douloureuse, restait largement abstraite. Le Maroc, au contraire, démembré par les accords passés entre puissances coloniales, fut occupé pendant plus de quarante ans. Chaque Marocain a vécu dans sa chair cette longue humiliation. Quand l'indépendance vint enfin, la revendication des territoires restés sous domination étrangère, tel le Sahara occidental – toujours selon la thèse marocaine –, n'était pas une démarche plus ou moins abstraite : elle renvoyait chacun au souvenir intime du traumatisme colonial. C'était un compte à régler avec soi-même autant qu'avec l'Espagne. Pour que la comparaison avec l'Alsace-Lorraine fût opérante, il faudrait imaginer que la Prusse, après avoir occupé la France pendant quarante ans, l'ait évacuée en gardant deux de ses provinces sous sa domination : leur retour dans le sein national serait devenue l'affaire de chaque Français.

Pour Allal el-Fassi, le vieux chef nationaliste, la récupération du Sahara jusqu'au fleuve Sénégal était un devoir sacré. Le communiste Ali Yata ne lui cédait en rien sur l'intransigeance et le fqih Basri n'avait pas une position différente. Quant à Mehdi ben Barka, nuancé sur la Mauritanie, il ne supportait pas que le marocanité du Sahara occidental fût mise en doute devant lui. Du grand bourgeois fassi au plus pauvre paysan de la montagne, du militaire à l'intellectuel, l'unanimité est pratiquement sans faille. Quand Hassan II déclare, comme il aime à le faire, qu'il est sur l'affaire du Sahara le plus modéré des Marocains, il a raison. Son père méritait le même compliment. Mais c'est justement cette attitude du trône qui, dans une large mesure, créa un problème là où il n'y en avait pas – un peuple sahraoui là où nomadisaient jadis quelques tribus faisant plus ou moins allégeance au sultan.

Pour les résistants et les combattants de l'Armée de libération nationale, l'indépendance ne se concevait que totale. Cinq mille d'entre eux, plutôt que de se fondre dans les Forces armées royales, gagnèrent le Sud et engagèrent le combat contre l'occupant espagnol. Ils luttaient au coude à coude avec les tribus unanimes à vouloir secouer le joug. Si le trône les avait soutenus, leur élan n'eût-il pas été irrésistible ? Sans doute, Franco régnait. Aurait-il, après avoir consenti à évacuer le nord du Maroc, engagé une armée dans un combat douteux, si loin de ses bases, dans un territoire où l'Espagne n'avait jamais exercé qu'une souveraineté somnolente et peu profitable, et alors que le vent de la décolonisation soufflait sur le monde ? La question ne se posa pas car, pour Mohammed V et son fils aîné, la libération du Sahara passait après l'affermissement de leur pouvoir encore frêle. Pour eux, les combattants du Sud étaient des rebelles en puissance dont la mise au pas s'imposait. Ce fut l'opération franco-espagnole Ouragan-Écouvillon, exécutée en parfaite coopération avec les Forces armées royales. Tandis que les tribus se débandaient sous les bombes, l'armée du Sud était désarmée. Sur place, la répression espagnole fut impitoyable. Franco paya la collaboration royale en rétrocédant la zone de Tarfaya.

Cela ne sera jamais oublié par les tribus.

Le trône se résigna ensuite, malgré quelques gesticulations diplomatiques, à la création d'une Mauritanie indépendante. A la vérité, une politique inverse eût été difficile à soutenir. La Mauritanie, intégrée à l'AOF, suivit le mouvement d'émancipation de l'Empire français : autonomie interne en 1956, proclamation d'une République islamique membre de la Communauté en 1958, indépendance totale en 1960. Une guerre eût été nécessaire pour que ses citoyens se reconnussent de force sujets de la monarchie chérifienne. Mais la Mauritanie était bien davantage qu'un lointain désert dans la mémoire collective marocaine. Tout au long de l'histoire du royaume, c'est du grand sud que se levèrent, par vagues successives, les tribus guerrières qui jetèrent à bas les dynasties finissantes. Les Almoravides, partis d'une île sableuse de la Mauritanie, marchèrent vers le nord au XIe siècle. Leur chef, Youssef ibn Tachfin, fonda Marrakech, où l'on peut voir aujourd'hui son tombeau, proche de la place Jemaa el-Fna et de la mosquée de la Koutoubia, à la construction de laquelle, à l'exemple du Prophète, il travailla de ses propres mains. En trente-cinq ans, cet homme hors du commun unifia pour la première fois le Maroc et créa un empire qui s'étendait des rives du Sénégal aux abords de Madrid, et englobait la Kabylie. Après lui, les dynasties marocaines ne devaient jamais plus exercer leur souveraineté sur des territoires aussi vastes. En acceptant une Mauritanie indépendante, c'était la page la plus brillante de son histoire que le peuple marocain devait, d'une certaine manière, arracher.

Et qui Hassan II choisit-il pour aller porter ses compliments au président de la Mauritanie indépendante ? Allal el-Fassi, bien sûr, le nationaliste le plus intransigeant, qui accepta de se renier puisqu'un ordre du roi ne se discute pas. Hassan n'aime les hommes que brisés.

Mais il avait fait preuve de réalisme, comme il fera

presque toujours en politique étrangère. Même si ce vaste domaine échappe au propos de ce livre, comment ne pas observer que le crédit acquis par le roi sur la scène internationale incite des hommes honorables à fermer les yeux sur le passif d'une politique intérieure sinistre? Une intelligence et une culture rares chez les chefs d'État se conjuguent chez lui avec un cynisme jovial, propice aux arrangements, fût-ce au prix des retournements les plus spectaculaires. Son dialogue bon enfant avec le colonel Khadafi, qu'il rencontre en août 1984 à la stupeur générale, et avec lequel il va signer un accord d'union mettant un terme à vingt années d'hostilités qui n'étaient pas seulement verbales : « Naturellement tu as tout essayé pour me renverser... », et Khadafi de rétorquer : « Naturellement, mais toi aussi ! » Force est de reconnaître que, dans les relations mouvementées avec l'Algérie, il fut rarement boutefeu, presque toujours disposé au compromis et à l'entente. L'un des premiers, il comprit que Palestiniens et Israéliens n'avaient d'autre choix que d'accepter réciproquement leur existence, et prôna la création d'un État palestinien. Sa politique proche-orientale, compte tenu d'une solidarité constante avec les régimes arabes les plus réactionnaires (étant ce qu'il est, le contraire étonnerait), se distingue par une souplesse inventive excluant tout reniement. En 1973, il envoie un contingent en Égypte, un autre en Syrie, et l'on croit qu'il se débarrasse ainsi de militaires encombrants, mais la guerre du Kippour éclate, les troupes expédiées en Syrie se couvrent de gloire en se faisant hacher sur le Golan, et chacun d'admirer la prescience royale. Après l'incendie de la mosquée El-Aqsa, il fonde le comité El-Qods (Jérusalem), dont il préside les réunions annuelles. En même temps, il reçoit Nahum Goldmann, président du Congrès juif mondial, au grand dam des progressistes arabes et des dirigeants israéliens. Il est avec Sadate le seul chef d'État arabe invité par Israël. En 1983, il élabore le plan de Fès, étape importante sur la voie d'un règlement définitif au Proche-Orient. En juillet 1986, il pousse l'audace jusqu'à recevoir au Maroc Shimon Pérès, Premier ministre israélien. Et l'on dira, à juste titre sans doute, que cet acte specta-

culaire était imposé par le parrain américain en échange
d'un rééchelonnement de l'écrasante dette marocaine, mais
enfin il avait eu lieu, et les esprits rassis se réjouirent de ce
que l'indispensable dialogue eût fait un progrès de plus.

En direction de l'Europe et de l'Afrique, même pragmatisme et guère de faux pas.

Son seul échec, en somme, se situe dans le domaine qui,
plus qu'aucun autre, passionne les Marocains : le recouvre-
ment de ce qu'ils nomment « les provinces spoliées ».

*

Échaudés par le trône, les Sahraouis en appelaient à
l'opposition. Mais que pouvait faire pour eux une opposition
toujours brimée et sans cesse réprimée ? Rituellement,
chaque parti clôture son congrès par la revendication du
Sahara occidental, de Ceuta et de Melilla ; Allal el-Fassi fait
vibrer les foules en évoquant la patrie toujours mutilée ;
Bouabid étonne ses amis français avec des interviews qu'ils
jugent imprégnées d'un déplorable chauvinisme. Paroles
verbales...

Concrètement, la solidarité vint des anciens résistants.
Ainsi le fqih Basri organisa-t-il l'accueil de deux cents
enfants, fils de combattants des tribus, évacués du Sahara
espagnol après Écouvillon. Ils sont installés au foyer Dar
Touzani, à Casablanca. Parmi eux, un longiligne garçon
nommé Mustapha el-Ouali. Qui aurait imaginé à l'époque
que Dar Touzani serait la pépinière des futurs dirigeants du
Front Polisario ?

Les années soixante furent vides d'événements. A Tata,
Agadir, Casablanca, Rabat, les réfugiés sahraouis s'éprouvaient abandonnés à leur sort. Les empires coloniaux ache-
vaient partout de se défaire mais l'Espagne franquiste ne
manifestait aucune intention de lâcher le Sahara, et le roi
du Maroc semblait trop occupé à en découdre avec son
propre peuple pour l'y contraindre.

Le problème resurgit à l'orée de la décennie suivante.
Sous la houlette des Nations unies, l'Espagne entame le processus de décolonisation du Sahara occidental. Un référen-

dum d'autodétermination devrait permettre aux tribus de décider de leur sort. Pour le Maroc, une telle procédure est exclue puisqu'elle consisterait à demander à des Marocains quelle est leur nationalité. Or, selon un adage si répandu qu'il a presque valeur constitutionnelle : « La nationalité marocaine ne se perd ni ne s'acquiert. »

Le fqih Basri, toujours pérégrinant, rencontre à Tripoli, en 1972, Mustapha el-Ouali, perdu de vue depuis douze ans. El-Ouali, étudiant, a milité à l'UNEM et voyage avec un passeport marocain à son nom. Il n'est question pour lui que de reprendre le combat interrompu en 1960. Selon Basri, il ne s'interroge d'aucune manière sur son appartenance nationale. Arrivé dans ces dispositions d'esprit chez le colonel Khadafi, il en repartira avec quelques idées neuves. A Alger, un peu plus tard, il trouvera encore des conseillers officieux.

Lorsque l'Armée de libération nationale se battait au Sahara contre l'occupant espagnol, la Mauritanie n'existait guère, l'Algérie se composait de trois départements français et la Libye n'était qu'une nullité végétant sous son vieux roi Idriss. La Mauritanie réclamait à présent une part du gâteau saharien ; le colonel Khadafi, ennemi juré de Hassan II, fort de son trésor de pétrodollars et d'une énergie lancinante, prônait la création des États-Unis du Sahara, dont la capitale, curieusement, serait la ville libyenne de Ghadamès ; l'Algérie lorgnait vers l'Atlantique et songeait qu'un petit État vassal lui ouvrirait une fenêtre sur l'Océan.

A la fin des années cinquante, le Maroc accédait à l'indépendance dans une unité qu'il n'avait jamais connue, soudé autour de Mohammed V, et s'imposait comme la figure de proue du Maghreb. Douze ans plus tard, les émeutes de Casablanca, suivies des deux putschs de 1971 et 1972, en faisaient l'homme malade de ce même Maghreb.

Dans les relations internationales, le temps perdu ne se rattrape pas et l'histoire repasse rarement les plats.

En 1972, des jeunes Sahraouis organisent à Tan-Tan, au sud du Maroc, des manifestations contre l'occupation espagnole. La police de Hassan II les disperse sans ménagement. L'opposition se tait.

Le 10 mai 1973, le Front Polisario est créé.

Le 20 mai, Mustapha el-Ouali, armé d'un vieux fusil, enlève avec deux camarades le poste espagnol de El-Khanga.

Chronologiquement, et de manière symptomatique, c'est une lettre du communiste Ali Yata attirant l'attention du roi sur l'urgence d'une réaction qui déclenche la mobilisation marocaine. Que cette lettre ait été sollicitée, comme il est probable, n'enlève rien au caractère symbolique de la démarche : le dirigeant politique apparemment le plus éloigné du trône demande au roi de réaliser l'union sacrée.

Elle se fit sans difficulté puisqu'elle correspondait à une réalité. Le mot consensus est trop faible pour décrire l'état d'esprit de la classe politique, toutes tendances confondues. Oubliant son lourd contentieux avec le roi, les enlèvements, les tortures, les siècles de prison infligés à ses militants, l'opposition s'engagea à fond dans la vaste offensive diplomatique lancée par Hassan II pour plaider dans le monde le dossier marocain. A chaque émissaire échut un lot de pays correspondant à ses affinités. Pour Ali Yata, sept pays de l'Est. Pour Abderrahim Bouabid, la Chine, l'Inde, la Turquie, l'Iran et l'Indonésie. Un sort cruel voulut que Allal el-Fassi, qui se battait depuis si longtemps pour la cause sacrée des « provinces spoliées », ne pût prendre, lui aussi, son bâton de pèlerin : il mourut au mois de mai 1974, juste avant le lancement de la campagne diplomatique. Ce fut donc Mᵉ Mohammed Boucetta, son successeur au secrétariat général de l'Istiqlal, qui porta la bonne parole en Égypte, en Éthiopie, en Somalie et au Soudan.

Les missi dominici rentrèrent satisfaits de leur tournée.

Le roi, dans cette ambiance euphorique, annonça qu'il repoussait de nouveau la date des élections législatives, qui auraient dû normalement se tenir trois ans plus tôt. Le 2 mai 1975, il déclara à Jacques Jacquet-Francillon, du *Figaro*, qu'un pays en période électorale est un pays qui fait du strip-tease. L'union sacrée eût rendu cet exercice impudique.

Sur le plan diplomatique, le Maroc marqua un point en obtenant des Nations unies qu'elles ajournent le référen-

dum d'autodétermination et consultent la cour internationale de La Haye.

Sur le terrain, le Polisario, armé par la Libye et l'Algérie,
multipliait les coups de main contre les garnisons espagnoles.

L'hebdomadaire *Al Bayane*, organe du Parti du progrès et
du socialisme d'Ali Yata, fut autorisé à devenir quotidien.
Dans l'éditorial annonçant l'événement, Ali Yata précise
que le journal « se consacrera au maximum à l'union de
toutes les forces nationales anti-impérialistes, surtout pour
que soient respectés nos intérêts nationaux ».

La cour de La Haye rendit son verdict le 16 octobre 1975,
juste après qu'une mission d'enquête de l'ONU eut opiné
pour le recours au référendum. La tâche des juges de La
Haye n'était point aisée. Peuplée essentiellement de
nomades (on estimait le nombre des Sahraouis à soixante-
quatorze mille), le territoire contesté n'avait jamais été régi
par des textes et l'on y eût vainement cherché des bornes
frontières. La cour de La Haye prononça un jugement
nuancé. Elle admit qu'au moment de la prise de contrôle
par l'Espagne, plusieurs tribus, mais non pas toutes, faisaient allégeance à la monarchie chérifienne. En revanche,
elle reconnaissait « l'existence de droits, y compris des
droits relatifs à la terre, qui constituent des éléments juridiques entre l'ensemble mauritanien et le territoire du
Sahara occidental ». Aucune de ces indications n'était, à son
sens, suffisante pour empêcher l'application de la résolution
de l'ONU prévoyant un référendum d'autodétermination.

Quelques heures plus tard, Hassan II annonçait à son
peuple et au monde le lancement de la Marche verte.

*

L'idée était tout bonnement géniale. Elle naquit sans
doute du souvenir de la route de l'unité : au lendemain de
l'indépendance, Hassan, alors prince héritier, avait appelé
la jeunesse marocaine à construire avec lui la voie qui, à travers la montagne, réunirait les zones de protectorat française et espagnole, que les deux puissances coloniales

tenaient jalousement séparées. Douze mille volontaires répondirent, que le prince conduisit lui-même à l'ouvrage, torse nu et pic à la main.

Cette fois, ils seraient trois cent cinquante mille à déferler sur le Sahara. « Je serai le premier volontaire », annonça le roi. L'Istiqlal, L'UNFP et le PPS d'Ali Yata demandèrent que le gouvernement distribuât des armes aux marcheurs. Mais Hassan se garda bien d'une pareille imprudence : plutôt que de fusils, dont nul ne pouvait prévoir l'usage qu'ils en feraient, les volontaires ne seraient armés que de la photo du roi et d'un exemplaire du Coran. Au reste, l'imparable efficacité de la marche tenait justement à son caractère pacifique. « Nous serons tous désarmés, déclara Hassan II, parce que nous ne voulons pas la guerre avec l'Espagne. » Le monde accueillit le projet avec une incrédulité teintée de commisération. Une revendication territoriale sérieuse ne pouvait être soutenue que sérieusement, avec des chars et des avions. L'ambassadeur d'Espagne aux Nations unies jugea la décision « absurde » et déclara qu'elle relevait « du domaine de l'anecdote ».

Le Maroc fut soulevé par une exaltation telle qu'il n'en avait pas connu depuis la grande fête de l'indépendance. Toutes les organisations politiques, syndicales, religieuses, apportèrent leur appui au roi. Les bureaux ouverts pour l'inscription des volontaires furent pris d'assaut.

Le 5 novembre, tout était en place. Des centaines de trains spéciaux avaient amené les marcheurs à Marrakech. De là, plus de dix mille autocars et camions les avaient conduits à Tarfaya, huit cents kilomètres plus au sud. L'eau et les vivres nécessaires étaient stockés. Cinq cents médecins et infirmières pourvoieraient aux défaillances.

Au soir du 5 novembre, Hassan II, grave, tendu, s'adressa au peuple : « Demain, tu fouleras de tes pieds une partie du sol de la patrie. Demain tu franchiras la frontière par la volonté de Dieu... La Marche verte est pacifique. Si tu rencontres un Espagnol, civil ou militaire, échange avec lui le salut et invite-le sous la tente à partager le repas... S'il tire sur toi, poursuis ta marche armé de ta seule foi, que rien ne saurait ébranler. Et s'il advient que des agresseurs autres qu'Espagnols entravent ta marche, sache que ta valeureuse armée est prête à te protéger. »

Cette dernière phrase était un avertissement à l'Algérie, qui avait massé des forces sur sa frontière sud-ouest et se déclarait en état de mobilisation.

Le 6 novembre au matin, le premier contingent s'ébranla sur la frontière saharienne. Soixante-quinze mille hommes et femmes formant un cortège d'une dizaine de kilomètres, drapeaux marocains au vent, criant : « *Allahou akbar!* » (Dieu est le plus grand), avancèrent dans le désert, sous un ciel gris, jusqu'à la première ligne de défense espagnole. Le tableau était fantastique. Un peuple, vraiment, était en marche. Un campement s'improvisa sous le canon des blindés espagnols. Le général Gomez de Salazar avait assuré que ses troupes possédaient « un moral extraordinaire » et qu'elles étaient « prêtes à repousser toute agression ».

Franco bien vivant, il eût été fort imprudent d'exposer cette masse désarmée aux mitrailleuses espagnoles; mais, à Madrid, seul l'acharnement thérapeutique de ses médecins maintenait le vieux dictateur en survie artificielle. Juan Carlos, chef d'État par intérim, ne souhaitait pas que la première page de son règne fût éclaboussée de sang. Des pourparlers s'engagèrent, qui aboutirent rapidement à l'accord de Madrid : le Sahara occidental était partagé entre la Mauritanie et le Maroc. Les Cortès espagnols entérinèrent l'accord le 18 novembre; deux jours plus tard, Franco mourait.

Il n'était pas question du Polisario, dont l'ONU et la cour internationale de La Haye ne s'étaient pas davantage souciées. Exclu des débats juridiques et des palabres diplomatiques, il n'avait pour lui que de tenir le terrain.

Pour apaiser le souci des Nations unies d'entendre le vœu des populations sahraouies sur leur propre destin, l'accord de Madrid prévoyait à son article trois que « l'opinion de la population sahraouie, exprimée à travers la Jemaa, sera respectée ». La Jemaa était l'assemblée sahraouie. Le 6 décembre, à Alger, cinquante-sept de ses membres sur cent quatre, auxquels devaient s'ajouter dix autres « retenus au combat », ainsi que des chefs de tribu, annonçaient leur ralliement inconditionnel au Front Polisario, « seul représentant légitime du peuple sahraoui ».

Cette fausse note n'assombrit pas l'enthousiasme marocain. Les Forces armées royales, placées sous le commandement de Dlimi, avaient pris le relais des pacifiques marcheurs : elles auraient tôt fait de balayer les commandos de Mustapha el-Ouali.

Une guerre commençait, qui n'est toujours pas terminée seize ans plus tard.

Mais Hassan II s'était acquis une stature historique. Son père était entré dans l'histoire comme « le Libérateur ». Le fils serait désormais appelé par sa presse « le Réunificateur, le Sauveur et le Rassembleur ». Le 28 mars 1986, il fera cette confidence à Jean Daniel : « Après la Marche verte, j'ai dit à mon fils : " Écoutez, si vous savez vous y prendre, je vous ai donné un siècle de tranquillité. " »

*

Dans l'euphorie de l'union sacrée, le pouvoir relâcha sa pression. La censure préalable de la presse fut supprimée. Comme on l'a vu plus haut, les soixante-douze militants de l'UNFP-Rabat acquittés à l'issue de leur premier procès et aussitôt raflés par la police bénéficièrent presque tous d'un acquittement à l'issue du second procès, en juillet 1976. Entre-temps, Abderrahim Bouabid avait structuré sa fraction et créé l'Union socialiste des forces populaires (USFP), qui se rallia rapidement la plupart des militants de l'ancienne UNFP. Au congrès constitutif, il affirma sa volonté de modération et son espoir de promouvoir, en plein accord avec le palais, une démocratisation progressive du régime. Lorsque le roi fixa – enfin ! – les élections législatives au 3 juin 1977, il accepta, avec Mohammed Boucetta, secrétaire général de l'Istiqlal, d'entrer au gouvernement en qualité de ministre d'État pour surveiller la préparation et le déroulement du scrutin.

Mais le premier secrétaire de l'USFP, pourtant riche d'une expérience politique fertile en péripéties, devait encore apprendre que Hassan II n'était pas homme à abandonner une élection aux aléas de l'union sacrée. Les résultats donnèrent quatre-vingt-un sièges aux indépendants. Ahmed Alaoui, ancien ministre, directeur de journaux et familier du roi, élu député indépendant à Fès, résumait aussitôt la doctrine du groupe : « Le hassanisme. » Les partis proches du pouvoir dépassaient la majorité absolue. L'Istiqlal, avec quarante-cinq sièges, pouvait s'estimer heureux. Ali Yata, récompensé de ses vertus patriotiques, était élu à Casablanca, ce qui permettait aux tenants du hassanisme de demander hautement quel autre pays arabe ou africain s'ornait d'un député communiste siégeant au Parlement. En revanche, l'USFP encaissait un véritable désastre : seize sièges. Bouabid lui-même subissait une défaite écrasante à Agadir.

L'USFP annonça aussitôt que les résultats « dépassaient les limites ». Dans le langage codé de la politique marocaine, l'expression signifie que le pourcentage de fraudes sur lequel on s'était accordé n'a pas été respecté. Selon le bureau politique, les scores officiels « ne reflètent nullement la réalité du pays, mais tendent à dénaturer dans des proportions incroyables la volonté et le choix des électeurs ». L'échec sans appel de Bouabid à Agadir (6 199 voix contre 35 998 à son adversaire) s'expliquait d'autant moins que la ville, aux élections municipales tenues sept mois plus tôt, avait donné une large majorité à l'USFP. Même phénomène à Rabat, où l'USFP était en tête aux municipales et écrasée aux législatives. Aux arrestations classiques de militants de l'opposition pour les empêcher de participer à la campagne et aux pressions habituelles de l'administration, le pouvoir avait ajouté cette fois-ci une fraude ingénieuse portant sur la couleur des bulletins. Dans un pays où règne l'analphabétisme (70 % de la population), un nombre considérable d'électeurs vote selon la couleur attribuée aux partis. L'USFP avait des bulletins jaunes. Dans maintes circonscriptions, dont Rabat, les candidats indépendants avaient fait imprimer leur bulletin sur papier jaune... L'Istiqlal, de son côté, dénonça des irrégularités qui allaient « de la falsification des résultats aux arrestations de militants, dont certains se trouvent toujours incarcérés ». Mais son secrétaire général, Mohammed Boucetta, déclara sans rancune que cela n'empêcherait pas l'Istiqlal de participer au prochain gouvernement.

On se battait toujours au Sahara. L'union sacrée continuait de s'imposer. Quant aux frontistes, seuls à rompre l'unanimité nationale, leur sort avait été réglé au début de l'année.

XVII

Le procès des gisants

De janvier à mars 1976, de nouvelles rafles avaient fait tomber dans les filets de la police plusieurs dizaines de militants frontistes ; ainsi fut pris Belabès Mouchtari, le dernier des trois clandestins cachés par Christine Daure-Jouvin.

Tous connurent l'horreur du derb Moulay Cherif.

Il existe un marché commun de la torture. Une technique inédite et efficace ne tarde guère à être adoptée dans le monde entier. La Gestapo avait popularisé la baignoire. Avec la fameuse « gégène », la France apporta une contribution significative. Dans les années soixante-dix, la mode était sud-américaine : perroquet, avion ou hélicoptère, falanga. Mais c'est surtout par le traitement à long terme des victimes que les dictatures gorilles d'Amérique du Sud innovèrent : s'il s'agissait bien évidemment, dans un premier temps, de faire parler les détenus par les moyens appropriés, l'objectif plus lointain était de détruire en eux toute capacité de résistance en les réduisant à l'état de légumes. Le derb fonctionnait sur ce principe. Oufkir et ses hystéries tortionnaires, avec la préférence donnée au folklorique poignard berbère, appartenaient au passé. Sauf accident, comme pour le malheureux Abdellatif Zeroual, il s'agissait moins désormais de mutiler un corps que d'annihiler une volonté.

Mais les supplices constituaient l'inévitable entrée en matière.

La plupart des militants arrêtés n'étaient pas équipés pour

leur résister. La génération précédente, celle de la Résistance, s'était forgée sur la dure enclume de la répression. Un fqih Basri ou un Serfaty, passés des prisons françaises aux marocaines, n'avaient plus rien à apprendre sur ce que l'homme est capable d'infliger à l'homme. L'immense majorité des frontistes, dont la moyenne d'âge ne dépassait pas vingt-cinq ans, partageaient les espoirs et les illusions de leurs camarades gauchistes européens. Beaucoup s'étaient d'ailleurs éveillés à la politique pendant leurs études en France.

Ainsi de Driss Bouissef Rekab, vingt-neuf ans, distingué professeur d'espagnol à la faculté des lettres de Rabat. Né près de Tetouan, il avait été berger toute son enfance. Sa mère parvient, au prix des sacrifices habituels, à le faire inscrire dans une école. Il arrive cahin-caha au baccalauréat. Le 1er juillet 1968, à vingt et un ans, il part pour la France en auto-stop, et met le cap sur Avignon, dans l'espoir d'y travailler à la cueillette des fruits. Avignon cette année-là... Il n'écoute guère les discussions politiques (la révolution, manquée en mai, est pour l'automne) mais découvre la liberté des esprits et des corps. Un éblouissement. Il apprend vite à taire son admiration pour Mireille Mathieu et décide de finir ses études à Toulouse.

Ses deux premières années à Toulouse sont consacrées à étudier et à parfaire son éducation sentimentale. Ce n'est qu'en troisième année qu'il se frotte à la politique. Des compatriotes l'entraînent à l'UNEM. Bon garçon, il se laisse arracher une adhésion au PLS d'Ali Yata. Puis, quand le PLS est renié pour révisionnisme petit-bourgeois, il suit ses camarades au Front. Il milite pour le Vietnam, pour la Palestine, et sait par cœur le texte fondamental du Front, intitulé : « Les masques sont tombés, ouvrons la voie révolutionnaire ». Passionné, efficace, infatigable, il devient un militant exemplaire, prompt à clouer au pilori « les petites-bourgeoiseries », comme il dit, de ses camarades. Las ! une certaine réserve envers Staline le fait suspecter de trotskisme. Comble d'infortune, il tombe amoureux d'une étudiante, Lucile, tenue pour carrément trotskiste. Les camarades le somment de rompre. Écartelé entre le devoir et la passion, il s'emploie à gagner du temps...

Au même moment, des milliers de gauchistes français connaissent les mêmes excitantes tribulations que leurs camarades marocains. Mais tandis que les uns, pour la plupart, rentreront dans le rang, les autres rentrent au Maroc.

Driss et Lucile, mariés, sont désormais enseignants à Rabat. Échaudé par son procès en sorcellerie trotskiste, Driss se tient à l'écart de la politique. Ce n'est qu'en mai 1975 qu'il reprend contact avec Ilal Amam. A l'automne, il replonge dans la militance. Réunions de cellule, discussions interminables sur l'avenir révolutionnaire du Maroc, rédaction de brochures et de tracts. Une activité éreintante pour des résultats indiscernables.

Le 13 janvier 1976, l'arrestation.

Selon ses propres estimations, soumis au supplice du perroquet et de l'eau, il tint entre un quart d'heure et une demi-heure. On lui demandait de livrer le camarade qui l'avait remis en contact avec l'organisation. Il accepta de désigner sa maison. Il en montra une autre.

Le lendemain, menacé d'être de nouveau torturé, il conduit, la tête recouverte d'un capuchon de laine, les policiers au domicile de deux militants. Le reste suit. Quand il aura le loisir de comparer son comportement avec celui de ses camarades arrêtés, Driss découvrira qu'il se situait dans la moyenne [1].

L'abîme était trop profond entre ce qu'ils avaient fait et ce qu'on leur faisait.

*

Pendant sept mois, ils resteront entassés dans les locaux du derb, allongés sur le sol, menottes aux mains, un bandeau sur les yeux.

Le bandeau est taillé dans la toile de sacs de farine livrés par les États-Unis. En filigrane sont inscrits les mots « don du peuple américain ». Il est permis de le relever trois fois dans la journée. Le matin, pour se laver la figure ; à midi et

1. Driss Bouissef Rekab a raconté son expérience dans une autobiographie d'une sincérité remarquable, *A l'ombre de Lalla Chafia*, Éditions L'Harmattan, Paris.

le soir, pour les repas avalés en quelques minutes et composés presque exclusivement de féculents.

Les menottes ne sont jamais ôtées. « Je me souviens, écrira Abraham Serfaty, de cet instant, le 15 janvier 1976, vers 14 heures, où, demeuré seul dans ma cellule de prison, après quatorze mois et cinq jours de cet enfer, je me sentis à nouveau un être humain, du seul fait de pouvoir écarter les bras. »

Sept mois sans voir le soleil : toutes les ouvertures du derb sont masquées. La lumière criarde des néons pénètre à travers le bandeau, à travers les paupières fermées. L'air est si poisseux que les mouches renoncent.

Même en été, le sol et les murs suintent l'humidité.

La vie, ou ce qui en tient lieu, n'est qu'interdictions : « Interdiction de parler, écrira Driss, interdiction de regarder, interdiction de bouger, interdiction de péter – heureusement que nous pouvons le faire silencieusement –, interdiction de pisser en dehors des heures appropriées sous peine de tabassage... »

A la moindre incartade, au moindre geste intempestif, la falanga. Une autre punition consiste à obliger le prisonnier à rester pendant des heures face à un mur, debout sur une seule jambe.

Chaque détenu est désigné par un numéro.

Le jour, la nuit, les hurlements de ceux qu'on torture.

La maladie. L'humidité des locaux déclenche tuberculose, asthme et rhumatismes. La falanga a pour effet secondaire une insomnie chronique. Le port permanent du bandeau entraîne larmoiement et douleurs oculaires. Les désordres digestifs sont banals, ainsi, bien sûr, que les troubles psychiques consécutifs à la torture.

Les poux, les puces, la gale.

Des dizaines de jeunes hommes, aveuglés, menottés, muets, allongés sur le dos vingt-quatre heures sur vingt-quatre, rangés côte à côte dans les locaux du derb. Lorsqu'ils auront la possibilité de se regarder dans une glace, à la sortie, ils se découvriront avec stupeur grossis, soufflés par les féculents, et d'une pâleur de cire, tels des légumes oubliés dans une cave.

Nuit et jour confondus, le temps s'abolit. Chaque minute ressemble à la précédente dans cette pétrification de gisants. A la débâcle des muscles correspond la torpeur du cerveau. Rêve et réalité s'entremêlent. Mustapha Ouaham devient fou.

La docilité aux interrogatoires ne vaut aucune gratification. Chaque détenu doit savoir que son sort est tout entier passé en d'autres mains. Il arrive même qu'un militant confirmé d'Ilal Amam soit libéré alors que reste détenu un garçon dont le seul crime consiste à être l'ami d'un militant. C'est pédagogique : il n'est pire terreur qu'arbitraire.

On avait saisi chez Driss quelques livres marxistes, des brochures de l'organisation et une « vietnamienne », petite machine à imprimer les tracts, qui n'avait d'ailleurs jamais servi. Mais ses « aveux », directement tirés de la vulgate maoïste, étaient de nature à faire frissonner les braves gens : « Mon activité politique avait pour but le renversement de la monarchie alaouite et l'instauration d'une république démocratique populaire, et ce en fomentant des troubles en ville et à la campagne, en libérant des zones rouges mobiles qui se constitueront ensuite en zones rouges permanentes. La libération de ces zones sera effectuée par des détachements armés qui affronteront les forces du régime réactionnaire, lorsque celles-ci viendront réprimer les actions des masses populaires, à savoir les occupations des fermes des nouveaux colons par les paysans, les grèves des ouvriers agricoles, les manifestations. » Etc.

Lorsque le commissaire lui demanda : « J'espère que tu n'es plus prêt à t'engager dans une organisation destructrice ? » il répondit : « Non, le militantisme, c'est fini pour moi. » C'était sincère. Il en avait marre de tout. Il se demandait si Lucile l'attendrait, s'ils auraient un avenir ensemble. Il se disait qu'il avait été fou de sacrifier si légèrement leur bonheur.

Il devenait un militant.

*

Le procès s'ouvrit le 3 janvier 1977 devant la chambre criminelle de la cour d'appel de Casablanca. C'était encore l'un de ces procès de masse dont le pouvoir est friand : trente-neuf accusés jugés par contumace, cent trente-neuf présents dans le box.

Parmi les détenus, le sentiment avait longtemps prévalu qu'ils échapperaient aux rigueurs de la loi. L'instruction avait été purement formelle : le juge les recevait par paquets de dix et posait des questions si générales que lui-même semblait trouver les réponses dénuées d'intérêt ; Abraham Serfaty avait été l'un des rares à bénéficier d'entretiens en tête à tête. Surtout, les partis d'opposition, USFP et Istiqlal, claironnaient leur volonté de ne participer aux prochaines élections que si une amnistie politique vidait les prisons. Mais les frontistes eurent loisir de découvrir que l'opposition les tenait à l'écart de sa compassion : jamais, dans les riches annales judiciaires du Maroc, accusés ne furent à ce point isolés. Les militaires de Skhirat et les aviateurs de Kenitra bénéficiaient au moins de la sympathie discrète de l'armée et des indéfectibles solidarités tribales. Les hommes du fqih Basri étaient soutenus par les anciens résistants. Même Oufkir, longtemps l'homme le plus haï du royaume, avait suscité dans la dernière période de son existence une certaine sympathie, et sa mort lui valait absolution. Les frontistes étaient seuls.

La présence d'Abraham Serfaty n'arrangeait rien. Du haut de ses cinquante et un ans, il faisait figure de patriarche : la plupart des accusés auraient pu être ses fils. Il était juif. Jamais un Juif marocain ne s'était dressé contre le trône. Après chaque tentative de coup d'État, la communauté envoyait ses chaleureuses félicitations au souverain et l'assurait de sa fidélité. Son chef, David Amar, avait été longtemps l'homme d'affaires de Hassan II, avant d'être écarté pour une fâcheuse histoire de corruption. La communauté avait déploré la mort d'Oufkir, dont les liens avec Israël étaient notoires, et qui passait pour son plus ferme soutien, au point que le roi avait dû réaffirmer publiquement la bienveillante protection qu'il étendait sur elle. Qu'un Juif brisât avec la tradition séculaire d'allégeance en irritait beaucoup et inquiétait sa communauté.

Si des accusés méritaient la solidarité politique de la

gauche, c'étaient pourtant bien les frontistes. On ne pouvait leur reprocher qu'un délit d'opinion. Les seules pièces à conviction étaient des machines à écrire, du matériel d'imprimerie légère, des brochures, des tracts. La police n'avait même pas osé ressortir les deux ou trois vieilles pétoires et autres cocktails Molotov dont elle agrémentait d'ordinaire les procès faits à l'opposition. Aucune action n'était relevée à leur charge. Les accusations portées contre Brahim Mouïs, par exemple, tenaient en quelques lignes : « Le nommé Mouïs Brahim a déclaré qu'après avoir milité à Khouribga dans le cadre du comité principal dirigé successivement par Aït Bennaceur, Hilali Fouad et Temsamani Mustapha, il est venu s'installer à Casablanca où il a été mis en contact avec Tribak Abdelaziz, qui a poursuivi sa formation et lui a confié le soin de discuter avec un ouvrier organisé des sujets d'ordre politique et idéologique. » (Ces discussions criminelles allait valoir à Mouïs dix ans de réclusion). Toutes les charges étaient de la même force.

En somme, les frontistes discutaient entre eux et s'efforçaient de diffuser leurs idées. Pour que les fameuses zones rouges, mobiles ou permanentes, devinssent une réalité, il eût fallu réaliser au préalable la « liaison avec les masses », Graal des gauchistes du monde entier. Non seulement les masses étaient restées hors d'atteinte, mais les organisations, contraintes par la répression à une rigoureuse clandestinité, s'étaient coupées du milieu ambiant et fonctionnaient en circuit fermé, à la limite de l'asphyxie.

C'était naturellement le Sahara qui faisait problème.

Les frontistes, accusés de complot contre le régime, n'étaient pas poursuivis officiellement pour leurs positions sur le Sahara. Mais c'est pour le coup que la comparaison avec l'Alsace-Lorraine s'impose : on n'en parlait jamais, on y pensait toujours. Un rapport de synthèse de la police précisait : « Leur hostilité au retour du Sahara à la mère patrie, les rapports établis à Paris entre les éléments du Polisario et ceux d'Ilal Amam, et l'appui de ces derniers à l'établissement d'un État indépendant au Sahara, constituent, sans nul doute, une trahison vis-à-vis de la nation marocaine tout entière. »

Le camarade Ali Yata se trouvait en communion d'esprit avec la police. Il avait signé dans son organe *Al Bayane* un éditorial d'une belle vigueur patriotique : « La loi doit s'appliquer avec rigueur contre les agents de l'étranger, contre les traîtres, contre ceux qui ont pris le contre-courant de l'histoire pour empêcher la libération de notre Sahara... » Précisant cependant que les gauchistes seraient mieux combattus par la confrontation d'idées qu'en leur conférant l'auréole du martyre (une auréole qu'Ali Yata avait pour son compte repoussée avec une indéniable constance), le futur député de Sa Majesté poursuivait : « Contrairement à ce qu'ils voudraient aussi faire croire, le Maroc n'est pas un camp de concentration, comme le répètent à plaisir ceux qui cherchent, pour des motifs qui n'ont rien à voir avec une aide quelconque au peuple maro-cain, à nuire aux intérêts supérieurs de notre pays. Chez nous, les partis politiques existent et fonctionnent normale-ment, y compris le parti d'avant-garde révolutionnaire de la classe ouvrière. » En somme, le camarade Ali Yata disait aux frontistes, comme le juge d'instruction à Serfaty : « Vous avez de la chance que nous soyons en démocratie. »

Aderrahim Bouabid ne serait pas au banc de la défense. Avec Mohammed Boucetta, sur le point de devenir secré-taire général de l'Istiqlal, il avait plaidé au premier procès des frontistes, celui d'août 1973, au cours duquel le poète Abdellatif Laabi avait été condamné à dix ans de réclusion. Mais la Marche verte avait eu lieu entre-temps et Bouabid déclarait forfait.

Face au pouvoir, une solitude absolue.

Mais, contrairement à ce qu'attendait ce pouvoir, les fron-tistes n'émergeaient pas du derb et de la prison rompus par la torture, l'âme éteinte dans leurs corps de gisants. Une répression démesurée s'était abattue sur eux : d'abord suffo-qués et défaits, ils s'étaient lentement élevés à sa hauteur. De jeunes gens friables, partagés, cette répression avait fait à la fin des militants. L'unanimité réalisée contre eux n'enta-mait pas leur solidarité : elle abolissait au contraire, par la nécessité de faire front, les divergences et les rancunes qui les divisaient. Soudés comme un bloc face à l'extérieur, ils étaient cent trente-neuf dans le box prêts à payer le prix de leurs convictions.

Lorsqu'il était apparu que le pouvoir ne les relâcherait pas mais retardait le plus possible le procès, ils avaient déclenché une grève de la faim pour obtenir d'être jugés. L'ouverture du procès était leur victoire.

Les familles les soutenaient avec une combativité encore jamais vue au Maroc. Brisant le carcan de la vieille peur, inaccessibles aux menaces, elles multipliaient lettres et démarches auprès des autorités judiciaires. Pendant le procès, une trentaine de femmes, mères et épouses, seront détenues deux jours dans un commissariat. Deux hommes seront condamnés à huit et douze mois de prison.

La solidarité internationale, elle aussi, allait bien au-delà des manifestations habituelles. Une pétition lancée à Paris recueillit plus de six mille signatures. Des meetings de soutien eurent lieu à travers l'Europe. Toutes les organisations humanitaires envoyèrent un observateur au procès. Pour l'Association internationale des juristes démocrates, Me Yves Baudelot allait rédiger un rapport minutieux et accablant. Henri Leclerc et deux autres avocats parisiens étaient au banc de la défense.

Il apparaissait clairement que le procès de Casablanca serait autre chose que la cérémonie expiatoire prévue par le pouvoir.

*

La cour était présidée par un magistrat de formation civiliste, le président Afazaz. Les avocats n'en crurent pas leurs oreilles lorsqu'il annonça d'entrée qu'on se passerait de la lecture de l'acte d'accusation. L'article 470 du code de procédure pénale marocain, comme tous les codes du monde, fait de cette lecture une obligation. Elle était en l'occurrence d'autant plus nécessaire qu'aucun accusé ne s'était vu notifier l'ordonnance de renvoi. Nul ne savait donc ce qu'on lui reprochait ni quelles charges avaient été relevées à son encontre. Malgré les protestations véhémentes de la défense, le président Afazaz, visage en lame de

couteau, yeux étroits, persista dans son refus en vertu de
son pouvoir discrétionnaire. Les mots « pouvoir discrétionnaire » deviendraient vite le leitmotiv des débats.

L'affaire s'engageait mal.

La salle d'audience, bondée de flics et de parents des
accusés, était trop petite pour les contenir. La plupart des
avocats devaient rester debout. Le président refusa de transférer l'audience dans une salle plus spacieuse.

Le premier incident éclata lorsqu'un militant, interrogé
par le président, négligea de répondre et demanda à l'assistance d'observer une minute de silence à la mémoire de
celui qui aurait dû être le cent-quarantième accusé : Abdellatif Zeroual. Avocats, familles et accusés se levèrent d'un
seul mouvement. Le président tempêta, cogna sur son
pupitre, puis se résigna à suspendre l'audience.

Pour un civiliste, cet homme témoignait d'une aptitude
rare à conduire un procès criminel dans les voies souhaitées
par son maître. Toutes les questions des avocats devaient
juridiquement passer par lui. Si un défenseur demandait à
son client : « Dans quelles conditions avez-vous été interrogé ? » le président enchaînait : « A quelle date avez-vous
été arrêté ? » Si l'avocat insistait : « Avez-vous subi des
sévices ? » la question devenait : « Que vous a demandé la
police ? »

Abdellah Zazaa, ouvrier à Casablanca, cria qu'il avait vu
torturer Zeroual et, se déchaussant rapidement, exhiba ses
pieds devant la cour. Le président ordonna son expulsion.
Selon Me Baudelot, la plante de son pied gauche était « couverte d'atroces cicatrices ».

Un dialogue singulier s'instaura à propos du pauvre Mustapha Ouaham, devenu fou, et qui n'avait du reste aucun
lien avec une organisation quelconque, son seul tort étant
son amitié avec un militant. Ses avocats insistèrent pour
qu'il fût soumis à une expertise psychiatrique. Le président
interpella l'accusé : « Mustapha Ouaham, êtes-vous fou ? –
Non, Monsieur, je ne suis pas fou. – Vos facultés mentales
sont-elles perturbées ? – Pas du tout. » Alors le président
triomphant de lancer aux avocats : « Vous voyez, Maîtres, il
n'est pas fou. »

Un avocat, le merveilleux Abderrahim Berrada, se distinguait par sa pugnacité. Six jours après l'ouverture des débats, deux policiers s'installèrent à son domicile. Interrogé sur cette intrusion, le président affirma qu'il s'agissait de protéger le défenseur contre la juste colère du peuple. Étrangement, Me Berrada n'était pas « protégé » lorsqu'il sortait de chez lui, s'exposant ainsi au prétendu courroux populaire [1].

Chaque fois qu'un accusé tentait de s'expliquer, il était interrompu, rappelé à l'ordre d'une voix tonitruante. Me Baudelot indiquera dans son rapport : « En fait, ce n'est pas schématique de dire que les accusés n'ont eu la possibilité que de répondre par " oui " ou " non " aux questions du président . » Si l'un d'eux insistait, il était aussitôt envoyé « à la cave ».

La cave était le sous-sol du palais. La brigade nationale de police judiciaire y campait en force, de sorte que les expulsés se retrouvaient face à leurs tortionnaires. Grâce aux micros branchés en permanence dans le prétoire, les policiers suivaient minute par minute le déroulement de l'audience, et, si le président leur semblait en difficulté, lui faisaient passer des notes comme on jette une bouée de sauvetage. C'était une illustration parfaite du système judiciaire marocain, iceberg offrant à l'œil l'image plaisante d'un appareil à vocation démocratique, tandis que sa partie immergée, la plus importante, plonge dans les bas-fonds policiers.

Mais le box avait aussi ses satisfactions. La cour décidant que, pour gagner du temps, chaque accusé répondrait désormais à l'interrogatoire de son banc, sans venir à la barre, tous les détenus mimèrent leurs réponses sans émettre le moindre son. Le président, rouge pivoine, vociféra en vain ; un avocat mit discrètement en doute l'acuité de ses facultés auditives. Il fallut en revenir au cérémonial habituel.

Après une semaine d'incidents et d'expulsions à répéti-

---

1. Pour le punir d'avoir défendu les frontistes, on lui confisquera son passeport. La sanction n'est toujours pas levée à l'heure où ces lignes sont écrites, treize ans après le procès de Casablanca.

tion, les accusés commencèrent une grève de la faim pour obtenir le droit de s'exprimer. Elle dura quarante-huit heures. La presse d'opposition ne relevait qu'avec une extrême prudence les anomalies de cet étrange procès.

Ahmed Bensaïd, étudiant de vingt-trois ans, exaspéré d'être empêché de parler, hurla soudain : « Je défends le droit à l'autodétermination du peuple sahraoui ! »

Il se fit un grand silence. Puis le président expédia Bensaïd « à la cave » tandis que le procureur menaçait les accusés du tribunal militaire de Kenitra, s'attirant pour toute réponse une bordée de ricanements.

Le tabou était brisé.

Le problème du Sahara divisait les frontistes. Servir le peuple, né d'une scission au sein du Mouvement du 23 mars, n'avait pas pris position. Le 23 mars, dans sa majorité, s'était rallié à la marocanité du Sahara mais dénonçait l'accord de Madrid dans la mesure où il avait accordé à la Mauritanie une partie de la « province spoliée » et restait muet sur les enclaves espagnoles de Ceuta et de Melilla. Ilal Amam s'était prononcé pour l'autodétermination du peuple saharoui, non sans de longues discussions sur le point de savoir si les Sahraouis constituaient ou non un peuple.

Chaque accusé définit sa position. Les déclarations des tenants de l'autodétermination étaient enregistrées par le greffier pour servir à d'éventuelles poursuites devant le tribunal militaire.

Au fil des audiences, l'autoritarisme du président ne cessait de se faire plus pesant. Il alla jusqu'à interdire aux avocats de s'entretenir avec leurs clients pendant les débats, ce qui ne s'était encore jamais vu au Maroc.

Le 18 janvier, tandis qu'un accusé tentait vainement de s'expliquer à la barre, un autre cria de son banc : « Ceci n'est qu'une mascarade ! » Le président Afazaz tonna : « Que celui qui vient de parler ait le courage de se lever ! » D'un seul bloc, les cent trente-neuf furent debout. Et tandis qu'Afazaz, agitant comiquement les bras, hurlait : « Asseyez-vous ! Je vous ordonne de vous asseoir ! », la pression trop longtemps contenue explosa. Des bancs des accusés fusèrent une giclée d'insultes lancées comme des crachats : « Fasciste ! Valet ! Salaud ! »

La cour se retira précipitamment. Les gardes évacuèrent les prisonniers, qui partirent en chantant.

Quand il revint, suivi de ses acolytes, Afazaz annonça que le procès se poursuivrait en l'absence des accusés. Seuls comparaîtraient individuellement ceux dont la cour estimerait nécessaire de les entendre.

Pour M⁰ Henri Leclerc, les frontistes avaient remporté la bataille : « Ce qui est important, déclarera-t-il au cours d'une conférence de presse à Paris, c'est que le procès devait être une sorte de paravent démocratique pour montrer qu'au Maroc on juge les gens comme dans n'importe quel pays civilisé, et qu'il fait apparaître au contraire quelle est la nature réelle du régime qui a utilisé les méthodes étalées au grand jour dans ce procès. Les accusés ont réussi à faire apparaître la réalité. »

Mᵉ Yves Baudelot écrira dans son rapport : « Devant la chambre criminelle de la cour d'appel de Casablanca, les apparences ne sont même pas respectées. Les principes les plus élémentaires sont ouvertement et délibérément violés. »

*

Les accusés entamèrent une nouvelle grève de la faim. Elle dura jusqu'au 4 février sans susciter la moindre sympathie dans la presse d'opposition.

Abraham Serfaty, interrogé à l'audience du 25 janvier, lança à la face de la cour : « Le véritable responsable de cet arbitraire et de ce manquement à tout droit de l'homme et de la justice, c'est ce régime de traîtres, ce régime qui exploite le peuple marocain par la violence et la torture, ce régime qui mène une guerre colonialiste contre le peuple sahraoui. Et j'ajoute : Vive la République populaire du Sahara ! Vive la République démocratique et populaire marocaine ! Vive l'union du peuple marocain et du peuple sahraoui ! Vive la révolution marocaine ! Vive la révolution arabe ! »

Il fut expulsé au terme de cette bordée de vivats.

Le verdict fut rendu le 14 février. La lecture du jugement

commença dans l'après-midi devant les cent trente-neuf accusés de nouveau réunis. Elle devait durer neuf heures. Une franche gaieté régnait chez les frontistes, heureux de se revoir et soulagés d'arriver au bout de leur épreuve judiciaire. On riait sur les bancs, on échangeait à mi-voix des plaisanteries de potaches, comme si les jeunes gens réunis là, étudiants pour la plupart, attendaient le verdict d'un jury d'examen.

La nuit venue, et le président continuant de lire les attendus d'une voix monocorde, l'ennui s'installa et une lourde torpeur pesa sur la salle. Beaucoup d'accusés, affaiblis par la grève de la faim, s'endormirent sur leur banc. Les avocats s'étaient presque tous esquivés.

Le prononcé des premières condamnations réveilla tout le monde. Les peines étaient si énormes, si inattendues, que certains éclatèrent d'un rire nerveux. Les autres, à peine sortis du sommeil, croyaient faire un mauvais rêve. Tous étaient submergés par une impression d'irréalité.

Les trente-neuf frontistes jugés par contumace étaient naturellement condamnés à la réclusion perpétuelle.

Mais la même peine frappait Abraham Serfaty, Abdallah Zazaa, ouvrier, Abderrahman Nouda, ancien élève de l'école Mohammedia, Belabès Mouchtari, étudiant, Abdelfettah Fakihani, professeur.

Vingt et un accusés étaient condamnés à trente ans de réclusion.

Quarante-trois se voyaient infliger vingt ans de réclusion, dont Driss Bouissef Rekab, qui avait milité exactement cinq mois à Ilal Amam. En s'entendant condamner à cet ensevelissement, Driss calcula qu'il aurait cinquante ans à sa sortie de prison et se demanda si Lucile aurait la patience de l'attendre.

Quarante-cinq accusés étaient condamnés à dix ans de réclusion, et dix-neuf à cinq ans.

Une peine supplémentaire de deux ans de prison, non confondue, frappait l'ensemble des accusés pour outrage à la cour. Ainsi le malheureux Mustapha Ouaham, l'un des trois accusés à avoir été condamné à cinq ans avec sursis (sans doute sa folie lui avait-elle valu les circonstances atténuantes), passerait-il encore deux années en prison, où il deviendrait le souffre-douleur des gardiens.

Abderrahim Berrada, l'un des rares avocats présents, pleurait en murmurant : « C'est trop bête, trop bête... »

Plus de trente siècles de prison s'abattaient sur les cent trente-neuf accusés.

Eux aussi étaient entrés en politique avec un rêve dans la tête : ils voulaient changer la vie.

Ils quittèrent la salle en entonnant un chant révolutionnaire arabe composé sur l'air des Partisans.

XVIII

Les morts vivants
de Tazmamart

Tout le Maroc savait qu'il leur était arrivé quelque chose de terrifiant. On en parlait à voix basse, entre amis sûrs, mais les conversations étaient faites de questions sans réponses. Depuis leur enlèvement, dans la nuit du 7 août 1973, nul ne savait ce qu'étaient devenus les militaires détenus à Kenitra. Ils purgeaient les peines auxquelles ils avaient été condamnés par un tribunal régulier au vu et au su de l'opinion publique mondiale, puis ils avaient disparu. Transfèrement non seulement géographique mais chronologique : c'était comme s'ils avaient été retirés du siècle par la main royale. Alors s'abolissent les codes juridiques, les conventions et traités internationaux sur les droits de l'homme signés par le Maroc, la comédie judiciaire jouée devant le public ; et règne, comme aux temps obscurs, le seul arbitraire du maître absolu.

Ils s'étaient évanouis dans la nuit et le brouillard, tels naguère certains déportés des camps de concentration nazis, et pour les mêmes raisons. Car c'était – les documents l'attestent – pour imprimer un sentiment de terreur sur les populations rétives que la décision fut prise de classer certains déportés dans la catégorie *Nacht und Nebel* : au contraire des autres, dont le sort et la destination étaient connus de leur famille, ceux-là, néantisés, deviendraient inimaginables.

Le silence dura six ans.

En 1979, une famille reçut quelques lignes griffonnées sur

un bout de papier transmis par un gardien acheté à prix
d'or. Le message demandait d'urgence des médicaments
(aspirine, pommades ophtalmologiques, vitamines, calcium). Il évoquait « l'enfer que nous endurons ». Il situait
les prisonniers « à Tazmamart, au pied du djebel Layachi ».

Tazmamart est dans le Haut-Atlas, sur la route de Rich à
Gourrama. Environ quatre-vingts kilomètres avant Gourrama, peu après avoir traversé un gué, il faut prendre, à
gauche, une piste montant dans la montagne. Le pénitencier est surplombé par un énorme rocher blanc sur lequel
sont peints les mots « Dieu, la Patrie, le Roi ». Le lieu est
classé zone militaire et les sentinelles menacent d'ouvrir le
feu sur toute personne tentant d'approcher. Le survol de la
région est interdit aux avions. L'hiver, glacial, y dure huit
mois sur douze.

Puis arriva la lettre écrite le 5 avril 1980 par Abdellatif
Belkebir. Le capitaine Belkebir avait été condamné au procès de Skhirat à quatre ans de prison et cinq mille dirhams
d'amende. Lorsqu'il donna enfin signe de vie, il avait donc
purgé sa peine, détention préventive comprise, depuis plus
de cinq ans.

« J'ai essayé de tracer dans cette lettre, écrivait-il, tous les
faits qui se sont déroulés depuis notre transfert de la maison
centrale de Kenitra à la maudite prison de Tazmamart. La
nuit mémorable du 7 août 1973 changea nos destinées.
Nous fûmes réveillés sans ménagement et sans préavis, fortement ligotés, les yeux bandés et finalement jetés comme
des sacs dans des camions militaires qui nous conduisirent
à la base aérienne. Deux avions militaires nous transportèrent comme des ballots à Ksar es Souk, où d'autres
camions militaires nous convoyèrent de la même façon à
Tazmamart, la terrible Bastille.

« Arrivés dans la matinée, nous fûmes dépouillés et
conduits dare-dare à nos cachots bétonnés; nous fûmes
enfermés individuellement pour ne plus en sortir. »

Le sous-officier mécanicien Benaïssa Rachdi avait été
condamné à trois ans de prison et deux cent cinquante dirhams d'amende pour sa participation à l'attaque du

Boeing. En fait, son rôle s'était borné à armer les F-5 sur ordre de ses supérieurs et sans qu'il se doutât un seul instant qu'il ne s'agissait pas d'un vol d'entraînement de routine.

Ses dessins permettent de se représenter avec exactitude les cellules dont lui et ses camarades *ne sont jamais sortis depuis le 8 août 1973, soit seize ans au jour où ces lignes sont écrites.*

Sauf les morts.

Seize ans sans mettre une seule fois le pied hors des cellules-oubliettes.

Elles font trois mètres quatre-vingt-dix de long et deux mètres quarante de large, avec une hauteur sous plafond de trois mètres soixante-treize. Dans un coin, des cabinets à la turque dépourvus de chasse d'eau. Une dalle de béton sans paillasse sert de lit. Deux couvertures en tout et pour tout. Ni table ni chaise. Un pot en plastique et une assiette sont les seuls ustensiles mis à la disposition du détenu.

La principale caractéristique des cellules est qu'elles sont plongées nuit et jour dans l'obscurité. L'air, mais non la lumière, arrive par dix-sept trous de dix centimètres de diamètre percés en haut du mur donnant sur le couloir, hors de portée du prisonnier. Le couloir lui-même reste obscur; les geôliers n'allument la lumière que le temps de la distribution de la soupe, pour voir l'assiette tendue. Un autre trou, lui aussi de dix centimètres de diamètre, est percé dans le plafond mais un second plafond en tôle ondulée fait écran à la lumière. Ainsi, même en été, quand le soleil est à son plus brutal, les emmurés de Tazmamart ne discernent le passage de la nuit au jour qu'à une atténuation presque imperceptible des ténèbres qui les environnent.

Seize ans dans le noir.

Le châtiment est aussi d'ordre symbolique. Le soleil, la lumière, ne sont pas seulement pour le Maroc des arguments touristiques. Ils sont la richesse du plus démuni, la beauté offerte qu'exaltent poèmes, contes, chansons. «Royaume du soleil», répète le roi lui-même. Mais les ténèbres pour ceux sur qui s'abat la main royale. Dès l'arrestation, la privation de lumière est la première sanction, avant même la torture. Un bandeau sur les yeux, pendant des mois, pour ceux du derb Moulay Cherif; une oubliette obscure, seize ans durant, pour ceux de Tazmamart.

Isolés, les prisonniers ne sont pourtant pas seuls. Dans son style qui met une sorte de naïveté dans la description de l'enfer, Abdellatif Belkebir écrit : « Les punaises et les cafards sont les maîtres incontestés des lieux. Les scorpions prolifèrent. Les serpents viennent quelquefois chasser les rats dans le couloir, au grand amusement des geôliers armés de bâtons, tristes gardiens de l'enfer, qui se repaissent de ces spectacles macabres. Le croassement des corbeaux et le ululement des hiboux donnent une note d'abandon à la sinistre prison. »

Le béton des cellules répercutant le moindre bruit au lieu de l'étouffer, comme ferait la pierre, la cacophonie est assourdissante : soliloques de prisonniers tentant d'échapper au mutisme, dialogues hurlés, récitations à haute voix du Coran, que beaucoup apprennent par cœur en se criant les sourates d'une cellule à l'autre, divagations d'un camarade basculant dans la folie, appels au secours des agonisants. Les détenus sont unanimes à dire que le vacarme compte parmi leurs pires souffrances.

Le froid est un autre supplice, d'autant plus éprouvant que les militaires furent incarcérés à Kenitra au mois de juillet 1971 ou d'août 1972 : ils portaient leur tenue d'été, avec laquelle ils doivent affronter l'hiver rigoureux de la montagne.

La nourriture reste frugale. Au petit déjeuner, un verre de café froid et un demi-pain pour la journée. A midi, un brouet d'eau claire dans laquelle nagent quelques légumes. Le soir, un bol de pâtes. « La distribution de deux sardines et d'un œuf dur, après plusieurs années de privations, fut pour nous un grand événement. »

Atterrés par le régime auquel on les soumettait, les prisonniers entamèrent une grève de la faim. Ils l'interrompirent au bout de huit jours sans avoir reçu la moindre visite des responsables du bagne; les geôliers se réjouissaient ouvertement d'échapper à la corvée de soupe. (La distribution à chacun de sa pitance ne peut en aucun cas excéder dix secondes.) Un prisonnier tomba malade. « Qu'il meure ! » répondirent les geôliers. En juillet 1974, deux militaires arrivèrent au terme de leur peine. Comme l'un d'eux s'étonnait de n'être pas libéré, le gardien lui demanda : « Combien as-tu ? – Trois ans. – Ici, il ne faut pas dire trois ans, il faut dire pour toujours. »

Ils comprirent que le bagne serait leur tombeau.

« La vie du prisonnier est devenue une lutte incessante, écrit le capitaine Belkebir. Lutte contre le froid : l'hiver est glacial, il neige à Tazmamart. Le prisonnier réveillé au milieu de la nuit grelottant et transis se livre à une danse folle. Le gémissement des tôles donne à cette veillée un caractère démoniaque. En été, la chaleur est torride, on étouffe quasiment dans les cachots et le prisonnier est forcé de coller son nez au judas de la porte pour puiser un peu d'air frais, et quand, exténué, la poitrine en feu, il veut chercher un peu de repos sur son lit de pierre, il est assailli de toutes parts et sans repos par toutes sortes de parasites (punaises, puces, moustiques, cafards, araignées, etc.). Les scorpions sournoisement viennent se faufiler sous les couvertures ; le spectre de cet animal hideux nous interdit de faire aucun mouvement inconsidéré : plusieurs prisonniers ont été piqués. L'ennui pèse lourdement sur le moral et le physique du prisonnier. Pour briser cette routine mortelle, il est obligé de marcher à tâtons mais l'espace est réduit. Toute conversation est presque impossible, la disposition des cachots l'interdit et le brouhaha des autres voix transforme le bâtiment en véritable foire. Le seul refuge qui lui reste est la prière et la prostration. Le Coran fut un grand soutien tout au long de notre séjour. (Plusieurs d'entre nous l'ont appris par cœur, évidemment oralement.)

« Le prisonnier habillé en haillons, les pieds nus, ses cheveux et sa barbe qui n'ont pas vu le coiffeur depuis plusieurs années lui donnent l'aspect non rassurant d'un clochard authentique. Les pluies de l'automne transforment la plupart des cellules en mare, puis en marécage. »

*

En seize ans, pas une visite de médecin ni d'infirmier, aucun remède aux prisonniers malades. Tous étaient jeunes, au sommet de leur forme physique. Le bagne eût tôt fait de briser leur corps.

« Ma santé est précaire, écrit un autre prisonnier. J'ai perdu mes dents, mon estomac est ébranlé, j'urine plus de douze fois par jour et l'eczéma me ronge le corps en entier. Sois tranquille, je ne crains nullement la mort. Ce que je demande, c'est qu'elle vienne en douce dans les normes de l'islam. »

Un autre encore : « Imagine des momies ambulantes de quarante-cinq kilos, le visage désolé de cheveux longs et barbe que l'on tond à l'aide d'un bout de zinc aiguisé ! Quant aux ongles, on les tranche tant bien que mal par les dents, pour ceux qui ont la chance d'en avoir encore. Ces infortunés chevaliers des supplices sont pour les trois quarts à demi fous, tête lisse pour des chauves de trente ans... »

La mort ne tarda pas à frapper. Abdellatif Belkebir : « Un camarade qui avait une excellente santé nous informe qu'il saignait abondamment du nez ; plus tard, il nous fit savoir que ses jambes commençaient à ne plus le supporter. Livré à lui-même, il ne pouvait plus venir prendre sa nourriture à la porte et faisait ses besoins dans ses haillons. Les geôliers se contentaient d'ouvrir et de fermer, peu leur importait qu'il mangeât ou non. Le camarade était courageux et nous donnait chaque jour un aperçu de son état, son moral était bon. La paralysie partielle commença et devint totale. Le délire du camarade nous fit partager avec lui des nuits cauchemardesques. Comme il ne parlait plus, ils vinrent pour l'emballer dans ses couvertures et le sortir. Quelques minutes plus tard, ils rentrèrent et le posèrent tel quel sur le sol glacé de la geôle. " Nous lui avons fait une piqûre ", dirent-ils d'un ton hypocrite. Le lendemain, le camarade rendit son dernier soupir. Ils vinrent masqués (à cause de l'odeur), le sortirent dans ses haillons et l'enterrèrent sans rites religieux dans la cour. »

L'herbe pousse dans la cour du bagne puisque les prisonniers n'ont pas le droit de l'arpenter. Le directeur, homme avisé, y fait paître un petit troupeau de chèvres et de moutons. Une fosse commune reçoit les morts, ensevelis sans que soient observés les rites musulmans. Pour les prisonniers, tous profondément croyants, c'est là le comble de l'horreur. Les lettres sont unanimes à l'exprimer. Ils acceptent la mort, mais souhaitent qu'« elle vienne en douce dans les normes de l'islam ». Même cela leur est refusé. L'un d'eux écrit : « On entend juste l'agonie du mourant pendant un ou deux jours, jusqu'à ce qu'il s'éteigne doucement. Quand ils viennent, ils l'enveloppent dans une couverture sale. On entend les pelles et les pioches à l'extérieur et l'opération est terminée. » Un autre encore : « Sans linceul ni ablutions dans un pays musulman ! Je crois que depuis Ramsès II aucun détenu n'a subi les sévices, les souffrances et peines que nous endurons. » L'évocation à première vue insolite de Ramsès II touche juste : le pouvoir de Pharaon s'exerce jusque dans l'au-delà.

Un deuxième détenu mourut d'hémorragie rectale.

Dans ce monde clos par excellence fleurissent fantasmes et superstitions. Tous les prisonniers font une fixation morbide sur un hibou, devenu pour eux l'incarnation de la mort. L'oiseau de nuit commencerait à ululer quand un malade entre en agonie et s'arrêterait à la minute exacte de son décès.

A l'automne 1982, dix-neuf cadavres étaient ensevelis dans la fosse commune. Au printemps 1990, ils sont vingt-sept.

*

Le chiffre exact des emmurés de Tazmamart reste inconnu. Le bagne se compose de plusieurs quartiers sans communication entre eux. On sait avec certitude que les militaires enlevés de Kenitra y furent incarcérés, mais parmi les morts enterrés dans la cour figurent des officiers et sous-officiers qui n'apparaissent sur aucune liste de condamnés. Pourquoi les a-t-on envoyés là, et en vertu de quel jugement ? Nul ne peut le dire. Leur présence n'est pas forcément liée aux deux tentatives de coup d'État. On raconte qu'un soir un sous-officier de garde à la porte du palais de Rabat vit arriver une femme titubante, parfaitement ivre. Il ne la reconnut pas et lui refusa l'entrée. C'était

une princesse royale. Le sous-officier partit pour Tazmamart.

Le lieutenant M'barek Touil, chargé de l'armement des
F-5 à la base de Kenitra, constitue une exception remarquable parmi ses camarades : transféré avec eux au bagne, il
eut le privilège d'en ressortir pour une brève escapade.
Touil est marié à une Américaine, dont il a un fils. Nancy
Touil retourna aux États-Unis, où elle enseigne les mathématiques dans le Nebraska. Sur ses instances, l'ambassade
des États-Unis à Rabat multiplia les démarches pour obtenir
des éclaircissements sur le sort de son mari. En 1985, alors
que la situation économique du Maroc le mettait à la merci
du parrain américain, M'barek Touil, après un traitement
destiné à le rendre présentable, fut extrait de sa cellule,
conduit à Rabat, et montré à l'ambassadeur des États-Unis,
Joseph Verner Reed, aujourd'hui chef du protocole au
département d'État. Après quoi, le lieutenant fut reconduit à
Tazmamart pour y retrouver le sort commun. Son seul privilège consiste à pouvoir échanger une correspondance
avec sa femme. Une fois l'an, un gendarme dépose à
l'ambassade américaine le paquet de ses lettres ; une fois
l'an, le directeur du bagne lui remet celles écrites par
Nancy Touil.

Aïda Hachad, très prospère pharmacienne, fit une tentative désespérée pour obtenir des nouvelles de son mari, officier aviateur détenu à Tazmamart. Par des amis bien placés,
elle sut quel jour le roi jouerait au golf à Dar es Salam. Elle
s'approcha du green avec sa fille Houda, âgée de quinze ans.
Les sentinelles placées à l'extérieur laissèrent passer les
deux femmes, dont l'appartenance à la grande bourgeoisie
était évidente. Houda courut vers le roi, une lettre à la main,
et parvint jusqu'à lui avant d'être maîtrisée par les gardes du
corps. Hassan jouait avec des invités étrangers. Il donna
l'ordre d'emmener la jeune fille et de lui demander ce
qu'elle voulait, comme s'il s'agissait d'une banale démarche
de courtisan venant remettre un placet. Aïda Hachad et sa
fille furent placées pendant de longs mois sous surveillance
spéciale de la police.

Le militant syndicaliste Houcine el-Manouzi partage très probablement le calvaire des militaires.

El-Manouzi, condamné à mort par contumace au procès de Marrakech, en 1971, fut enlevé le 1er novembre 1972 à l'aéroport de Tunis par la police secrète marocaine et ramené par avion spécial. Il avait alors vingt-neuf ans. S'il est encore vivant, il en a aujourd'hui quarante-sept. Sa famille ne put obtenir aucune information sur son sort. Lui aussi est *Nacht und Nebel*. Ses parents apprirent par les avis de recherche affichés sur les murs, le décrivant comme « très dangereux », sa participation à la tentative d'évasion du lieutenant-colonel Ababou, de l'adjudant-chef Akka et des frères Bourequat... Son père, un peu trop remuant, fut arrêté en 1973, torturé au derb Moulay Cherif, transféré dans un autre centre de détention, où on le garda dix mois, puis écroué à la prison civile de Casablanca. Il fut inclus dans le procès fait en juillet 1976, soit trois ans après son arrestation, à quarante-deux militants. (L'un des nombreux procès que nous n'avons même pas évoqués, car il faudrait plusieurs volumes pour traiter de manière exhaustive de la répression judiciaire au Maroc.) Au cours des débats, l'avocat Abderrahim Berrada lui fit poser par le président la question suivante : « Y a-t-il des détenus parmi les membres de ta famille ? » Le malheureux père évoqua son fils, dont le destin lui était inconnu. Il fut finalement acquitté.

Tous les recoupements indiquent que Houcine el-Manouzi, s'il n'a pas succombé au régime concentrationnaire, se trouve à Tazmamart.

Avec lui, peut-être, quelques-uns des dizaines de disparus du Maroc.

Les lettres sont rarissimes et évitent de citer des noms pour des raisons de sécurité évidentes. « Un camarade est malade », « Des camarades voudraient écrire au roi, que Dieu le protège... » Les geôliers, d'une cruauté remarquable par sa constance, sont retenus sur la pente de la corruption par la perspective d'un châtiment implacable au cas où ils seraient découverts. Chacun sait que le directeur du bagne, placé hors hiérarchie, rend compte directement au palais. C'est à prix d'or que les gardiens procurent aux détenus de la lumière, le temps de griffonner un message. Le prix du timbre, évidemment payé par la famille, est élevé : dix mille dirhams. Le salaire mensuel d'un instituteur ne dépasse pas mille dirhams.

*

Pourquoi ?

S'agissant des militaires de Skhirat, l'acharnement royal pourrait s'expliquer, sinon se justifier. Hassan II estimait avoir été frustré de sa vengeance par Oufkir, qui avait orienté les juges vers la clémence. Mais les quarante-trois officiers et sous-officiers de l'armée de l'air ont été condamnés par un tribunal à la botte du roi, peu avare de peines capitales, et qui sanctionna par des peines de prison des hommes qui n'étaient même pas des comparses puisqu'ils ignoraient qu'en faisant le plein de kérosène d'un F-5 ils prêtaient la main à une tentative de coup d'État. Et ces hommes subissent au bagne le même sort que leurs camarades de Skhirat...

Quel crime a donc commis le syndicaliste El-Manouzi pour qu'il l'expie depuis dix-huit ans dans des conditions aussi atroces ?

Quel crime mérite-t-il un châtiment dont le méticuleux et patient sadisme fait le justicier pire que le puni ?

Hassan II dit un jour : « Le comble du bonheur, pour moi, c'est de pouvoir tous les matins me regarder dans la glace, quand je me rase, et de ne pas me traiter, un matin, de " salaud ". Voilà le comble du bonheur [1]. »

Quand il livra cette confidence, les emmurés de Tazmamart souffraient depuis seize ans déjà.

C'est peut-être qu'il ne songe pas à eux le matin, devant son miroir, mais le soir, lors de ces heures de détente qu'il affectionne et prolonge au cœur de la nuit. Dans la profusion luxueuse de ses palais, entouré de ses bouffons et de ses putains, l'image de Tazmamart vient-elle mettre dans son plaisir le délicieux piment du contraste absolu ? La pensée des morts vivants le fait-elle mieux jouir ?

---

1. Interview à *Point de vue-Images du monde*, 6 octobre 1989.

Ou bien est-ce simplement système de gouvernement, exercice raisonné de la terreur? Sa police n'ignore pas que des lettres sont sorties du bagne. Le Maroc tout entier sait l'existence de Tazmamart. Rien n'est changé pour autant au régime des suppliciés. Cela se sait aussi. Cette arrogance dans le crime est pédagogique. Chaque Marocain doit comprendre qu'il peut être pris par mégarde dans une affaire dangereuse, tel le mécanicien faisant le plein d'un avion de chasse en rêvant à ses amours, et qu'il ne lui suffira pas d'être condamné par des juges pourtant réputés implacables pour échapper à l'indicible. La peur irrationnelle qui en résulte porte à une soumission aussi absolue que l'est le pouvoir. Les frontistes, partis en chantant subir quinze ou vingt ans de prison, pour avoir distribué des tracts, lorsqu'ils apprendront le sort des morts vivants, quelque chose se brisera en eux : cela, ils ne se sentaient pas la force de l'affronter. Le soleil noir de Tazmamart ne peut se regarder en face.

Buchenwald, Mauthausen, Sachsenhausen et autres camps *Nacht und Nebel* n'ont pas duré aussi longtemps.

Au jour où ces lignes sont écrites, on peut affirmer avec une quasi-certitude que le lieu le plus atroce de la planète (les nazis disaient « le trou du cul du monde »), celui où l'homme est le pire pour l'homme, se situe à une heure d'avion de Madrid, à deux de Paris, non loin d'une route sur laquelle roulent les cars de touristes éblouis par la beauté des choses.

Que dire de plus? Quels mots empiler au pied de ce monument de l'horreur?

Les seuls mots recevables sont les leurs.

L'œil erre sur les lettres écrites d'une main tremblante, remplies d'un bord à l'autre parce qu'il y a trop à dire et pas assez de papier, et se fige ici ou là sur une phrase :

« Les trois quarts des prisonniers marchent à quatre pattes entre les murs de leur cellule. »

« Les "Anihommes", un peu plus que les rats, un peu moins que les hommes. »

« Une mort horrible que nous ingurgitons goutte à goutte. Depuis notre entrée dans un trou noir, nous ne sommes pas sortis un seul jour au soleil. »

« Les murs de Tazmamart cachent le plus horrible secret que connaît l'humanité. »

« Quant aux camarades qui restent, il y a ceux qui sont allongés continuellement et ceux qui se déplacent à quatre pattes. »

« Venez-nous en aide, si notre souvenir est encore présent dans vos cœurs; parlez pour nous, ne vous taisez pas sur ce massacre, unissez vos rangs, demandez notre délivrance. »

« Ceux qui restent frisent la folie. »

« Si vous gardez le silence, c'est comme si vous nous livriez à la fosse commune de Tazmamart. »

Ce poème, peut-être, écrit par l'un d'eux :

> *Voici le tombeau des vivants*
> *Voici la fosse où nous sommes enfouis*
> *Ici se sont éteints les souffles innocents*
> *Ici, c'est le centre de toutes les douleurs.*
> *Notre malheur, il est écrit.*
> *Dieu ne se peut concevoir.*
> *Ô amis, ô saints, priez-le pour qu'il nous envoie*
> *Celui qui nous délivrera.*

La dernière lettre date de l'été 1989. Rien n'est changé, sinon que la plupart des prisonniers restent à présent couchés, souillant sous eux leur couverture car ils n'ont même plus la force ou la volonté de se traîner jusqu'au trou d'aisance.

« Un peu plus que les rats, un peu moins que les hommes... »

XIX

Casablanca dans l'émeute

Tout avait changé depuis mars 1965, et rien n'était changé.

La ville s'était monstrueusement développée, telle une pieuvre suçant la substance humaine du Maroc. Tours orgueilleuses et hôtels de luxe criaient la prospérité ; la marée des bidonvilles s'étendait sur des kilomètres. Ils étaient à présent deux millions à survivre dans le contre-plaqué et la tôle ondulée.

Les miséreux infiniment plus nombreux ; les riches toujours plus riches.

Sur la Corniche s'était établie une colonie absente en 1965 : milliardaires saoudiens et potentats des émirats arabes. Ils appréciaient le Maroc pour sa chair fraîche et les facilités ménagées par sa police. La prostitution des fillettes impubères devenait, grâce à eux, l'une des plus rentables spécialités casablancaises. Ils payaient en dollars. Mais des gamines montaient pour trente dirhams (vingt francs) dans les belles voitures racolant à la sortie des lycées.

Mars 1965 avait été une explosion de colère ; désespoir et démoralisation furent au cœur de juin 1981. En 1965, ils avaient encore l'espérance de gagner ; seize ans plus tard, ils allèrent à la mort de guerre lasse.

L'illusion lyrique de la Marche verte s'était ensablée dans le désert saharien. Le roi avait proclamé que la poignée de « mercenaires » sahraouis serait vite dispersée par son armée, spécialiste de la guerre des sables. Il fallut en rabattre. Soutenus, ravitaillés, renseignés par les tribus, les commandos faisaient chaque semaine la preuve par neuf de l'existence d'un peuple sahraoui. Quels mercenaires auraient eu la constance de tenir aussi longtemps dans des conditions aussi rudes? Un peuple se forgeait sur l'enclume de la guerre.

Le soldat marocain, assurément l'un des plus vaillants du monde, dont l'histoire n'est qu'une longue série de faits d'armes – ses rares défaites suscitant chez le vainqueur admiration et respect –, le soldat marocain s'ennuyait dans ses fortins, face à un ennemi insaisissable qui frappait par surprise et s'évanouissait comme un mirage. Il s'éprouvait abandonné, oublié. La classe politique murmurait que le roi, pour se débarrasser d'une armée putschiste, l'avait incarcérée au Sahara, à des centaines de kilomètres de ses palais. La rumeur répétait que tous les prétendus morts au combat n'étaient pas tombés sous les balles du Polisario : les services de Dlimi faisaient le ménage et liquidaient discrètement les opposants potentiels. Mais, conformément au génie hassanien, faute d'être une page glorieuse, la guerre restait, grâce à la corruption, une excellente affaire pour maint officier. Les permissions des soldats se négociaient au prix fort. Surtout, une intense contrebande amenait des îles Canaries, sous franchise douanière, un flot de marchandises à des prix défiant toute concurrence. On parlait ouvertement dans l'armée du « colonel Frigo », du « commandant Cigarette », du « capitaine Whisky ». Les officiers « Gadgets » (caméras, transistors, magnétophones, magnétoscopes) faisaient fortune en quelques mois.

Mais, le 28 janvier 1979, une colonne motorisée du Polisario, forte de douze cents hommes, franchit la frontière marocaine, parcourt quatre cent cinquante kilomètres sans être repérée, attaque la ville de Tan-Tan, et, manœuvrant avec une remarquable maestria, réduit la garnison à la reddition. Elle regagne ses bases avec ses prisonniers, poursuivie pendant quatre jours par la seule aviation marocaine.

Ce coup d'éclat fut reçu comme une gifle par le peuple marocain, sa pire humiliation depuis le protectorat. Il révélait une totale désorganisation militaire et une démoralisation inadmissible. La garnison de Tan-Tan n'avait même pas livré un baroud d'honneur.

Au mois d'août suivant, le Polisario mit la Mauritanie à genoux. Après une série de convulsions politiques, Nouakchott déclara renoncer à ses droits sur le Rio de Oro, que l'accord de Madrid lui avait attribué. Hassan II l'annexa aussitôt. Quatre jours plus tôt, une colonne du Polisario avait frappé à Bir Anzaran, tuant quatre cents soldats marocains et emmenant cent soixante-quinze prisonniers.

Verrait-on un jour la fin de cette interminable guerre?

Elle ruinait le pays. Les effectifs de l'armée étaient passés de soixante-dix mille hommes en 1975 à cent quatre-vingt mille. En 1980, on évaluait le coût de la guerre et des dépenses de sécurité à 40 % du budget de l'État. Dans un pays où les deux tiers de la population ont moins de vingt ans, le ministère de la Jeunesse et des Sports ne recevait que 0,6 % du budget de fonctionnement; les affaires sociales, 0,1 %; la culture, 0,2 %; la santé, 5 %.

La « trêve sociale » réclamée et obtenue par le roi après la Marche verte, au nom de l'unanimité nationale, devait fatalement voler en éclats.

*

La crise était mondiale. Le Maroc ne pouvait échapper, quel que fût le régime, à son talon de fer. Effondrement du prix des matières premières, enchérissement des produits finis importés : l'étau se mettait en place, qui briserait plus d'un peuple. Les économistes l'appellent pudiquement « détérioration des termes de l'échange ». L'année 1980 fut rude. Alors que flambait le prix du baril de pétrole, la tonne de phosphate, après avoir grimpé en 1975 à soixante-huit dollars, s'effondrait à trente dollars. L'inflation avoisinait les 15 %. Le déficit budgétaire, nul en 1973, dépassait huit milliards de dirhams. Les exportations, réduites par la récession frappant les marchés européens, représentaient à peine la moitié du coût des importations. La principale source de devises – les revenus rapatriés par les travailleurs émigrés en Europe, spécialement en France – était vouée au pla-

fonnement. La dette extérieure atteignait sept milliards de
dollars et le pays entrait dans la spirale infernale des nouveaux emprunts servant à régler les seuls intérêts des
emprunts précédents.

Mais si la crise était inévitable, la politique du pouvoir eut
pour effet de la rendre insupportable en faisant reposer son
fardeau sur la multitude des démunis tandis que prospé-
raient bourgeoisie d'affaires et privilégiés du régime.

La condamnation délibérée de la petite exploitation agricole familiale au profit des grands domaines des « nouveaux
colons » vidait les campagnes. Cent trente mille paysans
venaient chaque année grossir le peuple des bidonvilles.
L'agriculture s'orientait vers les produits d'exportation au
détriment des cultures vivrières, même si un effort important était consenti pour la betterave sucrière, de sorte que le
Maroc, pays agricole par excellence, dépendait désormais
de l'étranger pour son alimentation.

La situation des paysans était dramatique. Paul Balta,
annonçant avec une singulière prémonition l'explosion
sociale à venir, écrit dans *Le Monde* en avril 1979 : « Dans
les campagnes déshéritées, où le salaire minimum journa-
lier est fixé à 7,25 dirhams, l'alimentation se réduit souvent
à du pain trempé dans de l'huile d'olive et à du thé très
sucré. Or, depuis quelque temps, il y a des pénuries, notamment de thé et de sucre. Dans la rue, on chuchote : " C'est la
faute du Sahara, on y envoie tout... ", alors qu'elles sont pro-
voquées par les spéculateurs. Aux difficultés économiques
s'ajoutent donc la corruption et le rançonnement, causes du
marché noir, qui contribue à l'inflation. »

Les conditions d'existence des ouvriers n'étaient guère
plus enviables. Le tissu industriel restait ténu faute d'investissements suffisants. Le même Paul Balta écrira *après*
l'émeute de juin 1981 : « La bourgeoisie d'affaires n'a guère
modifié ses habitudes : elle bénéficie de l'aide de l'État et
réalise de fabuleux profits sans s'engager réellement dans le
processus de développement. A l'industrialisation, elle préfère l'import-export ou la spéculation immobilière. » Quand
il consentait à investir dans l'industrie, le capital marocain
choisissait de préférence la sous-traitance pour de grandes

firmes européennes, plaçant ainsi le pays sous la dépendance de l'étranger et le rendant particulièrement vulnérable à la crise mondiale. Même le tourisme restait décevant : avec quatre fois moins d'habitants, la modeste Tunisie recevait chaque année deux fois plus de touristes que le Maroc.

Le SMIG marocain, fixé à trois cent quatre-vingt-onze dirhams depuis le 1er janvier 1977, était le plus bas du monde.

Une fiscalité cynique faisait payer les pauvres en épargnant les riches. Pour une pression fiscale équivalante à celles de beaucoup de pays développés, la part des impôts indirects – les plus injustes – atteignait 70 %. Le seul impôt sur le sucre, élément de base de la consommation marocaine, rapportait autant que l'impôt sur les actions, le prélèvement sur les profits immobiliers et la taxe urbaine réunis. L'impôt sur les bénéfices industriels et commerciaux plafonnait à 15 % tandis que le prélèvement sur les salaires avait doublé en vingt ans. L'impôt sur les revenus agricoles restait dérisoire, pour le plus grand bénéfice de la féodalité terrienne. En 1980, tandis que la taxe sur les plus-values immobilières descendait de 25 à 15 % et que les droits de mutation étaient réduits, le gouvernement doublait les droits sur le tabac, augmentait l'essence, la vignette, les transports urbains...

Selon une étude de la Banque mondiale, sept millions de Marocains, soit plus du tiers de la population, vivaient en état de « pauvreté absolue ».

*

La « trève sociale » fut rompue par la base. L'Union marocaine du travail (UMT), qui s'était rapprochée de l'Istiqlal, désormais parti de gouvernement, éclate sous la pression. Plusieurs fédérations scissionnent et créent la Confédération démocratique du travail (CDT), proche de l'USFP d'Abderrahim Bouabid. Les vagues de grèves se succèdent pendant toute l'année 1979 : cheminots, employés de banque, mineurs de Khouribga, postiers, dockers, enseignants... Tous luttent pour la défense de leur pouvoir d'achat, qui, d'après un rapport officiel de la Banque du Maroc, a chuté de 13 % entre 1972 et 1976, la baisse n'ayant fait que s'accélérer depuis à cause de l'inflation galopante. En 1980, le mouvement s'amplifie : les journées de grève augmentent d'un tiers. Le pays n'a jamais connu pareille effervescence sociale.

Le malaise est plus profond encore dans la jeunesse. Elle se voit sans avenir, ne croit plus à rien, et rejette les partis politiques, toutes tendances confondues. L'intégrisme islamique, attisé par l'enthousiasme soulevé par la révolution iranienne, commence sa percée dans les universités. Lycéens et étudiants rejoignent le mouvement de grève avec leurs revendications propres. La répression est féroce. Les Forces auxiliaires envahissent les établissements scolaires, matraquent et tuent. Les cadavres sont rendus aux familles dans des cercueils plombés.

La fatalité climatique aggrave la situation. L'hiver 1980-1981 connaît une sécheresse dramatique, sans précédent de mémoire d'homme. Faute de fourrage, le bétail doit être abattu en masse. Toutes les cultures hivernales sont perdues et la récolte de céréales sera inférieure de moitié à celle de l'année précédente. L'exode rural devient fuite. Des hordes de familles paysannes se pressent aux portes des villes, qui, faute de travail, offrent au moins des décharges publiques où chercher sa pitance. Dix arrivées à l'heure à Casablanca, cet hiver-là. La police, placée en cordon sanitaire, refoule brutalement l'armée de la misère, mais elle revient toujours et finit par s'infiltrer dans la place. Il faut réquisitionner les hangars de la Foire internationale pour y entasser, dans des conditions sanitaires épouvantables, tous ces pauvres gens à bout d'espérance.

Inconscient ou cynique, le gouvernement annonce le 28 mai une série de hausses qui frappent de plein fouet les plus déshérités : 40 % sur la farine, 40 à 50 % sur le sucre, 28 % sur l'huile, 14 % sur le lait, 76 % sur le beurre. Ces hausses font partie des mesures imposées par le FMI.

Des manifestations spontanées éclatent dans tout le pays. Au Parlement, les partis unanimes demandent au gouvernement de rapporter ces mesures aberrantes.

Le 6 juin, le pouvoir consent à réduire les hausses de moitié mais refuse toute négociation avec les syndicats.

Le 15 juin sont proclamés les résultats du baccalauréat : 85 % d'échecs. Implacable sélection...

Le 18 juin, sur mot d'ordre lancé par l'UMT, la grève paralyse Casablanca, Mohammedia et quelques grands services publics.

La CDT appelle à son tour à une grève générale dans tout le pays pour le 20 juin.

Le 19 juin, la police arrête par centaines les responsables de la CDT et de l'USFP. Le ministre de l'Intérieur, Driss Basri, petit policier longtemps chargé de la surveillance des étudiants, catapulté au sommet du pouvoir par la faveur royale, avertit les fonctionnaires qu'ils risquent la révocation. Des patrouilles de police sillonnent Casablanca, menaçant les commerçants de suppression de leur patente et répandant la rumeur que des éléments du Polisario se sont infiltrés dans la ville...

Les autobus déclenchèrent les premiers incidents. Des jaunes recrutés par la direction avaient pris le volant abandonné par les grévistes. Dès 9 heures, un premier autobus est lapidé à Sidi Bernoussi. Les attroupements grossissent devant les boutiques dont la police tente d'obtenir l'ouverture.

A 11 heures, des affrontements se produisent place des Sraghna, dans la nouvelle médina. On entend sans cesse ce slogan : « Mitterrand hausse le SMIG, Hassan II hausse les prix ».

A midi, un cortège de trois mille manifestants sortis des bidonvilles du nord marchent vers l'autoroute qui traverse la ville. A Sbata, on construit des barricades.

Partout, les enfants sont en première ligne. Ceux qui bloquent le boulevard Modibo Keita et lapident les voitures ont entre huit et dix ans.

Quatre banques flambent sur le boulevard El-Fida. On manifeste à Chorfa, Tolba, Carlotti, Spanol.

Vers 2 heures de l'après-midi, deux nouveaux cortèges partent de la nouvelle médina et de Hay Hassani.

Au derb Ghalef, des enfants attaquent un autobus. La police tire. Une femme et une jeune fille sont tuées. Les deux premiers cadavres. Comme si ce premier sang la libérait, la police ouvre le feu dans toute la ville.

L'armée entre dans Casablanca. Des blindés prennent position aux carrefours stratégiques; la troupe met des mitrailleuses en batterie devant les bâtiments publics. Le ciel est sillonné par les hélicoptères. Mais les armes automatiques resteront silencieuses : la répression s'effectue à l'arme individuelle.

Les tirs sont particulièrement nourris à Sbata, à Sidi Bernoussi et dans l'ancienne médina. Les manifestants, ou présumés tels, sont pourchassés et abattus jusque dans les maisons. Les bidonvilles sont ratissés par la police. La nuit tombe. Jeeps et ambulances sillonnent la ville. Des jeunes construisent des barrages à l'entrée du derb Ghalef. Soixante avions atterrissent à Anfa, amenant des renforts de Meknès et de Kenitra.

Des milliers d'arrestations sont opérées.

Le dimanche 21, la troupe ramasse les cadavres qui jonchent les rues. Dans l'après-midi, un incendie ravage le derb Omar, où se concentre le commerce de gros casablancais. On tire toujours au derb Ghalef et à Hay Mohammedi. Perquisitions et arrestations se multiplient. Les familles en quête de leurs enfants disparus se voient interdire l'entrée des hôpitaux.

Le lundi après-midi, l'agitation reprend dans certains quartiers. Les commerçants baissent leurs rideaux de fer en nouvelle médina. Les tribunaux condamnent une première fournée de trois cents manifestants.

Le mardi, retour au calme. L'émeute est matée. Elle s'est attaquée prioritairement aux symboles de la richesse. Vingt-trois banques et plusieurs magasins de luxe ont été attaqués. Douze pharmacies ont flambé : elles vendent les remèdes à des prix exorbitants et réservent certains médicaments au marché noir. Quarante-cinq autobus conduits par des jaunes sont réduits à l'état d'épaves calcinées.

*

Avec une impudence rare, le gouvernement annonça soixante-six morts, tous tués par lapidation ou à l'arme blanche. C'était imputer la responsabilité du massacre aux seuls émeutiers. Mais si les décès étaient si peu nombreux, pourquoi avoir creusé, de nuit, une première fosse commune entre la route de Tit Mellil et le cimetière des Martyrs, dans un terrain vague où les enfants jouent au football; pourquoi une seconde fosse commune près du Hay el-Farah; pourquoi un permis d'inhumer global pour trois cent cinquante corps délivré aux responsables du cimetière de Ben M'Sik? Tous les témoignages, notamment ceux du personnel des hôpitaux et des morgues, situent le chiffre des victimes entre six cents et mille. Quant aux blessés, ils se comptaient par milliers, dont beaucoup ne furent pas transportés dans les hôpitaux par crainte des représailles [1].

Un mort sur trois était un enfant.

Six à huit mille Casablancais étaient arrêtés. On les entassa dans les commissariats, dont celui des Roches noires, où vingt-six détenus moururent par étouffement; au sous-sol de la Banque du Maroc, dans les hangars de la Foire internationale, où une quarantaine de jeunes gens, sans eau ni nourriture, périrent des suites de leurs blessures. Les enfants furent concentrés, au sens premier du terme, dans les locaux du dépôt frigorifique de l'Office chérifien d'exportation, à Nouasseur; beaucoup y moururent par étouffement. A Sidi Bernoussi, les détenus raflés dans les bidonvilles des Carrières Thomas et de Rehamma furent eux aussi entassés dans un local trop petit : vingt-huit périrent asphyxiés.

La caserne d'Aïn el-Harrouda servait de centre de tri. Les détenus restaient en plein air, de jour comme de nuit, sans eau ni nourriture, et les soldats avaient ordre de tirer sur ceux qui bougeaient. Plusieurs prisonniers furent exécutés devant leurs compagnons d'infortune.

---

1. Voir notamment le dossier très complet publié par les Comités de lutte contre la répression au Maroc, auquel nous avons emprunté nombre d'informations rapportées dans ce chapitre.

Les familles aisées purent parfois récupérer leurs enfants en versant aux policiers des sommes allant de trois cents à trois mille dirhams. Mais comme le chiffre des détenus devait rester constant, les policiers auraient remplacé les privilégiés libérés par d'autres enfants raflés dans la rue...

Les juges furent à la hauteur des policiers. Une chambre spéciale avait été réservée au jugement des blessés. Trois d'entre eux moururent en pleine audience. La plupart des accusés comparaissaient après avoir signé des procès-verbaux en blanc, de sorte que les débats, même expéditifs, firent apparaître d'irritantes contradictions : à certains, on faisait reconnaître des actions postérieures à leur arrestation, ou bien des Casablancais raflés à leur retour de Rabat se voyaient imputer des faits commis alors qu'ils se trouvaient encore dans la capitale... Ces bagatelles n'étaient pas de nature à entraver la marche de la justice.

Dix-huit cents accusés jugés à Casablanca, tant par les tribunaux de première instance, en procédure de flagrant délit, le plus souvent sans avocats, que par les cours d'assises. Les peines s'échelonnèrent de trois mois de prison à vingt ans de réclusion. Par ailleurs, des dizaines de militants de la CDT et de l'USFP étaient condamnés à travers le pays pour avoir répercuté l'ordre de grève lancé par la centrale syndicale.

L'opposition une fois de plus matée, sa presse suspendue, le peuple des bidonvilles terré dans ses trous à rats, les fosses communes nivelées, l'ordre régnait au Maroc.

XX

L'enfer discret des Sahraouis

Ils sont des dizaines à avoir disparu, certains très jeunes, d'autres fort âgés, enlevés à Rabat, Meknès, Tan-Tan, Agadir, Goulimine et autres lieux. Une liste de cent un noms, bien loin d'être exhaustive, a pu être établie. Les raisons de leur enlèvement sont inconnues. Représailles sur les familles de combattants du Polisario? Prise d'otages préventive? Simple intimidation? Nul ne le sait. Même les lieux exacts de détention restent imprécis.

Les militaires de Tazmamart bénéficient au moins de la solidarité familiale, et leurs gardiens se révèlent accessibles à la corruption. Les disparus sahraouis, esseulés, sont traités en ennemis. Rares sont les informations qui filtrent à leur propos. Aucun d'eux n'a réussi à faire passer un message. Ils sont totalement *Nacht und Nebel*.

Tous ceux qui figurent sur la liste aux cent un noms ont disparu en 1976.

En 1977, un jeune coopérant français, Gilles Gauthier, professeur au lycée d'Inezgane, près d'Agadir, fut arrêté, gardé à vue puis expulsé pour s'être préoccupé du sort d'un certain nombre de ses élèves sahraouis, que la police était venu chercher dans leur classe et qui ne réapparurent jamais.

Un bagne a pu être repéré près de Agdz, sur l'oued Draa, et un second à Kalaa M'gouna, non loin de Rachidia.

Voici le témoignage d'un geôlier, recueilli en 1989 :

« Il y a des années maintenant, j'ai fait partie d'une unité qui gardait des prisonniers spéciaux dans le Sud. Il y avait surtout des Sahraouis mais quelques Marocains aussi. Je ne sais pas pourquoi on les mettait ensemble. Il y avait même un Libanais qui était toujours enfermé à part. On le disait Libanais, je ne sais pas, en tout cas quelqu'un du Machrek [1]. On avait à peu près cent cinquante personnes à garder. Je dis à peu près parce que ce n'était pas comme en prison, avec des numéros et une comptabilité. On ne savait pas exactement à cause des morts qui étaient fréquentes.

« Il y avait plusieurs endroits comme ça, des prisons spéciales. Au début, il y avait Tagounit mais c'était trop près des frontières, on a évacué la place. J'ai aussi entendu parler de Tiouine, près de Tazenaght, mais je n'y suis pas allé. Moi, j'étais d'abord à Agdz, et puis ensuite près de Kalaa M'gouna, en direction de Rachidia.

« A Agdz, on était dans un ksar [2]. Je crois que c'était le ksar de Tamhougalt, de l'autre côté de l'oued Draa. Je ne suis pas très sûr des noms parce que je ne suis pas de ces régions-là. Et puis ça c'est su qu'il y avait là une prison spéciale. Les gens du village le savaient et avaient même peur de s'approcher de l'endroit. Alors on a déménagé pour l'autre ksar de Kalaa M'gouna.

« Il faut dire que les conditions sont très dures dans ces endroits-là. Il fallait bien punir ces familles du Polisario. A cette époque-là, on n'avait même pas le droit de prononcer le mot. Maintenant, oui, Sidna [3] a permis qu'on les nomme. C'étaient des hommes et des femmes très vieux. Il y en avait qui avait plus de quatre-vingts ans peut-être, et aussi des gamins. Il y avait un gosse de quatorze ans, Mohammed Cheikh, mais il est mort maintenant. Et aussi une fille de douze ans à peu près, Mouna. Je ne sais pas ce qu'elle est devenue. On leur donnait à manger des légumes, lentilles et fèves. Mais on ne les faisait pas vraiment cuire. Des courges aussi. Il y avait des chiens, au ksar. Ils servaient à garder. On

---

1. Proche-Orient.
2. Village fortifié, très clos sur lui-même.
3. Sidna : notre seigneur, notre maître. C'est ainsi que l'on appelle le roi.

donnait la même chose aux prisonniers et aux chiens, exactement la même chose, la même gamelle.

« La plupart n'avait rien sur eux. Lorsqu'ils allaient aux toilettes pour leurs besoins, ils s'entouraient de couvertures, pour la pudeur.

« Comme c'étaient des prisons spéciales, on les battait souvent, chacun à leur tour, quelquefois cinq minutes, quelquefois un quart d'heure. C'était fatiguant pour nous aussi. Ils sortaient un peu dans la cour et on leur disait qu'ils seraient enterrés là, dans cette cour. On mettait même du tissu blanc pour les linceuls, bien visible dans la cour, pour qu'ils comprennent.

« J'étais là quand on les a transférés. Je me souviens, il y avait un jeune, quand il est sorti de la pièce, dans la nuit, c'est toujours la nuit qu'on transfère, on a voulu lui mettre le bandeau sur les yeux mais il n'a pas compris, il a dû croire qu'on allait l'abattre aussitôt et il s'est débattu. Alors on l'a pris comme un mouton, les pattes avant liées derrière le dos, les pattes arrière aussi, et on a relié les deux attaches bien serrées, exactement comme pour les animaux, et on l'a jeté dans le camion comme pour aller au souk. J'avais un camarade dans ce temps-là qui était très sensible, trop pour ce travail-là, je ne sais pas ce qu'il est devenu, il n'a pas supporté. Je l'ai vu : il a touché l'épaule du garçon, comme par amitié, et il lui a mis un pneu sous la tête. Et puis il est parti vers l'avant du camion et il a pleuré. Le gosse aussi, il pleurait.

« Il n'y avait pas de médecin, seulement un coiffeur qui arrachait les dents et un infirmier. Mais l'infirmier, il ne savait pas lire, il ne connaissait rien. Il reconnaissait les médicaments à l'odeur. Il débouchait un flacon, le reniflait, disait : " Non, c'est pas çà ", le rebouchait, en prenait un autre. De toute façon, il ne voulait pas se servir des médicaments pour les prisonniers, il préférait nous les vendre. Nous, on était d'accord pour les acheter pour nos familles, la pénicilline, les vitamines, tout ça... Les Sahraouis, souvent, ils avaient une maladie qui leur donnait des taches sur les pieds, et ensuite ils mouraient. Si on leur faisait une piqûre de vitamines, qui coûtait trente centimes, ils s'en tiraient. Mais ce n'était pas souvent que l'infirmier leur faisait la piqûre. Alors les Sahraouis disaient : " Notre vie ne vaut même pas trente centimes... "

« Pendant les années que j'ai passées là-bas, ils restaient comme ça, jour et nuit. Pas de visites, pas de livres, pas de radio. A attendre la mort.

« Le brigadier m'a dit qu'ils étaient là depuis 1976, et moi je suis resté jusqu'en 1983. Un autre, que j'ai revu il n'y a pas longtemps, m'a dit que c'était toujours pareil, sauf ceux qui étaient morts. »

Ce 4 juillet 1990, Kalaa M'gouna reste un enchantement, même si les immenses champs de rosiers ont déjà perdu leurs fleurs. Les meilleurs mois sont avril et mai, à l'éclosion des roses : le pays n'est à perte de vue qu'un tapis de fleurs et l'air embaume à n'y pas croire. Chaque année, au printemps, nombreux sont les journalistes français qui, invités par le gouvernement marocain pour la fête des Roses, s'enchantent de ce paradis terrestre.

Touristes fortunés et journalistes invités séjournent dans l'unique hôtel de la petite ville, *Les roses du Dadès*. C'est un agréable quatre-étoiles, serti dans les buissons de roses, renommé pour la qualité de son service.

La terrasse de l'hôtel est orientée au sud. L'œil du voyageur ne s'attarde guère sur l'étroite vallée où serpente la route de Ouarzazate à Rachidia, bordée par les boutiques et les échoppes de la bourgade. De l'autre côté de la vallée, juste en face de l'hôtel, à la même hauteur, un bordj gris-rose avec sa double enceinte et ses quatre tours d'angle. Détachée du bordj, mais à proximité immédiate, comme un avant-poste, une construction de même couleur surmontée par une insolite antenne de télécommunication rouge et blanc. Les gens du pays vous conseillent de ne pas approcher, " car les sentinelles tirent ".

Ce 4 juillet 1990, dans l'enceinte du bordj de Kalaa M'gouna, les Sahraouis survivants attendent que la mort vienne les prendre.

XXI

Le tour de Dlimi

Les émeutes de Casablanca surprirent le roi alors qu'il s'apprêtait à s'envoler pour Nairobi où l'attendait, au sommet de l'Organisation de l'unité africaine (OUA), une partie difficile.

La République arabe sahraouie démocratique, proclamée par le Polisario le 27 février 1976, ne cessait de progresser sur le terrain diplomatique. Chaque année, une poignée de nouveaux pays reconnaissaient son existence. Il ne faisait aucun doute qu'elle ne tarderait plus à être admise au sein de l'OUA, malgré la menace brandie par le Maroc de quitter immédiatement son fauteuil plutôt que de siéger à côté d'un ennemi dont il niait jusqu'à l'existence. A l'ONU, le dossier sahraoui progressait de même manière et l'organisation internationale, vote après vote, réclamait l'organisation d'un référendum d'autodétermination.

Réaliste à son ordinaire, sachant reconnaître une impasse pour ce qu'elle était, et spécialiste des volte-face spectaculaires, Hassan II accepta à Nairobi le principe du référendum. Bien sûr, il serait à ses yeux simplement « confirmatif » puisqu'il donnerait aux Sahraouis l'occasion de dire ce qu'ils étaient de toute éternité. Et, même s'il devait s'effectuer sous surveillance internationale, il se déroulerait en présence de l'armée royale et sous administration marocaine. Quand Alger demanda que le Maroc évacue au préalable les territoires appelés à s'autodéterminer, Hassan II rétorqua que le FLN avait accepté de bonne grâce que le

référendum d'autodétermination algérien se déroulât en
présence de l'armée française. La comparaison était un peu
hardie mais l'avenir allait démontrer que le roi savait
reprendre à son compte l'argumentaire colonial.

La suite des événements plongea dans la perplexité les
observateurs peu au fait des subtilités de la politique marocaine.

L'USFP d'Abderrahim Bouabid s'insurgea contre la décision du roi. Elle développa l'argument sans doute maladroit
selon lequel le référendum d'autodétermination serait le
premier dans l'histoire dont on ne pouvait prédire à
l'avance les résultats. Même si c'était vrai, il était permis d'y
voir une raison supplémentaire de l'organiser. Mais les
craintes de la gauche étaient problablement exagérées car
le Maroc consentait pour le Sahara occidental des sacrifices
inouïs. Tous les habitants étaient exonérés d'impôts. Les
grands chantiers métamorphosaient le paysage. El-Ayoun,
l'ancienne capitale du Sahara espagnol, était passée de
vingt-cinq mille habitants en 1975 à plus de cent mille. Les
investissements consentis représentaient sept fois la
moyenne nationale. Pour la plupart des journalistes en
visite, l'évidence s'imposait que les populations sahraouies
trouvaient tant d'avantages immédiats à leur rattachement à
la « mère patrie » qu'un référendum comportait peu de
risques pour Rabat.

L'USFP publia néanmoins un communiqué vengeur
dénonçant chez le gouvernement « la prédisposition à la
résignation, voire à l'abandon éventuel de la souveraineté
marocaine sur les provinces sahariennes ». Ainsi assistait-on
à une curieuse bataille à front renversé : le roi était soupçonné de vouloir brader une partie de son royaume, tandis
que la gauche, reniant sa vocation internationaliste, gardait
farouchement l'œil fixé sur la ligne ocre des dunes...

Abderrahim Bouabid fut arrêté. C'était la première fois
depuis l'indépendance. Il avait été pris dans la grande rafle
du 16 juillet 1963, lorsque la police avait ramassé d'un seul
coup la totalité de la commission administrative de L'UNFP,
mais les sbires l'avaient respectueusement relâché après
identification. Au contraire d'un Ben Barka ou d'un Basri,

Bouabid paraissait intouchable. Il est vrai que même au Maroc de Hassan II la prison doit parfois se mériter. Cette fois, sa passion saharienne lui valait enfin de connaître, après tant et tant de ses militants, mais dans des conditions infiniment plus confortables, la prison royale. Avec lui furent pris quatre membres du bureau politique coresponsables du communiqué incriminé, dont Mohammed el-Yazghy, député de Kenitra et directeur du journal *Al Moharrir*, naturellement suspendu.

Ils étaient inculpés en vertu d'un dahir du 29 juin 1935 « relatif à la répression des manifestations contraires à l'ordre et des atteintes au respect dû à l'autorité ». Ce dahir du protectorat était moqué par tous les Marocains sous le nom de « dahir quiconque » car chacun de ses paragraphes commençait par ce mot. Le palais s'était toujours refusé à l'abroger malgré les réclamations incessantes de l'opposition. Par deux fois, en 1944 et 1952, Abderrahim Bouabid avait été condamné en vertu du « dahir quiconque » par les tribunaux français...

Le tribunal lui infligea, ainsi qu'à deux de ses amis, un an de prison ferme.

Renchérissant dans l'humour noir, Hassan II fit transférer Bouabid dans une maison de Missour, à quatre cents kilomètres de Rabat, là même où les autorités françaises internaient naguère les patriotes...

L'unanimité nationale semblait compromise. Les députés de l'USFP refusaient de siéger au Parlement, prorogé de deux ans par le roi au motif que l'enjeu saharien imposait une trêve politique. Hassan II se rendit lui-même au Parlement pour y prononcer un réquisitoire d'une violence rare contre les quatorze absents : « Par sa décision, cette minorité s'est placée non seulement hors de la légalité, mais aussi hors de la communauté musulmane. Il ne faut donc pas qu'elle s'attende à ce que les lois la protègent. » La chambre, debout, applaudit pendant de longues minutes.

Le Polisario faillit restaurer l'union sacrée. Le 13 octobre, une colonne blindée, avec pour fer de lance une dizaine de chars lourds soviétiques T-54, surgissait du désert mauritanien et submergeait les deux mille défenseurs de la garnison

de Guelta Zemmour. Équipés de Sam-8, les Sahraouis abattaient de surcroît un C-130 et deux Mirage F-1. Après avoir
occupé Guelta Zemmour pendant vingt-quatre heures, la
colonne se repliait en bon ordre. L'escalade était significative : le Polisario démontrait qu'il possédait désormais les
moyens et la capacité de mener une guerre classique. « Ils
ont fait manœuvrer leurs blindés de manière brillante »,
admit le général Dlimi, qui appela l'armée marocaine à un
nouvel effort.

Les quatorze députés de l'USFP décidèrent de cesser leur
boycott. A leur retour de séance, ils furent placés en résidence surveillée à leur domicile avec interdiction de sortir.
Hassan II, repoussant sans cesse les limites de l'innovation
démocratique, s'attribuait aussitôt le soin de désigner sa
propre opposition. Recevant les soixante-dix députés du
Rassemblement national des indépendants d'Ahmed
Osman, qui n'étaient plus représentés au gouvernement, il
leur déclara : « La démocratie hassanienne ne sera parfaite,
et nous ne serons tranquilles, que lorsque nous aurons
appris aux Marocains comment pratiquer l'opposition au
gouvernement du roi du Maroc. » Il conseilla aux valeureux
députés du RNI de former un *shadow cabinet* pour s'exercer à un rôle « constructif ». Ahmed Osman, ancien Premier
ministre, ainsi désigné par le roi – son beau-frère – comme
chef de l'opposition de Sa Majesté, assura que son parti
n'épargnerait aucun effort pour assumer « la lourde et
importante mission dont il était chargé ».

Abderrahim Bouabid et ses deux amis furent graciés en
mars à l'occasion de la fête du trône. La presse socialiste
restait cependant suspendue.

Peu rancunier, Bouabid se rapprocha du palais et accepta
de participer aux élections locales de juin 1983. La base de
l'USFP gronda et plusieurs dirigeants manifestèrent leur
désaccord. Ils furent exclus. Le résultat du scrutin démontra, si besoin était, que le roi entendait tenir les urnes électorales à l'écart de l'union sacrée. L'USFP, avec 3,46 % des
suffrages, encaissait une défaite sans appel. Le PPS d'Ali
Yata, dont un millier de candidats avaient été purement et
simplement récusés par le pouvoir, atteignait 0,13 %. Même

l'Istiqlal, pourtant au gouvernement, mais toujours considéré d'un œil suspicieux, n'obtenait que 16,77 % des voix.
Le « parti du roi », conglomérat de candidats dits « indépendants », obtenait une écrasante majorité. Comme l'USFP
pour le référendum au Sahara, Hassan II n'admettait que les
élections au résultat connu d'avance.

De l'avis général – y compris celui des vainqueurs –, le
scrutin avait été l'un des plus trafiqués depuis l'indépendance. Les bureaux du ministère de l'Intérieur, soucieux de
faire bonne besogne, avaient travaillé plus de quarante-huit
heures avant de proclamer les résultats, et l'USFP affirmait
que la majorité lui avait été « subtilisée » dans ses fiefs
urbains traditionnels.

Al Bayane, l'organe d'Ali Yata, dénonçait « falsifications,
trafics, ingérences administratives, bref, une cuisine
concoctée à l'avance ». L'Istiqlal hurlait lui aussi qu'on
l'avait volé. Le pouvoir avait annoncé à son de trompe que
l'un de ses dirigeants, Abbès el-Fassi, ministre des Affaires
sociales, était battu, ce qui n'eût pas été inconcevable s'il
s'était porté candidat, mais ce n'était pas le cas...

Le 14 octobre 1983, Hassan II renvoyait les députés, élus
pour quatre ans en 1977, et déclarait assumer la totalité des
pouvoirs législatif et exécutif. Il n'invoquait même pas l'état
d'exception. Sa seule volonté avait force constitutionnelle.
Le prétexte invoqué était l'impossibilité d'organiser des
élections législatives tant que le référendum n'aurait pas
déterminé si les Sahraouis des « provinces sahariennes »
devaient y participer.

Bon prince, Abderrahim Bouabid accepta, le 30 novembre 1983, d'entrer en qualité de ministre d'État dans un
gouvernement de coalition.

Les élections législatives furent finalement fixées au mois
de septembre 1984. L'opposition y participa, avec la résignation du mouton marchant à l'abattoir. Interrogé sur ses
espérances par Jean de la Guérivière, du *Monde*, le
19 février 1984, le ministre d'État Abderrahim Bouabid
répondit avec une drôlerie désespérée : « Nous ne savons
pas combien de sièges on va nous réserver. »

La rouerie royale fut une fois de plus épatante. Le 31 août, il faisait approuver par référendum le « mariage » avec la Libye. Tous les partis sans exception appelaient à voter « oui » : l'union avec le colonel Khadafi laissait espérer la conclusion de la si longue guerre contre le Polisario, privé de son plus fidèle soutien. L'union fut approuvée par 99,97 % des suffrages exprimés. A peine les dirigeants de gauche étaient-ils descendus des estrades du haut desquelles ils avaient exhorté le peuple à approuver massivement son roi qu'ils devaient y regrimper pour dire leur opposition à un régime dont ils critiquaient la politique économique et sociale tout en participant au gouvernement. Encore le temps de la contestation électorale était-il strictement mesuré. Astucieusement, le roi avait fixé l'ouverture de la campagne au 1ᵉʳ septembre. Le 2 était jour férié. La fête du Mouton, célébrée le 6, se poursuivait par quatre jours chômés. Au total, les partis disposaient de quatre jours pour mobiliser leur électorat.

Abderrahim Bouabid fut récompensé de sa compréhension : l'USFP obtint 17,08 % des voix et trente-quatre députés. Elle dépassait pour la première fois l'Istiqlal, qui s'effondrait à 11,55 %. Le PPS d'Ali Yata avait deux députés. Grande première : la vitrine hassanienne s'ornait désormais d'un député gauchiste, membre de l'Organisation de l'action démocratique et populaire, ralliée au triptyque obligatoire « Dieu, la Patrie, le Roi », ce qui, pour des marxistes-léninistes, représentait une avancée idéologique spectaculaire. Naturellement, le « parti du roi » obtenait une majorité écrasante : compte tenu des représentants élus au suffrage indirect, il régnerait sur le Parlement avec deux cent quinze députés sur trois cent six.

Les récriminations ne manquèrent pas. L'Istiqlal dénonça « un système planifié pour dénaturer la démocratie ». L'USFP elle-même protesta contre des fraudes éhontées. L'une des plus courantes, de la part des candidats du roi, consistait à offrir aux électeurs une chaussure avant le scrutin, l'autre chaussure n'étant donnée qu'aux citoyens rapportant, après le vote, le bulletin de la gauche pour preuve qu'ils avaient opéré le bon choix.

Mais le roi avait tout prévu. Le jour même de la proclamation des résultats commençait la célébration télévisée, à Fès, des fastueux mariages de sa fille Meriem avec le fils du ministre de l'Information, Abdellatif Filali, et de sa nièce, fille de la princesse Aïcha, avec le fils de l'ambassadeur du Maroc à Paris. Conformément à la tradition, deux cent cinquante couples venus de tout le pays célébraient en même temps leurs noces au palais. Le programme des réjouissances, étalées sur cinq jours, donnait à rêver : devant un parterre de têtes couronnées et de chefs d'État, défilés hauts en couleur, fantasias pétaradantes autour d'un lac artificiel, banquets servis sous des tentes capables d'abriter mille personnes, etc. Qui se soucierait dans pareille ambiance des récriminations de politiciens aigris ?

Ainsi le système hassanien continuait-il de tourner rond. La presse internationale, bonne fille, déplorait rituellement les fraudes mais soupirait que des élections truquées valaient mieux que pas d'élections du tout. Le roi régnait en maître absolu. L'intégrisme islamique, devenu pour beaucoup le seul recours, progressait à pas de géant dans la jeunesse marocaine. L'opposition assumait dans la vitrine son rôle traditionnel.

Mehdi ben Barka aimait à raconter à ses jeunes camarades le conte de l'éléphant, que son frère Abdelkader rapporte ainsi : « Il y avait autrefois un sultan qui possédait un superbe éléphant. Or cet animal chéri du souverain vagabondait en liberté dans la ville de Fès où il provoquait chaque jour des dégâts énormes. Rassemblant tout leur courage, les gens de Fès décidèrent donc d'envoyer au palais une délégation chargée de présenter leurs doléances. La délégation se met en route et, chemin faisant, elle perd la plupart de ses membres. Deux téméraires parviennent cependant devant le sultan, se prosternent, et le plus âgé lui adresse la supplique suivante : " Majesté, vous possédez un éléphant si charmant que les gens de Fès seraient heureux de lui offrir la compagnie d'une femelle. " »

Entre-temps, le tour d'Ahmed Dlimi était venu.

*

A cinquante ans, il était à la fois directeur du cabinet des
aides de camp du roi, directeur général de la Sûreté nationale, chef des services secrets et, seul général de l'armée
marocaine, son commandant en chef sur le front saharien.
L'ancien tortionnaire du Dar el-Mokri avait fait du chemin.

Grandi dans l'ombre d'Oufkir avant de devenir son exécuteur, il lui manquait sa superbe, sa bravoure, et une sorte
de générosité dans le crime qui faisait qu'on pouvait haïr
Oufkir mais non le mépriser. Ils étaient les deux meilleurs
experts du royaume en matière de torture mais seul Dlimi y
trouvait du plaisir. Oufkir était l'incarnation même du guer-
rier; il y avait en Dlimi du fonctionnaire méticuleux. L'un
alimentait la chronique galante de Rabat de ses frasques et
de ses amours mouvementées avec Fatima; l'autre menait
une sage vie familiale. Mais si Oufkir ne s'intéressait guère à
l'argent, Dlimi avait pour lui de la passion. Sa réputation
d'affairiste était établie. Le roi, très sagement, ne l'avait pas
dissuadé de s'enrichir très vite et par tous les moyens : un
homme qui poursuit l'or rencontre rarement le pouvoir.

Ses motivations ne pouvaient donc pas être les mêmes
que celles de Medbouh et d'Oufkir, dont il allait reprendre
le rôle dans la pièce à la Agatha Christie qui se joue sur la
scène hassanienne, et où les petits nègres, tous plus « loyal
serviteur » les uns que les autres, doivent à la fin disparaître.
La part faite aux appétits de pouvoir, Oufkir comme Medbouh s'étaient décidés à passer à l'action lorsque le spectacle écœurant d'une corruption généralisée leur était
devenu insupportable. La nausée leur avait servi de déclic.
Elle avait en tout cas légitimé les desseins d'une froide
ambition personnelle. Rien de tel pour Dlimi, qui était dans
l'affairisme comme un poisson dans l'eau.

Pour un officier intègre, le comportement royal était
pourtant plus scandaleux encore qu'au temps d'un Medbouh ou d'un Oufkir. Tandis qu'à longueur d'année ses soldats « bouffaient du sable », comme on disait à Rabat, alors
que sa police tuait par centaines les émeutiers de la faim

dans les rues de Casablanca, Hassan II bâtissait, agrandissait, décorait ses multiples palais et résidences. Sa folie immobilière ne connaissait plus de bornes. Le palais de Fès, déjà immense, était encore agrandi (« C'est pour échapper à la claustrophobie », expliquait-il en riant à ses visiteurs étrangers). Ifrane, Tanger, Agadir, Marrakech, Rabat, Fès, Meknès, Casablanca : chaque grande ville du royaume devait avoir son palais. A Fès, toute la robinetterie était en or. Dans le palais de Marrakech, où travaillaient trois mille artisans, la seule salle de bains royale, pourtant à peu près dépourvue d'or, avait coûté cinq cent mille dirhams, soit le salaire mensuel de cinq cents instituteurs. Le château de Betz, en France, était entièrement rénové. Décorateurs et artisans se relayaient au-dessus de l'Atlantique pour mettre au goût royal un ranch immense acquis aux États-Unis. A Agadir se construisait le dixième palais (marbre et cèdre sculpté), dont le coût final serait de trois cent soixante millions de dollars. Les architectes jetaient déjà les plans de deux autres, à Nador et dans le Tafilalet.

Mais ces folles dilapidations, qui eussent écœuré un Medbouh ou un Bougrine, n'étaient pas de nature à troubler le général Dlimi. De toute façon, il faisait la guerre. Et il la faisait bien. Son action à la tête des forces chargées de combattre le Polisario avait révélé un stratège de grande classe chez cet homme dont toute la carrière s'était déroulée dans des officines policières. Surclassés numériquement, dépourvus d'une aviation dont le rôle dans le désert se montrait crucial, les combattants sahraouis avaient pour atout principal leur mobilité. Ils choisissaient leurs objectifs, s'en approchaient sans être repérés et fondaient comme la foudre sur des garnisons isolées avant de s'évanouir dans l'immensité. Parties de Tindouf, en Algérie, leurs Land-Rover avaient maintes fois conduit jusqu'à l'Atlantique des journalistes ahuris par la maestria des cavaliers motorisés du désert.

Ahmed Dlimi conçut l'idée d'un mur, sorte de ligne Maginot de sable, qui bloquerait les raids sahraouis. Le projet était pharaonique. Beaucoup le jugèrent démesuré. Mais le roi donna son accord et les bulldozers entrèrent en action

au mois d'août 1980. Sur une longueur de six cents kilomètres, ils élevèrent un mur de deux à trois mètres de haut,
couvert par des champs de mines et des réseaux de barbelés, qui, de Ras el-Khenfra à Boujdour, protégeait le
« Sahara utile », celui des phosphates et des zones les plus
peuplées. A intervalles réguliers, des points d'appui bourrés
d'électronique permettaient de repérer sur écran radar le
surgissement d'une colonne sahraouie. L'aviation décollait
aussitôt et des renforts étaient acheminés sur les secteurs
menacés.

La nouvelle stratégie s'était révélée efficace. Le Polisario
ne se frottait pas au mur. Les soldats marocains, qui vivaient
jusqu'alors terrés dans leurs fortins isolés, avec l'angoisse
permanente de voir surgir du désert une colonne blindée,
avaient retrouvé le moral. La guerre, une fois de plus, changeait de face, mais en faveur du Maroc. Et Ahmed Dlimi, si
longtemps méprisé par ses pairs pour ses spécialisations
policières, était devenu très populaire dans l'armée.

Trop, peut-être.

*

Il mourut le 25 janvier 1983, juste après avoir été reçu par
Hassan II au palais de Marrakech. Selon la version officielle,
sa voiture aurait été, vers 20 heures, heurtée de plein fouet
par un camion alors qu'il roulait dans la palmeraie. La maison royale qualifia sa disparition de « grande perte pour le
Maroc ». Le frère du roi, Moulay Abdallah, le prince héritier, Sidi Mohammed, le gouvernement en son entier et de
très nombreux députés assistèrent le lendemain, 26 janvier,
à la cérémonie funèbre tenue à la grande mosquée de la
capitale. Ahmed Dlimi fut inhumé ensuite au cimetière des
Martyrs de Rabat, non loin de la tombe d'Allal el-Fassi, le
héros de la lutte pour l'indépendance.

Comme pour le suicide d'Oufkir, la thèse officielle se
caractérisait par un mépris souverain de la simple vraisemblance. Le « camion fou », percutant dans la voiture de
Dlimi, aurait déclenché un incendie. Tandis que le chauffeur était tué net et qu'un passager assis à l'arrière était griè-

vement blessé, le général, éjecté, serait passé sous les roues du camion. Mais le passager, un certain Lahrizi, directeur d'une agence de voyages, livra des versions contradictoires. Dans un premier temps, il corrobora plusieurs témoignages selon lesquels le choc avec le camion avait été précédé d'une série d'explosions. Selon une version largement répandue à Rabat, il admit ensuite qu'il suivait dans sa voiture personnelle, conduite par un chauffeur, le véhicule du général, et que son chauffeur avait écrasé Ahmed Dlimi, éjecté à la suite de l'explosion de sa propre voiture. Cette fois, il n'était plus question d'un camion fou. Il fut impossible d'interroger Lahrizi sur ces contradictions : il était parti précipitamment en pèlerinage à La Mecque...

On sut que le général avait attendu longtemps à Marrakech l'audience du roi. Selon les mœurs hassaniennes, c'était le signe certain d'une disgrâce. On apprit aussi que le pouvoir n'avait pas renouvelé la grossière erreur commise en restituant à sa famille le cadavre d'Oufkir étendu sur une civière. C'était un cercueil plombé, avec interdiction formelle d'ouvrir, que la famille de Dlimi avait reçu.

Puis Roland Delcour, correspondant permanent du *Monde*, qui avait, le premier, contredit, témoignages à l'appui, la thèse de l'accident, révéla qu'une semaine avant la mort de Dlimi plusieurs officiers supérieurs avaient été arrêtés. Le colonel Bouarat, chef des commandos de la garde royale, était entre les mains de la police depuis le 24 janvier. Une dizaine d'officiers supérieurs de la garnison de Marrakech, dont un colonel de gendarmerie, avaient également disparu. L'ensemble de ces révélations valut à Roland Delcour d'être lui-même placé en garde à vue au commissariat central de Rabat. Il fallut une intervention du Quai d'Orsay pour le faire libérer au bout de deux jours. Il fut aussitôt expulsé.

Les déclarations sensationnelles du lieutenant Ahmed Rami, ancien aide de camp d'Oufkir, toujours réfugié en Suède, suscitèrent comme d'habitude étonnement et perplexité. Il était évident que Rami savait beaucoup de choses, mais aussi qu'il distillait la vérité à travers un filtre très personnel. Ainsi n'avait-il pas eu de mots assez durs, naguère, pour stigmatiser en Dlimi un diabolique suppôt du roi. Il l'avait accusé d'avoir torturé de sa propre main les généraux de Skhirat, puis d'avoir dirigé une répression implacable après l'attaque du Boeing royal ; lui-même, Rami, n'aurait dû qu'à une chance exceptionnelle d'échapper à la traque. Il disait à présent : « Je tiens à révéler que Dlimi, cet homme chez qui grandeur et droiture s'unissaient, a constamment œuvré pour la chute de Hassan II. » Ce tout nouveau Dlimi aurait appartenu à la conjuration dès 1971 et aurait même permis au lieutenant Rami de quitter le Maroc en mettant un avion à sa disposition. Accessoirement – mais Rami avait sans doute oublié ce détail –, Dlimi était à bord du Boeing attaqué par les aviateurs d'Amokrane, ce qui relevait d'un bel esprit de sacrifice s'il était dans la conjuration depuis l'année précédente...

Selon Rami, Dlimi avait adhéré au « groupe des officiers libres », d'inspiration nassérienne, qui s'était donné le nom de Mouvement du 16 août, date de l'attaque du Boeing. Les deux hommes se rencontraient régulièrement à Stockholm ou à Paris. Leur dernier rendez-vous avait eu lieu en décembre 1982, un mois avant la mort du général, dans la capitale suédoise. Dlimi était inquiet car il avait l'impression que le roi soupçonnait depuis trois semaines sa trahison. Il avait décidé que le coup d'État aurait lieu avant le 23 juillet, date à laquelle une série de mutations devaient intervenir à la tête de l'armée. Ni Dlimi ni Rami ne s'étaient rendu compte que des agents de la CIA surveillaient et filmaient leur rencontre : la bande vidéo remise à Hassan par les services américains avait consommé la perte du général. Toujours selon Rami, Ahmed Dlimi avait été torturé toute une nuit au palais de Marrakech, en présence du roi et de deux hommes de la CIA, exécuté à l'aube du 25 janvier, et le cadavre placé dans sa voiture préalablement garnie de grenades pour la macabre mise en scène d'un faux accident de la circulation.

Il est aujourd'hui établi que Dlimi entretenait des contacts discrets avec l'opposition marocaine en exil ; de même sa visite incognito à Paris, en décembre 1982, est-elle avérée. Mais il est difficilement imaginable qu'il ait poussé jusqu'à Stockholm pour y rencontrer Rami, l'un des Marocains en exil les plus pourchassés par la police secrète du

roi. Et comment imaginer que Dlimi, rompu à la guerre de
l'ombre, patron des services spéciaux marocains depuis si
longtemps, ait eu la naïveté de ne pas se croire étroitement
surveillé par de nombreux services étrangers dès l'instant
qu'il quittait le royaume, d'autant que l'affaire Ben Barka
avait démontré que ses séjours hors des frontières marocaines pouvaient entraîner quelque tracas pour le pays
hôte...

En revanche, l'intervention de la CIA paraît plausible. Le
roi avait démontré sa capacité à survivre aux putschs et
Washington misait désormais sur lui. De plus, Dlimi irritait
les États-Unis par son inclination décidée pour la France.
Dans la sourde compétition opposant les deux pays pour la
fourniture d'armes au Maroc, la France, grâce à Dlimi,
l'emportait haut la main : elle avait livré la quasi-totalité des
matériels innombrables nécessaires à une armée qui,
réduite à presque rien après les deux putschs, atteignait à
présent les deux cent mille hommes. Mieux encore : plus de
deux cents « coopérants militaires » français servaient en
permanence sous uniforme marocain. L'élimination de
Dlimi ne pouvait guère attrister le Pentagone et les mar-
chands d'armes américains. Sur le point précis de l'intervention de la CIA, le témoignage de Rami est d'ailleurs cor-
roboré par des sources françaises.

En tout état de cause, la thèse de l'accident de voiture ne
tient pas d'avantage que celle du suicide d'Oufkir. Si les faits
étaient aussi innocents, pourquoi les arrestations révélées
par Roland Delcour, confirmées ultérieurement, et auxquelles allaient s'ajouter celles de plusieurs officiers de la
base aérienne de Kenitra ? Pourquoi la disparition, deux
mois après la mort de Dlimi, de son aide de camp, Mahjoub
Tobji, qui l'avait accompagné lors de son voyage incognito à
Paris de décembre 1982 ? Pourquoi Tobji, évadé vingt mois
plus tard, se serait-il aussitôt réfugié à l'étranger ?

Sur les motivations du général assassiné, deux thèses
s'affrontèrent. La première voyait en Dlimi un classique
« soldat perdu ». Convaincu de tenir la victoire au bout du
fusil, il aurait appris le souhait du roi de se rapprocher de
l'Algérie, principal soutien du Polisario, et se serait résolu à

écarter Hassan II pour prévenir un éventuel bradage des
« provinces sahariennes ». En somme, il était le Challe ou le
Jouhaud marocain. Les retrouvailles spectaculaires entre
Hassan II et le président algérien Chadli, un mois tout juste
après sa mort, semblèrent accréditer l'hypothèse, encore
que le roi fût resté inflexible sur ses positions (un référendum confirmatif et rien d'autre) et que l'événement ait été
plutôt inscrit au passif du Polisario, dont le protecteur se
révélait moins constant qu'il ne paraissait.

La deuxième thèse, exactement inverse, attribuait à Dlimi
la certitude qu'aucune victoire militaire ne serait possible
tant que les combattants sahraouis trouveraient refuge dans
le sanctuaire algérien. Las d'une guerre sans issue, il aurait
décidé d'éliminer le roi pour négocier ensuite avec Alger
l'avenir du Sahara. Mais l'issue quasi certaine de telles négociations – un partage du territoire contesté – s'accorde mal
avec l'attachement viscéral du général Dlimi à la marocanité saharienne.

Une troisième explication, publiée en 1984 dans *Le
Monde diplomatique* par Ignacio Ramonet, l'un des meilleurs connaisseurs du royaume, apparaît six ans après
comme la mieux fondée. Ramonet rappelle à juste titre que
Dlimi était issu de la tribu des Ouled Delim, originaire du
Rio de Oro. Il connaissait mieux que personne la longue et
dramatique histoire des relations entre les Sahraouis et le
trône, l'abandon des premiers par le second aux bombes et
aux obus de l'opération Ouragan-Écouvillon, la mise sous
surveillance des populations réfugiées au Maroc, la répression qui s'était spécialement abattue, après les émeutes de
1965 à Casablanca, sur les jeunes Sahraouis accueillis par
les anciens résistants au foyer Dar Touzani. Si le roi proclamait que les Sahraouis étaient marocains, l'histoire témoignait qu'il les tenait pour de mauvais Marocains. Et la
gauche, en s'enrôlant aveuglément sous la bannière royale,
s'était laissé piéger puisque, depuis la résistance au protectorat, les tribus sahraouies avaient toujours été à ses côtés.

Dlimi, convaincu que le Polisario se dressait contre le roi
plus que contre le Maroc, conçut le projet ingénieux de renverser le roi pour ouvrir la voie à une réconciliation avec

les Sahraouis. Il ne souhaitait pas instaurer une république, considérant que seul le symbole royal garantissait l'unité du pays. Hassan II, contraint d'abdiquer, serait envoyé en exil, tandis que son jeune successeur devrait se contenter d'incarner la légitimité. Le Polisario, bien entendu, entrerait au gouvernement.

Informé par un service étranger (Ignacio Ramonet hésite entre les services français et américains), Hassan II réagit avec sa détermination coutumière. Dlimi fut interrogé et tué au palais de Marrakech, puis on plaça son cadavre dans une voiture bourrée d'explosifs qui furent mis à feu à partir d'une autre voiture suivant à distance.

La guerre était relancée pour longtemps, mais, la gauche muselée, l'armée une fois de plus décapitée, l'essentiel était sauf : le roi régnait.

XXII

Ceux de Kenitra

Neuf mois après leur condamnation, le 8 novembre 1977, les frontistes détenus à la prison centrale de Kenitra entamèrent une grève de la faim pour obtenir le minimum de ce que les régimes démocratiques accordent aux prisonniers politiques : droit de lire la presse publiée au Maroc et possibilité de faire des études. Ils réclamaient aussi l'amélioration des conditions de détention et demandaient qu'Abraham Serfaty les rejoignît : avec trois militantes condamnées à cinq ans de prison, il était maintenu en isolement à la prison civile de Ghbila.

Au vingt-deuxième jour de jeûne, la direction de la prison dut transférer un certain nombre de grévistes à l'infirmerie.

Au trentième jour, l'affaiblissement de plusieurs dizaines de militants exigea leur admission à l'hôpital El-Idrissi de Kenitra.

Le trente-septième jour, Saïda Menebhi, enseignante à Rabat, l'une des trois militantes condamnées, mourut à l'hôpital Averroes de Casablanca. Elle avait arrêté sa grève depuis quarante-huit heures mais n'avait pas reçu les soins que son état exigeait.

Au soir du quarante-cinquième jour, une commission composée de parlementaires et de fonctionnaires du ministère de l'Intérieur visita les grévistes hospitalisés à El-Idrissi. Elle multiplia les apaisements sur l'amélioration des conditions matérielles et promit d'intervenir en haut lieu pour tout ce qui ressortissait au statut politique.

Ces assurances convainquirent les frontistes d'arrêter leur grève. Deux militants étaient menacés de perdre la vue, plusieurs autres risquaient des lésions irréversibles des fonctions motrices. Jamais une grève de la faim n'avait duré aussi longtemps au Maroc. Elle avait incontestablement remué la classe politique : sur l'initiative d'Ali Yata, revenu à de meilleurs sentiments envers les camarades gauchistes, le Parlement vota à l'unanimité une motion demandant la libération de tous les prisonniers politiques.

En janvier 1978, le Premier ministre tint un discours peu compatible avec les promesses faites par la commission. Les frontistes entamèrent une nouvelle grève de la faim, dont se désolidarisèrent les militants du Mouvement du 23 mars. Le cœur n'y était plus. La grève s'interrompit au dix-septième jour. L'administration avait dès le début dispersé les frontistes entre trois prisons. Leur séparation dura un peu plus d'un an : le 27 avril 1979, ils se trouvaient tous réunis, y compris Serfaty, à la prison centrale de Kenitra, vaisseau pénitentiaire échoué dans un méandre de l'oued Sebou, pour une longue et épuisante traversée immobile.

*

Livres et revues ne tardèrent pas à entrer. La nourriture, complétée par les apports familiaux, était convenable. Les soins médicaux répondaient aux nécessités. Les gardiens, sans doute touchés par la jeunesse des détenus, impressionnés à coup sûr par leur culture, leur témoignaient en général de la bienveillance et s'abstenaient autant que possible d'intervenir dans leur vie collective. Après les horreurs du derb Moulay Cherif et la rude épreuve des grèves de la faim, la prison de Kenitra faisait un purgatoire acceptable.

Comme dans une auberge espagnole, les frontistes y apportèrent leur petit enfer particulier.

A l'instar de leurs homologues européennes de l'époque, les organisations gauchistes marocaines se caractérisaient par une rigueur idéologique sans faille, une discipline draconienne, une condamnation sans appel des accommodements pris avec les choses de la vie. Ilal Amam, la plus

importante, opérait une distinction entre les membres à
part entière, appelés « camarades », et ceux qui, servant de
relais avec les masses, n'avaient droit qu'au titre de « militants ». Un camarade était un révolutionnaire professionnel
se consacrant corps et âme à la cause. Le militant appliquait
aveuglément la ligne définie en dehors de lui par les camarades et devait franchir plusieurs degrés avant d'accéder à
l'élite révolutionnaire, dont il ignorait tout. Son enthousiasme et son efficacité étaient jaugés par son responsable,
forcément un camarade, qui suivait d'un œil fraternel mais
sans faiblesse la progression du postulant vers l'avant-garde

La direction d'Ilal Amam voulut que cette stricte organisation perdurât à l'intérieur de la prison. En même temps,
elle définissait un rigoureux code de conduite du révolutionnaire incarcéré. L'usage de l'argot était proscrit parce
qu'il faisait lumpenproletariat. L'exhibitionnisme ne pouvant être toléré, défense de se doucher nu devant des camarades. La tentation de la masturbation, tenue pour petite-
bourgeoise, devait être écartée d'une main ferme. Quant au
militant qu'une pulsion déplorable conduisit à un geste
concupiscent sur la personne d'un camarade, il dut avouer,
lors d'une autocritique publique, que ses jeux avec ses petits
camarades d'enfance expliquaient son aberration momentanée. Même les épouses et compagnes des détenus devaient
être surveillées, éventuellement filées, pour s'assurer de
l'orthodoxie et de leur pensée politique et de leur conduite
privée.

Mais la hiérarchie antérieure aux arrestations n'avait plus
guère de rapport avec celle qui avait émergé de l'épreuve.
Au derb, des camarades fort éminents s'étaient effondrés
dès les premières tortures tandis que des militants, voire de
simples sympathisants, avaient démontré des capacités de
résistance inattendues. Il fallut rétrograder les uns et promouvoir les autres. Ce ne fut pas suffisant. Pour une fraction
de gauchistes, qui atteignit et dépassa bientôt la majorité, un
examen s'imposait de la pratique politique, et notamment
du centralisme démocratique, comme toujours plus centralisé que démocratique, qui était censé faire la force de
l'avant-garde du prolétariat.

Ce fut un déballage pénible. Il imposait à des jeunes gens condamnés à dix, vingt ou trente ans de prison, quand ce n'était pas perpétuité, de reconnaître qu'ils avaient joué et perdu une large part de leur vie pour une organisation fonctionnant selon des critères fort peu démocratiques, close sur elle-même, sans prise sérieuse sur la réalité marocaine, et dont le comportement face à la violence policière n'avait pas toujours été à la hauteur des prescriptions du manuel révolutionnaire.

Le tout n'alla pas sans hargne ni coups bas. Deux cadres contestataires d'Ilal Amam furent mis en quarantaine après que la rumeur eut circulé que des parentes à eux se prostituaient. De cellule en cellule rebondissaient anathèmes et plaidoyers. Au terme de ce douloureux processus, qui s'étira jusqu'à la fin de 1979, la grande majorité des frontistes ne se reconnaissaient plus aucune appartenance et la dizaine de camarades restés orthodoxes se partageaient entre trois tendances.

En trois ans, les gauchistes marocains avaient suivi, grosso modo, le même chemin que la plupart de leurs camarades européens. Mais tandis que ceux-ci baignaient dans une société accueillante à l'enfant prodigue et dispensatrice de grandes consolations, ceux-là se retrouvaient dans la solitude d'une cellule de prison. L'épreuve fut terrible. A quelques exceptions près, ils sombrèrent dans une mélancolie proche de la dépression. Ils la nommèrent Tcoulia, du verbe français « couler ». Ainsi se disaient-ils « mcouliènes » – coulés. Orphelins de leur rêve, sinon de leur idéal, il leur fallait accepter de souffrir pour des raisons auxquelles ils ne croyaient plus. Des familles accueillirent mal cette évolution, qui n'était certes pas reniement. Elles s'étaient habituées, les familles, à venir visiter leurs héroïques prisonniers. Mais les prisonniers ne voulaient plus être des héros, les meilleurs fils du peuple, l'avant-garde de la classe ouvrière marocaine. Ils déposaient ce fardeau trop lourd et souhaitaient tout simplement vivre.

Le 18 juillet 1980, la nouvelle explosa dans la prison que la libération était imminente. Quinze détenus seulement furent relâchés le lendemain mais le directeur annonça que tout le monde suivrait. On rendit les livres empruntés à la bibliothèque, on échangea des adresses, on attendit. On attendit. Les jours, les semaines, les mois passèrent : on attendait toujours.

La Tcoulia redoubla.

L'arbitraire était le plus difficile à supporter, surtout pour des jeunes gens éduqués et doués de logique. Parmi les quinze camarades remis en liberté figuraient des cadres d'Ilal Amam : pourquoi libérer des responsables quand de simples sympathisants restaient en prison ? Mais les frontistes devaient découvrir, comme tant d'autres avant eux, que la logique n'a point sa place dans le régime hassanien puisqu'elle rassure et raffermit ; ils devaient apprendre au fil du temps qu'ils n'étaient dans la main du roi que des grains de sable que cette main retenait ou laissait filer au gré de sa fantaisie.

Ils s'organisèrent pour durer.

Les déchirements internes n'entamaient pas leur solidarité vis-à-vis de l'administration pénitentiaire. Une pression constante leur obtint des conditions de vie rarissimes dans les prisons marocaines : journaux, radio, télévision, visites des familles en tête à tête, et même, pour les couples (mais ils étaient rares), entretiens derrière l'écran d'une couverture tendue à travers le couloir. Dans le même temps, la vie communautaire transigeait avec les contingences. L'argot le plus vert refleurissait. La masturbation cessait d'être réprimée. Les trafics s'organisaient avec les détenus de droit commun. Une épicerie collective était créée, au grand dam du dernier carré des tenants de l'orthodoxie, qui s'indignaient de cette scandaleuse intrusion du secteur privé.

On joua au Monopoly.

Et l'on travailla énormément. La plupart des détenus étaient étudiants ou jeunes enseignants. Ils reprirent leurs études. Des cours de toutes disciplines se multiplièrent à l'intérieur de la prison. Les plus avancés travaillèrent par correspondance avec l'extérieur. Des liens étroits s'établirent avec des universitaires français qui guidaient la démarche de leurs élèves incarcérés dans une lointaine Bastille. Deux baccalauréats, trente et une licences et vingt-six diplômes d'études de troisième cycle furent préparés à Kenitra. Récits, poèmes, nouvelles et essais sortaient de prison dans le couffin des visiteurs. Des vocations de peintre se révélèrent.

Les années s'accumulaient.

*

La solidarité ne faisait pas défaut. Amnesty International les avait adoptés puisqu'ils étaient prisonniers d'opinion. A Paris, les Comités de lutte contre la répression au Maroc menaient en leur faveur un combat incessant. Ils avaient l'appui de la Ligue des droits de l'homme et de tout ce qui était organisation humanitaire et progressiste. Dans ces milieux, l'indignation ne le cédait qu'à l'incrédulité : comment pouvait-on garder si longtemps sous les verrous des jeunes gens à qui l'on ne pouvait reprocher que des distributions de tracts ?

C'était naturellement un contresens total. Dans la logique pervertie du régime hassanien, une bonne pédagogie consistait à démontrer qu'on pouvait perdre sa jeunesse en prison simplement pour avoir distribué des tracts. L'innocence des prisonniers faisait toute l'exemplarité de leur châtiment.

A partir de 1981, le roi, régulièrement interpellé sur ceux de Kenitra par les journalistes français, recourut de manière systématique à l'explication par l'Alsace-Lorraine : « Qu'auriez-vous fait, vous autres, si des Français avaient déclaré que l'Alsace-Lorraine n'était pas française ? Vous les auriez fusillés ! » Le mensonge était grossier. La position des frontistes sur le Sahara n'était évoquée ni dans l'acte d'accusation ni dans le jugement qui les avait condamnés. Ils n'étaient tout simplement pas poursuivis pour cela. A en croire le roi, il fallait donc conclure qu'ils étaient détenus arbitrairement pour une raison tout autre que celle qui leur avait valu condamnation. Encore Hassan II simplifiait-il la question avec une mauvaise foi significative du mépris dans lequel il tenait ses interlocuteurs. Car les gauchistes n'avaient pas été unanimes à réclamer l'autodétermination pour les Sahraouis. Plusieurs d'entre eux, appartenant au

Mouvement du 23 mars, s'étaient au contraire publiquement prononcés au procès pour la marocanité du Sahara. Si le roi était sincère, pourquoi ceux-ci restaient-ils détenus? Pourquoi Abdessalam el-Moudden, par exemple, professeur à Rabat, condamné à trente ans de réclusion quoique tenant farouche de la marocanité, continuait-il de partager le sort commun? Ses positions ne lui avaient pas valu d'être libéré avec les quinze militants relâchés en juillet 1980. Il est bien dommage qu'aucun journaliste n'ait jamais songé à questionner Hassan II sur le cas d'Abdessalam el-Moudden et des camarades partageant son option.

Il est vrai que l'impudence royale allait si loin qu'elle décourageait les meilleures volontés. Significativement, c'est à partir de 1981 que Hassan II commença d'accuser les frontistes de trahison, juste après le sommet de Nairobi au cours duquel il avait admis le principe d'un référendum d'autodétermination. Or que réclamaient Abraham Serfaty et ses camarades pour les Sahraouis, sinon ce même référendum d'autodétermination? Le roi s'était purement et simplement aligné sur leurs positions. L'évidence s'imposait que les frontistes étaient sur ce point précis plus proches du roi que ne l'étaient, par exemple, un Abderrahim Bouabid contestant le principe même du référendum. Mais Bouabid faisait à présent partie du gouvernement de Sa Majesté tandis que les frontistes continuaient de pourrir en prison.

La vérité se situait ailleurs. Plus que dans les tirades à la Déroulède auxquelles le roi se livrait en public, elle tenait dans la phrase qu'il réservait à ses intimes : « Peu m'importe qu'il y ait quinze millions d'opposants au Maroc pourvu qu'il n'y ait pas d'opposition. » Malgré sa faiblesse et ses insuffisances, l'extrême gauche marocaine représentait une relève possible de l'opposition traditionnelle complètement discréditée auprès de l'innombrable jeunesse marocaine. Il fallait briser le frêle espoir qu'elle incarnait, et de la manière la plus exemplaire. Qu'importait une centaine de jeunes vies rognées à un roi qui en avait fauché tant de milliers dans les montagnes du Rif et dans les rues de Casablanca? Et quel devait être son étonnement cynique devant l'indignation soulevée dans le monde par le sort fait à ceux de Kenitra, lui qui savait comment l'on mourait dans ses chambres de torture, à Tazmamart et dans les camps d'extermination des Sahraouis...

*

La vie ne s'arrêtait pas au lourd portail de la prison et leur renonciation au centralisme démocratique, à ses œuvres et à ses pompes, ne valait pas pour les frontistes reniement de leurs convictions profondes. Lors des émeutes de 1981 à Casablanca, ils firent publier un communiqué exprimant leur solidarité avec les manifestants.

Deux ans et demi plus tard, en janvier 1984, tout recommençait sur une échelle encore plus vaste, et toujours pour les mêmes raisons. Bien loin de décoller, comme l'annonçaient depuis des décennies les experts économiques du palais, le pays s'enfonçait dans la misère. Sur les vingt-cinq millions de Marocains, la moitié vivaient désormais au-dessous du seuil de pauvreté, dix millions d'entre eux avec moins de trois francs cinquante par jour pour subsister. La dette représentait 90 % du produit intérieur brut, contre 17 % dix ans plus tôt. La guerre continuait et coûtait quotidiennement un milliard de francs. Le roi refusait, malgré les objurgations de l'OUA et de l'ONU, les contacts directs avec le Polisario qui eussent permis d'organiser le fameux référendum. Un deuxième mur de sable avait été construit sur trois cents kilomètres et l'armée établissait déjà le tracé du troisième, long de trois cent vingt kilomètres. Ces travaux pharaoniques épuisaient le budget et enfonçaient le royaume dans un gouffre financier. Le FMI et la Banque mondiale exigeaient cependant des économies. Elles se firent en avril 1983 sur le dos des plus pauvres avec un train de hausses affolant : 18 % sur le sucre, 30 % sur l'huile, 35 % sur la farine, 67 % sur le beurre...

Ce n'était pas suffisant. Le FMI exigeait davantage.

Le Maroc partage avec maints pays le fardeau du sous-développement et de la dette (la Tunisie allait du reste le précéder sur la voie de l'explosion sociale), mais il possède assurément le douteux privilège d'un pouvoir dont l'arro-

gante insolence envers les déshérités a peu d'équivalent
dans le monde.

En décembre, le roi annonça à la télévision de nouvelles
mesures d'austérité. Il précisa, à l'étonnement général, que
cette fois les riches paieraient pour respecter « la nécessaire
solidarité nationale », et que les grandes fortunes allaient
être recensées. Son ministre de l'Intérieur, Driss Basri, ras-
sura aussitôt les possédants en expliquant que le vœu du roi
était d'« enrichir les pauvres sans appauvrir les riches ». La
formule était belle mais posait, en économie de pénurie,
une énigme non résolue depuis la plus haute antiquité. Puis,
chiffon rouge agité devant le populaire, on publia que le
recensement annoncé ne porterait pas sur les fortunés mais
sur les déshérités...

Le coût de la vie avait doublé en trois ans et les salaires
étaient bloqués depuis deux ans.

L'émeute jaillit à Marrackech le 8 janvier et dura trois
jours. Il fallut, pour la mater, ramener des troupes du
Sahara occidental. La rumeur indiquait des centaines de
morts et des blessés en nombre indéterminé. L'incendie
gagna Safi et Agadir. Il bondit jusqu'au Rif et enflamma
Nador, Tetouan, Al-Hoceima. A Nador, le mouvement avait
été lancé par des lycéens protestant contre un projet de
hausse des droits d'inscription au baccalauréat. Les hélicoptères de l'armée ouvrirent le feu à la mitrailleuse sur les
manifestants tandis que les chars d'assaut tiraient au canon.
Une rumeur non confirmée indiquait qu'à Tetouan des soldats avaient donné leurs fusils aux émeutiers. L'évaluation
du chiffre des victimes était difficile : tous les journalistes
étrangers avaient été appréhendés par la police et refoulés
hors des zones émeutières. La presse espagnole, bien infor-
mée grâce aux mouvements entre les enclaves et le reste du
Rif, situait le nombre des morts entre deux cents et deux
cent cinquante.

Casablanca, cette fois, n'avait pas bougé : elle abritait un
sommet islamique réuni par Hassan II, et la troupe la quadrillait étroitement. Mais l'émeute avait flambé dans tout le
pays, d'Agadir au sud à Tetouan au nord en passant par Marrakech, Meknès et Rabat.

Tandis que les tribunaux entamaient leur routinière besogne de répression sur les milliers de manifestants arrêtés, le roi parla le 22 janvier à la télévision. Mémorable apparition! Du petit peuple aux ambassadeurs, chacun en resta saisi. Haineux, vulgaire, un voyou était à l'écran. Annulant les hausses prévues, il vociféra que « le dernier mot reviendrait à l'autorité et à la loi », dénonça devant les téléspectateurs médusés les responsables des troubles – les marxistes-léninistes, les intégristes islamiques et les services secrets sionistes – et brandit sous l'œil des caméras, en guise de preuve, une poignée de tracts.

Tous les témoignages indiquent que les émeutes éclatèrent spontanément, sans mot d'ordre préalable, et que s'il y eut distribution de tracts, ce fut après le déclenchement des manifestations. Les services israéliens n'avaient aucun intérêt à déstabiliser un monarque entretenant avec l'État hébreu des relations discrètes mais confiantes et qui devait d'ailleurs spectaculairement recevoir, deux ans plus tard, Shimon Pérès à Ifrane. L'intégrisme musulman profitait assurément du vide politique pour étendre son influence, surtout dans la jeunesse, mais une vingtaine de sectes s'opposaient entre elles et ces divisions intestines les rendaient bien incapables d'organiser une action à l'échelle du pays. Quant aux marxistes-léninistes d'Ilal Amam, si quelques cellules clandestines survivaient toujours à la répression, l'essentiel de l'organisation se trouvait soit en exil, soit derrière les barreaux de Kenitra...

*

A leur onzième année de détention, huit militants craquèrent.

Voici, tels que reproduits dans la presse marocaine, des extraits de la lettre collective qu'ils écrivirent au roi :

« Majesté, que Dieu perpétue Votre règne et le glorifie. Nous adressons notre présente lettre à l'Auguste Personne de Votre Majesté dans l'espoir de bénéficier de Sa généreuse grâce, Sa magnanimité et Sa bienveillance paternelle.

[...] Depuis le jour où le combat de la Glorieuse Famille
Royale Alaouite a été couronné par l'indépendance du pays,
Votre vénéré Père, Libérateur de la Nation, Feu Sa Majesté
Mohammed V, que Dieu l'ait dans Sa Sainte Miséricorde, a
opté pour le régime de la monarchie constitutionnelle.
Votre Majesté a suivi ce chemin et a eu le mérite de concré-
tiser une conception philosophique, déterminer le cadre
constitutionnel pour l'instauration de la démocratie dans la
société marocaine et de veiller sur sa continuité et sa stabilité. [...] Lorsque furent réunies les conditions historiques
pour la récupération du Sahara, le génie politique de Votre
Majesté s'est manifesté par l'idée de la Marche Verte, pacifique et mémorable, et qui constitue une première dans la
lutte contre l'occupation coloniale et un événement historique grandiose ayant placé le Maroc dans une phase de
défis stratégiques qui marqueront son devenir durant des
siècles. Ces deux grandes réalisations hassaniennes : la
démocratie et l'unification du pays grâce à la Marche Verte,
resteront liées à l'Auguste Personne de Votre Majesté dans
la mémoire de toutes les générations de Votre peuple et
témoigneront à jamais de Votre génie. »

L'étonnante épître, qui ne rompait avec la langue de bois
marxiste que pour retrouver les accents familiers des odes à
Staline « Choryphée des Sciences » ou à Ceausescu « Génie
des Carpates », disait la désespérance de ses auteurs : « Les
années qui se succèdent, la jeunesse qui passe et les espoirs
qui s'estompent font que nos chances de retrouver une vie
sociale digne, en dehors de la prison, s'effritent par la poursuite de notre détention. » Elle se terminait par une péroraison rompant résolument avec le républicanisme antérieur
de ses auteurs : « Puisse Dieu préserver Votre Majesté pour
ce peuple en tant que Guide sage et clairvoyant. Puisse-t-Il
Vous combler en la Personne de SAR le Prince Héritier Sidi
Mohammed, de SAR le Prince Moulay Rachid et de tous les
membres de l'illustre famille Royale. »

Les huit militants furent aussitôt remis en liberté. Cinq
d'entre eux avaient été condamnés à vingt ans de réclusion,
trois à trente ans.

Quiconque éprouverait la tentation de jeter la pierre à de

malheureux garçons subissant, pour simple délit d'opinion, un enfermement réservé ailleurs aux criminels endurcis devrait relire au préalable, entre autres hommages de la même cuvée, les lignes écrites pour le soixantième anniversaire de Hassan II par Maurice Druon, ancien ministre, secrétaire perpétuel de l'Académie française, membre de l'Académie royale du Maroc, qui n'avait certes pas les mêmes raisons que les prisonniers de Kenitra de se vautrer dans la bassesse courtisane : « Hassan II, comme son peuple, est doué pour le savoir, la prouesse et le rêve. Il est historien et Il est juriste, formations indispensables à un Chef d'État. Mais Il est aussi architecte, agronome, médecin, urbaniste, musicien, stratège. Je veux dire par là qu'Il a une connaissance suffisante, et parfois très poussée, de toutes les disciplines dont la maîtrise est nécessaire à l'équilibre et au développement d'un pays. Ce descendant du Prophète, et par là d'une tradition orale, s'instruit autant par l'oreille que par la lecture. Et les savants qu'Il attire et qui aiment à s'entretenir avec lui sont souvent surpris par la rapidité de ses associations d'idée. Lettré comme l'étaient les Almoravides, bâtisseur comme les Almohades, hardi comme les Mérinides, somptueux comme les Saadiens, cet Alaouite, qui assume tout le passé de son pays, semble avoir rassemblé les traits par lesquels les dynasties qui ont précédé la sienne ont laissé souvenir [1]. »

L'acte d'allégeance des huit rénégats ne fut pas contagieux. Un détenu de Kenitra, étudiant âgé de vingt-cinq ans lors de son arrestation, condamné à vingt ans de réclusion, écrivit à un ami français : « Ce dont je suis sûr, dans mon cas, c'est que je ne baisserai jamais les bras. Intransigeance ? Un dur des durs ? Ça n'est pas la question. Je ne suis ni le communiste ni le militant irréductible qu'on pourrait imaginer. J'ai rompu avec tout cela avant même mon incarcération, ce qui pourrait paraître à certains curieux et absurde. Mais je tiens à des valeurs que je ne pourrais dénoncer, je

---

1. *In Le Maroc des potentialités, Génie d'un Roi et d'un Peuple*, publié par le ministère de l'Information du Maroc sous la direction collective, entre autres, de Jacques Chaban-Delmas, ancien Premier ministre, Jean-René Dupuy, professeur au Collège de France, membre de l'Académie royale du Maroc, et Michel Jobert, ancien ministre.

suis resté animé par des idéaux qui dépassent les idéologies, je ne saurais dénoncer cette étape de ma vie, malgré son côté idéaliste, voire frivole, car elle constitue une partie de moi, de mon être. Errements d'un jeune qui ne savait pas ce qu'il faisait ? Jamais je ne dirai cela, quitte à purger tout de mes vingt ans. Car je me nierais moi-même et vivrais brisé le reste de ma vie. Je ne pourrais le faire, ne serait-ce qu'à cause de ce que j'ai souffert durant ces longues années de captivité. Parce que la machine a voulu nous broyer, nous rendre fous, et cela je ne pourrai le pardonner. La liberté n'est pas une aumône, c'est un droit irréfragable, et je n'ai pas, pour la récupérer, à laisser tomber mes convictions, celles d'un homme libre aimant la liberté et la vie dans la différence. »

Pourtant, si une pierre devait être jetée aux renégats, elle ne serait pas ramassée dans la cour de la prison : « Je ne puis émettre aucun reproche à l'égard de mes compagnons de prison qui ont fait cela pour sauver leur peau. C'est leur affaire, leurs idées, après avoir enduré ce qu'ils ont enduré pendant ces douze années. Et si je n'ai pas à leur reprocher leur geste, que dire de ceux qui n'ont jamais goûté les souffrances et la douleur de la prison, ceux qui se plaisent dans le confort de leur vie imbécile et seraient incapables de supporter le centième de ce que ces pauvres gens ont enduré ?... »

La mansuétude royale apaisa les craintes exprimées dans leur lettre par les huit graciés quant à leurs chances de « retrouver une vie sociale digne » : plusieurs d'entre eux passèrent directement de la prison de Kenitra au ministère de l'Intérieur, où leur furent confiées d'importantes fonctions policières.

*

Après celle de 1980, une mesure de grâce avait vidé quelques cellules en 1984. Les condamnés à cinq et dix ans de réclusion furent libérés à l'expiration de leur peine. Les renégats à leur tour partis, quarante détenus continuaient d'expier leur allégeance ancienne à une idéologie dog-

matique dont la plupart se demandaient par quelle aberration ils avaient pu y adhérer. Il leur restait leurs principes et
cet esprit de résistance qui, tout au long de l'histoire, déter-
mina tant d'hommes et de femmes à tenir bon face à la persécution politique ou religieuse parce qu'ils savaient au
fond d'eux-mêmes que, par-delà l'éphémère des dogmes et
des croyances, c'était leur dignité qui était en jeu.

Abraham Serfaty dominait ses jeunes camarades du haut
de sa taille, de son âge et de la somme des épreuves subies.
Sa lutte avait commencé au temps du protectorat, quand les
autres, s'ils étaient nés, vagissaient encore dans leur ber-
ceau. Les tortures le laissaient sévèrement marqué, presque
infirme, quoiqu'il se rebellât quand ses amis extérieurs
arguaient de son état de santé pour demander sa libération.
Le syndrome de Raynaud dont il souffrait depuis le derb
empirait. Il lui était difficile de tenir un stylo. Ses jambes,
surtout, étaient atteintes. Incapable de marcher d'un pas
rapide, encore plus de courir, il devait s'aggriper des deux
mains à la rampe pour escalader un escalier. S'il trébuchait
dans la cour sur le plus petit caillou, il s'étalait de tout son
long. Bientôt, une canne ne le quitterait plus.

Comme si son interminable claustration n'était pas suffisante, le pouvoir cherchait à l'atteindre en persécutant son
fils, déjà arrêté et malmené en 1972 par la police. Maurice
Serfaty, parfaitement indifférent à la politique, fut arrêté de
nouveau en 1981, puis jugé en 1984 pour avoir apporté à
son père, à l'occasion d'une visite, une machine à écrire
aussitôt confisquée. C'était une Personal Electronic Pinter
EP-20 japonaise conçue spécialement pour infirmes des
mains. Elle fut considérée comme du matériel subversif.
Maurice Serfaty, accusé également d'avoir fait sortir des
lettres de son père de la prison, fut condamné par le tribunal à deux ans de prison ferme assortis de deux ans d'interdiction de séjour à Casablanca, ville où il résidait. La police
feignit à cette occasion de découvrir qu'il vivait avec une
citoyenne allemande dans un concubinage illégal selon la
loi marocaine. Sa compagne fut condamnée à son tour à
quatre mois de prison.

Christine Daure-Jouvin, l'enseignante française qui avait

longtemps caché Abraham et deux de ses camarades, dont le malheureux Zeroual mort sous la torture, n'avait plus le droit de retourner au Maroc. Elle s'activait cependant à Paris pour ceux de Kenitra et sut intéresser Danielle Mitterrand à leur cause. Avec une pugnacité discrète, un dévouement admirable, Danielle Mitterrand, passionnée pour les droits de l'homme, n'allait plus cesser d'intervenir en leur faveur, jusqu'à se mériter une diatribe publique et vulgaire du roi (« Je lui ai dit : "Dites-moi, Madame, certainement que vos parents vous ont parlé de la guerre de 14-18 ? ... Eh bien, Madame, le Sahara, pour nous, c'est l'Alsace-Lorraine." »)

En 1986, elle obtint pour Christine et Abraham l'autorisation de se marier à la prison de Kenitra, ce qui ouvrirait à la nouvelle épousée un droit de visite. Le mariage fut célébré à la prison centrale de Kenitra en novembre 1986.

Ses camarades aimaient bien Abraham, qu'ils appelaient « Chibani » – le Vieux –, mais la vérité oblige à reconnaître que son vedettariat involontaire les agaçait prodigieusement. La presse étrangère, la française en particulier, évoquait toujours le « groupe Serfaty ». Chez quelques prisonniers, il n'eût pas été nécessaire de gratter très profond pour découvrir le regret que le hasard fît d'un Juif l'incarnation médiatique de leur communauté. Le pouvoir, de son côté, tirait parti de la circonstance en déchaînant la presse aux ordres contre le symbole Serfaty, dont la judaïté proclamée ne risquait pas d'émouvoir l'opinion publique en sa faveur. Les détenus les moins suspects d'arrière-pensée équivoque éprouvaient le sentiment frustrant « d'être en prison pour le compte de quelqu'un d'autre », comme l'écrivait l'un d'eux. Ils souffraient autant que Serfaty, et l'on ne parlait jamais que de la souffrance de Serfaty. Croyant vraisemblablement que les journaux parisiens se tenaient à l'affût de la moindre information sur Kenitra, ces détenus inondaient leurs amis français de lettres sévères exigeant qu'on en terminât avec le culte de la personnalité serfatienne. Les amis, fous de joie quand ils avaient pu faire passer un entrefilet de dix lignes (le romanesque mariage en prison aidait beaucoup), se justifiaient comme ils pouvaient. Ces bisbilles, qui font l'ordinaire de la vie carcérale, avaient le mérite d'occuper le temps.

Mais les années s'entassaient.

Peu après la libération des huit renégats, un article de Ahmed Reda Guedira fit flamber l'espoir. Cet homme singulier, d'une envergure intellectuelle rare, incontestablement courageux (on se souvient de son plaidoyer pour les aviateurs de Kenitra), parvenait malgré quelques éclipses à conserver l'oreille du roi tout en manifestant une réelle indépendance d'esprit. Après avoir épilogué avec componction sur le ralliement des brebis égarées (« L'action – persévérante – politique et pédagogique du Souverain a fait ses effets : quelque chose devait se retourner dans les profondeurs de l'esprit de nos détenus »), Reda Guedira évoquait « une responsabilité partagée » : « Celle du gouvernement, qui, se considérant apolitique, estimait pouvoir s'acquitter de sa mission par les seuls moyens de coercition et par la seule voie d'injonction ; celle de la classe politique, qui a oublié de jouer son rôle constitutionnel de formation des citoyens. » A propos des frontistes, il écrivait ces lignes fort insolites, surtout pour l'officieux *Matin du Sahara* qui les publiait : « Leur conviction était alors sincère, ils ont d'abord subi leur condamnation avec un certain courage. Justice doit leur être rendue à cet égard. »

De tels propos, sous une telle signature, dans un pareil organe, ne pouvaient signifier, en bonne logique, qu'une libération prochaine de ceux qu'on tenait enfermés depuis si longtemps.

Une année passa, puis une autre, une autre encore...

Cinq années.

*

Un poète partage le sort des frontistes. Ali Idrissi Kaitouni appartient à l'illustre et nombreuse famille des chorfa Idrissides, descendants du Prophète et du roi Idriss, rassemblés autour de Moulay Idriss Zerhoun, près de Fès, un lieu un peu magique avec, sur les collines plantées d'oliviers, ses fumeurs de kif, ses mystiques, ses artisans façonnant les bougies de cire coloriée. Une fois l'an, chaque membre de la famille reçoit sa part du tribut des Idrissides – un mouton ou un bœuf –, et Ali Kaitouni, tout prisonnier qu'il soit, n'est pas exclu d'une coutume séculaire qui transcende les péripéties politiques.

A vingt-deux ans, en février 1982, il publia son premier recueil de poèmes, intitulé *Étincelle.* Trois semaines plus tard, l'opuscule fut saisi et son auteur arrêté et torturé. Comme il était un Fassi arrêté à Fès, Idrisside de surcroît, sans affiliation politique, son épreuve ne dura qu'un mois et demi. Mais il fut inculpé de crime de lèse-majesté. On lui reprochait une strophe d'un poème consacré aux Palestiniens :

> *Et toi aussi, Hitler II*
> *Sauveur de mes bottes*
> *Naplouse et toi, ça fait deux*
> *Et tu paieras pour tes fautes.*

Pour un lecteur non formé aux disciplines policières, le sujet du poème – les Palestiniens – et la référence à Naplouse indiquaient sans ambiguïté possible que Hitler II désignait Hussein de Jordanie, ordonnateur du massacre entré dans le martyrologe palestinien sous le nom de Septembre noir. L'exégèse littéraire des juges en décida autrement. Pour eux, le « H » de Hitler renvoyait à celui de Hassan, et le « II » parfaisait l'identification. Ali Idrissi Kaitouni fut condamné à quinze ans de réclusion et cent mille dirhams d'amende.

Il ne vit que pour les visites de celle qu'il aime, la belle Zahira. Adopté comme prisonnier d'opinion par Amnesty International, il entretient une correspondance avec un groupe suédois. Huit ans déjà qu'il est enfermé pour quatre vers.

Quatre jours par semaine, les frontistes rompent le pain avec Ahmed el-Khyar, condamné à mort depuis dix-huit ans pour avoir tranché la gorge du « donneur » du procès de Marrakech. Mais le lecteur, dans cette avalanche de procès, garde-t-il le souvenir de celui de Marrakech, dirigé en 1971 contre l'UNFP et basé sur les « révélations » d'un soit-disant repenti, Monadi Brahim, originaire du charmant village d'Amizmiz, non loin de Marrakech? Selon l'accusation, Ahmed el-Khyar avait été chargé par ses camarades d'exécuter le provocateur.

Cet homme sec, net, comme poncé par l'épreuve, fut l'un des plus jeunes résistants du Maroc. Né au douar de Tanzerft, au pied du Haut-Atlas, il avait quatorze ans quand, remplissant des sacs de son avec sa mère, il découvrit deux revolvers et six cents cartouches enfouis dans le son. Sans doute avaient-ils été cachés là par son frère aîné, ancien combattant de la Deuxième Guerre mondiale, qui avait depuis longtemps quitté la région. La nuit suivante, couché à coté de la femme de onze ans que son père venait de lui faire épouser, Ahmed ne put fermer l'œil. A l'aube, il avait décidé d'entrer dans la Résistance. Un oncle lui apprit à tirer et le présenta à un résistant encapuchonné dans une djellaba, qui exigea aussitôt la remise de l'arme (par prudence, Ahmed n'avait parlé que d'un revolver) afin qu'elle fût placée dans des mains capables de s'en servir. Il y avait dans la région un traître à exécuter. Ahmed refusa de se séparer du revolver et annonça qu'il tuerait le traître lui-même. Il le fit de nuit, tirant sur le khalifa à la solde des Français alors qu'il s'en revenait chez lui à dos de mule, accompagné de son adjoint. Puis il attaqua, seul, un convoi de troupes venues à Marrakech pour participer à un défilé militaire. Il y eut des morts et des blessés. Lui-même fut touché à la jambe. Après cela, il participa à toutes les actions de la Résistance dans la région de Marrakech et devint un héros populaire.

Sa femme est morte depuis longtemps et ses deux enfants ne viennent pas souvent le voir : le Haut-Atlas se trouve bien loin de Kenitra. Il a vu partir du quartier des condamnés à mort pour le poteau d'exécution des dizaines de droits communs, les aviateurs de 1972, les sept condamnés politiques fusillés le 27 août 1974 – ceux qu'Abdellatif Laabi appelle dans un poème « les crucifiés de l'espoir » –, le jeune professeur Driss Meliani, passé par les armes dans la forêt de la Mamora...

Depuis trois ans, la direction de la prison l'autorise à sortir du quartier des condamnés à mort quatre jours par semaine pour rejoindre les frontistes. Chaque fois, il émerge de son tombeau tel un intarissable Lazare car il assure qu'on ne peut tenir dans une cellule de condamné à mort qu'en se murant dans un silence absolu. Il n'a pas parlé pendant douze ans. Trois jours de mutisme, quatre de volubilité : ainsi se partage aujourd'hui sa vie.

*

Le 6 mai 1989, au terme de quatorze ou quinze ans de réclusion selon les cas, une grâce royale intervint en faveur des frontistes.

Mais Abraham Serfaty et sept de ses camarades en étaient exclus.

Une fois de plus, la logique était bafouée. Abdallah Zaâzaâ, condamné à perpétuité, et que sa longue détention n'avait nullement entamé, retrouvait la liberté. Habib ben Malek, Abdallah el-Harif, Ahmed Rakiz, condamnés à vingt ans, restaient à Kenitra.

A Jean Daniel, l'un de ses interlocuteurs privilégiés, qui ne manquait jamais d'évoquer le sort des détenus politiques, Hassan II avait donné à comprendre que la libération de Serfaty était proche.

On l'avait cru : parole de roi. On avait tort.

Le maintien en détention de huit prisonniers ni plus ni moins coupables que les autres paraissait pourtant si absurde qu'on tint leur libération pour imminente.

Une année de plus a passé.

La seizième.

XXIII

Les masques de fer

Le chauffeur du camion s'arrêta à l'entrée de Casablanca, descendit et alla réveiller les auto-stoppeurs qu'il avait pris sur la route. Couchés sur le plateau, ils dormaient d'un sommeil de brutes. Une famille de loqueteux, comme il en arrivait chaque jour plusieurs dizaines dans la ville. Une femme approchant la quarantaine, un homme d'une trentaine d'années, une fille et un garçon avoisinant les vingt ans. Maigres à faire peur, vêtus de hardes, plâtrés de crasse. De la graine de bidonville. Le garçon le plus jeune avait l'air d'un fou : les yeux écarquillés, il regardait passer les voitures comme s'il n'en avait jamais vu, éclatait d'un rire nerveux, tressaillait soudain de peur. Ils clignaient tous des paupières dans la dure lumière du matin, tels des oiseaux de nuit surpris par l'aube. Ils remercièrent le camionneur et entrèrent dans la ville.

Malika Oufkir, trente-quatre ans, serrait dans sa main la gourmette en or que sa mère avait réussi à soustraire à toutes les fouilles depuis quinze ans. C'était leur seul viatique. Ils montèrent dans un taxi et se firent conduire chez une famille amie. La gourmette paya la course.

Les amis avaient déménagé. Le nouveau propriétaire ignorait leur adresse.

Ils errèrent dans les rues de Casablanca. En quinze ans, tout avait changé. Malika retrouva le chemin de la somptueuse résidence du banquier Benjelloun, dont le fils, Larbi, avait été jadis – dans une autre vie – son ami.

Devant ces spectres sortis du sépulcre, la réaction de la famille Benjelloun fut d'horreur et de peur. Malika, gonflée par l'œdème, avait le visage sillonné de balafres purulentes. La bouche de Raouf, vingt-neuf ans, n'était plus qu'un trou noir : les geôliers lui avaient brisé les dents, s'acharnant sur lui parce qu'il était le portrait vivant de son père ; les ecchymoses le défiguraient. Inan, vingt-quatre ans, était réduite à l'état de squelette ; ses immenses yeux noirs mangeaient son visage cireux et elle marchait avec difficulté. Abdellatif, dix-huit ans, semblait physiquement le moins mal en point mais son psychisme était d'évidence perturbé.

Sa richesse ni sa notoriété ne permirent au banquier Benjelloun de surmonter sa peur. Malika eut beau affirmer qu'ils avaient été libérés tous les quatre, il ne songea même pas à donner le coup de téléphone qui lui aurait permis de le vérifier. Ils devaient disparaître, très vite, tout de suite. Tendant à Malika trois cents dirhams (deux cents francs), il lui conseilla de prendre le train pour Rabat avec ses frères et sa sœur.

A Rabat, ils téléphonèrent à leur grand-père, le colonel Chenna. Le vieux monsieur venait de se remarier avec une lycéenne. Il répondit qu'il ne pouvait les recevoir. Malika crut comprendre qu'il était surveillé.

Ils marchèrent jusqu'au Souissi pour revoir la villa de leur enfance. Elle avait été rasée.

Malika mena sa petite troupe désolée chez plusieurs amis d'antan. Toutes les portes leur furent claquées au nez. La peur du roi était plus forte que l'amitié ou la compassion. Le simple fait de les avoir vus était tenu pour une calamité. Des lépreux n'auraient pas suscité un rejet aussi horrifié.

La porte du docteur Abdelkrim Khatib s'ouvrit. Si un homme, au royaume de Hassan II, avait à la fois la force d'âme et le prestige nécessaires pour les recevoir, c'était bien lui. Héros de la Résistance, dirigeant d'un parti acquis au palais, ministre presque obligé de tout gouvernement, il avait démontré un courage remarquable lors de la tuerie de Skhirat. Les cadets l'avaient mené, après qu'il eut été blessé par une balle perdue, au colonel Ababou. En reconnaissant l'ancien chef de l'Armée de libération nationale, le terrible

Ababou s'était écrié : « Docteur Khatib ! » puis, à ses hommes, ces mots salvateurs : « C'est pas la peine. » Hassan II vouait une affection profonde à la mère du docteur, Lalla Myriam ; quand elle mourut, il la fit ensevelir dans le caveau de la famille royale. Abdelkrim Khatib était enfin l'un des quelques hommes que le roi respectait.

Il soigna les plaies des quatre enfants de son ancien ami Oufkir, leur fit donner des vêtements et les reconduisit à sa porte. Dans le royaume de Hassan II, même lui ne pouvait faire davantage.

Puisque la peur du roi pétrifiait jusqu'aux hommes dont le courage était cité en exemple à la nation, ils se résolurent à tenter leur chance auprès des ambassades étrangères. Celle des États-Unis, mise sur pied de guerre par peur des attentats, les effraya par son déploiement policier. L'ambassade de France était elle aussi surveillée. A l'ambassade de Suède, on les mit dehors dès qu'ils eurent donné leur nom.

Ils décidèrent d'essayer de gagner Tanger. Là-bas vivait Mamma Guessous, naguère amie intime de Fatima Oufkir. Toutes deux avaient régné pendant des années sur le Tout-Rabat, traînant les cœurs derrière elles. Puis, tandis que Fatima disparaissait dans le Sud, Mamma Guessous avait suivi son richissime mari dans le Nord, à Tanger, où elle menait une vie fastueuse. Pour Fatima, si Mamma Guessous représentait l'ultime planche de salut à cause de son éloignement géographique, elle était en tout cas celle sur qui l'on pouvait compter.

Ils quittèrent Rabat pour Tanger, désespérés d'avoir vu tant de portes se refermer devant eux.

L'alerte avait été donnée quatre heures après leur évasion. Toutes les routes du Maroc étaient contrôlées. La police commençait ses descentes chez ceux qu'elle croyait susceptibles de recevoir la visite des fugitifs, recoupant parfois leur trace encore fraîche.

*

Quinze ans plus tôt, dans la nuit du 23 décembre 1972, au terme du deuil traditionnel de quatre mois et dix jours, des fourgons sans vitres embarquent Fatima Oufkir, ses six enfants – dont le dernier, Abdellatif, « l'enfant de la réconciliation », a trois ans – et la cousine Achoura, décidée à partager leur destin. Les fourgons arrivent le lendemain soir à Tiznit, à sept cent cinquante kilomètres au sud de Rabat. La famille est hébergée pour la nuit par le caïd local. Le lendemain, deux cent cinquante kilomètres de piste jusqu'à la palmeraie d'Akka, au nord de l'oued Draa. On installe les Oufkir dans une maison en terre, à l'écart, gardée par deux compagnies de CMI et deux compagnies des forces auxiliaires.

Les détenus ont interdiction de sortir mais ils disposent de leurs affaires personnelles, écoutent la radio, reçoivent des livres et des médicaments, notamment les remèdes contre l'épilepsie dont souffre la petite Myriam et que le grand-père Chenna remet régulièrement à un émissaire.

Malika peut même envoyer quelques lettres en France à une amie d'enfance. Elles sont imprudentes. L'indomptable fille du général Oufkir, celle en qui il se retrouvait le mieux, écrit carrément : « Le désert est vraiment trop triste. Le régime qui est le nôtre est digne des SS. » Comparaison pour l'instant frivole. Elle annonce son intention de s'attaquer aux auteurs classiques, ce dont sa vie dorée à Rabat ne lui avait pas laissé le loisir. « Nous formons ici un bloc contre l'injustice. » Et ce leitmotiv : « Tout revient à la mort de papa. Je veux à tout prix venger mon père. »

La famille reçoit des visites. Dlimi, parvenu au faîte de la puissance, l'assure qu'il travaille de son mieux à sa libération. Le commandant de la prison militaire de Kenitra, fidèle à Oufkir, vient plusieurs fois. Il sera limogé quelques mois plus tard pour avoir émis publiquement des réserves sur le sort infligé aux enfants du général.

En novembre 1973, la famille est transférée près d'Agdz, au sud de Ouarzazate. On oblige Fatima à signer un acte cédant au royaume du Maroc la maison que son mari avait achetée à Londres, 19, Hyde Park Street. Selon le journaliste Jérôme Marchand, les hommes de la Special Branch virent avec surprise débarquer une vingtaine de spécialistes marocains qui démontèrent minutieusement l'intérieur de la

maison – meubles, boiseries, planchers –, à la recherche
d'on ne sait quoi.

En janvier 1974, nouveau déménagement à Tazenakht, au
sud-ouest de Ouarzazate. On les enferme dans les deux
pièces d'une maison en terre. Ils vont y rester trois ans. Le
régime, soudain, devient draconien. Les affaires personnelles sont confisquées. La ration alimentaire se réduit à
un pain par jour et à une boîte de sardines pour huit. Surtout, les fenêtres de la bâtisse sont murées. Les prisonniers
vivront désormais dans le noir. Tels les morts vivants de
Tazmamart, tels les détenus de tous les centres d'interrogatoire du Maroc contraints à ne jamais quitter leur bandeau, la volonté du maître les précipite dans les ténèbres.

Hébétés par cette horreur, ils annoncent à l'officier responsable leur intention de faire la grève de la faim.
L'homme leur montre la cour et répond : « Allez-y, le premier qui crèvera, on l'enterrera là, et les autres iront le
rejoindre [1]. »

Raouf, l'aîné des garçons, cesse cependant de s'alimenter.
Il est frappé jusqu'à ce qu'il se soumette. Malika, qui ne sup-
porte pas l'obscurité permanente, est elle aussi rouée de
coups.

En 1977, Fatima obtient permission d'adresser une supplique au roi. Il en résulte un nouveau déménagement.
Enfermés deux par deux dans des fourgons sans vitres, la
mère, la cousine et les six enfants roulent vingt-deux heures
vers le nord. Leur destination est une ancienne ferme de
colons français située près de Bir-Jdid, à une quarantaine de
kilomètres de Casablanca. Le bâtiment, connu naguère sous
le nom de ferme Mansour, est en forme de « L ». Il est cein-
turé par des réseaux de barbelés et surplombé par des mira-
dors où veillent des soldats armés de mitrailleuses. Les paysans l'appellent « la prison des militaires ». Outre la famille
Oufkir, seize personnes y sont détenues, dont on ne sait
rien. Non loin de là, sur la route d'El-Jadida, une autre
ferme, enfouie dans un bosquet d'arbres, semble être elle

---

1. Propos rapportés par Hervé Kerrien, dans *Libération* du 7 mai 1987. Hervé
Kerrien, qui a pu s'entretenir longuement avec Malika à Tanger, fut le premier à
donner sur le calvaire des enfants Oufkir des informations qui ont été confirmées
depuis par diverses sources.

aussi un centre secret de détention : les voitures n'y entrent et n'en sortent qu'à la nuit.

Pour la première fois, les Oufkir sont séparés. Seul Abdellatif, qui a maintenant sept ans, obtient de rester avec sa mère. Ils sont enfermés dans des petites cellules entièrement aveugles, à la seule exception du judas par lequel les gardiens passent la gamelle. Sol en terre battue. Un seau d'eau pour boire et se laver. Aucun équipement sanitaire : les prisonniers défèquent dans un trou creusé dans le sol. La nourriture consiste d'abord en un plat de légumes par jour. Il sera remplacé par une simple soupe. Bien entendu, aucune sortie. Ils vivent vingt-quatre heures sur vingt-quatre dans ce réduit obscur. Les cellules étant insonorisées, ils ne peuvent communiquer par ces procédés dérivés du morse qu'inventent tous les prisonniers du monde. Pendant neuf ans, chacun ignorera le sort des autres membres de la famille, détenus à quelques mètres.

On croyait que Tazmamart représentait la quintessence de l'enfer hassanien. On se trompait.

Mais ils n'avaient pas encore touché le fond de l'horreur. Après le décès du commandant du camp, un certain capitaine Borro entre en fonctions. A ses côtés, le capitaine Chaffik. Tous deux appartiennent aux forces auxiliaires. Ils sont supervisés par le colonel Benaïch. Ce colonel est le frère du docteur Fadel Benaïch, médecin personnel du roi, tué à Skhirat par la même rafale qui abattit le général Medbouh.

Les sévices s'ajoutent désormais à la claustration dans les ténèbres, à l'angoisse de la solitude, à la misère physiologique qui ruine le corps, au désespoir où sombre l'âme. Malika et Raouf sont les plus frappés. Raouf, parce qu'il ressemble tant à son père ; Malika, parce qu'elle conserve en dépit de tout la nuque raide.

Quand ils étaient encore réunis, ils plaçaient tous leurs espoirs en Malika. Il ne fallait pas qu'elle s'abîme en faisant la grève de la faim. Un jour, sûrement, elle pourrait parler au roi et obtenir leur grâce.

Les années passaient et Malika atteindrait bientôt l'âge qu'avait sa mère quand les fourgons les avaient emmenés dans le grand Sud...

Myriam, l'épileptique, privée de remèdes, vivait ses crises dans l'étouffoir de sa cellule insonorisée. Abdellatif grandissait, parfaitement analphabète, ignorant tout du monde des vivants qu'il avait quitté à l'âge de trois ans. La bonne cousine Achoura payait le prix exorbitant de la solidarité familiale.

Fatima cède la première. Elle s'ouvre les veines du poignet avec une paire de ciseaux à ongles. La blessure n'est que superficielle. Raouf, qui s'entaille plus profondément, est laissé six jours sans soins, baignant dans son sang.

Après neuf années d'isolement total, des geôliers leur permettent de se réunir une heure par jour. Effrayantes retrouvailles... Cette année 1986 est celle du vingt-cinquième anniversaire du couronnement du roi. Par suggestion collective, ils se persuadent qu'elle sera aussi celle de leur grâce. Espoir déçu.

Ils décident alors de tenter une évasion. Malika affirmera qu'ils ont creusé pendant un an un tunnel long de vingt et un mètres, à deux mètres sous terre, qui débouchait dans un champ de blé au-delà des deux murs d'enceinte et des réseaux de barbelés. On n'est pas obligé de la croire. Avec quoi auraient-ils creusé ? Comment auraient-ils évacué les tonnes de déblai ? Le tunnel masque peut-être des complicités. Fidélité au souvenir d'Oufkir d'un vieux soldat, ou d'un fils de soldat ? C'est possible. Le plus vraisemblable est qu'un geôlier, ou plusieurs, furent achetés de l'extérieur. Le régime hassanien est une autocratie tempérée par la corruption. Mais s'ils avaient bénéficié de complicités extérieures assez efficaces pour acheter des geôliers, les aurait-on abandonnés à leur sort après leur évasion de la ferme ?

Dans la nuit du 19 avril 1987, Malika, Raouf, Inan et Abdellatif s'évadent. Il a été décidé que la mère et la cousine, trop âgées, ainsi que Soukaïna et Myriam, trop malades, ne seraient pas de l'aventure.

Ils errent à travers champs, soûlés par l'air frais de la nuit et les senteurs de la campagne. Inan trébuche sans cesse. Abdellatif, dix-huit ans, est comme un Martien. L'intrépide Malika harcèle son petit monde.

Ils finissent par trouver la route de Casablanca. Un

camion s'arrête. Ils se hissent sur le plateau et sombrent
dans le sommeil.

                              *

Comme tout le monde, Mamma Guessous trembla. Son
ancienne amitié complice avec Fatima n'était rien auprès de
sa terreur de la vengeance du roi s'il apprenait qu'elle avait
recueilli les pestiférés. Elle leur conseilla, par téléphone, de
ne pas l'approcher : elle était surveillée. Ils échouent à bout
de fatigue, à l'hôtel Ahlen. C'est, à une dizaine de kilomètres
de Tanger, sur la route de Rabat, un palace dont le propriétaire, Salah Balafrej, appartient à la puissante famille
d'Ahmed Balafrej, l'un des premiers dirigeants de l'Istiqlal,
ancien ministre des Affaires étrangères. (Le fils d'Ahmed
Balafrej, Anis, fut condamné à quinze ans de réclusion en
août 1973, au premier procès des frontistes, et libéré en
1977.)

Ahlen signifie en arabe « bienvenue ».

Les quatre enfants Oufkir, pour qui il n'est évidemment
pas question de demander des chambres, se fondent dans le
grand parc d'eucalyptus au milieu des touristes.

Abandonnés par les hommes, rejetés par la seule ambassade à laquelle ils avaient osé demander asile, ils eurent
recours à l'ultime instance, si couramment et, à l'occasion,
si justement décriée, mais qui reste à la fin des fins l'une des
rares à ne pas se coucher devant les chefs d'État et les rois :
les médias.

Malika téléphona à Medi 1, une station de radio tangé-
roise. On lui conseilla de s'adresser plutôt à Radio-France
Internationale. C'était le mercredi 22 avril. Leur cavale
durait depuis cinq jours. Ils avaient échappé au filet policier
jeté sur le pays en voyageant en train. La police de Driss
Basri les croyait sur les routes ou cachés à Rabat. Elle arrêtait par dizaines les anciens amis de la famille.

Le rédacteur en chef de RFI enregistra un appel de
Malika. Après consultation de ses journalistes, il décida de
n'en diffuser qu'une partie pour ne pas compromettre les
chances d'un geste de clémence du roi.

Après avoir évoqué le long calvaire subi avec les siens, Malika disait d'une voix haletante une incompréhension qu'il était difficile de ne pas partager : « On n'a rien fait, on est innocent, je... On ne comprend pas. Quinze ans. Quinze ans de persécution totale. Nous sommes innocents, absolument... Nous ne sommes pas responsables de cela, vous comprenez, nous n'avons commis aucun délit, nous n'avions pas l'âge, nous n'avons même pas de délit d'opinion, de pensée politique.

« Croyez-vous que des enfants que l'on a transportés après la mort d'un père à un camp de concentration peuvent véritablement être responsables de quoi que ce soit?

« Nous vous implorons!

« Nous avons été poussés à cette ultime décision quand... de nous évader, car le colonel Benaïch a véritablement vécu sa vengeance et a mis un mur de silence entre nous et Sa Majesté le roi.

« Et c'est pour ça que nous implorons le roi de nous rendre justice et de nous libérer. Nous conjurons Sa Majesté au nom de Dieu et au nom de ses enfants. »

Appel pathétique et réquisitoire le plus implacable jamais prononcé contre Hassan II! Car même si Malika, la première d'une longue série, recourait à la fiction commode, ménageant l'avenir, d'un roi ignorant leur calvaire de quinze ans, elle savait bien qu'aucun Marocain n'eût pris le risque de les traiter de la sorte sans l'assentiment royal. « Nous n'avions pas l'âge, nous n'avons même pas de délit d'opinion, de pensée politique. » Quelle pouvait être la pensée politique d'Abdellatif, âgé de trois ans quand son père avait tenté de renverser le roi? Celle de Malika même, l'aînée, dix-huit ans à l'époque, et qui ne songeait qu'aux fêtes et aux plaisirs? Et si Mohammed Oufkir avait été un homme d'épouvante, au nom de quelle étrange morale infliger pendant quinze ans l'épouvante à des enfants innocents? Est-il dans le monde un seul code pénal pour punir le crime de descendance?

Sur les conseils d'Hervé Kerrien, Malika appela ensuite Mᵉ Georges Kiejman à son cabinet parisien. L'éminent avocat redouta d'abord une provocation : François Mitterrand venait d'atterrir au Maroc pour une visite officielle. Il devait participer avec Hassan II à l'inauguration d'un barrage dans la région de Marrakech. La coïncidence pouvait inquiéter. Mais Malika avait les accents de la sincérité. Elle le supplia de la rappeler en faisant demander « Garance » par le standard de l'hôtel...

Les lettres postées de Rabat par les quatre enfants commençaient d'arriver à leurs destinataires.

La première, et la plus importante, était adressée à José Artur, de France-Inter. Rédigée par Malika, c'était déjà un appel au secours : « Monsieur Artur, nous sommes confus de vous demander tant, mais nous avons été lâchés par notre propre famille de lâches et nos minables amis. Nous n'avons que vous et nous sommes sûrs de ne pas regretter notre choix. » Il était en effet judicieux.

A la lettre, signée « Les enfants d'Oufkir », était joint un modèle de message que Malika demandait au journaliste de recopier et d'envoyer à de prestigieux destinataires : François Mitterrand, Margaret Thatcher, la reine d'Angleterre, le pape, Ronald Reagan. Pour le président de la République française, un ajout rappelait les services rendus à la France par le général Oufkir, de Monte Cassino à l'Indochine. Le texte vibrait d'une emphase que la réalité des faits interdisait de trouver creuse : « C'est avec l'ultime force du désespoir que nous vous adressons ces lignes échappées du plus insondable des enfers et qui sont le cri, le râle d'une agonie lente, atroce, qu'aucun mot ne peut retranscrire, car quelles phrases, quel livre, quelle œuvre pourraient redire le supplice d'enfants innocents qui, depuis quinze années d'apocalypse, sont torturés de toutes façons possibles et imaginables, dans le silence, l'indifférence complice et criminelle de tous, dus à la terreur du pouvoir... »

Cette fois, les enfants ne recouraient pas à la fiction prudente de l'ignorance royale : « Hassan II s'est juré d'exterminer le nom d'Oufkir par l'anéantissement de sa femme et de ses enfants qu'il étrangle d'une mort lente atroce mais certaine. »

Ils envoyaient aussi un texte de trente lignes, intitulé « Nos pages de peine », rédigé dans le même style, dénonçant la « main cruelle » qui s'était abattue sur eux : « Nous n'étions alors fleuris que de quelques printemps qu'elle a lâchement flétris, en nous condamnant à l'inimaginable sentence qui ose punir des enfants, les accablant du seul crime de porter le nom d'un père qu'on leur a tué et qu'ils estiment. » Les supplices endurés – pour Abdellatif, si jeune qu'il ne gardait même pas souvenir du visage de son père, la vie se résumait à cette longue suite d'horreurs – n'avaient pas une seule fois induit les enfants d'Oufkir à un reniement de leur père dont ils auraient pu espérer peut-être un adoucissement de leur enfer. Face à cet amour si chèrement payé, ce qu'ils nommaient dans leurs pages de peine « une piètre vengeance dénuée de gloire et d'élégance » devenait plus misérable encore. Pourchassés par la police, abandonnés par leur « famille de lâches » et leurs « minables amis », ils persévèrent dans leur fidélité à un père qu'ils « estiment ». Et même si le pardon n'appartient qu'aux innombrables victimes d'Oufkir, nous ne pouvons nous déprendre du sentiment que la face maculée de l'homme de sang est d'une certaine manière lavée par leur onction filiale.

Des messages griffonnés dans les marges de livres d'enfant, presque illisibles, étaient adressés à diverses personnalités françaises. On y retrouvait pêle-mêle des représentants éminents du monde du spectacle, dont Malika gardait souvenir du temps de sa jeunesse heureuse, tels Alain Delon, dont elle était devenue l'amie lors du tournage d'un film, Jacques Pradel, Yves Mourousi, Jacques Perrin, Simone Signoret (dont ils ignoraient le décès), « l'équipe de " L'oreille en coin " », etc ; des personnalités du monde littéraire, comme Régis Debray, Bernard-Henri Lévy ou Elie Wiesel ; des hommes politiques, tels Lionel Jospin, Jacques Chirac ou Valéry Giscard d'Estaing.

Autant de bouteilles à la mer. Ceux qui reçurent la leur s'accordèrent avec Georges Kiejman pour ne se livrer à aucune manifestation publique susceptible de contrarier la clémence du roi.

L'avocat, empêché de quitter Paris, avait envoyé à Tanger son collaborateur et ami, Me Bernard Dartevelle.

*

Mᵉ Dartevelle, accompagné de Hervé Kerrien, rencontra
les fugitifs dans le parc de l'hôtel Ahlen le 23 avril vers midi.
Leur cavale durait depuis quatre jours mais l'étau se resser-
rait. La police quadrillait étroitement Tanger. L'avocat
trouva les enfants « dans un état de détresse physique et
morale absolu ». Il leur donna huit cents dirhams pour leur
subsistance et s'ingénia à leur chercher un asile, ou, mieux
encore, le moyen de quitter le pays. Le consulat de France à
Tanger témoigna d'une grande prudence diplomatique. Un
prêtre espagnol refusa de les recevoir. Le plus expédient eût
été de les embarquer sur un bateau de pêche et de leur faire
traverser le détroit – pour les lâcher, non pas à Gibraltar,
certes, car on savait d'expérience la pleutrerie du gouvernement anglais, mais en terre espagnole.

La police de Driss Basri fut la plus rapide. Le 24 au matin,
le standard de l'hôtel fit demander au téléphone une « Mme
Oufkir ». C'était de sinistre augure. Les gendarmes investirent le parc. Malika, les voyant approcher, traça au bas
d'une lettre à André Fontaine, le directeur du *Monde*, ce
post-scriptum pathétique : « SOS nous avons été pris !!! C'est
affreux c'est horrible nous serons tous tués, sachez-le et
considérez-vous notre seul témoin et dites à Leila Chenna
toute notre vérité en espérant que notre mort parlera un
peu plus que notre triste vie. Encore une fois nous crions
haut et fort notre innocence et l'injustice de notre cas. »

Les gendarmes se saisirent des quatre enfants, qui s'accro-
chaient en pleurant à Bernard Dartevelle.

L'avocat fut lui-même appréhendé et interrogé courtoise-
ment. Mais la DST l'arrêta de nouveau à Rabat alors qu'il
s'apprêtait à reprendre l'avion, et le ton changea. Comme il
affirmait agir dans le cadre des accords judiciaires franco-
marocains, les policiers lui rétorquèrent que son immixtion
dans les affaires intérieures du Maroc lui avait fait perdre
son statut d'avocat. Délesté de ses documents et des photos
qu'il avait prises des enfants, il fut finalement autorisé à
retourner à Paris.

Dès le 4 mai, Georges Kiejman écrivit au roi.

Il avait le choix entre deux stratégies : en appeler à l'opinion publique, dont on pouvait penser qu'elle serait émue par un drame véritablement hallucinant, ou œuvrer dans la discrétion pour un geste de clémence. Mais l'épreuve de force ne risquerait-elle pas de prolonger les souffrances de ses pitoyables clients? Et, pour tout esprit doué de bon sens, n'était-il pas évident que, même si le roi était depuis le début l'organisateur du calvaire des Oufkir, la révélation publique de ce calvaire devait le conduire à régler le dossier sans tambour ni trompette? Pour la deuxième fois de son règne – la première avait été l'affaire Ben Barka –, il était pris la main dans le sac.

Aussi la lettre de l'éminent avocat ne lésinait-elle pas sur la noirceur d'Oufkir ni sur la seule responsabilité des subalternes qui avaient cru devoir infliger aux enfants « des mesures de détention extrêmement rigoureuses que ni l'équité, ni quelque besoin de sécurité ne pouvaient justifier, de telle sorte que chacun est convaincu que ces nouvelles mesures ont été prises à l'insu de votre Majesté. Certes, ceux qui en décidèrent ainsi, ont-ils pu croire agir de manière zélée, ce en quoi ils me paraissent s'être gravement trompés ». Sollicitant la clémence royale, il concluait : « Obtenir cette grâce de votre Majesté serait l'un des plus grands honneurs de ma vie. »

Naturellement, Me Kiejman était trop bon juriste pour ne pas savoir qu'une grâce bénéficie d'ordinaire à un condamné, ce qui n'était le cas d'aucun des membres de la famille Oufkir. Un ami l'avait informé de la seule allusion jamais faite à l'affaire par le roi devant un auditoire qui ne fût pas composé d'exécuteurs des basses œuvres. Quelques années après la disparition de la famille, lors d'un dîner privé au palais, un convive du roi, richissime courtisan, osa évoquer le sort des enfants Oufkir. Hassan II l'avait immédiatement interrompu : « Ne me parlez pas d'eux. Je sais bien ce qui serait arrivé à mes propres enfants si Oufkir avait gagné. »

Les autorités marocaines invitèrent Me Kiejman à se rendre à Marrakech, où il bénéficierait d'une audience royale.

*

Le roi aurait pour interlocuteur un homme considérable. Sa qualité d'ancien collaborateur de Pierre Mendès France ne laissait aucun doute sur ses options aux heures les plus dramatiques des relations franco-marocaines; il rappelait dans sa lettre : « Je suis de ceux qui, dans leur jeunesse, ont accueilli avec beaucoup d'émotion le retour sur son trône de sa Majesté Mohammed V. » Il était l'un des quatre ou cinq grands avocats français, en comptant large, et mettait sa marque sur les affaires : elles restaient liées à son nom, et non l'inverse. Il y avait un style Kiejman, fait de passion, de pugnacité, d'exigence morale. Il plaidait comme si la justice était une vertu et non une institution. Mais l'homme ne se résumait pas à l'avocat. Il évoquait dans sa lettre « l'actuel président de la République française, qui m'a parfois manifesté son amitié ». C'était une litote, et le roi du Maroc était trop bien informé pour ignorer les sentiments d'estime et d'amitié de François Mitterrand pour Georges Kiejman. Son entrée dans l'affaire signifiait que celle-ci serait suivie de près par l'Élysée.

L'invitation, de pur style hassanien, englobait l'épouse et les enfants de l'avocat, conviés à séjourner avec lui à la Mamounia, l'un des plus somptueux hôtels du monde. Il partit seul. La voiture du ministre de l'Intérieur (et de l'Information), Driss Basri, l'attendait à l'aéroport. Une autre suivait, vide. Le lendemain matin, l'avocat fut étonné de retrouver la deuxième voiture devant la porte de l'hôtel, avec un chauffeur à la paupière fripée : mis à la disposition de l'invité du roi, il avait passé la nuit à somnoler sur son volant, pour le cas où l'invité aurait eu fantaisie de visiter la palmeraie à 4 heures du matin.

Après deux jours passés au bord de la piscine de la Mamounia, Me Kiejman, peu familier des habitudes royales, manifesta quelque irritation de perdre ainsi son temps. Le lendemain soir, 20 juin, Driss Basri le conduisit au palais.

Le roi fut parfait. Il n'avait rien su du sort cruel infligé à la famille Oufkir. Il en restait horrifié. Dépassements de subor-

donnés imbéciles. Quant à ceux qui avaient fermé leur porte
aux fugitifs, il ne trouvait pas de mots pour dire l'écœure-
ment où le mettait pareille lâcheté. Il avait donné des ordres
pour qu'ils fussent soignés et réunis avec leur mère, leur
tante et leurs deux sœurs dans un lieu convenable en attendant de trouver une solution définitive. Car il n'entendait
nullement les garder sous clé. Simplement, il lui semblait
impossible de les laisser aller et venir au Maroc. Ils y risque-
raient leur vie tant le peuple continuait de haïr Oufkir
d'avoir osé lever le main sur son roi. Me Kiejman indiqua
aussitôt que la France les accueillerait volontiers. C'était
exclu : l'importante communauté marocaine en France
pourrait mal réagir. La Suisse ? La Belgique ? Le roi fit la
moue. « Quel pays proposez-vous, Sire ? » Hassan II, badin,
lâcha : « Israël, peut-être… » L'avocat suggéra le Canada, et
plus précisément le Québec. Les Oufkir, tous francophones,
pourraient s'y réadapter à une vie normale. Le roi voulut
bien trouver l'idée intéressante.

Il évoqua avec émotion Malika, rappelant qu'elle avait
étudié au collège royal en compagnie de sa demi-sœur, Lalla
Amina. Il parla aussi de Soukaïna, « l'enfant de la séparation ».

Soukaïna veut dire la paix, la tranquillité.

Ravi de trouver le roi dans d'aussi heureuses dispositions,
Me Kiejman demanda l'autorisation de rencontrer ses
clients. Elle lui fut accordée de bonne grâce. Mieux encore,
comme l'avocat souhaitait leur faire tenir sans tarder un
message d'espoir, le roi chargea Driss Basri de le leur trans-
mettre. On se sépara dans un climat de confiance qui permettait d'envisager l'avenir sous les meilleurs auspices.

Bien entendu, Georges Kiejman batailla vainement pour
obtenir sa note à l'hôtel de la Mamounia : comme des milliers d'autres avant et après lui, de l'homme politique à
l'écrivain, il était l'invité du roi. Ses lettres à Hassan II débu-
teraient désormais par l'expression rituelle de sa gratitude
pour la « généreuse hospitalité » dont il avait bénéficié. Le
roi sait que ces petites choses ne sont pas des détails pour la
plupart des hommes. Mais, selon toute apparence, il n'avait
point accoutumé de traiter avec des Kiejman.

La rencontre avec la famille Oufkir eut lieu le 3 juillet dans la villa de Marrakech, gardée par une compagnie des forces auxiliaires, où elle était enfin rassemblée. Fatima, sa cousine et les enfants avaient été soignés et habillés de neuf. La nourriture était bonne. Ils disposaient d'une radio et de la télévision. La liberté exceptée, ils ne manquaient de rien. Et surtout pas d'espoir, qui faisait la claustration supportable, puisque provisoire. Georges Kiejman fut un peu surpris d'apprendre que le message remis à Driss Basri n'avait pas été transmis, mais n'y vit point malice. La famille lui apparut soudée par l'épreuve, parfaitement solidaire, d'une dignité absolue. Personne n'émit la moindre plainte sur les traitements si longtemps endurés. Fatima avait conservé son charme souverain. Malika était la plus tendue. Abdellatif, tout de douceur et de tendresse, toucha le cœur de l'avocat.

Fatima rédigea une lettre donnant apaisement au roi : « Je voudrais que Votre Majesté soit convaincue que seul l'avenir de mes enfants me préoccupe, et non le souci de ressusciter un passé mort avec ma jeunesse [...] Si, par votre clémence, vous leur accordiez la grâce de tout cela, la grâce de reprendre leur place dans la communauté des hommes, je ne saurais l'oublier pendant le reste de ma vie et vous en porterai témoignage. » Elle indiquait que sa préférence serait allée à un exil en France, où elle avait encore quelques amis (« ...dans les conditions habituelles, c'est-à-dire avec le ferme engagement de ne rien dire ni faire qui puisse nuire aux relations entre ma patrie et un pays auquel je dois beaucoup »), mais elle acceptait bien volontiers de partir avec ses enfants pour le Canada.

Le gouverneur de Marrakech et le chef de cabinet du ministre de l'Intérieur (et de l'Information) étaient présents à l'entrevue, tout comme ils assisteraient aux rencontres ultérieures. Jamais l'avocat ne serait laissé seul avec ses clients.

Georges Kiejman fut reçu au palais de Skhirat le surlendemain. Le roi, en tenue de golfeur, l'accueillit un peu vivement. « Je vous reçois, dit-il, parce que j'ai compris que vous êtes comme le boa : vous ne lâchez que lorsque vous avez digéré votre proie. » Mais il montra rapidement meilleur visage et donna son accord pour la solution québécoise.

L'avocat mena rondement son affaire. Des médecins agréés par le gouvernement canadien procédèrent aux examens médicaux prévus par la réglementation sur l'immigration. Ils furent positifs. Le problème financier était plus sérieux, les autorités d'Ottawa n'acceptant que des immigrés pourvus de ressources suffisantes. Or, si le général Oufkir et sa femme n'étaient point démunis, tous leurs biens avaient été confisqués sans jugement, seule la maison londonienne ayant fait l'objet d'un acte de donation en bonne et due forme. Me Kiejman régla le problème de la manière la plus satisfaisante. Par lettre du 19 octobre 1987, le gouverneur de la banque Al-Maghrib, Ahmed Bennani, avertit l'ambassadeur du Canada à Paris qu'il tenait à sa disposition, à première demande, une somme de quatre millions de francs pour être virée sur une banque canadienne au profit de la famille Oufkir. Le gouverneur précisait que cette somme serait complétée « lorsque sera réalisé l'ensemble des biens mobiliers et immobiliers de la famille Oufkir, biens dont la valeur peut être approximativement fixée entre vingt et trente millions de FF. » D'évidence, les Oufkir ne seraient pas un fardeau pour l'assistance sociale canadienne.

A la fin août, les formalités accomplies et les huit visas délivrés, tout était prêt pour le grand départ. On convint cependant de le retarder en raison du sommet de la francophonie qui devait se tenir au Québec durant la première quinzaine de septembre.

A la mi-octobre, Driss Basri, après consultation du roi, autorisa l'avocat à annoncer la bonne nouvelle à François Mitterrand, ce qu'il fit, le 18 octobre, à l'occasion d'un dîner à l'Élysée.

Le 23 octobre, Basri téléphona à Georges Kiejman pour l'inviter à venir saluer ses clients avant leur départ, prévu pour le 27 octobre au matin par l'avion reliant Casablanca à Montréal. Me Kiejman, sensible à cette bonne manière, proposa de les rencontrer à Casablanca le 26.

A Ottawa, le secrétariat d'État aux Affaires extérieures annonça officiellement que la famille Oufkir était autorisée à s'installer au Canada.

Le 25 octobre, vers 11 heures du soir, alors que Mᵉ Kiejman se reposait dans sa chambre d'hôtel, une voiture vint le chercher pour le conduire au domicile de Basri. A son immense surprise, il apprit que les Oufkir ne partiraient pas le surlendemain. Selon Basri, le retard était dû au fait que Fatima avait exprimé le désir d'être reçue par le roi. En revanche, Georges Kiejman était très chaleureusement prié de prendre l'avion du lendemain pour Marrakech afin d'obtenir de ses clients la promesse écrite qu'ils ne se comporteraient pas au Canada de manière nuisible aux intérêts du royaume.

Les relations entre l'avocat et Driss Basri, juriste de formation, étaient des plus cordiales. Le premier avait poussé l'abnégation jusqu'à lire le mémoire universitaire rédigé par le second, et consacré à « L'agent d'autorité », sujet convenant parfaitement à un candidat par ailleurs ministre de l'Intérieur (et de l'Information) en exercice. Mais la patience n'est pas la vertu première de Georges Kiejman. C'est un homme dont il ne faut se moquer qu'avec circonspection.

Il ravala cependant sa colère et s'envola le lendemain pour Marrakech.

*

La lettre rédigée par Fatima Oufkir, signée par elle-même et ses six enfants, fut conforme au désir royal : « Il va de soi, et à cet égard ma parole aurait suffi, que je prends l'engagement, et que chacun de mes enfants prend l'engagement, de ne faire aucune déclaration publique qui puisse nuire à vos intérêts et à l'image d'une patrie et d'un Roi qui sont les nôtres. » Elle déclarait renoncer à toute demande d'audience et concluait : « Je suis, Majesté, votre respectueuse servante. »

Georges Kiejman repart pour Paris, convaincu que tous les obstacles sont cette fois levés.

Le 30 octobre, à l'occasion d'une interview à Antenne 2, le roi déclare : « C'est une affaire qui concerne un souverain et une famille qui fait partie de ses sujets. Je pense que nous allons la régler de la façon la plus normale et la plus conforme à ce que nous considérons comme étant notre morale. »

Le 8 décembre, Mᵉ Kiejman écrit à Driss Basri une longue lettre assez raide s'étonnant d'un blocage que rien ne laissait prévoir. Pour la première fois, il évoque le pacte de New York, auquel le Maroc a adhéré le 3 août 1979. Le pacte prévoit à son article 2 que nul ne peut être privé de liberté sans jugement, ce qui est le cas des Oufkir depuis quinze ans, et que « toute personne est libre de quitter n'importe quel pays, y compris le sien » – c'est le vœu des Oufkir. Mais l'avocat persiste dans sa stratégie : « Je préfère, et de très loin, invoquer l'humanité de Sa Majesté, humanité qui l'a conduite à dire devant nous combien – malgré toutes les raisons qu'elle avait de garder de leur père un souvenir atroce – elle avait été horrifiée d'apprendre le sort fait aux enfants du général Oufkir. »

L'avocat demande au ministre de lui indiquer par écrit s'il existe un obstacle empêchant la famille Oufkir « ou à tout le moins les enfants de Mme Oufkir » de rejoindre le Québec.

Laissé sans réponse, Mᵉ Kiejman écrit de nouveau le 23 décembre en demandant à Basri de solliciter pour lui une audience du roi.

Le 14 janvier 1988, toujours sans réponse, l'avocat exprime son inquiétude dans une déclaration au *Monde* et menace de saisir le comité des droits de l'homme de l'ONU pour lui faire constater une infraction flagrante au pacte de New York. Mais il n'abandonne toujours pas sa première stratégie : « Je continue personnellement à croire que le roi est incapable de revenir sur ses engagements. Je suis étonné que son entourage ait assez de pouvoir pour en différer l'exécution. »

Le 18 janvier, un porte-parole du gouvernement marocain déclare que Fatima Oufkir n'a pas renoncé à sa demande d'audience ; elle vient au contraire de la renouveler par écrit cinq jours plus tôt. Cette affirmation, non contrôlable,

est en contradiction évidente avec les termes de la lettre
écrite par Fatima devant Mᵉ Kiejman, le 26 octobre 1987,
par laquelle elle renonçait expressément à une audience et
souhaitait « partir sans délai ».

Le 15 avril – un an déjà, à quatre jours près, depuis la qua-
druple évasion ! –, Georges Kiejman, après des échanges
téléphoniques vigoureux avec les collaborateurs de Basri, et
malgré leurs tentatives de l'en dissuader, décide de retourner à Marrakech. Toujours encadré par le gouverneur de la
ville et le chef de cabinet de Basri, il peut rendre visite à ses
clients mais est informé que le roi ne le recevra pas. On lui
propose de rencontrer le ministre de l'Intérieur. Il refuse :
Basri n'a jamais répondu à ses lettres et n'a pas transmis à
Fatima Oufkir celles qui lui étaient adressées.

Le 18 mai 1988, nouvelle lettre au roi pour solliciter une
audience.

L'ambassadeur du Maroc à Paris informe l'avocat qu'elle
ne lui sera pas accordée car il s'est montré « incorrect »
avec le ministre de l'Intérieur.

Un an passe, ou à peu près. Mᵉ Kiejman est autorisé à
rendre visite à ses clients les 17 et 18 mars 1989. Il les
trouve dans un état de prostration absolue, désespérés,
convaincus qu'ils ne vivront plus jamais en liberté. L'avocat
les dissuade à grand-peine de se lancer dans une grève de la
faim illimitée. Soukaïna – neuf ans en 1972, vingt-six ans à
présent –, s'approche de l'avocat et lui demande dans un
chuchotement si son suicide permettrait aux autres de partir...

Rentré à Paris, Georges Kiejman écrit au roi une lettre qui
est cette fois un ultimatum, même si elle commence par le
rituel remerciement pour l'hospitalité royale. Rappelant à
Hassan sa phrase de l'année précédente, à Antenne 2, selon
laquelle il réglerait l'affaire de la manière « la plus
conforme à ce que nous considérons comme notre
morale », l'avocat en fait le leitmotiv de sa plaidoirie-
réquisitoire :

« Le 27 février dernier, Abdellatif " fêtait ", si j'ose écrire
cela, ses vingt ans, en prison. Que depuis deux ans, cette prison soit vaste, saine et confortable, ne l'empêche pas d'avoir

des murs, qu'Abdellatif ne franchit jamais. Depuis l'âge de trois ans, Abdellatif n'a été libre que pendant les quatre jours de son évasion, en avril 1987.

« Si graves qu'aient été les crimes du général Oufkir, votre morale, Sire, s'accommode-t-elle si aisément des dix-sept années de souffrance de ces six enfants? Personnellement, je ne le crois pas, sans quoi je ne solliciterais pas, une dernière fois, la clémence royale.

« Pendant deux ans, je me suis comporté, volontairement, comme le " sujet " de Sa Majesté. Le 2 avril prochain, le jour du trente-sixième anniversaire de Malika, je me sentirai délié de l'obligation de réserve que je m'étais imposée. Je vous demande d'admettre, Sire, que je doive, alors, reprendre ma liberté de parole. Vous n'agiriez pas autrement que moi.

« Probablement mes efforts, en faveur des enfants Oufkir, seront vains. Peut-être même leur nuiront-ils. A cet égard, il me suffira de me rappeler qu'ils m'ont assuré ne plus tenir à leur vie.

« Je conserve encore dans l'oreille le chuchotement de Soukaïna Oufkir, me demandant si son suicide pourrait aider à la liberté de ses frères et sœurs

« Après avoir recueilli une telle question, comment pourrais-je hésiter à protester de toutes mes forces? Comme le disait Votre Majesté, c'est d'abord une question de " morale ".

« C'est avec une infinie tristesse, Sire, que j'assure Sa Majesté de ma très respectueuse considération [1]. »

Sans réponse du roi, Me Kiejman reprend en effet sa liberté de parole. Le 28 avril, il donne une conférence de presse dans les locaux de la fondation France-libertés, présidée par Danielle Mitterrand, qui l'y accueille elle-même, témoignant ainsi, et cette fois de la manière la plus spectaculaire, de son engagement pour les droits de l'homme au Maroc. Elle s'était déjà battu pour la famille Bourequat,

---

1. L'intégralité de la correspondance échangée se trouve dans le Livre blanc publié par Georges Kiejman et Bernard Dartevelle en avril 1989.

pour les prisonniers de Kenitra : elle monte de nouveau en
première ligne pour la famille Oufkir.

Georges Kiejman évoque devant les journalistes le sort
fait à ceux qu'il appelle « les masques de fer » de Hassan II,
la longue histoire des engagements pris et trahis, le blocage
final de l'affaire.

Le palais ne réagit pas.

Un an plus tard, le 14 février 1990, Hassan II reçoit à Marrakech une délégation d'Amnesty International. Questionné
sur le maintien en détention de la famille Oufkir, il abandonne le prétexte usé jusqu'à la corde d'une demande
d'audience de Fatima et déclare froidement que le retard
n'est justifié que par des considérations d'héritage, un partage laborieux devant être effectué entre Fatima et ses six
enfants, d'une part, la deuxième femme d'Oufkir et la fille
qu'elle a eue du général, d'autre part...

*

Pourquoi ?

Crainte de voir Fatima révéler quelque secret d'alcôve,
ou, pis encore, un secret d'État ?

L'ancien agent secret espagnol Luis Gonzalez-Mata, dont
les propos doivent être accueillis avec prudence, raconte
que, après la mort d'Oufkir, Dlimi le chargea de récupérer
des dossiers déposés dans le coffre d'une banque genevoise.
L'accès du coffre étant désormais réservé aux héritiers du
défunt, on présenta à Gonzalez-Mata une femme qui jouerait
le rôle de l'épouse d'Oufkir. Le directeur de la banque ne se
laissa pas prendre au subterfuge : il connaissait la vraie
Fatima [1]. Le démontage minutieux de la maison londonienne des Oufkir par des spécialistes marocains semble
confirmer que Hassan II cherchait à récupérer les dossiers
de son ancien homme de confiance. Mais si des documents
compromettants pour le roi (affaire Ben Barka ? Liens avec
le Mossad israélien ?) attendent quelque part qu'on les
exhume, ne serait-il pas aisé de négocier avec Fatima leur
livraison contre la liberté pour elle et pour ses enfants ? A

1. Luis Gonzales-Mata, *Cygne*, Éditions Grasset.

supposer qu'elle reste habitée, dix-huit ans après, par le désir de venger son mari, mettrait-elle en balance ce désir et la liberté de six enfants?

Peur de déclarations intempestives une fois atteint le refuge québécois? Le risque existe, surtout de la part de la farouche Malika. Mais que pourrait donc raconter de manière crédible celle qui n'avait que dix-huit ans quand elle a quitté le monde? Et puis la famille Oufkir, contrainte de vivre tant d'années close sur elle-même, aurait tôt fait de se disperser. Six enfants font beaucoup de cibles pour un service secret expéditif : le souci de leur sécurité mutuelle ne conduirait-il pas chacun des membres de la famille à demeurer dans une sage réserve?

La raison, même cynique, même celle qu'on dit d'État, bute ici sur l'irrationnel. Aucune explication logique ne peut rendre compte du sort fait aux Oufkir. Seule l'explique la volonté sadique de se venger interminablement jusque sur des enfants innocents.

Le roi, bien entendu, était informé de tout du début jusqu'à la fin. Chaque jour, un message radio était envoyé des prisons successives des Oufkir au général Moulay Hafid Alaoui, oncle de Hassan II, ministre de la Maison royale, préposé au rôle de superviseur officieux des geôles secrètes du royaume.

L'évasion, les appels lancés par Malika, l'émotion soulevée dans l'opinion publique par une tragédie qui, dans un monde qui en avait beaucoup vu, stupéfiait autant qu'elle horrifiait par une étrangeté qui n'était pas du siècle – tout cela avait contraint le roi à jouer serré pour gagner avant tout du temps. Son émotion affectée et ses démonstrations de bonne volonté avaient admirablement abusé Georges Kiejman, pourtant homme d'expérience. Car l'avocat se trompait lorsqu'il disait au *Monde*, le 14 janvier 1988, son étonnement de voir l'entourage du roi assez puissant pour s'opposer à sa volonté; il se trompe encore quand il suggère dans son Livre blanc, en avril 1989, que le roi, sincère dans les premiers mois, a peut-être été « paralysé » par l'opposition dudit entourage : dans le royaume de Hassan II, il n'est au pouvoir d'aucun homme, d'aucun groupe de pression, d'aucune communauté petite ou grande, et même pas du peuple marocain lui-même, de s'opposer à la volonté royale. Simplement, l'émotion publique assoupie, le roi pouvait retourner à l'assouvissement de son inextinguible vengeance.

Il témoigna dans la circonstance d'une impudence éhontée, recourant sans broncher à des prétextes si absurdes qu'ils en devenaient autant d'insultes à ses interlocuteurs. Le dernier en date, jeté comme une gifle à la délégation d'Amnesty International, accueillie pourtant à son de trompe par un régime prétendument soucieux d'améliorer son image dans le monde, est aussi le plus grossier : où a-t-on vu que le règlement d'un éventuel litige successoral nécessite la séquestration de l'une des parties ? Pourquoi cet interminable délai alors que la famille Oufkir a fait connaître qu'elle souscrivait d'avance à toute décision sur l'héritage ? Raouf, le fils aîné, disait à Georges Kiejman que la perspective de devenir pompiste dans une station-service québécoise suffisait à son bonheur...

Enfermée depuis dix-huit ans pour le bon plaisir du roi, la famille Oufkir ne retrouvera la liberté, si elle doit un jour la retrouver, que de par son bon plaisir.

*

Ils sont détenus dans une villa du quartier de la Targa, loin du centre de Marrakech. La route passe devant le lycée français, puis devant la polyclinique, et débouche après plusieurs kilomètres sur un ensemble de villas éparpillées au milieu de jardins d'orangers. Sous le protectorat, les maisons appartenaient à des officiers français, notamment à des médecins militaires. En 1973, la marocanisation les fit presque toutes tomber dans le domaine du roi. Une troupe de gardiens et de jardiniers entretient les lieux ; sur un coup de téléphone du palais arrivent les membres de la famille royale ou leurs invités, pour quelques jours ou plusieurs semaines.

Une trentaine de soldats et de policiers sont affectés en permanence à la garde de la famille Oufkir. On dit dans le quartier que plusieurs, soupçonnés de corruption, ont été mutés. Le médecin traitant de la famille est le colonel Moulay, médecin chef de l'hôpital militaire.

Les seuls visiteurs sont le père, le frère et les deux sœurs de Fatima. Les deux sœurs ont loué un appartement à Marrakech pour se rapprocher des détenus. Les visites sont compliquées : il faut chaque fois demander une autorisation au siège de la Sûreté, à Marrakech, se rendre à la villa dans une voiture de police, qui redépose ensuite à la Sûreté les visiteurs. Ceux-ci peuvent effectuer quelques achats. Fatima et Malika demandent surtout des produits de beauté. Abdellatif, vingt et un ans, réclame des magazines de football – il rêve de devenir footballeur, sport qu'il n'a jamais pu pratiquer, pas plus qu'aucun autre d'ailleurs.

Malika a aujourd'hui trente-sept ans, un an de plus que sa mère lors de leur départ en captivité.

Soukaïna, vingt-sept ans, hantée par la pensée que sa disparition pourrait rendre la liberté aux siens.

Myriam et ses crises d'épilepsie.

Tout ce qu'ils ont vécu.

Et ce qu'ils ne vivent pas. Le cri de Georges Kiejman à Driss Basri, l'« agent d'autorité » : « Qu'est-ce que vous attendez ? Qu'ils couchent tous ensemble ? »

XXIV

Notre ami le roi

Il règne.

Voilà plus de vingt ans que le sociologue américain John Waterbury écrivait : « On a souvent l'impression que le roi n'a d'autre stratégie à long terme que d'espérer que ses tactiques à court terme continueront d'être payantes. » Elles ont payé.

Maître tacticien, il a su écarter tous ceux qui risquaient de lui porter ombrage, quel que fût le déficit pour le pays. Au sortir du protectorat, le Maroc disposait d'une classe politique sans équivalent dans les autres nations accédant à l'indépendance. Les Ben Barka, Bouabid, Ibrahim, Basri (le fqih) et leurs amis incarnaient une part de l'avenir du pays. Intelligents, scrupuleusement intègres, ils avaient pris à l'Europe le meilleur de ce qu'elle pouvait donner sans se couper pour autant de leur peuple. Entrés en politique avec la lutte pour l'indépendance, accomplissant leurs classes dans les prisons du protectorat, ils étaient au contraire liés au peuple comme aucune autre élite dans le tiers monde. Assassinant l'un, contraignant l'autre à un exil sans fin, il a réduit le reste à un rôle de figuration dans sa pantomime démocratique. Car s'il n'a certes pas inventé le pouvoir absolu, son génie aura été de l'habiller des oripeaux propres à tromper ceux des étrangers qui ne demandent qu'à l'être. Une démocratie serait déjà singulière, où l'opposition aurait tous les droits sauf celui d'accéder au pouvoir. Sa démocratie repose sur le trépied de la répression, de la fraude et de la peur. A la suite des quelques procès spectaculaires ici evoqués – les grands classiques du régime –, il eût fallu dire le détail des annales judiciaires : une moyenne de quatre procès politiques par an, plus de cent depuis l'indépendance, avec, chaque fois, une fournée de militants condamnés à mort ou à des siècles de prison. Et cela du vivant même de son père, contre lequel, curieusement, aucun complot ne fut jamais allégué, tandis que fleurissaient les prétendues tentatives contre la vie du prince héritier. Car si nous avons évoqué le procès – grotesque – dans lequel furent impliqués le fqih Basri et Ben Barka en 1960, et cela parce qu'ils y étaient impliqués, devions-nous risquer de lasser le lecteur en racontant le procès El-Fouakhri d'octobre 1960 (trois condamnés à mort exécutés, une série de condamnations à perpétuité), le procès El-Marrakchi d'août 1961 (deux condamnés à mort exécutés, dont Lahcen, dit le « cycliste », héros de la Résistance, et une série de réclusions perpétuelles), puis, après son accession au trône, le procès El-Atlassi, en janvier 1969 (quatre condamnations à mort, etc.); le procès de Fès de juillet 1976 (un militant mort sous la torture, deux autres devenus fous), le procès de Settat, lui aussi de juillet 1976 (quatre morts sous la torture, dont une femme), le procès de Meknès, toujours en juillet 1976 (un mort sous la torture), le procès des lycéens, encore et toujours en juillet 1976, puisque ce régime traîne jusqu'aux adolescents devant ses tribunaux... Si le Maroc ne jouissait pas de la tant célébrée « démocratie hassanienne », que perdrait-il sinon les apparences d'un règne scandé depuis tantôt trente ans par les cris des torturés, les feux de salves des pelotons d'exécution, l'interminable sanglot des emmurés à vie ?

*

Il règne, maître de tous et de chacun, brisant par la répression, pourrissant par la corruption, truquant par la fraude, courbant par la peur.

« Moi ou le chaos », dit-il. Et l'écho complaisant répond : « Le chaos ou lui. » Il montre aux uns les masses misérables prêtes à se soulever dans une éruption qui emporterait tout, aux autres ses centurions peut-être disponibles pour une aventure dictatoriale, et il se conforte de ces hantises opposées. Mais qui a fait le vide autour de son trône, sinon lui-même ? Et s'il n'est pas responsable d'une misère dont le Maroc n'a pas l'exclusivité, ni de la démographie galopante qui annule année après année les acquis, ni d'un système économique mondial impitoyable aux faibles, comment ne pas voir que le luxe insolent réservé à quelques-uns est un affront pour la multitude, et une incitation permanente à la violence ? Comment la Casablanca des bidonvilles ne gronderait-elle pas quand il offre gracieusement au frère du roi d'Arabie Saoudite un immense terrain, face à la mer, où l'on logerait aisément cinq mille personnes, et dont le maître des lieux vaque à ses plaisirs, protégé par une muraille de dix mètres de haut – tous ces palais dont les portes s'entrouvent pour les fillettes impubères achetées dans la rue... Et si une fraction de l'armée, par deux fois, sortit de la discipline, n'était-ce pas sous le coup d'une nausée devant la corruption gangrénant son royaume ?

Le peuple régulièrement saigné à blanc par les mitrailleuses, son armée incarcérée au Sahara, c'est maintenant au prétexte du péril intégriste qu'il prétend être considéré comme un moindre mal : « Moi ou le fanatisme. » Qui ne sait que l'intégrisme s'épanouit partout et toujours sur le terreau de l'injustice et de la corruption ? Pendant des décennies, le chah d'Iran, gendarme du Golfe, fut lui aussi tenu pour un moindre mal par les bons esprits d'Occident, qui fermaient volontiers les yeux sur ses violations des droits de l'homme et sur son entourage concussionnaire. Du mauvais naquit le pire, et Palevi enfanta Khomeiny. Comment le rempart contre l'intégrisme pourrait-il être ce « commandeur des croyants » dont chaque journée est une insulte à sa foi – à toute foi ? Croit-il vraiment que les onze islamistes qui attendent leur exécution dans le quartier des condamnés à mort de Kenitra, tous coupables de distribution de tracts, sont une réponse appropriée au problème ? Ou bien la mort dans sa geôle, en janvier 1990, à l'âge de cent ans, du cheikh Zeitouni ? Ou bien la construction de la

monumentale mosquée de Casablanca, dont le coût vertigi-
neux est payé par un véritable racket imposé au peuple sous
forme de « contributions volontaires » ? N'importe : les bons
esprits continueront de miser sur l'incendiaire pour
éteindre l'incendie...

La peur est l'armature de son système. Comme l'enfer,
elle a ses cercles. Chacun, quelle que soit l'horreur de son
sort, peut être assuré qu'un autre a connu pire. Le militant
matraqué une semaine durant dans un commissariat sait
qu'il aurait pu subir les tortures du derb Moulay Cherif;
celui qui est passé par le derb tremble en songeant aux
morts vivants de Tazmamart; ceux de Tazmamart, sachant
le calvaire des enfants Oufkir, se disent que leurs propres
enfants ont été au moins épargnés. Il n'est peut-être que les
disparus sahraouis pour ne point concevoir un enfer plus
raffiné puisqu'ils meurent pêle-mêle, les enfants sous les
yeux des parents, au plus noir de la nuit hassanienne.

Les enfants Oufkir : si nous avons raconté leur malaven-
ture un peu dans le détail (trop sans doute, pour tant de
Marocains qui ne peuvent pardonner les crimes du père, et
non sans injustice pour tant de victimes anonymes), c'est
que leur évasion est ce moment prodigieux où une société
se dévoile. Tous ces hommes parvenus au faîte de la fortune
et de la puissance qui verrouillent leur porte devant quatre
enfants en guenilles comme si leur seule haleine était por-
teuse de mort... Ce jour-là, le régime hassanien a crié sa
vérité essentielle : la peur, la peur ignoble qui, disait Berna-
nos, fait que les consciences se soulagent comme des
ventres.

Mais tout ne ressortit pas au jeu du pouvoir, si effroyable
soit-il. Un exercice rationnel de la terreur n'exigerait pas
tant d'acharnement dans la cruauté. Il n'est explicable que
par la pathologie, non par la politique, et incrimine
l'homme Hassan, et non le roi. La souffrance si durement
infligée ne lui est pas nécessité mais jouissance. Il l'a lui-
même avoué tout uniment, en petit fanfaron du crime,
devant l'auditoire le moins fait pour recueillir pareille confidence : la délégation d'Amnesty International reçue au
palais le 13 février 1990 avec une publicité qu'il voulait

démonstrative de sa bonne volonté. Admettant tout – Kenitra, Tazmamart, les enfants Oufkir –, niant la seule disparition des Sahraouis, il eut ce mot inouï, qu'aucun dictateur
gardant quelque vergogne n'eût osé prononcer : « Tout chef
d'État a son jardin secret. » Au jardin des supplices de Hassan II ne s'étiolent que des légumes humains privés d'air et
de lumière.

*

Notre ami le roi.
   Ils le répètent tous : ministres de droite et de gauche, écri-
vains éminents, journalistes, hommes d'affaires.
   Les hommes d'affaires, on les comprend. Premier inves-
tisseur au Maroc, et de loin, le capital français en tire de
gras bénéfices. Douze cents entreprises françaises implantées là-bas, dont la plupart des grands groupes industriels,
couvrant les marchés essentiels, associées quand il le faut
aux sociétés nationalisées autochtones, et virant sans sour-
ciller sur les comptes numérotés helvétiques les indispensables backchichs pudiquement passés en écriture sous la
rubrique « frais divers » ou « frais d'exportation ». Les pots-
de-vin ne risquent pas de déséquilibrer les bilans tant la
modicité de l'impôt et les facilités du marché du travail
assurent une marge bénéficiaire confortable. La main-
d'œuvre est payée là-bas en moyenne neuf fois moins qu'en
France. « Les Asiatiques sont battus sur leur propre terrain », écrit avec enthousiasme Emmanuelle Pradiel dans *Le
Monde* du 16 février 1990, puisque l'esprit du temps veut
qu'on applaudisse comme des vainqueurs ceux que leur
misère contraint à vendre leur force de travail au plus bas
prix. Le colonialisme d'antan s'astreignait au moins à entou-
rer son exploitation d'une hypocrite pudeur.
   On l'a dit : sa politique extérieure assure au roi des sympathies puissantes. Pour beaucoup, la poignée de main donnée
à Ifrane au Premier ministre israélien Shimon Pérès suffit à
laver la paume royale de bien des péchés. Cette absolution,
au moins partielle, tombe des bouches les plus inattendues.
Ainsi de Georges Kiejman, qui ouvre sa conférence de

presse dans les locaux de France-libertés par un hommage à certaines initiatives diplomatiques de Hassan II. Quel rapport avec le sort de ses clients? Plus surprenant encore, voici Me Michel Blum, alors président de la Fédération internationale des droits de l'homme, qui, évoquant le 30 avril 1987 devant la presse les quatre cents disparus marocains, croit devoir préciser que la Fédération « ne condamne pas globalement le régime chérifien, sans pour autant qu'elle puisse fermer les yeux sur les disparus, parce que les positions diplomatiques de Hassan II sont souvent positives. » On ignorait qu'il fût de la vocation de l'honorable organisation humanitaire d'opiner sur les positions diplomatiques, au risque de s'exposer à la tentation de « fermer les yeux ». La Ligue des droits de l'homme, créée au plus fort de l'affaire Dreyfus, n'a pas tempéré sa campagne contre les officiers supérieurs coupables d'un crime judiciaire par des considérations apaisantes sur leurs qualités de stratèges. Et si les droits de l'homme doivent être mis en balance avec la politique étrangère, spécialement à l'égard d'Israël, Nicolae Ceausescu, de ce point de vue irréprochable, bénéficia à juste titre de ces yeux complaisamment clos sur les crimes perpétrés contre son peuple.

Mais leur ami le roi sait si bien parler de politique étrangère... C'est son sujet favori lors des longs tête-à-tête qu'il accorde volontiers aux grands de la presse française – quelques phrases suffisent à faire le tour des problèmes intérieurs. Pas un journaliste qui ne sorte de ces entretiens conforté dans le sentiment de son importance. Détendu, disert, à l'occasion gouailleur comme on s'autorise à l'être avec un camarade, admettant de bonne grâce ses erreurs (« Là, j'ai cafouillé », « On s'est conduit comme des galopins »), le roi sait à merveille communiquer son plaisir d'avoir enfin trouvé un interlocuteur à sa pointure. Sur la terrasse ombragée de Skhirat, dans le grand bureau du palais de Rabat ou dans un patio de celui de Marrakech, avec deux ou trois ministres silencieux en toile de fond, les serviteurs vêtus comme dans les livres d'enfant, quel plaisir de dresser l'état des lieux de la planète avec cet homme intelligent, cultivé, tout de même héritier d'une dynastie triséculaire, qui met de si bon cœur sur la table les cartes réservées au jeu des grands de ce monde! C'est assurément autre chose que de se coltiner un Saddam Hussein, un Hafez el-Assad ou pis encore un Khadafi, personnages assez frustes qui négligent parfois de manifester leur considération aux grands journalistes. Le roi y pourvoit si bien que la plupart croient devoir informer le lecteur de la sympathie réciproque née au fil de l'échange et des marques ostensibles qui en ont été fournies (après le long entretien,« nous marchons un instant dans le parc féerique de la résidence de Dar es Salem, puis le roi me raccompagne jusqu'à la grille ».) Avouons-le : qui resterait insensible à de pareils égards?

La considération royale pour la presse française se manifeste encore par l'achat de pleines pages de publicité à l'occasion des campagnes les plus diverses, tantôt pour répondre à un rapport jugé outrageant d'Amnesty International, tantôt pour lancer des ouvrages exaltant le roi et son œuvre. A propos des premières, Georges Kiejman observait que, si toute publicité commerciale est justifiable d'un bureau de vérification spécialisé, Hassan II, quant à lui, peut faire publier impunément que son régime observe à la lettre les traités internationaux conclus sous l'égide des Nations unies : mensonge flagrant puisque la famille Oufkir est détenue en violation du pacte de New York, souscrit par le Maroc justement dans le cadre des Nations unies. Mais aucun bureau de vérification ne dénonça la supercherie d'une campagne commerciale de plusieurs semaines promouvant un ouvrage intitulé *Le Maroc des potentialités* avec ce texte non dénué d'emphase, digne d'un Kim Il Sung ou d'un Ceausescu : « Soixante ans d'Histoire de l'Existence du Roi Hassan II se confondent avec soixante années du Maroc et du devenir du peuple marocain. » Or le livre était strictement introuvable en librairie puisque son éditeur, le ministère de l'Information marocain, se tenant avec élégance à l'écart du souci de rentabilité qui habite l'édition française, avait négligé de le faire distribuer dans l'Hexagone.

Si le tête-à-tête reste réservé aux puissants de la presse ou de la politique, la généreuse hospitalité royale profite à tous,

petits ou grands, dès l'instant que leur voix est jugée digne
de se joindre au chœur. Les équipes de techniciens de la
télévision française, appelées fréquemment en « consultation », logées fastueusement, festoyées, repartent avec une
vision rénovée du royaume. Nous avons un instant songé à
publier la liste des invités de la Mamounia de Marrakech
pour les dernières années, mais outre que le procédé aurait
un fumet policier typiquement hassanien (il est des sujets
qui obligent à des précautions prophylactiques), l'énuméra-
tion serait trop longue, quoique éclairante. Il faut une péripétie politique inattendue pour que les Français découvrent
en regardant le journal télévisé que leur nouveau ministre
de l'Intérieur, de gauche, villégiature avec l'ancien, de
droite, à la célèbre Mamounia. En France, tout sépare les
deux hommes – opinions, coups tordus ; les voilà réunis
autour de la même piscine (mais ne doutons pas qu'ils ont
réglé leur note). Ils y retrouvent tout ce qui compte en
France, conseillers du président – de l'ancien, que le roi
appelait « mon copain », et de l'actuel –, hommes politiques,
personnalités, comme on dit, des arts et des lettres, grandes
consciences françaises qui n'ont jamais lésiné sur la
condamnation d'un Pinochet ou d'un Jaruzelski, jamais
bronché dans leur soutien à Nelson Mandela – qui a passé à
Abraham Serfaty le flambeau du plus ancien prisonnier politique africain –, jamais faibli dans leur dénonciation de
l'injustice et de l'outrage aux droits de l'homme, et à qui la
généreuse hospitalité royale permet de reconstituer leurs
forces entre deux rudes batailles humanitaires.

« L'hospitalité chez Hassan II, écrit le thuriféraire Druon,
a été poussée à un point de perfection qui en fait un art en
soi, l'art du cœur. »

Corruption ? C'est un bien grand mot pour de si petites
choses. La plupart des invités ne sont pas condamnés au
Club Méditerranée. Il arrive même que certains aient la
reconnaissance du ventre, tel cet ancien ministre que nul
ne vit jamais à la prière du vendredi, et bien rarement à
celle du dimanche, mais qui envoya son obole pour la
construction de la grande mosquée de Casablanca en expliquant à ses amis : « Après toutes ces invitations, c'était bien

le moins... » Séduction plutôt, vieille séduction des républicains pour les fastes royaux qui les fait se ruer quand le roi veut bien les inviter aux fêtes de mille et une nuits données pour le mariage de ses filles, et fait s'asseoir côte à côte, sur le plateau de la mémorable « Heure de vérité » du 17 décembre 1989, le plébéien de gauche Charles Hernu et le plébéien de droite Charles Pasqua, flanqués de cinq autres ministres français, dont deux en exercice, et d'une fournée de courtisans débarqués du Boeing royal. Il ne manquait, inexplicablement, que Maurice Druon, chantre officiel du Génie de l'Atlas. Les journalistes avertis avant l'émission que le roi ne tolérerait aucune interpellation sur les droits de l'homme, assurés par ailleurs qu'un certain nombre d'« affaires délicates » étaient sur le point d'être réglées et qu'une vaine polémique ne pourrait que compliquer les choses, il fallut attendre les questions des téléspectateurs pour que fussent évoqués les rapports accablants pour le pouvoir des organisations humanitaires. Avec un culot effronté, bafouant d'une même phrase la logique et le public, le roi répondit : « Si je savais que seulement un pour cent de ce qui est écrit dans ces rapports – que je n'ai jamais lus – existait, je puis vous assurer que je n'en dormirais pas et que je ferais d'abord ce qu'il faudrait pour que cela cesse. »

Insondable énigme. Si nous rôdons un peu misérablement autour de la piscine de la Mamounia, c'est dans le vain espoir de l'élucider. Comment comprendre l'immunité accordée à cet autocrate dont le jardin secret est aujourd'hui le plus irrespirable de la planète ? Les dictatures ne manquent pas qui violent cyniquement les droits de l'homme, mais c'est dans le seul royaume de Hassan II qu'on trouve des prisonniers ayant depuis longtemps purgé leurs peines mais toujours détenus, plus de dix-huit ans après les faits, dans des cachots sans lumière. Nulle part ailleurs, et pas même naguère dans le goulag stalinien, des enfants ne sont séquestrés dans des conditions abominables pour expier le crime d'un père que les plus jeunes n'ont pratiquement pas connu. Nulle part ailleurs des vieillards centenaires ne meurent au fond d'une geôle.

Nulle part ailleurs n'était concevable le martyre des jeunes de Marrakech.

Trente et un lycéens et étudiants de Marrakech condamnés à de lourdes peines de prison – jusqu'à vingt ans – à la suite des émeutes de la faim de janvier 1984. Beaucoup niaient formellement leur participation à l'événement et le tribunal ne disposait d'aucune preuve, mais tous étaient fichés par la police comme contestataires.

Peu après le procès, vingt-sept se lancent dans des grèves de la faim intermittentes. Ils réclament le droit d'étudier en prison et de recevoir la presse autorisée au Maroc. Face au refus du pouvoir, ils durcissent leur mouvement. Leur affaiblissement nécessite bientôt leur hospitalisation. Transféré à Beni-Mellal, Abdel Hakim Meskini meurt le 18 juillet 1984. Hospitalisé à Marrakech, Boubakar Douraïdi meurt le 28 août; il avait dix-neuf ans. Le lendemain, c'est le tour de Mustapha Belouari, son voisin de lit. Ils en étaient à leur cinquante-septième jour de jeûne.

L'hôpital de Marrakech est à deux pas de la Mamounia. Il porte le même nom.

Les deux derniers décès soulèvent une certaine émotion dans l'opinion publique française car le président Mitterrand vient d'arriver en visite privée au Maroc. Le roi expliquera au *Monde* : « C'était une négligence d'un médecin qui n'a pas pris ça au sérieux. Ce médecin était un imbécile fini et il leur a arraché leur goutte-à-goutte de sérum en disant : "Vous encombrez mon service; moi, j'ai des malades qui sont dans le coma. Allez-vous-en!" Ce n'est pas autre chose. »

La grève de la faim, interrompue par ces deuils, reprend quelques mois plus tard. A l'été 1985, six jeunes gens sont au plus mal. L'un d'eux, Moulay Tahar Douraïdi, est le frère de Boubakar, mort l'année précédente. Le professeur Minkowski, dépêché par une organisation humanitaire française, obtient leur transfèrement à l'hôpital Averroes de Casablanca.

L'horreur hassanienne, une fois de plus, va atteindre l'inimaginable.

Pendant quatre ans pour les uns, cinq pour les autres, les

malheureux sont « hospitalisés » dans un sous-sol de l'hôpital placé sous surveillance policière, attachés par des menottes aux montants de leur lit. Pyjamas et draps ne sont changés que tous les quatre mois. Une sonde gastrique, passant par une narine, reste fixée en permanence. Trois fois par jour, l'un des sept policiers de garde introduit la nourriture par la sonde. Les médecins n'ont pas accès aux jeunes gens, peut-être de peur qu'il ne se trouve parmi eux un « imbécile » ; en cas de malaise, ils doivent se fier aux descriptions des symptômes par les gardiens pour délivrer un diagnostic à l'aveuglette et indiquer des médicaments. Le remède le plus banal est l'injection d'un mélange de dolosal, de phénergan et de largactil pour calmer les « patients ». La piqûre est pratiquée par un policier.

Un interne du service, qui avait tenté d'approcher les malheureux, fut séquestré et torturé pendant deux mois au derb Moulay Cherif.

En janvier et mars 1989, trois jeunes gens ayant purgé leur peine sortent de cet univers à la Frankenstein. Ils sont réduits à l'état de squelette, ne peuvent se tenir debout ni mastiquer, leur vue est atteinte, et ils souffrent de troubles psychiques sérieux.

En septembre 1989, Mᵉ Daniel Voguet, avocat à Paris, et le docteur Anne-Marie Raat, médecin néerlandais, mandatés par des organisations humanitaires, ne reçurent pas l'autorisation de rendre visite aux trois garçons toujours « hospitalisés ». Le gouvernement marocain annonce : « Dorénavant, toute démarche à propos de ces détenus sera considérée comme une immixtion dans les affaires intérieures du royaume. »

Cinq ans. Ils ne demandaient que le droit de lire des livres et des journaux.

Alerté sans relâche, notamment par les Comités de lutte contre la répression au Maroc, le Parlement européen fut la seule institution politique à passer condamnation sur la cruauté du pouvoir marocain.

En janvier 1990, Hassan II laissa sortir Moulay Tahar Douraïdi de son jardin secret ; il fut transféré à la prison de Kenitra. Ses deux camarades restaient dans leur sous-sol, toujours menottés, la sonde dans le nez. Ils s'y trouvent toujours à l'heure où ces lignes sont écrites.

La mère de Moulay Tahar, Saïda Douraïdi, vieille militante de l'Istiqlal au temps de la lutte pour l'indépendance, répétait depuis des années : « J'ai perdu un fils, je ne veux pas en perdre un autre. » En dépit des menaces, des mesures d'intimidation, de quatre arrestations successives, elle s'était battue pour sauver Moulay Tahar de la même mort que son frère Boubakar, et elle avait gagné. Mais quelques jours plus tard, le 20 février, sa fille Khadija lui est ramenée en sang de la faculté de Marrakech, où elle prépare une licence de géographie. Giflée par le doyen en personne, elle a été remise par lui aux vigiles-policiers installés par Driss Basri dans toutes les facultés. Elle sort de leurs mains dans un état tel que le médecin de l'hôpital de Marrakech lui délivre un certificat d'arrêt de travail de trois semaines. Un mois plus tard, le 17 mars, la mère-courage, Saïda Douraïdi, cessait de vivre.

Scènes ordinaires de la vie quotidienne au Maroc de Hassan II.

Dans une autocélébration délivrée au monde pour son soixantième anniversaire, il écrivait : « Je suis heureux parce que J'ai fait tout ce que J'ai pu pour répandre le bonheur autour de Moi, ne Me trompant aux dépens de personne, ne faisant de mal à aucun. Enfin, Je suis heureux de me trouver au milieu de Mon peuple " comme un poisson dans l'eau ", comme a dit Mao Zedong. »

*

Son flair politique est trop affiné pour qu'il ne sente point qu'un vent aigre se lève. Trop d'affaires, tout à coup, qui, mises bout à bout, composent de son royaume une fâcheuse image. Céder du lest ? Dépeupler le jardin secret ? Ce n'est pas son genre mais il y viendra peut-être. Les spectres de Tazmamart pourraient réintégrer le monde des vivants dans une prison normale. Il libérera ceux de Kénitra, à la probable exception d'Abraham Serfaty. Mais une assignation à résidence serait pour lui concevable. La famille Oufkir ? Ce sera le plus dur : il a déjà tant promis et tant menti à son propos qu'il lui faudrait se marcher sur le cœur pour accepter de lâcher ses proies. Si la pression est trop forte, les enfants pourraient cependant être autorisés à émigrer, Fatima restant en otage. Les disparus sahraouis ? Il a déclaré qu'ils n'existaient pas : ils pourront donc continuer à cesser d'exister, les uns après les autres, dans leurs bagnes secrets.

On fermera s'il le faut le derb Moulay Cherif, devenu trop fameux, comme naguère le Dar el-Mokri : le pays ne manque pas de commissariats.

Et tout recommencera ailleurs, avec d'autres, puisqu'il s'agit depuis le début d'un système de gouvernement, et d'un homme qui ne changera plus.

En 1991, il célébrera le trentième anniversaire de son accession au trône. Trente ans de pouvoir absolu sur un peuple qui, depuis le Rif jusqu'aux luttes obscures menées au fond des cachots, n'a jamais cessé de se battre pour sa liberté.

Quand viendra-t-il, le temps du Maroc ?

La première édition de ce livre se trouva en librairie le 15 septembre 1990.

Cinq mois plus tard, le 26 février 1991, Fatima Oufkir, ses six enfants et sa fidèle cousine Achoura retrouvèrent la liberté.

A la fin du mois de mai suivant, 27 Sahraouis détenus au secret à Kalaa M'gouna furent libérés. Au mois d'août, 269 autres sortirent à leur tour du bordj surplombant la vallée des roses.

Ce même mois d'août 1991, les deux jeunes grévistes de la faim détenus au sous-sol de l'hôpital Averroès, à Casablanca, émergèrent de leur long supplice et furent rendus à leur famille. Boubakar Douraïdi, qui avait été transféré à Kenitra, fut lui aussi libéré.

Le 13 septembre, Abraham Serfaty fut extrait de la prison de Kenitra, emmené en voiture à l'aéroport de Rabat et embarqué dans un avion pour la France. Deux mois plus tôt, lors d'une interview à TF1, Hassan II avait proclamé qu'il ne gracierait pas Serfaty aussi longtemps que celui-ci refuserait de reconnaître la marocanité du Sahara occidental. Pour tenter de masquer sa reculade, Rabat annonça que Serfaty, rejeton d'une famille juive installée au Maroc depuis des siècles, était en vérité citoyen... brésilien. Cela fit beaucoup rire.

Le 15 septembre, les 28 survivants de Tazmamart sortirent de leur cellule pour la première fois depuis dix-

huit ans. C'était la nuit. Il n'y avait pas assez de brancards pour transporter ceux qui ne pouvaient tenir
debout; les gardiens tirèrent le surplus par les bras, les
jambes traînant au sol, jusqu'aux camions garés à la
porte de la cour. On les transféra dans un centre de
repos. Le lendemain matin, ils furent éblouis par la
lumière du jour pour la première fois depuis dix-huit
ans. Pendant un mois, on les gava et soigna de manière à
les rendre présentables. Tous furent restitués à leur
famille, à l'exception de Ghani Achour et de Mohamed
Raïss, incarcérés à Kenitra.

Enfin, le 30 décembre, les trois frères Bourequat
retrouvèrent à leur tour la liberté. On les avait signalés
parmi les survivants de Tazmamart transférés le 15 septembre. Ils étaient détenus au bagne depuis dix ans. Un
seul marchait; les deux autres étaient portés sur des
brancards. Le palais annonça qu'ils avaient bénéficié
d'une grâce royale. Dans les pays de droit, une grâce
s'applique à des condamnés. Les frères Bourequat
n'avaient jamais été condamnés, ni même inculpés. Nul
ne sait encore ce qu'on leur reprochait. Ils se sont
absentés de la vie pendant plus de dix-huit ans de par le
seul bon plaisir de Hassan II.

*

Ces libérations, que beaucoup tinrent pour inespé-
rées, sont le résultat du travail inlassable mené depuis
de longues années par les organisations de défense des
droits de l'homme, notamment les associations marocaines militant en France et les comités de lutte contre
la répression au Maroc. Elles couronnent le combat
mené avec passion par Christine Daure-Jouvin, à qui
ceux de Tazmamart, littéralement, doivent la vie. Elles
tiennent beaucoup aux démarches des avocats Daniel
Soulez Larivière et Simon Foreman auprès des institutions internationales. Elles sont aussi le fait d'une exceptionnelle mobilisation de l'opinion publique. Elles
démontrent une fois de plus, s'il en était besoin, qu'il
n'est point de murailles si hautes et si épaisses qu'elles
ne finissent par s'écrouler sous des coups obstinés.

Grâce aux efforts de tous, des vies marocaines ont été sauvées, des malheureux condamnés à mourir au fond de leur cachot ont retrouvé la liberté.

Ce livre avait pour objet d'informer. S'il y a réussi beaucoup plus largement qu'aucun de nous n'aurait osé l'espérer, c'est que l'opinion publique attendait, consciemment ou non, un tel ouvrage. Nombreux sont les Français qui vont en vacances au Maroc. Ils ont trouvé dans ces pages l'explication de tant de mutismes, de confidences interrompues à la vue d'un policier, de cette tension qu'il est impossible de ne pas ressentir au royaume de Hassan II. Beaucoup trouvaient étrange la complaisance dont continue de jouir ce régime de la part du gouvernement français, si prompt à dénoncer les violations des droits de l'homme lorsqu'elles ne sont pas perpétrées chez l'un de ses clients. Ceux qui se situent à gauche trouvaient enfin déconcertant que le Dix-Mai n'eût en rien affecté l'heureuse harmonie entre Paris et Rabat : tout avait continué comme avant.

Très vite, et malgré les contrôles les plus rigoureux, le livre circula au Maroc. La transmission par fax défiant toutes les censures, des Marocains en exil le faxèrent au pays page par page ; il était ensuite abondamment photocopié. Un nombre considérable d'exemplaires entrèrent dans les valises de Marocains dont la richesse ou la proximité du pouvoir suggéraient à la police et à la douane de se tenir à l'écart de leurs bagages. L'ouvrage est appelé au Maroc « le livre quarante-huit heures » : c'était le délai imparti à tout emprunteur pour le lire.

Il est rare pour un auteur d'avoir attaché de presse un monarque de droit divin. Sa Majesté Hassan II voulut bien se faire l'auxiliaire dévoué de Pierre Gestède, qui assume ces fonctions aux éditions Gallimard. Ils formèrent un tandem d'une efficacité incomparable. Bien sûr, le roi est trop intelligent pour n'avoir pas compris qu'il attiserait l'incendie, mais la nécessité lui imposait une réaction : le livre était trop lu dans la bourgeoisie marocaine pour qu'il restât inerte. Anathématisé par le verbe royal, l'ouvrage fit l'objet d'une campagne inspirée de celle qui, grâce à un racket systématique, permit l'édification de la grande mosquée de Casablanca. La police fut mobilisée pour « conseiller » aux Marocains d'envoyer un télégramme de protestation à l'Élysée ou à Matignon. Chacun devait ensuite passer au commissariat de son quartier pour montrer le récépissé d'envoi de la poste. Ainsi une population se trouvait-elle puissamment incitée à manifester spontanément sa réprobation envers un livre que, dans son immense majorité, elle ne connaissait que pour avoir entendu le roi le condamner à la télévision. Et l'expédition d'un télégramme en France représentait pour beaucoup une dépense douloureuse. Selon le gouvernement marocain, 800 000 télégrammes de cette sorte furent expédiés en France. Moins de la moitié y parvinrent. Si les chiffres cités par Rabat sont exacts, on ignore où est passée la somme considérable représentant l'envoi à Paris de 400 000 télégrammes.

Parallèlement, les hommes politiques marocains, y compris ceux de l'opposition, étaient invités avec énergie à manifester publiquement leur réprobation. Il était drôle, ou triste, de lire dans la presse marocaine la condamnation indignée de tel grand leader de l'opposition et de recevoir la même semaine, par des voies subreptices, un message du même personnage exprimant félicitations chaleureuses et encouragements.

Moins nombreuses que les télégrammes, mais assurément plus spontanées, les lettres affluaient du Maroc, presque toutes anonymes pour des raisons évidentes, et souvent collectives : 50 étudiants de telle université, 30 ouvriers de telle usine, etc. Rien de plus émouvant que ces messages lancés par-dessus le mur de la peur. On me reprochait le plus souvent de n'en avoir pas dit assez, d'être resté au-dessous de la réalité, et l'on me communiquait de sinistres histoires de tortures, de morts, de disparitions. Le reproche était justifié mais comment écrire ce qu'on ne peut pas prouver de manière irréfutable ? Il faut dans cette sorte d'affaire s'avancer revêtu d'une armure sans défaut.

Sur les faits, le roi resta coi. Il continuait de les nier avec un imperturbable culot mais n'engagea aucune poursuite contre l'ouvrage qui les dénonçait. C'était pourtant le seul moyen de le réfuter. Car ce livre n'est certes pas un pamphlet ni un essai mais un docu-

mentaire qui ne vaut que par l'exactitude des faits rapportés. Le roi préféra s'abstenir de s'engager sur ce
terrain. Sa timidité, pour ne pas dire plus, en surprit
beaucoup, mais non pas ceux qui savent quel solide
sens des réalités habite Hassan II : il prévoyait bien
qu'un procès au fond tournerait à sa débâcle car
l'amas d'horreurs dont il est responsable serait publiquement inventorié et prouvé. Au reste, les libérations
successives intervenues depuis quinze mois ne
démontrent-elles pas que le sinistre tableau ne devait
rien à l'imagination délirante d'un auteur entraîné par
sa volonté de dénigrement? La preuve de Tazmamart
est faite par la libération des survivants de Tazmamart.

Il y eut cependant procès, et l'un des plus pittoresques
qu'aient enregistrés, à ce niveau, les annales judiciaires
françaises. Faute de s'attaquer à l'auteur, Hassan II
décida de s'en prendre à certains de ceux qui lui avaient
donné la parole : Bernard Rapp et Antenne 2, pour
l'émission « Caractères », et des journalistes de Radio
France et de Radio France Internationale, coupables
d'interviews. Le roi, habitué au ronronnement docile de
sa télévision et de sa radio, ne peut concevoir que des
journalistes indépendants posent à un invité des questions franches et écoutent sans broncher des réponses
d'une même franchise. Assurément, le vocabulaire avait
été parfois vif, mais nullement excessif s'agissant de qua-
lifier le responsable de Tazmamart, du calvaire des Oufkir, du long supplice des grévistes de la faim. L'assignation royale était bien un peu désobligeante car, à la lire,
on avait le sentiment que seule la malignité des journalistes leur avait fait rechercher, au fond de son néant, et
dans la seule intention de nuire au Maroc, un auteur
misérable à qui nul professionnel de bonne foi n'aurait
songé à tendre un micro. On pouvait se consoler en songeant que Hassan II, lorsqu'il veut évoquer un écrivain
français dans une conférence de presse, cite de préférence Robert Lamoureux.

L'État marocain était le demandeur principal mais
s'entourait d'une escorte d'institutions si disparates
qu'on les eût dit ramassées dans une rafle. Ainsi la Fédération des chambres d'agriculture du Maroc s'associait-

elle à la Ligue des Oulémas, à la Confédération générale économique marocaine, à la Chambre des représentants et à quelques autres, pour demander à la justice française condamnation de trois journalistes qui n'avaient fait que leur métier tel qu'on l'entend dans une démocratie. Cette opération de grande envergure tomba comme manne royale sur le barreau parisien. Une cohorte de bâtonniers fut recrutée pour défendre les intérêts si injustement bafoués à « Caractères » des chambres d'agriculture, oulémas, etc. Ces grognards du barreau montèrent au front judiciaire avec l'abnégation des vieilles troupes. Ils accueillirent la défaite sans murmures ni vraie surprise : le tribunal de grande instance de Paris, en rejetant le 12 juin 1991 toutes les prétentions des demandeurs, donnait à comprendre qu'une bonne logique juridique eût voulu que la procédure visât l'auteur du livre et des propos, et non pas des journalistes dans l'exercice normal de leur fonction.

Faut-il mentionner les criailleries prévisibles du lobby hassanien en France et des partenaires de golf habituels de Sa Majesté ? Comme il ne supporterait pas de rester enveloppé dans l'anonymat du troupeau, citons Maurice Druon, secrétaire perpétuel de l'Académie française et membre éminent de l'Académie royale du Maroc. Il dit de mon livre qu'il fallait s'essuyer les pieds après l'avoir lu. On savait depuis longtemps que M. Druon écrivait avec ses pieds ; on sait désormais qu'il lit de même façon.

Est-il besoin de s'attarder sur les menaces de mort si ingénieusement rythmées ? Elles sont le sel de la vie et l'empêchent de sombrer dans la monotonie.

*

Où en sommes-nous ?

Ce monarque qui prétendait orgueilleusement ne jamais céder aux pressions a bel et bien dû reculer, et à une vitesse remarquable. Il s'est résolu à régler en quinze mois les dossiers les plus tristement spectaculaires de son règne, ceux qui constituaient en quelque sorte des records du monde en matière de répression, et faisaient dire aux spécialistes internationaux des droits de l'homme, experts en ces choses sur les cinq continents, qu'on trouvait au Maroc une horreur à nulle autre pareille. Car ce n'est qu'au royaume de Hassan II qu'on voyait un enfant de trois ans traîné de geôle en geôle jusqu'à sa majorité pour expier les fautes de son père, deux jeunes gens alimentés artificiellement entrer dans leur sixième année de grève de la faim, des dizaines de prisonniers enfermés pendant dix-huit ans dans des cellules obscures. Après la libération de Nelson Mandela, c'est le royaume de Hassan II qui avait le douteux privilège de posséder en Abraham Serfaty le plus ancien prisonnier d'opinion du continent africain.

Ils sont libres – mais dans quel état! Le groupe des anciens grévistes de la faim présente des séquelles irréversibles : jambes paralysées pour plusieurs, faculté d'élocution abolie pour l'un, perte de la mémoire et même de la faculté de mémoriser chez un autre... Quant à ceux de Tazmamart, leurs familles, qui avaient vu partir des jeunes hommes au sommet de leur condition physique, n'ont pas reconnu les vieillards chauves et édentés qu'on leur rendait. Leurs organismes sont délabrés. A quelques exceptions près, ils sont atteints au plus profond de leur énergie vitale. Les fous ne retrouveront plus la raison.

Les frères Bourequat exceptés, personne n'a le droit de quitter le Maroc. Malgré les assurances données par Rabat à la Commission des droits de l'homme des Nations unies, la famille Oufkir n'a toujours pas ses passeports.

Mais ils sont libres.

D'autres attendent toujours – s'ils vivent encore. Aucune nouvelle du colonel Ababou, du commandant Chellat, de l'aspirant Mzireq. Aucun signe de vie du syndicaliste Houcine el-Manouzi. Sans parler des centaines de disparus évoqués par les associations humanitaires et dont il ne subsiste nulle trace. Ghami Achour et Mohamed Raïss restent à Kenitra.

A peine sont-elles vidées de leurs locataires à si long bail que les cellules se remplissent de nouveau. On continue de rafler à tour de bras. La situation, d'une certaine façon, s'est aggravée. Hier, l'arrivée à la prison signifiait pour le détenu la fin de ses tourments physiques : on torture aujourd'hui jusque dans les cellules. A l'heure où j'écris ces lignes, les détenus politiques de la prison d'Okacha en sont à leur trente-sixième jour de grève de la faim ; deux d'entre eux ont été transférés à l'hôpital dans le coma.

Ils étaient plus de quatre cents prisonniers politiques au Maroc selon les comités de lutte contre la répression, Amnesty International et autres organisations humanitaires. Leur nombre ne cesse de s'accroître. Les têtes d'affiche trop voyantes libérées, voici le temps des anonymes. La souffrance est la même. Il dépend de nous que l'anonymat meurtrier ne s'éternise pas.

J'écrivais en conclusion de mon livre : « Et tout recommencera ailleurs, avec d'autres, puisqu'il s'agit depuis le début d'un système de gouvernement, et d'un homme qui ne changera plus. »

Nous y sommes.

Gilles Perrault
le 2 janvier 1992

Impression Brodard et Taupin,
à La Flèche (Sarthe),
le 25 mars 1992.
Dépôt légal : mars 1992.
Numéro d'imprimeur : 6125F-5.
ISBN 2-07-032695-0 / Imprimé en France.